辽宁文化发展蓝皮书

（2009）

LIAONING WENHUA FAZHAN LANPISHU

孙洪敏　牟　岱 ◎ 主　编

张思宁　徐明君 ◎ 副主编

人民出版社

序言

有益的探索

孙洪敏

　　辽宁省第一部文化产业发展报告在十二五开篇布局、万象更新之际，在沈阳经济区获批国家综合配套改革试验区和辽宁老工业基地全面振兴的关键时刻即将出版了，这是辽宁文化产业界的一件大事，也是辽宁社会科学院文化产业研究的重要收获。

　　伴随着中国改革开放的历史进程，我国居民消费水平不断提升，其中一个重要标志就是居民消费支出中的文化消费的比重不断加大，从而使文化产业成为重要的经济增长点。文化作为一个国家和地区软实力的重要内容，越来越成为提升综合实力和核心竞争力的优势战略资源，越来越成为推动经济社会发展的内在驱动力。特别是党的十六大以来，我国文化产业经历了由小到大、从弱到强的发展历程，"从 2003 年起，文化产业增加值增幅高于同期 GDP 增幅 5 到 6 个百分点，文化产业的增长势头明显快于一般经济领域。据不完全统计，2008 年文化及相关产业总产值大约为 6000 多亿元，就业人数约为 1200 万人。产业门类日益齐全，产业链不断延伸，传统文化产业得到改造和提升，新兴文化业态蓬勃发展，文化产业整体素质不断增强。"[1] 2009 年 7 月，国务院通过了《文化产业振兴规划》。辽宁省近年来发展文化产业的步伐也逐渐加快，特别是在图书出版业、报业、文艺演出团体等方面进入了实质性的改革阶段。2010 年 1 月 26 日，省委书记王珉同志在省十一届人大第三次全体会议上当选为省十一届人民代表大会常务委员会主任，在会后接受记者采访时，他表示辽宁应加快发展服务业，做大做强文化产业，构筑新型产业体系，促进产业结构优化升级。

　　我们面临着前所未有的机遇，同时也面临着前所未有的挑战。我们必须面对一个现实：与西方发达国家相比，我们的文化产业尚处于起步阶段，文化企

---

[1]　见谌强：《文化部副部长欧阳坚谈我国文化产业发展前景》，《光明日报》2009 年 4 月 9 日第 7 版。

1

业规模小并比较散，文化产业发展还没有完全遵循文化市场的发展规律，文化的竞争力和凝聚力都明显不足。只有加快改革的步伐，才能促使我们的文化产业迅速步入快车道并促进整个国民经济的发展。相对于文化产业发展而言，改革势在必行。中共中央、国务院《关于深化文化体制改革的若干意见》，提出要加强文化产品和文化要素市场建设，打破条块分割、地区封锁、城乡分离的市场格局，形成统一、开放、竞争、有序的现代文化市场体系。尽管我们的文化产业通过各方面的改革有了长足的进步，但相对于文化产业自身的改革而言则任重而道远。当务之急是通过文化体制改革，建设辽宁特色文化产业群，整合辽宁文化资源，形成集聚效应和规模效应，提升辽宁文化产业的市场集中度，促进省内文化产业的内部分工与协作，提升辽宁文化产业发展的质量和速度。

正是在这样的背景下，辽宁首部文化产业发展报告的出版才更有其特殊意义。因为此书既是对辽宁文化产业发展的一个概要总结，对辽宁文化产业发展路径的一种探索，同时也是对辽宁文化产业发展前景的一种分析框架和展望。

随着文化产业的异军突起，"文化产业"这门新兴学科也成为一门"显学"。2002年我国第一部文化产业蓝皮书——《中国文化产业蓝皮书》问世，《中国文化产业评论》也于2003年创刊。辽宁文化产业的蓬勃发展，为辽宁文化产业蓝皮书的出版提供了坚实的实践基础。文化产业蓝皮书的编写除了突出辽宁特色，从辽宁实际出发外，还应突出学术性，以促进其可持续发展。有学者认为，学术独立性应该是蓝皮书有别于白皮书的最本质的特征，蓝皮书至少应该具备四个关键词：独立的专家立场、独特的专业视角、严谨的学术分析、科学的实证方法。只有把握住了这四个关键词，才能坚持学术独立性，提高蓝皮书的社会效益。作为蓝皮书性质的辽宁文化产业发展报告在研究方面似乎注意到了这一点，虽然在观点上没有特别独到之处，但作为辽宁的第一步文化产业发展报告，这是一个良好的开端。

在文化产业这个应用学科中，之所以要特别强调学者的独立立场，强调学术阐释，而不是政策阐释的原则，也包含了对"文化产业"这一学科自身成长的"目标预期"。马克思在写作《资本论》时，就充分利用了英国博物馆的材料，特别是其中的第一手材料——蓝皮书。马克思认为蓝皮书是研究资本主义生产方式的最为重要和最有意义的文献，它给人们提供了丰富的关于资本主义经济发展和工人生活状况的实际材料。内容定位为"评估现状、分析问题、预测发展、提供建议"的我国第一本文化蓝皮书《中国文化产业蓝皮书》的编撰工作实现了科研机构、高等院校和有关政府管理部门的结合，即由中国社会科学院文化研究中心、上海交通大学国家文化产业创新与发展研究基地的专家学者领衔主编，并联合文化部、广播电影电视总局、国家新闻出版总署、国家文物局、国家旅游局等十余家科研机构、国家部委的专家共同调查、研究、分析和撰写。

作为蓝皮书，它既不是泛泛的新闻分析，也不是简单的工作总结；既不是学理的概念推理，也不是术用的事实相加，它要求学理与术用的有机结合。它要求有事实、有分析、有结论、有展望。因此，在撰写文化产业蓝皮书的过程中，需要行业专家学者眼观地方实际工作状况、耳听党政领导同志的想法、心想文化产业学科建设，以个体对文化产业概念点线纵横的感性体会和理性思索，发现问题、提出观点、分析现象、预测前景，既不要完全学理化，也不要完全的经验主义，以增强文化产业蓝皮书的学术价值和现实意义，使其获得原创性发展。这是未来辽宁文化产业发展报告编写中应坚持并进一步探索的地方。

另一方面，辽宁文化产业发展报告的编写者也应加强媒介素养。在信息社会里，媒介素养已成为现代公民素质的一部分，加强媒介素养教育、提高公民媒介素养已成为和谐社会建设的一种普遍需要。传播的本质是一种社会交往。在当代社会，人们之间的社会关系更为密切和复杂，只有采取一定的技术形式和表现手段，遵循正确价值导向的传播制度，传播者才能在传播活动中取得理想的效果。在整个人类历史中，人类一直在改进对于周围事物的信息接受能力和吸收能力，同时又设法提高自身传播信息的能力、速度、清晰度和便利性，不断更新信息传播的技术和方法论的思考，使传播成为社会发展的生产性要素。当前，主要强调领导干部和青少年的媒介素养，而专家学者作为社会的一个特殊群体，也需要培养信息素养即整合资讯的能力。此外，文化产业发展报告本身也是一种出版媒体，也需要树立专家学者的传播观念。

党的十七大报告指出："在时代的高起点上推动文化内容形式、体制机制、传播手段创新，解放和发展文化生产力，是繁荣文化的必由之路。……运用高新技术创新文化生产方式，培育新的文化业态，加快构建传输快捷、覆盖广泛的文化传播体系。"中国人民大学的喻国明、清华大学熊澄宇、中国艺术研究院的贾磊磊等学者都以新闻传播学为方法对文化产业进行了研究。虽然在法兰克福学派和文化功能学派等文化产业的理论研究中，艺术学、政治学、社会学、哲学、文学相继发挥着重要作用，在文化产业的应用研究中，经济学和管理学也得到开发，而在理论上，传播学并没有成为文化产业研究方法，但树立传播的观念会促进创新性成果的产生，而且新闻传播学本身也是文化产业研究的一个范式。

同时，辽宁文化产业发展报告应更多地关注辽宁的现实，加强微观研究。微观研究是文化产业研究的重要方法。随着文化产业的发展，深入到微观层面考察其发展中存在的问题，以及指导其下一步发展将成为研究的重心。而要坚持典型的案例选取原则，需要专家在政府、民众、企业家的相互关系中，寻求文化发展报告案例选取的重点、热点和亮点，以宏观理论整合促进微观案例选取的创新。文化产业研究的跨学科理论整合将会成为获得微观案例选取亮点的一条重要途径。因为文化产业是多学科交叉的研究领域，单纯某一个学科的研究都存在不足，随着文化产业实践的发展，跨学科的研究将日渐增多，并成为推动文化产业理论发展的重要力量。

理论整合对案例选取的重要性在实践上表现为产业融合，而文化产业融合是促进传统文化产业创新和推进文化产业发展的助推器。在文化产业领域，产业融合催生的文化创意新产品和新服务，满足了人们收入和生活水平提高后对更高层次消费品的需求，产品最终需求也会随着产业融合而不断得到提升。此外，文化产业行业范畴现状对产业融合也提出需要。澳大利亚麦觉里大学经济学教授、前国际文化经济学会主席大卫·索斯比（David Throsby）在《经济与文化》一书中用一个同心圆来界定文化产业的行业范畴。按照索斯比的划分，音乐、舞蹈、戏剧、文学、视觉艺术、工艺等创造性艺术处于这一同心圆的核心，并向外辐射；环绕这一核心的是那些既具有上述文化产业的特征同时也生产其他非文化性商品与服务的行业，包括电影、电视、广播、报刊和书籍等；处于这一同心圆最外围的则是那些有时候具有文化内容的行业，包括建筑、广告、观光等。方法决定创新的路径。视点转变意味着可以在某个新的着眼点、立足点、切入点上打开视野。因此，需要专家学者转变视点：在产业融合上寻求文化产业的研究亮点。

20世纪末蓬勃兴起的中国文化产业浪潮将文化行业系统推到了一个体制更替、资源整合、行业并构的大变革阶段。因此，应抓住现阶段广电传媒新闻出版等部门组建产业化集团的契机，将这些部门中原来附着在产业之上管办不分的政府管理职能剥离出来，与文化部门固有的政府管理职能进行整合，组建"大文化部"或"大文化委员会"；将文化部门中原来附着在管理之上的产业性资源剥离出来，与广电传媒新闻出版等部门中固有的产业性资源进行整合，组建文化产业性集团。虽然沈阳2009年9月末实现了文化、广电、新闻出版部门的合并，组建"大文化部门"，但全省其他地市文化产业管理仍分成广播电视、新闻出版、文化演出团体等类别。从研究角度，近些年来中国学者在"文化创意产业"领域的研究历程，从学科差异和研究范式的分野来看，基本也分为了三大类别即文学艺术研究领域，新闻传媒研究领域，产业经济研究领域。

虽然我国目前在本科专业中已经有中国传媒大学、山东大学、云南大学、中国海洋大学等高校开设文化产业专业，然而其课程的设置、师资力量整合等仍存在一些问题，而硕士、博士学历教育中，尚未有专门的文化创意产业，导致研究力量和学术训练的中断，未能形成长效的研究力量培养。这导致我国目前的文化产业研究有着一定的局限性，研究视野不开阔，有着明显的研究"盲点"。由于大多数的研究者只具备单一的学科背景，而"文化创意产业"这一新兴概念则包含了文学艺术、新闻传播、产业经济、区域发展、信息技术等诸多方面的内容，因此在研究的过程中，研究者大多只能从自己所擅长的角度出发进行研究，从而形成了研究领域中的不足。因此，立足单一学科看问题难免产生观点的偏颇，而如果能站在其他学科立场进行审视，则可能对问题有更新更系统的理解。

因此，培养学者的媒介信息素养，要把研究注意力投放到相关专业媒体上，要善于从媒介特别是网络的看点中获取政府工作的重点，民众关心的热点。在实践中，微观的产业融合促成了宏观的理论整合；在微观案例研究上，需要专家学者以企业家视点，深入实际，调查研究，树立产业融合的理念，来弥补理论欠缺，获得实践亮点，进行文化产业研究范式整合。这样，在文化产业发展报告案例选取和撰写过程中，就可能探索出一种有利于文化产业研究的整合机制，使各专业的文化产业研究者与文化产业实践者紧密结合，在选取案例和撰写文化产业发展报告的同时，既加强文化产业的课题研究，又完善了学科建设并进行了理论创新及人才培养，强化了文化产业发展报告为地方文化与经济建设服务的功能。这是今后辽宁文化产业发展报告编写应该努力的方向。

当然，如同任何事情的开头都有可能是艰难而不完善的一样，辽宁文化产业发展报告的问世也是艰难而不完善的，但我们相信，随着第二部、第三部甚至更多的辽宁文化产业发展报告的问世，这种探索过程一定是一个从不完善到逐步完善的过程。我们期待辽宁文化产业的大发展、大繁荣，同样期待辽宁文化发展报告写作的不断进步。

（作者系辽宁社会科学院副院长、研究员）

目 录

第一编　辽宁省文化产业发展总论

文化产业，作为朝阳产业，正逐渐显示出其成为新的经济增长点的潜在力量。而自建国以来，辽宁作为"东北老工业基地"，其经济增长方式一直以来都是资源密集型的高能耗增长模式，从产业布局来看，主要以重工业、制造业为主。近些年来，国家一直在进行全国性的产业结构调整和经济增长方式的转变，特别是在十七大报告中也明确提到，产业结构的调整和经济增长方式的转变是社会主义市场经济建立以及和谐社会发展的必由之路。随着文化产业的引入，势必会对原有的经济增长模式有所调整。而经济增长模式也由原来的单纯的资源密集型，转变为包括文化产业发展在内的多元经济增长模式，必将极大地提高经济增长率，促进辽宁的全面振兴。当前，省委书记王珉同志、省长陈政高同志都对文化产业寄予厚望，振兴文化产业必将进一步促进文化产业在辽宁老工业基地振兴中发挥重要作用。

一、辽宁省文化产业整体情况与进展

辽宁文化产业发展势头强劲。在中部城市群，在中心城市沈阳的带动下，新兴文化产业势头强劲；辽东半岛地区以大连为龙头的外向型文化产业风生水起；西部地区打造的"辽西历史文化走廊"魅力无穷。在产业结构上，重点发展以出版印刷、影视音像、演出娱乐、文化旅游、动漫游戏等为代表的优势文化产业，这也与文化产业振兴规划所倡导的发展方向一致。文化产业在辽宁GDP中的比重呈逐年上升趋势，2004年占2.75%，2005年占2.83%，2006年占3.03%，2007年占3.14%，2008年占3.19%。

辽宁文化产业化进程走在全国前列。辽宁新闻出版业按政企分开，转变职能，建组了辽宁日报报业集团、沈阳日报报业集团、辽宁出版集团、辽宁党刊集团等，优化了资源配置，增强了市场竞争力。辽宁日报报业集团和沈阳日报

1

报业集团于 1999 年 12 月 15 日经中宣部、国家新闻出版总署批准成立，是在全国率先成立并迅速发展壮大的报业集团。辽宁日报与铁岭日报在 2008 年也实现了联合经营，开创了全国党报系统新的发展模式。辽宁出版集团作为中国第一家按照现代企业制度模式建立起来的出版集团，创造了中国出版界的多项"第一"。辽宁省电影公司为迎接的 WTO 挑战，与沈阳、大连、鞍山等几家市公司联合组建了辽宁北方电影股份有限公司，在此基础上，又与中国电影集团公司以资本为纽带，实行资产重组和资本运营，成立了辽宁北方电影院有限股份公司，得到了国家广电总局的充分肯定。2009 年 12 月末，辽宁电视台、辽宁广播电台、辽宁教育电视台实现了"三台合一"，打造了强势传媒集团。辽宁省是红山文化、辽代文化和满清文化的发源地；辽宁省也初步形成了具有自己特色的博物馆体系，文物保护和利用工作位居全国前列，并启动了"打造以沈阳故宫为龙头的世界文化遗产品牌、辽博书画品牌、辽河文明研究品牌"三大工程；辽宁省艺术表演团体年演出 2 万余场，且有话剧《凌河影人》、京剧《血胆玛瑙》等多部作品获中宣部"五个一工程奖"，有李默然、宋国锋等全国优秀话剧艺术家。

辽宁文化产业取得良好的经济效益和社会效益。2008 年，我省文化产业实现增加值 71.34 亿元，比上年同期增长 16%；文化企（事）业单位 3.77 万个，从业人员 35.83 万人，占全社会从业人员比重的 2.5%；上缴税金 8.9 亿元，比上年同期增长 15.3%。其中，全省国有文化企（事）业单位 0.21 万个，从业人员 6.29 万人，完成增加值 13.21 亿元，比上年同期增长 18.6%，上缴税金 1.35 亿元，比上年同期增长 15.1%；民营文化企业 3.56 万个，从业人员 29.54 万人，实现增加值 58.13 亿元，比上年同期增长 15.8%，上缴税金 7.55 亿元，比上年同期增长 15.9%。厅直系统文化单位 23 个，从业人员 0.19 万人，完成增加值 2.23 亿元，比上年同期增长 28.7%，上缴税金 1010 万元，比上年同期增长 17.9%。这一切为辽宁文化产业的进一步发展奠定了坚实的基础。

二、辽宁省文化产业面临的机遇与挑战

在激烈的市场竞争中，辽宁省文化单位体制改革已蔚然成风，出现了良好的发展态势。2007 年 12 月 21 日，辽宁出版传媒股份有限公司把编辑业务和经营业务一同打包，作为"中国出版传媒第一股"成功实现上市，当年便呈现出快速发展的势头，并取得预期的良好收益。沈阳、大连、锦州、抚顺市基本完

成了经营性文化事业单位的转企改制工作。辽宁演艺集团、辽宁省民间艺术团、沈阳市杂技团等企业的发展为辽宁省文化企业的改革拓宽了思路。但目前，辽宁省文化企业战略不明、结构不合理，还没有形成成熟完善的竞争市场。这说明辽宁省文化资源的数量优势没有转化为现实的竞争优势。

目前，全省拥有1个国家级文化产业示范园区，8个国家文化产业示范基地，1个国家文化（美术）产业示范基地和两个国家级动漫游戏产业基地。2005年和2007年，在文化部的大力支持下，我省成功举办了两届中国东北文化产业博览交易会，两届"东博会"推介文化产业合资合作项目258项，签约合同额160多亿元，交易额121亿元。同时我省积极探索，创建"文化产业园区"这一文化产业发展新模式，以画廊、会展、表演等为开发项目的盘锦文化产业园区已颇具规模；并积极推进对外文化交流，实施文化"走出去"战略，辽宁民间艺术团、辽宁交响乐团、沈阳市艺术学校、大连杂技团、沈阳杂技团等单位先后走出国门，积极拓展国外市场。但辽宁省文化产业发展不平衡，新闻出版业、广播影视业发展迅速，而文化信息传输服务业和文化艺术业发展速度较慢。就全省范围来看，沈阳、大连文化产业发展较快，而其他地区发展缓慢。2008年，在辽宁省文化产业增加值分层构成中，文化产业核心层占29.7%，文化产业外围层31.3%，相关文化产业层39.0%。

改革开放以来，随着辽宁经济的快速发展，人民的基本生活需要已经得到满足，人民生活将向消费型转变，消费结构将向发展型、享受型升级，文化娱乐消费将会呈加速发展之势。人民群众日益增长的精神文化需求是辽宁文化产业竞争力最核心的优势要素，但辽宁文化产业发展不平衡，严重制约了文化市场有效需求的增长：创新能力不高，有效供给不足，市场细分不够，不能有效满足城乡居民的文化需求，无法维持现有竞争力。而且辽宁文化产业在塑造和引导消费者的消费需求方面明显落后于其竞争对手，使省内文化市场高端消费群体严重流失，成为省外文化产品的忠实消费者。

辽宁文化产业的机遇来源于政治、经济等多方面因素的综合作用，如上海世博会辽宁周演出活动对我省文化产业发展将起到极大的促进作用。这既能够重塑文化产业结构，也可能成为阻碍文化市场发展、文化产业竞争力提升的绊脚石。因此，抓住有利于文化产业发展的机遇是文化产业竞争力提升的根本外因。当前，需要以文化体制改革促进文化资源整合，以文化资源整合深化文化体制改革，共同促进辽宁文化产业发展。同时，振兴东北老工业基地和建设"五点一线"辽宁沿海经济带的背景，9个国家文化产业示范基地和2个国家动漫产业基地的典型，为辽宁文化产业竞争力提升提供了千载难逢的良机。因此，辽宁应进一步深化文化体制改革与文化资源整合，提升辽宁文化产业竞争力。

三、辽宁省文化体制改革与资源整合

整合区域文化资源是文化产业发展的大势所趋。国务院新出台的《文化产业振兴规划》中提出了八项重点工作，包括：加快推进具有重大示范效应和产业拉动作用的重大项目；推动跨地区、跨行业联合或重组，培育骨干文化企业；统筹规划，加快建设一批产业示范基地，发展具有地域和民族特色的文化产业群等措施。《国家"十一五"时期文化发展规划纲要》提出，要"建设一批文化产业强省、强市和区域性特色文化产业群"；十七大指出，大力发展文化产业，实施重大文化产业项目带动战略，加快文化产业基地和区域性特色文化产业群建设，培育文化产业骨干企业和战略投资者，繁荣文化市场，增强国际竞争力。"十一五"时期辽宁全省文化发展的重点是：优化文化产业布局，加强对文化产业的规划和引导，优化产业结构，提升文化产业整体水平和实力，发挥文化产业带、文化产业园区和文化产业基地的带动与辐射作用，推动区域文化协调发展。胡锦涛总书记在2009年2月20日讨论中央部门出版社转企改制时说，文化体制改革的一个核心问题就是能不能打破行政、行业界限，打造世界一流的传媒企业。因此，文化资源整合主要分为两种，即行业整合与地区整合。

（一）行业整合

文化产业对相关行业的带动作用非常明显。文化产业有着丰富的内涵，这也使得与其相关的行业类型非常多样。围绕一个文化传播企业就有可能形成由一大批其他工业企业构成的立体的产业链。例如出版企业和它上游的印刷、造纸等原材料企业，下游的销售、广告企业，以及相关的文化用品、传媒、娱乐等企业共同组成一个庞大的网络系统。一个企业的成熟和完善，对整个产业链中的其他企业的发展、人员就业等都将起到明显的推动作用。而现代文化产业的发展从另一侧面也促进了科学技术行业的发展。信息技术领域等最具市场前景的产业本身就包含了信息传播的内容，一些文化传播企业开发的新产品也都和这些新技术领域相关，数字出版就是一种新业态。互联网、光电存储技术等都是现代出版传媒和娱乐业重点关注的方面。

辽宁省在文化产业资源整合上取得长足进展。辽宁的演艺市场已取得了经济与社会效益双丰收，尤其是刘老根大舞台在全国的演出市场影响力非常大。

目前，沈阳经济区八市已形成演艺市场一体化，北方剧院联盟已建立了共同接团演出、风险共担机制，有些演出团体已走出国门。辽宁歌舞团和辽宁大剧院两家试点院团转企改制与资源整合同步推进，辽宁演艺集团组建后取得了很好的社会和经济效益。2008年，辽宁歌舞团完成国内外商演780场，辽宁大剧院演出场次达300场，集团产业收入达2400万元。2009年预计完成产业收入2800万元。2009年8月，沈阳故宫东侧举办会期两天的古玩艺术品（金银首饰、珠宝、玉器、瓷器、古玩、字画文房四宝等）交流会。第三届东北文博会设立皇寺庙会分会场，主办方在锡伯家庙前搭建演出舞台。同时，60亿元文化产业项目落户棋盘山，其中辽宁出版产业园未来将打造成全国最大的传媒动漫产业园区。第三届东北文博会还有十个文化产业项目签约，签约额75亿人民币，沈阳动漫节也成为这次展会的主要活动之一。

在辽宁推进文化产业发展，重点打造动漫重点项目的进程中，辽宁出版集团公司和北方联合出版传媒（集团）股份有限公司瞄准了国内动漫第一品牌——湖南蓝猫动漫公司。经过多次洽谈，2010年2月，三方签署了"合作协议"及相关工作"备忘录"，联合推出了30集三维动画片《蓝猫龙骑团》并在中央电视台少儿频道播出。这是中国出版产业涉足动漫，推出的第一部国产大型三维动画片，也是辽宁出版集团和北方联合出版传媒集团实施跨地区、跨媒体、跨行业、跨所有制，做强做大打造"百亿"集团的重大战略举措。

辽宁文化资源整合还需进一步发展。十七大提出的"运用高新技术创新文化生产方式，培育新的文化业态，加快构建传输快捷、覆盖广泛的文化传播体系"为文化产业行业整合提供了理论依据。因此，辽宁文化行业整合主要包括网络整合、报刊整合、电台电视台战略合作、文艺院团改革整合、文化综合执法整合、群众文化资源整合、公共文化设施整合、文化旅游资源整合、文化资源共享工程等方面。具体需要处理好图书馆社会化、网络化，农家书屋、音像资料馆、博物馆、纪念馆、电影院等方面的整合；处理好广电与电信的利益分割，实现手机、电影、电视的三网合一和3G网络整合；进行党报发行体制改革，艺术院团改革，注意民间文化保护与发展；深化文化体制改革，促进辽宁出版集团上市融资的良性发展；增加文化的数字化技术含量，促进文化资源共享等。

（二）地区整合

按科学发展观要求，发展文化产业要统筹城乡关系，促进农村文化消费，振兴县域文化经济，加强小城镇文化建设，开发区域资源整合中的政府主体。

虽然，国家建立"大文化部"没有获得批准，但我省应有一个协调机构，各市应签订文化战略合作协议，建立文化协调部门，制定统一的政策，并将各市文化产业建设纳入省政府对各市政府工作绩效评估体系。2009年6月10日，棋盘山国际风景旅游开发区与辽宁出版集团有限公司签订合作协议，共同建设出版产业庄园。该项目是辽宁出版集团打造大型出版传媒产业集团和战略投资者，实施重大发展战略的标志性重要项目，是实现跨地区跨行业发展的关键步骤。两强联手对全国文化、出版行业的发展具有示范意义。这也与文化产业振兴规划倡导的推动跨地区、跨行业联合或重组，培育骨干文化企业发展宗旨不谋而合。

我省的文化产业规划应突出重点，结合我省及各地区的现有资源优势，进行合理布局。比如，结合现有资源分布情况，依托北方出版传媒集团、辽宁报业传媒集团、辽宁广播电视台等大型骨干文化实体重点发展新闻出版、报业、广播影视等核心层的文化产业；沈阳、大连等市侧重发展文化旅游、文化创意、动漫、演艺娱乐、文化会展等产业；其他地区则重点发展具有本地特色的文化旅游产业。以沈阳经济区为例，其新推出"辽金清文化旅游"丰富"清文化旅游"，但还需要以人物为线索，如张学良活动踪迹以及流人文化行踪整合历史文化旅游；以河流为线索，建立具有海洋文明特征的辽河中下游文化旅游区整合沈阳经济区生态文化资源；以产业链为线索，以循环经济、生产力布局、生态经济为线索整合沈阳经济区工业旅游资源。在《辽宁省区域发展"十一五"规划》的辽宁中部城市群大区域发展战略中，这个以沈阳为中心的一小时交通大城市群已经形成，按历史文化、民族文化、工业文化和景观文化等主题，可实施这一区域的文化资源整合。历史文化主题重点整合沈阳的清文化与一宫二陵、近代文化与大帅府、九一八纪念馆，以及鞍山、辽阳的"红楼梦"文化、铁岭的银冈书院、抚顺的清前文化及赫图阿拉城、永陵。民族文化主题整合以抚顺、本溪、沈阳的满族文化和沈阳的锡伯族文化、朝鲜族文化为主；工业文化主题整合沈阳的装备工业、制造工业、航天工业和鞍山的钢铁工业、本溪的纺织工业、抚顺的煤炭、石油工业；景观文化主题整合以沈阳世博园、五里河公园为中心，组合铁岭的龙首山、清河水库，抚顺大伙房水库、鞍山的千山、玉佛苑，以及本溪水洞、新民的沈阳西湖等。特别是"沈阳经济区"获批国家战略后，对辽宁文化产业的地区整合必将起到积极推动，全省其他地区也应建立相应的区域文化产业合作模式。

四、振兴辽宁文化产业的措施

文化资源整合是以优化、分享、合作、共赢为宗旨，从地域、主题、价值等方面进行体系性组合和配置，以提供一个多价值角度利用的资源体系，实现文化资源的互补和利益共享。文化资源整合的目的是要通过组织制度安排和管理运作协调，增强特定区域的文化发展竞争优势，提高文化服务水平和文化资源的利用。因此，整合辽宁文化资源是推进文化大发展、大繁荣的需要，是加快向文化大省、文化强省跨越的需要，是满足人民群众日益增长的精神需求，是提升文化软实力、应对金融危机、全球化的需要。整合辽宁省内内不同区域、不同主题、不同层次、不同系统的文化资源，使其处于优化配置与协调发展状态，是一项长期复杂的系统工程，应该突破行政区划壁垒、着眼整合资源、重点项目带动、打造市场主体。

（一）组建文化产业集团公司

当前，辽宁以基地建设带动文化产业发展。2008 年，沈阳棋盘山国际旅游风景区被国家文化部命名为国家文化产业示范园区；2009 年 2 月，沈阳杂技演艺集团、盘锦辽河文化产业园区、大连海昌企业发展有限公司（发现王国主题公园）入选第三批国家文化产业示范基地；沈阳市浑南新区动漫产业基地被国家新闻出版总署命名为国家动漫产业示范基地。文化基地已产生整合效应，如棋盘山建有画家俱乐部。辽宁演艺集团、杂技集团、辽宁民间艺术团的文化资源整合效应也很突出。全国各地都对文化产业发展贴息投资，辽宁省也应组建文化产业（投资）公司，进行资产重组，并力争上市，加大融资力度。我们应按照李长春同志视察辽宁提出的发挥国有文化企业主渠道、主阵地作用的要求，立足于改革推动、政策牵动、市场拉动，努力扶持做强做大几个集团。辽宁省有全国文化体制改革试点城市沈阳市和试点单位辽宁出版集团、辽宁发行集团，省级试点有辽宁歌舞团、辽宁大剧院等。与此同时，还要大力发展民营文化产业。辽宁民间艺术团、盛京古玩店、大清城文化股份有限公司等有较明显的发展潜力。要通过转变政府职能、培育文化市场、营造发展环境等措施，形成一个国有文化企业充满活力、民营文化企业蓬勃发展的良好局面。2009 年 9 月，辽宁省政府办公厅发布了《关于加快推进全省县（市、区）新华书店转企改革工作的通知》，以市为单位整合县（市、区）新华书店资源，形成统一发展战略、统一资产经营、统一人事管理、统一财务管理、统一连锁经营的县（市、区）一体的新华书店发行网络实体；引进战略投资者和有竞争力的产业合作者，对新华书店进行股份制改造。从2009年10月起，省相关部门已对对各市新华书店事转企改革工作进行检查验收。2010年初，北方联合出版传媒（集团）股份有限公司、本山传媒股份有限公司、辽宁演艺集团、辽宁北方传媒集团、沈阳出版发行集团、沈阳杂技演艺集团、大连天歌传媒股份有限公司、锦州古玩商城、沈阳电影有限公司、沈阳非凡创意动画制作有限公司荣获辽宁省首批十强文化企业称号。

（二）发挥中心城市带动作用

文化资源整合的目的是建立文化产业集群，而沈阳、大连等中心城市可以起到带动区域文化产业发展的作用。截止到2008年末，沈阳市文化市场经营业户逾5000家，从业人员6万余人，年接待文化消费者1.1亿人次，实现营业收入近30亿元。其中，民营企业占据主导地位。2009年，沈阳市城镇居民人均文化娱乐服务支出307.6元，同比增长51.8%，这表明沈阳文化产业增长空间巨大。沈阳市重点发展娱乐演出、动漫、文化旅游等四大支柱产业，要形成"一轴、两翼、三中心、四大集聚区、五大交易市场"的总体布局。"一轴"即金廊文化中轴。"两翼"是指铁西工业文化区和大东工业文化区。"三中心"是指以沈阳故宫博物院为中心的历史民俗文博中心；以西塔、太原街为中心的文化娱乐消费中心；以三好街电子科技街区为中心的科技传媒创意中心。"四大集聚区"是指东部棋盘山国际文化旅游集聚区，浑南动漫产业集聚区，西部印刷包装产业集聚区，沈北现代传媒产业集聚区。"五大市场"是指以沈河区青年大街为中心的书刊批发市场、三好街电子产品市场、以盛京古玩市场为基础的古玩艺术市场、沈阳路文化用品市场和文化人才市场。当前，一方面应通过推动文化企业事业单位体制创新，调动文化工作者的积极性；另一方面，应积极支持驻沈阳的各文化单位采取土地置换的方式，在沈阳加快辽宁艺术城、辽宁艺术大学以及辽宁体育城、辽宁体育大学的建设，为把沈阳建设成为全国一流的文化名城奠定坚实的基础。大连依托沿海城市和航运中心的优势，重点发展文化旅游、动漫游戏、文化创意等产业的发展规划，已经取得突出进展。在沈阳、大连等中心城市带动下，我省已初步形成了优势相对突出、特色比较鲜明的区域文化产业格局。

胡锦涛总书记在党的十七大政治报告中指出："当今时代，文化越来越成为民族凝聚力和创造力的重要源泉，越来越成为综合国力竞争的重要因素。"文化产业是国民经济的重要组成部分。同时，文化产业的发展也是辽宁在落实和发展科学发展方面的重要举措。只有开发好、引导好、发展好辽宁文化产业，才能使辽宁在东北老工业基地振兴战略实施过程中崭露头角。经过全省各界的共同努力，在区域产业布局上，必然会形成以沈阳为中心的新兴文化产业区；以大连为龙头的外向型文化产业区以及西部的"辽西历史文化走廊"产业带。出版印刷、影视音像、演出娱乐、文化旅游、动漫游戏等文化产业也必将在产业结构调整上成为我省经济发展的重要增长点。

（作者：牟岱，辽宁社会科学院哲学所所长，研究员）

第 二 编

辽宁省文化产业行业发展报告

行业报告一　辽宁省新闻出版业发展报告

出版业是在出版物具有商品价值以后形成的一种行业，一般指营利性的、经常性的出版事业；非营利性的出版，或无须由自己核算的委托出版，不包含在出版业之内。出版业的商品包括有形的出版物和无形的出版物批发、零售服务，出版物有报纸、期刊、图书、音像制品、电子出版物以及互联网出版物六种类型。在辽宁，这几种出版业态都有较好的发展。2009 年是《新闻出版业"十一五"发展规划》实施的第四年，我省新闻出版业发展较为平稳，基本达到规划要求，并呈现出了一些新的态势。

第一节　辽宁省新闻出版行业概况

2008 年，在形势复杂的背景下，全年没有出现炒作社会热点问题的情况，主流舆论健康向上，较好地服务了全省工作大局。北京奥运会期间，报刊舆论宣传总体平稳，营造了维护稳定、喜迎奥运的舆论环境。在抗震救灾宣传中，报刊媒体全力投入，为我省支援抗震救灾和灾后重建工作提供了强大的精神动力和舆论支持。全省新闻出版战线还踊跃为灾区捐款捐物，体现了良好的思想道德风貌。在深入学习实践科学发展观、纪念改革开放 30 周年、"保增长、扩内需、调结构"等重大宣传报道工作中，各类报刊单位集中力量，精心组织，及时准确地反应了全省各地贯彻落实中央和省委、省政府部署要求的举措、成果和经验，发挥了舆论导向的主力军作用。

2008 年全省共出版各类图书 7574 种，音像制品 2870 种，电子出版物 303 种，报纸 123 种约 19 亿份，期刊 324 种月 9000 万册，其中有一大批思想内容好、深受群众喜爱的优秀出版物。《中国改革开放 30 年》3 种出版物入选国家纪念改革开放 30 周年重点出版物；《东北老工业基地新型工业化振兴战略对策》等 3 种图书入选全国"三个一百"原创图书；《老鼠米来》入选新闻出版总署

"向少年推荐百种优秀图书";"金色乡村"出版工程首部图书正式出版,"金色夕阳"出版工程完成了 15 种图书的出版计划;全国"五个一工程"奖图书出版组织工作扎实进行,落实 30 万元启动资金,确定了 5 个重点选题;《金属学报》等 5 种期刊被 SCIE 收录,《材料科学技术(英文版)》等 11 种期刊被 EI 数据库收录;辽宁党刊集团所属《共产党员》月发行量达到 133 万册,高居全国党刊发行量榜首;在全省期刊等级评定中,有 91 种期刊被评定为省一级期刊;在第六届全省优秀音像制品和电子出版物评奖种,分别有 5 种印象制品和 3 种电子出版物获得一等奖。

2008 年,辽宁出版传媒股份有限公司通过收购、兼并、重组等市场行为,加强资本运作,整合优势资源,相继整体收购了辽宁出版集团有限公司所属三家出版社,成立了两家合资公司,并在北京设立了首家分公司,图书出版主业更加突出。最近经有关部门批准,辽宁出版传媒股份有限公司正式更名为北方联合出版传媒(集团)股份有限公司。辽宁日报传媒集团整合铁岭晚报创办了辽沈晚报铁岭版,并与铁岭日报签署了战略合作协议,迈出了新闻媒体跨区域整合资源的重要一步。作为全国首批高校出版社改革试点单位,大连理工大学出版社转制后在产业发展方面取得了积极成果。东北财经大学出版社等 4 家高校出版社于 2008 年 11 月份被列为第二批高校出版社体制改革单位。新华书店改革已经完成了调研阶段任务,初步确定了改革总体西路,全省已有 33 家市县级新华书店由事业单位转为企业。

产业发展规划思路进一步清晰,产业规模继续扩大,结构故居不断优化,保持了持续健康发展的良好态势。2008 年,全省图书实现销售码洋 17.13 亿元,音像电子出版物实现销售码洋 0.9637 亿元,报纸实现广告收入 15.86 亿元,期刊实现广告收入 0.678 亿元、销售码洋 4.08 亿元,出版物发行总码洋达到71.09 亿元,其中民营发行单位实现发行总码洋 29.29 亿元。在 2008 年北京图书订货会上,我省展团实现订货额 1.0077 亿元;在第十八届全国书市上,我省展团实现订货额 0.7031 亿元,均排全国前列。2008 年我省预计实现印刷工业总产值 240 亿元,印刷产业集约化建设步伐加快,沈阳胡台新城东北包装印刷产业园已落户中外印刷企业 48 家,开工投资 12 家,实现产值 5.2 亿元,利税 0.68 亿元。版权贸易积极开展。2008 年,全省引进版权 440 项,输出版权 93 项。在第二届辽宁印刷合作发展大会上,签订印刷项目合同额 1.8 亿元。

我省作为全国进行报刊退出机制试点地区之一,试点工作取得了积极进展,形成了试点工作方案并初步确定了指标体系。进一步加强了出版物审读工作。

2008 年，共审读图书选题 6526 种，音像和电子出版物选题 2099 种，撤销了 3 种选题；审读各类书稿 278 部，对 578 种音像和电子出版物进行了审视听；审读报刊 188 种，形成审读报告 210 余篇，出版《报刊审读通报》10 期。完善了制度管理，出台了《辽宁省重点图书选题管理办法》。加强了出版物质量检查，在新闻出版总署组织的以教辅读物为重点的图书质量检查中受到了通报表扬。大力宣传了营口市"将有害少儿读物逐出校园、社区、店档"的经验。对《辽宁老年报》等 4 家报纸出版单位在出版内容、出版形式等方面不同程度存在的违规违纪行为分别做出了相应处罚。取缔了《优客生活》等 6 种 DM 广告类非法出版物。严肃查处了全国"扫黄打非"办督办的我省非法设立《沿海时报》东北记者站案件。侦办国家出版局列为重点的网络侵权盗版案件 5 起。为成功举办北京奥运会营造良好的文化氛围，权利监控非法转播奥运赛事及相关活动的侵权行为，我省仅发生 3 次侵权，占全国总数的 1.5%；先后组织开展了一系列"扫黄打非"专项治理和出版物市场中的清查行动，全省共收缴各类非法出版物257.3 万件，查处案值及社会影响较大的制黄贩黄、非法出版案件 35 起，12 名犯罪嫌疑人被依法追究刑事责任。稳步推进全省企业软件正版化工作，授予 2 家企业为软件正版化试点单位。积极实施民族品牌版权保护战略，沈阳老边饺子集团、沈阳红药制药集团等版权集中企业的品牌及重点产品分别受到版权保护。2008 年，共为社会企事业单位和个人办理作品版权登记 777 项，计算机软件登记 12 件。

第二节　辽宁省新闻出版行业发展战略

　　辽宁地处东北，有着独特的资源优势和良好的文化基础，有深厚的文化底蕴和丰富多彩的民间艺术。辽宁是清文化的发祥地，有着独具特色的民族风情，蕴藏着丰富的历史文化资源，这些都为新闻出版业提供了广泛的出版资源。同时辽宁新闻出版行业深化体制改革，实施五大战略（即"走出去"战略、精品战略、集团化战略、科技兴业战略、人才战略）提升产业实力，新闻出版监管部门也强化监管体系建设，加大监管力度，规范市场管理，推进新闻出版行业道德建设，构建出版发行行业诚信体系，促进了五大战略的顺利实施。

一、辽宁新闻出版业"五大战略"内涵

(一)"走出去"战略

为适应经济全球化和加入世贸组织的新形势，2002年，党的十六大正式提出了"走出去"战略，即"在更大范围、更广领域和更高层次上参与国际经济技术合作和竞争"，"形成一批有实力的跨国企业和著名品牌"。2003年，在全国新闻出版局长会议上，"走出去"战略被正式确定为中国新闻出版业发展的五大战略之一。"走出去"战略，即"出版界开拓国外出版市场，利用国外出版资源、在世界范围内传播中华文化、宣传事国改革开放的巨大成就，让世界更多地了解中国"。这是中国出版业未来发展的目标。

"走出去"战略就是鼓励和支持我国出版物出口和版权输出，坚持"以进带出"，灵活运用"借船出海"和本土化策略，组织重点国际活动，推动中国出版"走出去"战略取得新突破。辽宁科技出版社按照国外订单需求出版的2008年第一批总贸易额近200万元的18种图书，开始向美国和西班牙市场输出。此外在全国保持领先地位的科技图书、美术教材、收藏系列均展示了图书方阵。我省推进实施"走出去"战略，扩大版权贸易规模，以版权等级为突破口，扩大版权登记辐射面，并在重点文化创意产业地区（园区）设立版权工作站，为扩大版权贸易奠定坚实基础；积极鼓励、支持版权输出，扩大版权输出数量，拓展境外出版物市场；培育和扶持具有较强实力和创新能力的出版单位，提升出口能力和水平，做大做强一批对外交流的出版品牌；充分利用大型国际展会平台，做好出版物对外推广交流工作，促进优秀单位与海外出版、发行、印刷企业和市场的对接。

(二)精品战略

在辽宁新闻出版产业布局中，我省加快出版产业结构和产品结构调整，重点培育一批占据行业制高点的实力雄厚、有较强竞争力的大型出版企业集团，向"专、精、特、新"方向发展，塑造自己的特色品牌，利用优势资源合理定位出版领域，打造核心竞争力。在某一专业出版领域占有较高市场份额和具有较强影响力的特色出版企业，以重点出版物与一般出版物共同繁荣、城镇出版物市场与农村出版物市场共同繁荣带动出版产业整体健康发展，大力实施精品战略，认真落实重点出版计划和重点出版工程项目，致力于打造一批"思想精深、内容精湛、制作精良"的品牌项目。目前，"金色夕阳出版工程"全面运

行，首部图书已正式出版；"金色乡村出版工程"已进入启动操作阶段；全国"五个一工程"奖、国家图书奖等重点图书选题初步确定；纪念性的相关选题已在运作；"中国形象战略丛书"和《中华大典军事典》的编辑出版工作稳步推进；并由此带动了一大批一般图书的出版，其盈利能力和整体效益也有了显著提高，较好地促进了下游出版产业的发展，重大出版项目的牵动作用初步显现。总体上，我省新闻出版业充分利用了省内文化资源优势，打造出了属于自身的图书品牌。

（三）培育大型出版企业，推进新闻出版领域改革

一是全力支持辽宁出版集团和辽宁日报传媒集团做大做强。整合全省出版资源，鼓励帮助未进入出版集团的出版社进入集团。支持出版集团进行跨地区、跨部门、跨行业兼并重组，推进跨领域、跨媒体经营。在推进全省新华书店转企业改制、实行股份制改革的基础上，支持集团参与新华书店系统的资产整合，支持鼓励辽报集团以合作出版等方式跨区域整合报业资源，推动全省报业资源整合迈出更大的步伐。二是支持并推动有实力的期刊社组建期刊集团。支持期刊集团采取统一管理、统分结合、自主经营、自负盈亏方式，集中吸纳一批期刊，逐步切断期刊对行政指令的依赖，建立期刊与市场的对接，确立期刊的市场主体地位。三是加快高校出版社转企改制，推动高校出版社全面启动股份制改造，通过强强联合，探讨组建辽宁高校出版联盟。

（四）科技兴业战略

新闻出版业以市场为标准，根据读者需要定向培育市场，创新发行思路，培育市场，培育读者群。一方面，推动以数字化发展、网络化传播为特征的数字出版产业的发展。通过制定发展规划、完善政策保障、建立激励机制，为数字出版产业发展创造良好的外部条件。另一方面，加快图书、报纸、期刊等传统出版产业与新兴数字出版产业的融合发展，推进复合出版，扩大传统出版业态跨媒体出版的试点。传统出版产业单位利用主流出版媒体的资源优势，通过主动研发，积极发展网络出版、电子图书、手机报、网络 等新型出版业态，扩大主流媒体的影响力，拓展新的发展空间。

（五）人才战略

新闻出版总署署长柳斌杰在接受访时强调，新闻出版业的核心竞争力是"人脑＋电脑"，归根结底在"人脑"。新闻出版行业是积累文化、创新知识、传播信息、记录历史的行业，是知识密集型产业，人才是新闻出版行业的核心竞争力。要实现新闻出版业大发展大繁荣，必须把人才队伍建设放在最重要的

位置，培养适应现代出版业需求的出版、管理、营销和专业技术人才资源。

人才因素是出版业成败的关键。对出版社而言，没有好的编辑队伍就没有好的选题，没有好的经营管理队伍就没有高质量的图书产品和骄人的销售业绩。当前我省新闻出版业内人员组成结构单一，可以用"三多三少一奇缺"来比喻。所谓"三多三少一奇缺"即采编人员多，经营人才少；一般采编人员多、有策划能力的采编人员少；传统管理人员多，懂得现代企业制度的管理人才少；既具备出版专业知识又懂经营的复合型人才奇缺。当前，出版业的竞争日趋激烈，出版业越来越需要一大批既熟悉市场又精于编辑业务的复合型人才。

2008 年我省积极参与国家新闻出版总署的"人才兴业战略"，一方面对新闻出版从业人员开展专业教育和培训，提高新闻记者、编辑、设计、出版管理人员、印刷复制业务骨干和数字出版相关专业技术人员的专业知识水平和实际业务能力，为我省新闻出版业的大发展大繁荣提供人才保障和智力支持；另一方面，积极引进培养业外人员，我省采取了定向培养、公开招聘、业外引进等诸多切实可行的措施，逐步扩大新闻出版的专业队伍。今后我省还将继续实施以高层次人才和高技能人才为重点的新闻出版队伍建设计划。

二、辽宁新闻出版业实施"五大战略"的目标

实施"五大战略"，目标在于全面深化新闻出版体制改革，在政府主导下加快推动经营性单位和公益性单位改革，进一步理顺发行体制机制，通过重点出版项目、集约化建设、新兴出版产业来推动产业发展。辽宁按照"区别对待、分类指导，循序渐进、逐步推开"的原则，开展经营性新闻出版单位和公益性新闻出版单位改革的改制，推进经营性出版社转企改制的步伐，完成高校出版社和城市出版社转企改制任务，积极推进经营性报刊改革，推动部分有实力的期刊进行资源整合、重组。目前，我省尚未完成转企改制的 31 家市县级新华书店计划在 2009 年上半年完成转企改制任务。同时，进一步整合全省报刊发行资源，规范报刊分销渠道，加强全省城市报刊零售体系建设；强化对重点城市发行市场的规范和整合，打造区域性大型出版物批销市场，避免重复建设和恶性竞争；进一步加大对民营书业的扶持和培育力度，把民营书业发展纳入全省出版物发行体系建设总体规划。

辽宁着力培育大型出版企业做大做强，进一步壮大新闻出版产业实力。辽宁出版集团参与出版发行单位的股份制改造和资产整合；辽宁日报传媒集团以

合作出版等方式跨区域整合报业资源，推动全省报业资源整合迈出更大步伐。辽宁以重点出版项目带动产业发展，加快出版产业结构和产品结构调整，逐步调整经营思路，以重点出版项目为牵引，提高一般出版物的赢利能力和整体效益；以集约化建设带动产业发展，加快转变新闻出版产业发展方式，推动产业结构优化升级，提高产业集中度和集约化经营水平，加强新闻出版产业带、产业园区和产业基地建设，尽快形成有规模、有影响的产业集群。在重点推进印刷产业集群建设方面，分别规划建设以沈阳、大连、鞍山、锦州为核心，结合本地区印刷产业实际，具有一定规模的印刷产业集群。同时，发挥产业园区的聚集和辐射作用，带动相关产业发展。继续加快推进沈阳胡台新城东北包装印刷产业园建设；以新兴出版产业推动产业发展，通过制定发展规划、完善政策保障、建立激励机制，为数字出版产业发展创造良好的外部条件。此外，以"走出去"战略拉动产业发展，支持和引导版权贸易活动的开展，重点做好版权输出工作，努力改变版权贸易逆差的局面；培育和扶持具有较强实力和创新能力的出版企业，提升出口能力和水平，做大做强一批外向型出版品牌。

三、辽宁新闻出版业实施"五大战略"的保障

实施"五大战略"，需要强化监管体系建设，提高新闻出版监管水平。第一，进一步完善新闻出版管理规章制度，规范管理行为和工作流程，努力构建科学有效、封闭完善的监管体系，重点加强报刊监管体系建设。辽宁推进新闻出版行业监管制度和标准建设，制定了《辽宁省出版通气会制度》、《辽宁省出版阅评制度》、《辽宁省新闻出版局行政处罚自由裁量权指导标准》等规章制度。第二，加快推进管理创新，健全市场管理机制和手段。做好全国报刊退出机制试点工作，研究确立以市场化指标为依据的报刊市场退出管理模式，并逐步探索建立新闻出版各领域的准入和退出机制。第三，建立出版市场监管长效机制，加强出版物市场监管，进一步完善建立版权保护和"扫黄打非"各项工作制度机制，保持"扫黄打非"高压态势，推进"'扫黄打非'进社区"和"将盗版教材赶出校园"工作。第四，针对数字和网络技术广泛应用带来的监管问题，探索新的管理思路，改进管理方法，重点开展网络出版监管体系建设工作，强化版权保护，以打击网络侵权盗版和非法预装计算机软件为重点，开展版权执法监管，推动省属企业、市属企业、大型民营企业使用正版软件。

强化行业道德建设，构建出版发行行业诚信体系。第一，在全行业开展诚

信宣传教育，努力培育出版发行经营者的法律意识、诚信意识和责任意识，提高出版发行企业的信用风险防范和自我保护能力。第二，建立以企业（法人）准入、市场准入、职业准入、岗位准入为基础的出版业准入制度，加快建立有利于行业发展的出版物公平交易规则，形成完善的信用服务体系和失信惩戒机制，建立出版发行企业诚信档案和数据库。第三，加强市场监管力度，培育出版物市场长效监管的各项工作，严厉打击各类违法违规行为。推行政务公开，抓好政府门户网站的建设，完善审批制度，推进行政权力公开透明运行。第四，加强企业文化建设和品牌建设，树立良好的市场形象。鼓励有实力、讲信誉的企业跨地区兼并重组，尽快改变发行资源分散、竞争水平低下的状况，为诚信体系建设提供良好的产业环境。第五，推广《图书流通信息交换规则》等发行标准，加紧发行术语标准等各项标准的制定，搭建全国统一的、贯通上下游的出版发行行业信息交换平台，建立及时有效地信息交流机制，营造公开透明的经营环境。第六，讲诚信体系建设工作与党建工作、行政工作、业务工作、监察工作密切结合起来。充分发挥行业协会在出版发行业诚信体系建设中的积极作用，组织开展社店互评活动，推广使用规范合同文本。

第三节　辽宁省新闻出版行业的公共服务工程

2008年，辽宁新闻出版行业不断完善公共文化服务体系，推出农家书屋工程、"金色夕阳"出版工程、"金色乡村"出版工程，多出好书，多出精品，丰富文化市场，提升新闻出版行业的服务能力，扎实推进产业建设。

一、农家书屋工程

农家书屋工程是社会主义新农村文化建设的基础性工程，是农村公共文化服务体系建设的重要方面，是受到农民欢迎的一项利国惠民的德政工程和民生工程。农家书屋是由政府规划主导、社会各方参与、农民自主管理的，建在行政村上的公用文化设施。实施农家书屋工程是从根本上解决广大农民群众看书难、借书难、看报难、音像制品少的问题，满足农民求知成才和丰富精神文化生活的愿望，保障人民群众基本文化权益的一项重要举措。农家书屋工程与农村乡镇综合文化站和村文化活动室建设工程、文化信息资源共享工程、广播电视村村通工程、农村电影放映工程一同被列为辽宁省农村公共文化服务五大重点工程。

党的十七大提出坚持社会主义先进文化的前进方向，兴起社会主义文化建设新高潮，推动社会主义文化大发展大繁荣。这个大发展大繁荣包括农村文化和新闻出版业。农村文化建设是社会主义文化大发展大繁荣的重要内容，没有农村文化的大发展大繁荣，也谈不上社会主义文化的大发展大繁荣。当前，城乡文化发展水平还存在较大差距，农村文化基础设施落后，文化产品和文化服务供给不足，农民业余文化生活还很贫乏。在这种情况下，农家书屋工程面临着加快建设进度和充分发挥作用的更迫切要求。我们要借助农家书屋贴近基层、贴近农民这个优势，进一步继承和发扬中华优秀传统文化，传播社会主义先进文化。要通过农家书屋，为更多的农民群众提供优秀的文化产品，使农民的基本文化权益得到更好保障。新闻出版业的大发展大繁荣需要农村这个阵地和广阔市场，所以，农家书屋工程在让农村文化建设与整个社会主义文化大发展大繁荣的要求相适应的同时，也给新闻出版业开拓了农村市场，从而也带动社会主义新闻出版业大发展大繁荣。

在"农家书屋"工程实施过程中，我省科学合理制定规划，因地制宜建设书屋，并按照群众的需要给书屋配备群众"看得懂、用得上、留得住"的出版物。配备书屋管理员以加强书屋管理，制定和完善书屋各项管理制度，保证农家书屋规范运行。各地结合本地区实际情况，制定了一系列农家书屋管理制度，包括书屋管理规定、出版物借阅制度、管理员岗位职责等，一些地方还制定了考核制度，并且做到制度上墙，接受村民的监督。同时，不断创新农家书屋服务方式，探索书屋发展的长效机制，各地依托农家书屋开展了形式多样的文化活动，充分调动起广大农民群众读书用书的热情，并丰富了农民群众的业余文化生活。2008年，辽宁省省财政部门安排1500万元专项资金用于2008年全省农家书屋工程建设，14个市的90个区、县（市）所辖的行政村建设了1800个农家书屋，大大丰富了农民的业余文化生活。2009年，辽宁省将统筹资金、统配资源、整体推进"农家书屋"工程，在"十一五"期间实现全省行政村100%覆盖五大公共文化服务项目的目标。

二、"金色夕阳"出版工程

党的十七大提出了推进社会主义文化大发展大繁荣的目标，我省新闻出版行业积极满足广大人民群众不同层面的丰富多样的精神文化需求。我省关注老年群体，就是要为老年群体中的优秀分子提供表现的舞台，"金色夕阳"出版工程是适应老年群体精神文化需求的有利探索和大胆实践。"金色夕阳"出版工程专门针对老年群体设立公益性图书出版项目，不仅是我省首创，在全国也是独一无二。2008年"金色夕阳"出版工程以科学发展观为指导，遵循图书出版规律，不断打造品牌形象，全力促进出版产业的繁荣和发展。

"金色夕阳"出版工程是探索公益性图书出版的新模式。随着文化体制改革的不断深化，图书出版的市场化程度不断提高，合理追求经济效益成为图书出版单位的必然选择。公益性出版成为社会主义市场经济条件下的图书出版形式的有益补充。"金色夕阳"出版工程通过政府扶持，社会资助的方式，对图书出版给予基础性补贴，对所出版图书进行无偿捐赠，同时明确不向作者支付任何稿酬。这种由政府、社会和个人共同参与的出版活动，始终将社会效益放在首位，致力于整理、继承和传播老一辈智慧和精神，可以说是一举多得的文化活动。"金色夕阳"出版工程带动了出版产业项目的发展。产业概念的引入和提出将出版的社会效益和经济效益有机结合在一起。在科学指导出版产业发展进程中，需要综合利用各种手段和方法，设立项目为产业发展提供了新思路。"金色夕阳"出版工程设立了文学、艺术、学术三大系列，每年计划出版图书10—15种，这种在充分论证基础上进行的出版活动，不仅丰富我省图书出版种类，开辟老年图书市场，而且也对出版单位抓项目、上项目起到了示范和引导作用。

为进一步推进全省和谐文化建设，促进我省文化事业和出版事业的繁荣发展，切实解决老干部、老知识分子、老文艺家出书难的问题，在科学发展观指导下，2008年我省设立了"金色夕阳"出版工程。截至目前，已正式出版图书6种，另有近10部书稿在编辑出版过程中。"金色夕阳"出版工程具有重要的现实意义和指导意义。

三、"金色乡村"出版工程

2008年，辽宁省新闻出版局立项的"金色乡村"出版工程已全面启动。工程根据辽宁省14个市的不同地域、不同特点，每市将出版一本面向当地农民的生产、生活实用宝典，为广大农民提供科学知识和致富信息。

"金色乡村"出版工程计划每年出版一套丛书。丛书按全省行政区域划分，共包含14册。图书既有针对全省农户的共性信息，如政策法规、生活常识等，注重突出地区差异，选择适合本地农村特点的有用信息，如致富典范、务工信息等。每本图书365页，大32开，20万字。所出版丛书，主要采取赠送的方式发放到辽宁省各市的农家书屋以及农户手中。

注重突出地区差异是"金色乡村"出版工程的最大特点。伴随着辽宁老工业基地的全面振兴以及辽宁农业经济发展的全面提速，农民的收入正不断增加，对精神文化的需求也日益提高。"金色乡村"出版工程拟根据全省14个市的不同地域、不同情况，汇集当地农民最需要、最有用的信息，每市出版一本面向当地农民家庭的生活百科实用宝典，使农民在读书中获得发家致富本领、学会健康生活。"金色乡村"出版工程的经费来源以政府扶持为主，社会资助为辅。为保证工程质量，将采取先行试点，再逐步推开的方式运行。2008年出版一本《辽宁农民致富手册》，赠送到全省农家书屋和惠民书屋，预计印刷5000册。9月"金色乡村"出版工程首部图书正式出版，全年"金色夕阳"出版工程完成了15种图书的出版计划。

第四节　辽宁省新闻出版行业的产业发展

辽宁新闻出版行业适应为了适应激烈的市场竞争，积极探索提升自身核心竞争力的途径。在长期的实践中，辽宁新闻出版行业整合出版资源，积极鼓励出版企业重组上市，不断提升出版企业的集群程度，专业化出版竞争格局初现端倪。

一、以结构调整进行资源整合

辽宁现有新闻出版业大力推进产业的结构调整，以培育有竞争力的文化企业集团为重点，推动企业间的兼并和重组，调整产品结构、实现规模化经营，通过组建跨媒体、跨行业、跨地域的传媒集团，最大限度地提高文化资源的利用率，力求尽快做大、做强。根据国内外新闻出版业大集团发展的经验，辽宁结合实际情况，以行业龙头企业为试点，率先实施跨行业、跨地区、跨所有制的规模扩张。经过多年的发展，辽宁新闻出版业形成了辽宁日报报业集团、沈阳日报报业集团、辽宁出版集团等大型企业集团，优化了资源配置，增强了市场竞争力。

（一）出版业集团化典型企业

辽宁出版集团于 2000 年 3 月成立，作为全国出版改革试点单位，我国第一家按照现代企业制度模式建立起来的出版集团，创造了出版界的多项"第一"，在全国出版界引起强烈反响。辽宁出版集团坚持质量效益的发展战略，树立品牌意识，提升主业核心竞争力，强化重点图书的策划出版，一批叫好又叫座的图书批量问世。辽宁出版集团公司成立以来，出版"效率"和"效益"显著提高：集团公司已有 454 种图书获得省部级以上图书奖；新书再版率达到 64.1%，高出全国平均再版率 10 个百分点；单本图书发行量在 5 万册以上的有 707 种；有 123 种进入全国不同类别畅销书排行榜，在国内最大规模的北京图书订货会上，辽宁出版集团公司版图书的订货额已连续 5 年名列全国前茅。2005 年 5 月全球著名传媒企业与辽宁出版集团合作成立辽宁贝塔斯曼图书发行有限公司，这是我国加人世界贸易组织后，第一家由国有资本与外资共同组建的图书发行公司。

（二）报业集团化典型企业

辽宁日报报业集团和沈阳日报报业集团于 1999 年 12 月 15 日成立，是在全国率先成立并迅速发展壮大的报业集团。

（三）发行业集团化典型企业

辽宁发行集团公司从辽宁出版集团现行体制中分离，于 2004 年 4 月 29 日成立，成为法人实体和市场主体，由辽宁出版集团对其实行控股，以资产和股权关系进行管理和经营。辽宁发行集团公司是中央文化体制改革试点单位之一，独立运营后，将"立足本省，辐射东北，面向全国"，迅速建立科学、合理的现代出版物连锁经营体系和物流产业链，尽快建设成为具有较强竞争力的跨地区、跨行业、跨所有制、跨国经营的大型出版物分销产业集团。

（四）印刷业集团化典型企业

辽宁印刷集团公司从辽宁出版集团现行体制中分离，于 2004 年 4 月 29 日成立，成为法人实体和市场主体，由辽宁出版集团对其实行控股，以资产和股权关系进行管理和经营。辽宁印刷集团公司通过对所属印刷企业的资源整合和专业化分工，有效盘活存量资产，不断提高产业集中度和集约化经营水平，形成规模优势，加速实施股份制改造，推动跨地区、跨行业的兼并和联合，迅速增强竞争力和整体实力，快速发展成为在北方起主导作用、在全国有重要影响和示范效应的大型印务产业集团。

二、以重组上市扩大融资渠道

近年，出版业上市步伐开始加快，掀起一轮直接融资热潮。2007年12月21日，北方联合出版传媒（集团）股份有限公司（原辽宁出版传媒股份有限公司）是中国第一家编辑业务与经营业务合并，实现整体上市的出版企业，堪称真正意义上的"中国出版传媒第一股"。

辽宁出版传媒上市后，加快实施了"出版策划"项目，建立起对国内优质出版资源的综合性并购和开发机制，通过与国内知名出版策划人和有显著成就的出版企业家及其团队的联手合作，出版传媒已经取得主业强势发展的新活力，所形成的稳健、可持续快速增长能力正在明显体现。目前，已与遍布世界主要国家的近500位作者建立起合作，内容资源广涉建筑、景观、平面、包装等各领域。为了掌握图书出版产业链条中盈利丰厚的发行环节，出版传媒与十几家国外图书销售机构达成销售代理合作。

并购优质出版资源是辽宁出版传媒股份有限公司成功上市后的重要发展战略。日前，辽宁出版传媒旗下万卷出版有限公司先后在上海、北京成立了三家分公司，即辽宁万榕书业发展有限公司（上海）、智品书业（北京）有限公司和万邦（北京）书业发展分公司，并成功签约国内颇有影响的知名出版策划职业经理人汪俊出任万邦书业总经理。辽宁出版传媒通过对国内畅销书和常销书市场的充分调研与分析，以经营业绩、资源储备、发展潜能的综合审核与测定为依据，确定了并购和合作目标群；通过强有力的项目投资及运营控制机制，促进了一大批在国内具有较强市场号召力的知名出版策划人，以及出版策划人所拥有的作家资源、畅销书和常销书选题资源、品牌资源、渠道资源，开始向辽宁出版传媒集中集结，辽宁出版传媒的畅销和常销产品群、品牌阵容和市场份额在不断实现新扩容。

万卷出版公司作为辽宁出版传媒上市募集资金项目之一的"出版策划"项目的实施主体，前三季度销售收入同比增长155.97%，在全国同类出版社市场排名中提升10个位次，出版的《离歌1》、《杂的文》、《七喜》、《黄帝内经》等图书成为颇受市场欢迎的畅销品种。

万卷出版公司建万邦（北京）书业发展分公司，是辽宁出版传媒创新出版体制的又一新模式。万邦书业分公司整合"北京邦道图书公司"的相关资源，以社会科学、生活健康、漫画绘本等领域为主要拓展方向，策划的《柏杨白话版资治通鉴》、《沈从文全集》、《周国平散文系列》等一系列常销书经重新改版制作非常受消费者欢迎。同时，由万邦书业公司策划拟引进的日本讲谈社系列绘本图书也为万卷出版公司开辟新的出版领域搭建了高起点平台。

辽宁出版传媒股份有限公司 2008 年 6 月 29 日以总金额 2797.70 万元人民币整体收购辽宁出版集团有限公司所属的辽宁少年儿童出版社有限责任公司、春风文艺出版社有限责任公司和辽宁音像出版社有限责任公司。收购后出版传媒在文学图书、少儿图书等大众出版领域需求最旺盛的细分市场中增加了新实力。2008 年上半年在全国少儿常销书排行榜中有 7 种图书进入低幼图书前 30 名，低幼启蒙图书在全国专业少儿出版社市场码洋排行榜中名列第一。青春文学、儿童读物成为出版传媒新的增长点。

辽宁出版传媒 2008 年上半年的图书市场占有率和品牌影响力均有显著增长，图书的可持续盈利能力稳步提高。上半年图书再版率为 63%，较上年同期提高了 5 个百分点。其中，辽宁美术出版社的全国美术高校教材再版率达到 78.7%；辽海出版社图书再版率达到 82.1%。随着出版策划能力的提高，各出版社上半年利润有较大的增幅。辽宁电子出版社增长 13.67%，辽海出版社增长 14.8%，辽宁美术出版社增长 43.11%，万卷出版公司增长 107.12%。

2008 年是辽宁出版传媒股份有限公司作为"中国出版传媒第一股"上市后的第一个年头。8 月 26 日，出版传媒（601999）发布的 2008 年中报显示，公司上半年实现主营业务收入同比增长 19.43%，是去年全国出版业销售收入平均增长率的 3.3 倍；实现营业利润较上年同期增长 52.07%；实现归属于上市公司股东的净利润较上年同期增长 11.72%。中报表明，辽宁出版传媒上市后已充分显现坚持主业发展和持续快速增长的能力。

三、以差异化竞争开发消费市场

专业出版与大众出版、教育出版共同构成出版产业三大板块。随着科学的发展、社会分工的日益细分，专业出版的市场规模也必将越来越大。专业出版社对市场进行深度细分，不仅使目标读者更明确，营销更方便，出版更为有效，而且更易于占据行业优势，培育知名品牌。具有了行业优势的出版社专业水平最高，在本领域中拥有最权威的发言权，因而可以扩大延伸出版物的服务功能。例如，专业出版中的"三农"图书板块，就非常具有代表性。中央有关加强农村工作的"一号文件"就是出版单位把握"三农"图书出版方向的重要依据；

而中央的农村工作政策所产生、带动的市场需求，也极大地推动了"三农"图书出版。当前，中央把发展现代农业作为新农村建设的着力点，并将农家书屋工程写进了政府工作报告。在这一精神的指引下，出版单位围绕农业科技自主创新能力、大力发展特色农业、培养新型农民等主题组织出版了大量"三农"图书。例如辽宁科学技术出版社2008年出版的《辽宁农民致富手册》，被中宣部、新闻出版总署、农业部联合评定为"三农"优秀图书，已出版的品种中有三分之二重印，得到了农民读者的喜爱和好评。

专业出版在重大文化积累、重大学术价值、重大社会影响的图书出版方面，可以纳入国家创新体系，推进重点科研成果的转化。通过这种结合，既保障了出版资源，又可以借势推动出版事业本身的发展。

辽宁出版传媒成功上市后，按照募集资金投向图书出版发行主营业务的发展规划，充分利用已经获得的资本实力，优化选题结构，强化市场导向，打造品牌原创；以选题创新、编排创新、营销创新、市场创新等多个角度，加大对出版创新的投入，涌现出一大批具有独特卖点和鲜明特质的图书，进而与市场同类书实现差异化竞争，市场和渠道也由此得到新的扩展。重点打造青春文学畅销书领军写手韩寒、饶雪漫，著名心理健康问题专家杨凤池等一批畅销书作者，以及"贝榕文化"、"同源文化"、"轻小说"、"金甲虫"等国内著名的畅销书写作和经营团队，从而进一步强化出版主业，扩充优势出版资源，扩大在内容经营领域的强力与强势，为出版传媒主营业务持续增长带来新动力。

辽宁科学技术出版社以小众化、高端化促进产品和市场差异化发展，在大众生活图书品种丰富、供需活跃的市场竞争格局中形成新的发展优势。推出的《跟时尚明星去旅游》、《肠内减肥革命》、望眼望手等中医普及丛书和时尚家庭厨房之烘培系列，运动、休闲等不同装修主题的家居设计系列等大众生活实用书，皆因其独特的产品选题切入视角而赋予图书鲜明的个性，并广受市场关注。该社最有代表性的建筑设计类图书，通过市场创新，使产品的产出效益和效率继续居业界领先水平。采用国际组稿方式，根据国际订单需求推出的《牛仔裤设计》、《纺织品图案设计》、《手提袋设计》等细分平面设计产品，汇集了各领域中国际著名或知名设计师的代表性作品，并采取中文版和外文版同时推出的"共版出版"方式同时进入了国内、国外两个市场。

辽海出版社近期重点打造的"古代书法名家经典系列"图书，则突出了古籍线装、典藏名品的产品特性，一举在高端图书消费领域拓展了优势。辽宁贝塔斯曼图书发行有限公司以"跨国出版品牌 + 主题热销领域"的系列书品牌营销新概念,将策划并发行的《杀手的眼泪》、《35公斤的希望》等一大批国外畅销新书,分别集结在"贝塔斯曼幻想书屋"、"贝塔斯曼少年成长系列"等品牌板块中,图书品牌因与跨国出版品牌实现新的融合而十分惹眼。新书在品牌的推动下,开始登陆各地畅销书排行榜。辽宁美术出版社在稳固艺术高校美术与设计教材经营优势的基础上,实施产品线延伸开发,重点经营高考板块图书。此板块相继推出"评卷老师谈高考"系列,已出版的清华大学美术学院和中央美术学院名师谈高考等两套八个品种,以"图书精选优秀试卷、光盘收录名师点评"的书配盘组合,为投考美术名校的考生提供了最贴心的升学向导,成为应季热销出版物。

第五节 辽宁省新闻出版行业的市场营销

新闻出版行业是文化产业的一个分支,实现盈利是产业持续、健康发展的前提。现代出版业是以市场为导向的出版业,经过多年的发展,辽宁新闻出版行业比较清晰地呈现出大众图书市场、教育图书市场和专业图书市场的基本划分,目前在传统营销模式与网络营销模式都暴露出了一些问题,应尽快建立高效、合理的出版业营销模式,推动新闻出版行业的发展。

一、辽宁新闻出版业销售现状分析

当前,辽宁新闻出版业的发展面临全新的挑战和机遇。一方面,应以市场为导向推动新闻出版业的健康发展。首先,新闻出版业的发展应该重视开拓农村市场,抓住建设"农家书屋"的机遇。当前,国家出台了扩大内需的政策,强调要改善民生,进一步改善城乡居民的生活条件,把民生工程作为扩大内需的重点领域。广大城乡居民收入增加,生活条件改善,必然会提高消费能力,从而增加对文化产品的需求,促使农家书屋建设提速。新闻出版业应该针对这一现状,在选题策划、市场营销等方面适度调整发展战略,重视开拓农村市场。2008年我省协调省财政部门安排1500万元专项资金用于农家书屋工程建设,协调省政府采购中心完成2008年农家书屋工程所需出版物供应商资格认定,指导各市开展农家书屋出版物采购及配供。其次,经济危机使得经济领域成为大众关注热点，出版社应该根据读者的阅读诉求，调整选题和出版计划，着力出版、及时推出因金融危机而催生的金融、理财类等"话题式非虚构类图书"，有意识地加大有关金融、理财等经营管理方面图书的出版发行力度。再次，面对消费市场的萎缩，我省新闻出版业应该积极争取国家相关文化发展基金，多渠道吸引民间资本的注入，设立风险投资、融资担保制度，以此来保障相关图书的及时出版。如为支持新农村建设，充实"农家书屋"，出版企业可以争取国家相关文化发展基金，也可以建议政府相关部门设立"农家书屋出版基金"，支持农家书系出版。另一方面，新闻出版监管部门应积极为行业的发展创造有利环境。2008 年，辽宁省成功举办首届东北地区印刷合作发展峰会、第二届辽宁印刷合作发展大会，签订印刷项目合同金额达 1.8 亿元，意向合同金额 7000 万元。辽宁省积极组织出版发行单位参加大型图书及版权展示交易活动，在 2008 北京图书订货会上，辽宁展团实现订货额 10077 万元，在第十八届全国书市上，辽宁展团实现订货额 7031 万元，均排在全国前列。

二、以网络营销模式促进辽宁新闻出版发展

随着现代科学技术的迅猛发展、计算机普及率的快速提高以及人们生活节奏的加快，出版物的传统营销模式发生了深刻变化。在网络这个开放的环境下，多种元素是互补的，电子书和传统书、店铺发行和网上书店都在有机地融合。网络环境让传统出版物发行有了更多、更快、更便利的发行模式，我省新闻出版业对网络的利用并不充分，只涉足电子商务和网站建设，对网络的其他产品，以及网络及时、一对一、跨时间、跨空间等特性，并没有充分利用，因此在制定出版物发行战略时，要把网络的特性融合进来，促进更多的出版物销售和建立更好的品牌效应。

网络营销是新闻出版业整体营销战略的一个组成部分，是建立在互联网基础之上，借助于互联网来实现一定营销目标的一种营销手段。网络营销贯穿于出版业经营的整个过程中，包括市场调查、客户分析、产品开发、流程再造、销售策略、售后服务、反馈改进等环节。网络营销以现代营销理论为基础，由传统营销注重以推销产品为中心的"4P"即产品（product）、价格（price）、渠道（place）、促销（promotion），转向注重以满足读者需求为中心的"4C"即客户（customer）、成本（cost）、方便性（convenience）、沟通（communication）。网络营销具有广域性、实时性、互动性、可扩展性等特点，正日益成为出版业

参与市场竞争的重要手段，被誉为21世纪的主流营销。

第一，价格策略。图书价格是否定得适当，会直接影响图书产品在市场上的竞争地位和市场占有率。因此，出版业要充分掌握读者购买信息，使买卖双方能够相互充分沟通。一是让读者参与定价。可以设立网上价格讨论区，以便了解读者的价格承受能力，为制定和调整价格策略提供参考。二是要降低图书成本。出版业可通过网络了解竞争对手的定价情况及读者的需求情况，从而获得读者认同的图书产品价格。

第二，促销策略。出版业网络促销策略的出发点是充分利用网络的优势，通过"软营销"实现与读者的高效沟通。一是网络广告促销。出版业可利用报纸、杂志、广播、电视等媒体，加大对网站的宣传力度，利用网络论坛、邮件、清单、新闻组等网络手段，获得读者对书业及竞争对手的评价等各种信息。二是开展网络公关，宣传出版文化和经营理念，以增强读者对书业及其产品的忠诚度。可举行丰富多彩的网上联谊活动，吸引读者经常参与，扩大出版业的知名度。

第三，渠道策略。网络营销一方面可充分考虑传统的图书营销渠道，另一方面主要选择配送的物流中心或代理商。出版业必须有效评估和调整网络渠道和传统渠道，采用复合营销，实现二者的无缝对接，在目标市场建立图书物流配送体系或选择合理的销售代理网点，保证渠道畅通，送货及时。开发网上支付系统，使读者轻松在网上购物、结算。

三、以绩效评估体系优化库存管理

第一，实现信息共享。共享的信息包括销售、库存、货运等信息。必须实现我省图书业的标准化建设，在开放的互联网平台上实现整个供应链信息系统的互联，使供应链各结点共享最下游结点的POS系统的图书实时销售信息以及各级结点的库存信息、货运信息，减少信息在多级中的失真、扭曲放大现象，为各级结点准确、科学的预测提供客观的数据。

第二，优化库存管理。其方法是采用合作管理库存的管理思想，如目前国外流行的供应商管理库存（VMI）或联合库存管理（JMI）。VMI是由供应商代理用户直接管理下游客户库存，一旦发现下游客户库存不足，马上实施供货，但在VMI系统中，库存费用、运输费用和意外损失（如物品毁坏）完全由供应商承担，没有形成风险共担的合理机制；联合库存管理克服了供应商管理库存缺少风险共担的不合理机制,实行供应商与销售商权利责任平衡、风险分担的库存管理模式,它在供应商与销售商之间建立起合理的库存成本、运输成本与竞争性库存损失的分担机制,将供应商全责转化为各销售商的部分责任,从而使双方成本和风险共担,利益共享,有利于形成成本、风险与效益平衡机制。这两种方法各有一定的利弊,但均能有效抑制牛鞭效应现象,值得我国图书供应链中的各结点企业借鉴。

第三,建立有效的契约保证。在西方发达国家,其图书供应链上各方均已形成有效的契约保证,如德国的图书供应链有着非常稳定的企业合作关系,英国的图书供应链系统借助于英国出版商协会和英国图书商协会制定行业交易标准以共同执行。合理的契约约束机制可从道德和法律上有力地巩固图书供应链上下游结点企业之间的忠诚度、业务协调度,有利于减少牛鞭效应。

第四,建立绩效评估体系。图书供应链的绩效评估体系包含有两个部分,即供应链整体绩效评估和供应链中结点企业的绩效评估。评价指标不仅含有经济指标,也有非经济指标。良好的供应链绩效评估体系的建立有利于淘汰供应链中绩效不良结点(瓶颈企业),有利于建立完整、强大、敏捷的供应链。未来的市场竞争不再是企业与企业的竞争,而是供应链与供应链的竞争。通过绩效评估体系优化的供应链将能快速地响应客户需求,把库存尽量压缩为"在途库存",其是减少牛鞭效应现象的必备条件,也是激励我国图书业自我改革、不断提高,尽快与国际接轨、竞争的有效手段。

第五,供应链结构合理。根据信息学的原理,信息链路越长,则信息失真度越大。供应链也是如此,供应链越长,则链上的结点(企业)越多,结点与结点之间的传输距离越长,则会增加牛鞭效应现象。因此,适度地控制供应链的长度有助于减少牛鞭效应现象,如网上直销就是在缩短供应链的长度,从而达到减少牛鞭效应现象的营销方法,当当书店就是这方面的成功典范。

第六节 辽宁省新闻出版行业的发展目标

全省新闻出版工作要按照"高举旗帜,围绕大局,服务人民,改革创新"的要求,以深化改革为手段,以项目建设为抓手,以强化监管为保证,以科学发展为目标,以保障民生为根本,加快发展方式转变,加快产业结构调整,继续保持和巩固全省新闻出版业又好又快发展的势头，为确保全省经济平稳较快发展、加快实现辽宁全面振兴作贡献。

一、强化舆论引导，培育大型新闻出版集团

从维护国家利益的高度，时刻把坚持正确导向放在首位，进一步增强坚持正确导向的自觉性、坚定性，确保舆论安全，为经济社会发展提供良好舆论环境。时刻分析掌握舆论传播特点，处理好舆论开放与舆论管理之间的关系。着力加强和改进出版物市场监管，用主流出版物、主流舆论占领市场、引导读者。推动新闻出版行业发展，通过发展来壮大主流媒体实力，扩大主流渠道影响，放大主流舆论声音。重视并鼓励网络出版、手机报等新型出版业态发展，使网络等新型媒体成为拓展舆论引导空间的有效平台。紧紧围绕中央和省委、省政府中心工作开展舆论宣传，重点为贯彻落实中央和省委、省政府关于扩大内需、促进增长的决策部署做好服务，积极提供思想舆论支持。

着力培育大型出版企业，重点支持辽宁出版集团、辽宁日报传媒集团、辽宁党刊集团做大做强。支持辽宁出版集团参与出版发行单位的股份制改造和资产整合。推进辽宁日报传媒集团以合作出版等方式跨区域整合报业资源，推动全省报业资源整合迈出更大步伐。加快推动经营性单位和公益性单位改革。按照总署要求在年内完成高校出版社和城市出版社转企改制任务。推进经营性报刊改革，推动部分有实力的期刊进行资源整合、重组，建立强势期刊群。真正理顺发行体制机制。推动尚未完成转企改制的 31 家市县级新华书店在上半年完成转企改制任务。加强全省城市报刊零售体系建设。强化对重点城市发行市场的规范和整合。把民营书业发展纳入全省出版物发行体系建设总体规划。

二、壮大产业实力，加快公共服务体系建设

加快出版产业结构和产品结构调整，逐步调整经营思路，以重点出版项目为牵引，提高一般出版物的盈利能力和整体效益。重点扶持"金色夕阳"出版工程、"金色乡村"出版工程、《辽宁通史》、《共和国颂》等大型出版项目实施。推进印刷产业集群建设，分别规划建设以沈阳、大连、鞍山、锦州为核心，结合本地区印刷产业实际，具有一定规模的印刷产业集群。继续加快推进沈阳胡台新城东北包装印刷产业园建设。规划建设北方出版产业园。加快图书、报纸、期刊等传统出版产业与新兴数字出版产业的融合发展，推进复合出版，扩

大传统出版业态跨媒体出版的试点工作。积极发展网络出版、电子图书、手机报、网络游戏等新型出版业态。支持和引导版权贸易活动开展，重点做好版权输出工作。培育和扶持具有较强实力和创新能力的出版企业，提升出口能力和水平，做大做强一批外向型出版品牌。充分利用大型国际展会平台，做好出版物及出版服务的对外推广工作。

大力推进农家书屋工程建设。农家书屋工程是我省 2009 年的一项重点民生工程，各地要积极开展农家书屋工程的建设工作，积极协调落实工程建设资金，开拓思路、大胆创新，确保在年底前如期、高标准、高质量完成 4000 个农家书屋的建设任务，让农民群众从农家书屋建设中得到更多的实惠。切实做好公益性出版产品的生产和供给，以农家书屋工程建设为契机，出版更多符合我省实际、农民群众需要的农村读物，加快建设和完善农村基层出版物发行服务网络。积极开拓农村出版物市场，大力发展各种形式的农村发行网点和代销点，加快建设和完善农村基层出版物发行服务网络。加强民族文字出版工作，满足少数民族群众文化消费需求。深入组织开展全民阅读活动，推动全民阅读活动与农家书屋工程建设结合起来。积极开展"辽版图书进校园"活动，向广大青少年推荐适合青少年阅读的优秀书目。通过开展全民阅读活动，带动文化消费，拉动产业发展。

三、加强监管，保障文化知识产权权益

牢固树立监管服务于发展的思想，彻底转变行业权力观念，以服务的心态抓监管，强化公共服务职能，逐步由权力型、审批型、监管型政府向责任型、法治型、服务型政府转变。努力构建科学有效、封闭完善的新闻出版监管体系，为新闻出版业健康有序发展提供保障。重点加强报刊监管体系建设，认真贯彻落实《中央宣传部、新闻出版总署关于进一步加强和改进报刊出版管理工作的意见》，建立加强报刊监管、维护正常新闻秩序的长效机制。做好全国报刊退出机制试点工作，研究确立以政府为主导、以市场化指标为依据的报刊退出管理模式，为逐步建立新闻出版各领域的准入和退出机制提供借鉴。针对数字技术、网络技术在新闻出版领域的广泛运用带来的监管问题，探索新的管理思路，改进管理方法，重点开展网络出版监管系统建设工作。不断加大"扫黄打非"工作力度，对干扰和破坏出版物市场秩序的各类非法出版活动始终保持高压态势，进一步完善"扫黄打非"工作长效机制。推广营口市"将有害少儿读物逐出学

校、社区、店档"试点工作经验。全面贯彻实施《辽宁省知识产权战略纲要》，着眼于保护创新和产业发展，加强版权管理。扩大版权登记辐射面，在重点文化创意产业单位设立版权工作站，提高版权公共服务水平。积极推进企业软件正版化工作，推动省属企业及各市属企业、大型民营企业使用正版软件。加强版权执法队伍培训，提高版权执法能力，深入开展版权法制宣传活动，提高公众版权法律意识。

四、整合区域资源，建设辽宁四大印刷产业带

2010年1月18日在沈阳召开辽宁省新闻出版（版权）工作会议，提出通过调整结构、创新内容、开拓市场、应用先进技术等途径，实现出版产业的新发展和向现代出版产业的转变。积极实施集约化战略，打造一批包括图书出版、报业、期刊、数字出版在内的新闻出版产业集团和园区。继续推进精品战略，打造一批精品力作，塑造一批知名出版企业。有效实施"走出去"战略，扶持一批重点项目和若干重点企业，推动有条件的企业在境外落地发展。加快传统出版产业与新兴出版产业的融合发展，打破出版载体限制，实现复合出版、立体出版。引导非公有文化机构有序进入新闻出版业，探索和开辟非公有文化机构的出版通道。积极发展印刷产业和印刷装备制造业，推进建设以沈阳、大连、鞍山、锦州等为核心的各具特色的四大印刷产业带。依托辽宁大族冠华印刷科技股份有限公司等重点企业，建立辽宁营口印刷高新技术产业基地，使辽宁成为在国内领先的印刷装备制造基地。加快推进现代出版物流通体系建设，积极打造主业突出、辐射性强的区域性大型出版物物流中心，形成区域出版物市场高地。推动组建辽宁北方报刊零售发行有限责任公司。大力发展新兴出版产业，实施辽宁数字出版工程，培养一批重点数字出版骨干企业，积极筹建数字出版产业园。做好全省新闻出版业"十二五"发展规划及行业各领域专项发展规划的编制工作。

第七节　辽宁省新闻出版业发展大事记

2007年12月21日，辽宁出版传媒在上海证券交易所首发A股上市，创造

了国内出版业的许多项第一。

2008年2月25日，辽宁出版传媒股份有限公司经过规范程序和上级有关机构批准，被确定为企业博士后科研基地，成为全国出版界第一家获得此项资格的出版企业。

2008年3月21日，辽宁日报传媒集团和铁岭日报战略合作暨《辽沈晚报·铁岭版》启动仪式在沈阳举行，首开省级报业集团与地市级报纸出版单位之间的优势互补、合作出版、合作经营的先河。

2008年9月2日，新闻出版总署署长柳斌杰在辽宁考察新闻出版工作，强调新闻出版事业和产业发展相辅相成，要打破过去地域、行政级别对出版资源产业化的界限，进一步加大出版体制改革力度，新闻出版领域体制改革要提速。

2008年12月21日，国内首家上市的辽宁出版传媒股份有限公司在上市一周年之际，更名为"北方联合出版传媒（集团）股份有限公司"，并以新公司为核心企业，联合公司下属子公司及其他相关具有优质出版发行资源的企业组建北方联合出版传媒集团，打造区域性大型出版传媒产业集团。

2008年12月，辽宁出版传媒董事长任慧英荣获"2008中国版权产业十大风云人物"。

2009年1月21日，辽宁省新闻出版局在沈阳召开辽宁省新闻出版工作会议。辽宁省人民政府副省长滕卫平，中共辽宁省委宣传部副部长孟繁华出席会议并作重要讲话，辽宁省新闻出版局局长、党组书记马述君作工作报告。

2009年1月份召开的全国报刊出版管理工作会议，制定了今年上半年首先在辽宁、河北两省开展报刊退出机制的试点工作。

2009年1月，在全国图书订货会上，作为"中国出版传媒第一股"的辽宁出版传媒股份有限公司，携420多种2009年首批图书，以及近年出版的3800多种热销图书亮相，得到全国经销商的认同，呈现稳健增长的态势。

2009年6月12日—13日，由辽宁省印刷协会、东北印刷包装网、《辽宁印刷指南》编辑部共同主办的"2009辽宁印刷包装产需衔接洽谈会"在沈阳举行。

2009年7月，辽宁省沈阳市棋盘山国际风景旅开发区与辽宁出版集团有限公司签订合作协议，共同建设出版产业园。

2009年7月，辽宁省政府办公厅下发《关于加快推进全省县（市、区）新华书店转企改革工作的通知》，要求各市务必在今年9月30日前完成新华书店由事业单位转制为企业的改革任务。

2009 年 8 月 24—27 日，由中国期刊协会、中国北方 11 省新闻出版局、期刊协会联合主办，辽宁省新闻出版局、省期刊协会承办的中国北方优秀期刊评选活动在沈阳举行。

2009 年 8 月 25 日，内蒙古新华发行集团股份有限公司与北方联合出版传媒（集团）股份有限公司在呼和浩特市签署了《跨地区双赢实施合作协议》，为探索国内出版产业强强联合和以资本运作方式进行资源整合的有效途径迈出了重要一步。

2009 年 8 月 27 日—28 日，国家新闻出版总署党组副书记、副署长蒋建国到辽宁出席第三届中国东北文化产业博览交易会开幕式并就新闻出版系统体制改革情况进行工作调研。省委常委、副省长许卫国会见了蒋建国。省委常委、宣传部长张江陪同调研。

2009 年 8 月，辽宁省新闻出版局公布了 3—7 月底对新中国成立 60 周年出版物质检结果：8 种图书和 18 种期刊，总计 197 册出版物抽样检查和检测结果均为合格。

2009 年 9 月 11 日，辽宁省印刷行业对口支援四川安县捐赠仪式在沈阳举行。辽宁 17 家印刷企业向四川安县捐赠了 27.5 万元人民币。

2009 年 9 月 30 日，省委宣传部、省政府纠风办、省新闻出版局联合下发了《关于进一步治理报刊摊派规范报刊发行秩序的通知》。

2009 年 12 月 15 日，辽宁出版传媒股份有限公司召开第一届第十三次董事会，会议同意将公司名称变更为"北方联合出版传媒"。

2009 年 12 月 26 日，北方联合出版传媒（集团）股份有限公司与本山传媒股份有限公司等 10 家文化企业被评为省首届"十强文化企业"。

（作者：江楠，辽宁社会科学院科研处）

行业报告二　辽宁省广播电视业发展报告

广播电视业是广播业和电视业的统称，也是由两个行业所组成的。广播电视业是传媒产业群的一个重要的产业部门，它是以生产、传播、销售信息为主要活动内容的信息产业群的子产业，属于国民经济的第三产业。把广播电视做为一个产业来看待，不是人们的主观意志决定的，而是社会经济发展的客观要求，是广播电视本质属性的必然要求。2009 年末，辽宁广电行业进行了重大的资源整合，辽宁电视台和辽宁广播电台、辽宁教育电视台实现了"三台合一"，并推出了一批重要栏目，如教育频道的"辽海讲坛"栏目，并进行理论宣讲。

第一节　辽宁省广播电视业行业概况

据统计，至 2007 年底，全省广播电视系统创收总额达到 31.3 亿元，比 2006 年增长 4%。其中广播电视广告收入同比增长 3%，达到 18.8 亿，广播电视网络收入同比增长 12.9%，达到 10.5 亿。截至 2008 年 10 月末，全省广播电视累计创收收入达 27.59 亿元，比 2007 年同期增长 15.15%。其中，广播电视广告收入 15.9 亿，广播电视网络收入 9.97 亿，广告收入中省本级广告收入达7.1 亿。有线电视用户 680.8 万户，比上年增长 14.5%。其中，数字电视用户166.5 万户，增长 59.5%。（《辽宁年鉴》（2008）：P282.）

全省广播电视系统共有职工 25244 人。广播电台 15 座，发射台及转播台 33座，发射机功率 1141 千瓦，平均每天播音 1841 小时，广播人口综合覆盖率98.23%，年广播节目制作时间 458424 小时，其中，新闻类节目 53938 小时，综艺类节目 182237 小时，专题类节目 125039 小时，广播剧 550 小时，广告 60410小时，其他节目 36250 小时。电视台 16 座，电视发射及转播台 367 座，发射机功率 445 千瓦，平均每周播出时间 12660 小时 12 分钟，电视人口综合覆盖率98.22%，电视节目制作时间 194506 小时，其中新闻类节目 22552 小时，综艺类节目 54939 小时，专题类节目 40146 小时，影视剧 3328 小时，广告 44599 小时，其他节目 28942 小时。（《辽宁统计年鉴》（2008）：P487.）

辽宁省广播电视业的各项主要指标在东北三省中均占据首位。比吉林省广播综合覆盖率高出 0.1%。电视综合覆盖率高出 0.11%，有线电视用户多出 407.65 万户，广播电视广告收入多出 8.1 亿元。比黑龙江省广播综合人口覆盖率高出 0.05%，电视综合人口覆盖率高出 0.03%，有线电视用户多出 283.1 万户，有线数字电视用户多出 143.6 万户，广播电视经营收入多出 6.1 亿元。其中，广告收入多出 2.7 亿元，有线广播电视网络收入趋同。

广播电视基础设施建设再上新台阶。全省广播电视数字综合信息网光缆网络连通 14 个市和大部分县（区），开通 SDH 站点 61 个，光缆干线长达 4200 公里。进一步完善了全省光缆网络的维护体系，确保了网络运行安全可靠。广电数字化综合信息网中数字电视平台共播出中央和其他省市数字电视节目 139 套、广播节目 10 套，业务总量、种类和资源均在全国省级台中名列前茅。在完成沈大高速公路沿线同频广播数字化改造的同时，又建成沈山高速公路沿线调频同步广播网，实现了在两条主要高速公路上调频同步覆盖。广播电视数字化进程稳步推进，各级播出机构广播电视设备的固态化、数字化、网络化改造进一步加快，大连有线数字电视用户已达 92 万户，沈阳、鞍山、锦州等市积极开展整体转换各项准备工作。辽宁省电视台 2008 年奥运高清电视项目全面完成设备招标采购工作，辽宁省电视台和省广播电视传输发射中心移动数字多媒体广播项目（CMMB）、大连市数字音频广播项目（DAB）成功实现试验播出。

广播电视村村通工程全力推进。2008 年 5 月 23 日，辽宁省省长办公会议明确提出 2008 年底前全面完成全省 20 户以上已通电自然村"盲村"的广播电视村村通任务，原定三年完成 2930 个 20 户以上广播电视"盲村"的工作任务将在 2008 年一年之内全部完成。辽宁省广播电视局全面部署、明确任务、制定措施、落实责任，突出重点，采取超常规措施全力推进。多次组成"村村通"督察组赴全省各市县督察指导，全省各市政策到位、资金到位，目前各市"村村通"建设任务已基本完成，验收工作全面展开，到 2008 年底全面完成了省政府确定的工作任务，彻底解决了 20 户以上已通电自然村"盲村"通广播电视的问题。同时，广播电视无线覆盖工程积极实施。对转播中央和省广播电视节目的无线覆盖设施进行了完善更新，中央无线覆盖工程在 6 月底已全面完成，相关设备及配套设备已全部到位并实现播出。省无线覆盖一期工程基本完成，相关设备已经到位并实施安装调试，大部分设备已实现播出。省无线覆盖二期工程准备就绪，2009年将成为主要工作之一。

文化信息资源共享工程进村入户试点工作全面展开。按照2008年10月国家广播电视总局和省委、省政府的统一部署，辽宁省广播电视局会同辽宁省文化厅全面展开辽宁省文化信息资源共享工程进村入户试点工作，利用广播电视网络将文化信息资源传送到农村千家万户。首批确定试点用户3000户，目前国家及省资金已经全部到位，设备招标采购工作已经全面完成，12月20日试点地区的信号传输线路全面调通，试点工作任务将全面完成。

第二节　辽宁省广播电视行业的发展重点

全省各级广播电视播出机构和宣传管理部门要在确保完成重大主题文艺宣传任务、确保重要节庆日综艺晚会圆满成功的同时，从狠抓常规文艺节目、栏目的创新、创优入手，大力推进精品工程，推出一批思想性、艺术性、欣赏性俱佳的品牌节目、品牌栏目，以此打造品牌频率、品牌频道，形成整体竞争优势。全省各级广播电视协会应重点关注文艺创优工作，紧密结合广播电视文艺评奖活动，深入开展文艺节目、栏目创优经验交流和培训工作，带动全省广播电视文艺节目、栏目提高整体水平，扩大影响力，增强竞争力。

一、重视节目监管和对外宣传工作

辽宁省广播电视局印发了全省推广国家广播电视总局《广播电视节目监管试点实施细则》方案，对综艺娱乐类节目的监管被列为试点的重点内容。2008年，辽宁省广播电视局成立了省广播电视节目监听监看中心，充实了监听监看人员，对省、市、县三级广播电视媒体节目内容进行全面的监听监看。其次，完善了全省广播电视宣传管理例会制度、宣传协调会制度等各项宣传管理规章制度。全省各级广播电视播出机构对文艺节目进行了总体性的把关、管理，如丹东电台文艺广播实行总监负责制，葫芦岛电视台明确了文艺节目制作播出各个环节的把关责任人。同时，圆满完成了国家广播电视总局在辽宁省开展的广播电视节目监管试点工作。持续开展整治低俗之风专项行动，切实净化了荧屏声频，确保广播电视重点播出时段文艺宣传工作的平稳运行。北京奥运会和残奥会开闭幕式期间，全省各级播出机构的主要频率、频道完整转播中央媒体信号，坚决维护了国家奥运宣传秩序。

（一）加强播出机构和频率、频道管理

制定《关于加强播出机构频率频道管理的通知》，组织频率频道年度审核，强化播出机构日常管理，对大连电视台、抚顺电台、丹东电视台、丹东电台、锦州电视台、营口电视台、铁岭电台、朝阳电台等8家播出机构，违规开设频率频道或变相增设频率频道问题进行了集中查处。对一些县级播出机构侵权盗版、滥播乱放等违法违规行为进行重点打击，维护了全省广播电视节目的正常秩序。

（二）严格管理境外卫星电视节目接收

辽宁省广播电视局开展了全省卫星电视接收单位大检查，与公安、安全、工商、综治办合作，在重点地区组织集中行动，针对生产、销售等源头问题，形成高压态势，与创建"无非法卫星接收设施社区"活动相互促进。全省单位和个人主动拆除擅自安装卫星地面接收设施7700余座，执法部门依法强行拆除非法接收设施1680座，查处非法经销点8个，没收接收设施232套，全省卫星电视节目传播秩序得到有效规范；与省综治办等单位联合组织了无"非法卫星接收设施县（市、区）"验收和表彰，总结推广各地行之有效的经验做法，推动创建活动在全省范围内向纵深发展。

（三）继续加大广告播出管理力度

辽宁省广播电视局累计投入近700万元，建立了较为完善的广告监看系统，强化对省、市各级广播电视播出机构广告播出情况监管。对播出机构"挂角广告"存在的违规问题进行了纠正，对群众反映强烈、违规播出的药品、保健品、医疗广告及相关的医疗资讯、电视购物类节目进行了重点整治。目前辽宁省广告违规现象已呈明显下降趋势，违规的医疗资讯类和电视购物类广告得到一定程度的遏制，各级电视台黄金时段广告超比例现象有所改观，广播电视社会公信力不断提高。

（四）加强对新媒体的管理

辽宁省广播电视局以互联网视听节目管理为重点，组织省内从事视听节目服务的互联网站签署了《互联网视听节目服务自律公约》，建立健全了互联网视听节目技术监管体系，充实了监听监看人员，与公安、通信等部门密切协作，对省内互联网传送视听节目行为进行全面监管，积极封堵境外反动有害视听节目，有力打击了低俗、暴力、侵权盗版等网络违法违规视听节目。

2008 年，辽宁省广播电台和辽宁省电视台利用中央对外宣传媒体的优势，借助港澳及海外媒体的有效渠道，努力拓展对外宣传途径，加大对外宣传力度，对外展示了辽宁的整体形象、发展战略、投资环境、资源优势和文化特色等，增强了全国乃至世界对辽宁的了解，为辽宁全面振兴营造良好的国际舆论氛围。继续巩固和拓宽与日本富山电视放送、韩国蔚山电视放送、澳大利亚国家录制集团、中国台湾东森电视台的业务交流与合作，不断巩固和扩大了辽宁卫视节目在境外的有效落地覆盖。精办《中国辽宁》、《精彩辽宁》等对外宣传节目，继续在北美洲、欧洲、大洋洲及周边国家和地区举办"辽宁广播周、电视周"。辽宁省广播电台与美国洛杉矶洛城双语广播电台、澳大利亚墨尔本 3CW 中文广播电台、澳洲广播电台中文台合作的对外宣传节目《精彩辽宁》从 2005 年 5 月开播至今运行平稳，并荣获中国广播影视大奖优秀节目提名，多次受到省委宣传部表扬和各级专家的肯定，受到海外华人的赞誉，有效扩大了辽宁在海外知名度和影响力。

二、加强广播电视对青少年的影响

切实强化广播电视对未成年人的宣传，是广播电视系统落实《中共中央、国务院关于进一步加强和改进未成年人思想道德建设的若干意见》的重大举措，是全省广播电视系统向省委、省政府做出的郑重承诺。一方面，全省广播电视播出机构和宣传管理部门应进一步提高对未成年人宣传重大意义的认识，增强办好未成年人节目、栏目的自觉性。另一方面，要强化调研工作，找出辽宁省未成年人专业频率、频道和节目、栏目发展迟缓、质量不高的症结所在，逐步解决节目源、经费、频率频道综合效益、奖励机制、队伍建设等方面存在的突出问题，采取切实有效的措施，迅速提升辽宁省未成年人节目的生产制作水平。

辽宁省广播电视未成年人节目制作总量在全国位居中下游，单体节目在国家级评奖中表现较好。辽宁省电视台开设了青少年频道，大连市电台开设了少儿频率，大连电视台开设了少儿频道，另外，全省有 5 家电台和 10 家电视台开设未成年人专栏，平均每个栏目日播时间为 20 至 30 分钟，这些频道和栏目构成了辽宁省广播电视未成年人宣传的基本架构。

从辽宁省获国家级奖励的未成年人节目看，其制作单位和节目生产具有如下特点：一是人力、物力配备比较完整，为未成年人节目的创作质量提供了重要保障；二是节目遵循未成年人心理发育规律，基本满足未成年人的成长需求；

三是策划有力，精心培养观众群体；四是节目内容丰富多彩，健康向上。比如说，沈阳电视台的《阳光快车》、鞍山电视台的《金色年华》让孩子在节目中动手动脑，融入其中，赢得了家长的喜爱。

第三节　辽宁省广播电视业产品的公共服务

近30年来，在改革开放、市场经济、科技进步和社会需求这四大动力的推动下，我国广播电视获得了巨大的发展。据统计，截止2008年，全国共开办公共电视节目2984套，比1982年的54套增长54.26倍；制作公共电视节目255.33万小时，比1982年的6485小时增长393.73倍；电视节目播出总时数为1454.67万小时，比1982年的91406.43小时增长159.15倍；电视综合人口覆盖率为96.58%，比1982年的57.3%增长68.55%。至于电视的影响力和在人民群众日常生活中的作用，更是与30年前不可同日而语。辽宁省广播电视产品也日益丰富，服务更加全面和细致。

一、重大节目紧扣主题时代，弘扬主旋律

2007年，辽宁省广播电台、辽宁省电视台和全省各级广播电视播出机构全力以赴以新闻宣传为主，上下协调，横向联动，整体报道气势恢弘，气氛热烈，社会反响强烈，圆满地完成党的十七大宣传这一首要政治任务。以落实科学发展观、构建和谐辽宁为主线，成功组织了重大主题、重要活动和重大突发事件的报道，庆祝香港回归10周年、建军80周年、迎奥运、月球探测工程和抗击暴风雪等宣传，导向正确、重点突出，基调昂扬、把握平稳。文艺节目繁荣发展，力推精品，打造品牌。与此同时，宣传创优取得历史最好成绩，在全国省级广电媒体中名列前茅。在国家级政府奖评选中，辽宁省有23件作品入围2007年度中国广播影视大奖，其中有6件广播电视作品荣获广播电视节目优秀奖；在中国播音主持"金话筒"奖评选中，辽宁省有4名播音员、主持人获奖。

在四川汶川特大地震发生后，全省各级播出机构在文艺节目中推出了一系列特别策划和公益活动。辽宁省电视台成功承办"心系汶川"辽宁省抗震救灾募捐义演晚会，受到国家广播电视总局、省领导同志和社会各界的一致好评。

辽宁省电台推出诗歌朗诵剧《中国在震撼中前行》，本溪电视台播出电视诗歌《坚强中国》，铁岭电视台播出 MTV《伸出手》，营造了全省人民情系灾区的浓厚氛围。在抗震救灾期间，各级广播电视管理机构在宣传管理工作中还表现出了高度的政治意识、大局意识。如四川汶川特大地震全国哀悼日期间，各级播出机构全部暂停了综艺、娱乐、搞笑节目，各级部门做到了令行禁止。

2008 年 5 月 12 日以来，全省各级广播电视播出机构大力开展抗震救灾宣传。辽宁省电视台在时间非常紧迫、准备工作非常繁重的情况下，成功承办了"心系汶川"辽宁省抗震救灾募捐义演晚会。全省各级广播电视媒体集中全力完成全国哀悼日重点报道，充分发挥了主流媒体在危机时刻引导舆论、传递信息、鼓舞斗志、服务大局的作用，辽宁省的广播电视抗震救灾宣传受到国家广播电视总局的通报表扬。2008 年 5 月 16 日省委副书记、省长陈政高同志批示："宣传部组织有力，各新闻单位积极努力，及时报道了辽宁抗震救灾情况，展现了辽宁人民的精神风貌。"2008 年 5 月 18 日省委常委、宣传部长焦利同志批示："请将政高省长重要批示传达到省直主要新闻单位，并按省委、省政府要求，继续做好抗震救灾宣传报道。"省委、省政府领导的批示是对广播电视工作的肯定，极大鼓舞广播电视工作者的工作热情，为圆满成功报道奥运盛况，营造喜庆热烈祥和的奥运氛围奠定了良好的思想基础。

为了宣传报道好举世瞩目的北京奥运会，辽宁省广播电视局精心部署，周密安排，圆满完成奥运火炬在辽宁省境内传递的相关任务及奥运宣传各项工作。奥运期间，辽宁省广播电台、辽宁省电视台等全省各级广播电视播出部门组织精兵强将、业务骨干，认真贯彻落实上级指示精神，全力做好奥运宣传工作。辽宁省内电台设置了《奥运你早》、《奥运快报》和《奥运进行时》三档奥运特别节目，辽宁省电视台开设了"奥运倒计时"、"骄傲时刻"、"平安奥运"、"文化遗产、祝福奥运"、"辽宁军团"以及"奥运点击"等形式多样的节目，卫星频道还特别推出了四小时大型直播奥运节目《2008 激情之夏》。同时，在宣传中充分利用沈阳奥足赛举办城市这一得天独厚的条件，辽宁省广播电台、辽宁省电视台都选派了奥运前方记者，对奥足赛 14 支参赛队的抵达、培训、赛况以及奥运村开村、奥运安保、奥运村趣闻等进行了全方位报道。各个奥运节目和专栏在赛事报道的基础上，突出报道的创意新颖，做到统筹兼顾，主题突出，体现出浓厚的广播电视特色和辽宁地域特色，胜利圆满地完成了奥运宣传报道任务，受到省委、省政府领导以及社会各界的高度赞扬和充分肯定。

在全国人民喜迎奥运的欢乐浪潮中，全省广播电视系统喜迎奥运文艺宣传氛围浓郁，辽宁省电台持续推出益智类娱乐节目《奥运闯关英雄榜》、百集系列小广播剧《奥运科技之光》、奥运歌曲展播等文艺专题节目，辽阳电台播出长篇评书《百年奥运》，逐步掀起广播电视奥运文艺宣传热潮。辽宁省电台"声之韵"新年音乐会、辽宁省电视台《和谐盛世又一春》春节晚会的艺术质量显著提高，影响力不断提升。辽宁省教育电视台推出《桃李迎春》教育系统春节晚会，沈阳电视台推出《姥家门口唱大戏》春节晚会。此外，省、市级播出机构举办的重要节庆晚会在思想导向和艺术质量方面均有很大提高。

由辽宁省电台承办的辽宁省新年音乐会已连续举办了六届。2009 年新年音乐会选定的曲目，首先是与贯彻落实科学发展观、展示改革开放 30 年来辽宁取得的辉煌成就和辽宁全面振兴的大局相呼应。同时，既保持高雅的文化品位，又要注重知名度、美誉度和共鸣度。音乐会充分发挥了名歌、名曲、名主持人的集合优势，持续增强新年音乐会的品牌效应；充分发挥了广播媒体的宣传推介优势，继续加大市场推销力度；充分发挥了电视媒体的视觉优势，在电视转播中，灯光、音响、舞美设计应与电视媒体的技术、艺术特点相适应，使新年音乐会的电视转播质量有新的突破。

2009 年辽宁省电视台春节晚会的筹备工作，在各界对晚会质量的期望值非常高、工作任务异常繁重、时间要求非常紧迫的情况下，辽宁省广播电视局不定期召开协调会，遵照省委宣传部的指示精神，切实把握工作进度，协调各方力量确保春晚成功举办。辽宁省电视台采取超常规措施，充分调动台内各相关部门，力保春晚各项筹备和播出工作顺利圆满。春晚的操作团队发扬了特别能打硬仗的优良传统，科学制定规划，很快拿出思路明确、操作性强的时间表，合理安排人力、物力，使得辽宁省电视台春节晚会取得了圆满成功，社会各界反响强烈，好评如潮。

二、文艺栏目风格各异，满足观众精神消费需求

近年来，辽宁省各级广播电视播出机构推出了一批风格各异、特色鲜明，深受群众欢迎的文艺栏目。2008 年，更是有一些新的栏目涌现出来，辽宁省电视台以"打造具有全国影响的精品文艺节目"为目标，全新推出了《欢乐集结号》、《到底是谁》等一批重点文艺栏目。大连市广播电视局启动非物质文化遗产文艺专题片制作工作，再现"东北文化与齐鲁文化相交汇"的独特民俗风情。锦州电视台的文艺栏目《艺苑彩虹》集合了多种常规文艺体裁，突出宣传了

"闾山满族剪纸"等非物质文化遗产项目和本地德艺双馨的艺术家，有效推动了本地文化艺术活动的开展。

广播剧、影视剧作为当今社会最具影响、最大众化的文艺形式，在传播先进文化、塑造美好心灵、宏扬社会正气、提升人的精神境界方面，一直发挥着十分重要的作用，有着突出的地位。广播剧、电视剧管理工作是广播剧、影视剧创作方向的领航者、繁荣发展的促进者和健康前行的守护者。从文艺宣传的整体上看，广播剧、影视剧也是广播电视宣传的重要组成部分，由于广播剧、影视剧广泛的社会影响力，已经使其成为广播电视宣传的一大亮点，可以说在所有的文艺作品中，广播剧、影视剧有着特殊的地位，并已经成为一个地区文化繁荣发展的重要标志。

2008年，各地对广播剧、电视剧的创作生产有了新的认识，也加大了广播剧、电视剧创作生产的力度，电视剧、广播剧的生产呈现了良好的发展势头。到2008年9月底，已经制作完成的电视剧有17部，并经过审查，一共是499集，还有9部265集已经进入了后期制作工作当中或处于正在拍摄阶段。正在制作的电视剧包括《闯关东》（中篇）、《满堂爹娘》、《关东大先生》、辽宁电视台的《北大荒》、《乡村名流》、大连电视台的《爱离我们有多远》、辽宁电视剧制作中心的《沧海一粟》、沈阳电视台的《一个女人的史诗》等等。另外还有8部已经立项，正在准备开始拍摄。已经通过审查的许多作品，都保持了很高的质量，体裁多样、内容广泛、格调高昂，大多是现实题材的、弘扬主旋律的作品，其中不乏上乘之作。比如说，沈阳电视台出品的《漂亮的事》就是一部现实题材的作品，以鼓风机厂的"五朵金花"为内容。辽宁电视台与盘锦电视台合作出品的《金色农家》、辽宁电视台出品的《太阳月亮一条河》、《勋章》，还有大连电视台出品的《因爱之名》等等，有的已经确定在中央电视台播出。辽宁省电台的《神圣的诺言》、《矸子山浪漫曲》等几部优秀的重点广播剧也已经制作完成。

2008年，精品文艺节目继续保持迅速成长，全省各级广播电视媒体精办和播出了大量的各类优秀文艺节目。辽宁省广播电台和辽宁省电视台的名牌文艺栏目持续保持高收听（收视）率。其中，辽宁省广播电台"声之韵"新年音乐会彰显品牌魅力、"同心乐"广电文艺轻骑兵下基层演出活动深受群众喜爱。辽宁省电视台《和谐盛世又一春》春节晚会以高度贴近性和浓浓乡情为基调，实现18小时联动式播出开全国先河，其艺术质量显著提高，影响力不断提升，受到社会各届高度赞扬。辽宁省广播电视局积极组织协调和支持电视剧创作生产工作，省委宣传部确定的《闯关东 2》、《漂亮的事》、《勋章》等 5 部为辽宁省重点创作生产剧目，力争推出辽宁省的电视剧主打精品。

广播剧、电视剧是以市场来运作的，但也有意识形态的属性，需要正确引导和扶持。辽宁省已经有了重点剧目的扶持政策，省委宣传部出台了扶持重点剧目的制度。同时，还要在广播剧、电视剧创作上下功夫，辽宁省在创作上是有优势的，拥有一批全国知名的优秀人才。在利用好省内优秀人才的基础之上，还要利用好省外人才，充分利用社会资金来发展辽宁省的电视剧产业。按照省委宣传部领导的要求，辽宁的电视剧要打造工业题材的品牌和基地。这是辽宁省广播电视业下一步工作的重中之重。

第四节　辽宁省广播电视行业的产业发展

中国电视的格局直至今天仍是由行政计划决定的，中央、省、市（副省级城市、省会城市、地级市）、县四级办电视，由此形成的状况是：市场是开放的，管理是计划的，投入是重复的，内容不少是雷同的，竞争激烈但处在中低水平的层次上。在这一格局下，城市电视台只能在本区域内覆盖，省会电视台更是处在同城多台的惨烈竞争之中，他们的发展面临着更大的困难与挑战。

一、面对激烈市场博弈，收视份额波动起伏

20 世纪 90 年代，随着省级电视台纷纷上星，"央视为主，一家独大"的旧的电视单极格局被打破，逐渐形成央视、省级卫视、省级非卫视频道、城市台和境外电视媒体五极并存，多元发展的新格局。这种竞争格局犹如"金字塔"，中央电视台在金字塔的顶端，省级卫视在中间，地面台和城市电视台，则构筑在金字塔的底端。不同层级电视媒体在中国电视市场的残酷博弈是 21 世纪中国一大独特的社会现象，而省会城市台、计划单列城市台、副省级城市台，这些通常所说的城市台的竞争形势最为严峻。

在众多的电视台中，市一级的城市电视台达 600 多家。从城市电视台的频道数量看，各台频道数量多少不一，大多数台平均拥有 3—4 个频道；自办节目比较少，以外来节目和转播节目为主。频道拥有量和自办节目量从一个侧面反

映了城市电视台的发展态势，体现了一个城市电视台的规模、实力和影响力。多数城市电视台在发展过程中，由于覆盖面有限、发展空间小、资源不足、市场狭小等问题，面临诸多困难，处于低水平的竞争和重复，难以产生很大的影响力。

衡量电视台影响力大小的一个重要尺度就是其收视率及收视份额。目前，央视、省台、市台收视份额在南京、杭州、成都、沈阳、武汉等几个大城市都形成了"三分天下"的格局。近年来，电视频道越来越多，被观众遥控器选择的几率越来越小，收视率、收视份额随着竞争中实力的转换发生了戏剧性的变化。

部分地区省级电视台、市级电视台近三年收视份额比较（单位:%）

地区	电视台	2006 年 1—10 月	2007 年 1—10 月	2008 年 1—10 月
沈阳	辽宁电视台	24.2	26.7	33
	沈阳电视台	14.5	12.1	14
广州	广东电视台	14.009	13.858	34
	广州电视台	16.586	17.536	12.7
成都	四川电视台	23.06	27.84	35
	成都电视台	22.71	20.95	27
长沙	湖南电视台	52.54	51.59	46.27
	长沙电视台	16.21	20.7	18.34
杭州	浙江电视台	29.63	38.79	48
	杭州电视台	35.52	32.15	17
武汉	湖北电视台	19	17.53	18.9
	武汉电视台	20	22.8	22.78

近年来，央视为完成在全国收视份额的 40% 这一目标，各频道不断强化在该领域的资源垄断，全面挤压市场。省级卫视间分化加剧，城市台竞争形势更加严峻，收视率和市场份额跌宕起伏。

二、内容成为竞争焦点，频道呼唤个性特色

当前，中国电视已经进入份额竞争时代，全国观众总量增长有限、有线用户接近饱和、观众总体收视率总的份额下降、新媒体的迅速崛起，多种因素决定了份额竞争时代已成为我们必须面对的现实。在这样的背景下，一个电视频道份额上升必然意味着另一个频道份额的减少，电视媒体竞争进入覆盖、收视、品牌、资源全方位比拼阶段，淘汰赛已经打响。目前，各电视媒体间的竞争，主要集中体现在对新闻、电视剧、娱乐节目等内容资源的争夺之中。

（一）电视剧：硝烟弥漫的战场

电视剧拥有数量最多、最稳定的观众。近两年来，央视一套、三套、四套、八套、十二套等都加大了电视剧的播出量，央视所有频道全天共播出47集电视剧。据了解，央视从内部的各个环节入手，对电视剧资源进行更有效的掌控，出台了《CCTV–1、CCTV–8黄金时段电视剧动态考核标准》，以收视率为标准，并按照指标完成的情况，对每部购进剧的责编进行考核。面对央视在电视剧播出上的强势出击，各省级卫视、城市电视台也纷纷出招。

1. 独播垄断资源。湖南卫视独播《大长今》大获丰收之后，各卫视台纷纷效仿。为了保护自己的利益，2006年开始中央电视台不再将优秀剧集二轮播放权卖给地方台。在目前优秀剧目稀缺的情况下，地方台更是处境艰难。"独播剧"实质是一种"强者恒强、强者通吃"的做法，倘若"独播剧"发展下去，许多地方台将失去大量忠实观众、收视率大幅萎缩，地方电视频道得以生存和壮大的可能性甚微。

2. 拼抢抬高价格。为了争夺一部优秀剧集，不少电视台开始出现"拼价"的现象。两家电视台互相攀比开价，有的电视剧价格被炒到14万元一集"天价"。对于这种现象，资深的电视人认为，电视台抢"独播剧"是好事，但是为了一部电视剧盲目开价很有可能让整个电视剧行情产生泡沫，最终会让叫座叫好的电视剧的购买价格越炒越高。

3. 联合打击对手。2006年，浙江卫视推出"4+1"联合购片模式，联合另外三家卫视以及上海文广一起购买电视剧，这样5家电视台同时拥有了全国首播权。而湖南卫视和安徽卫视也达成了战略合作协议，将两家电视台的独播剧进行互换共享。

（二）新闻节目：兵家必争的高地

近年来，许多电视台越来越深刻认识到电视新闻特别是民生新闻不仅是贴

近实际、贴近生活、贴近群众，政治立台的现实需求，而且也是拉动收视份额、经营创收的地域优势。"新闻立台"逐渐成为全国众多地方电视台的一项发展战略，各家电视台都加大了新闻节目的投入，许多省市电视台的新闻节目收视率超过央视新闻节目，成为广告创收的重要平台。

1. 央视拥有重大新闻绝对优势。央视作为国内唯一的国家级电视媒体，具有遍布全国甚至全球的记者网络，而且拥有与世界各主要电视机构建立的新闻交换机制和两个国际频道的资源优势。同时作为政府的喉舌，许多重大的国家政策和权威消息的发布首选央视，相当于独家享有诸多重大新闻事件的第一手报道机会。如2008年汶川地震、北京奥运、"神七"飞天等的电视直播权由央视一家独享。

2. 省、市台民生新闻异军突起。近年来一些省市纷纷推出贴近民生的新闻栏目，如江苏电视台的《南京零距离》等。在武汉地区，民生新闻节目也是异军突起，后来居上。湖北经视、湖北电视台相继开办《经视直播》、《现在直播》（后改设为《今晚六点》），抢占先机。2005年9月10日，武汉台推出大型民生新闻直播节目《百姓连线》，定位于连线沟通、为民连线、连线连心，这三档民生新闻节目在武汉电视市场上竞争共存。此后，方言电视新闻节目的形式开始走红，如杭州电视台的《阿六头说新闻》等。这些栏目用本地化构建"城市认同"，体现了本土独特的审美趣味、表述方式、行为习惯和风俗人情。

（三）综艺娱乐节目：潮流更替的标杆

中国电视娱乐节目的发展大致经历了三个阶段：20世纪90年代初中期综艺阶段、90年代后期综艺娱乐阶段、21世纪初期益智娱乐阶段，而2006、2007年真人秀的大量出现则标志了中国电视娱乐节目进入了第四个阶段。最近央视二套改版新推出的《咏乐汇》备受关注。《咏乐汇》是以主持人李咏邀请朋友做客吃饭为形式与成功人士畅谈经营人生智慧的访谈秀，节目中边吃边聊的设置，大有TVB的王牌节目《志云饭局》的影子；而虚拟情境表演，则有点借鉴《康熙来了》的陈汉典偷师。这种全新的访谈秀节目在节目形态上令人耳目一新。

（四）新兴媒体：跨行争夺的新军

近年来，网络、户外广告媒体、楼宇液晶电视媒体、移动电视、IPTV、手机电视发展迅猛。中国互联网络信息中心（CNNIC）发布的《第22次中国互联网络发展状况统计报告》显示，截至2008年6月底，我国网民数量达到了2.53亿，首次大幅度超过美国，跃居世界第一位。以网络媒体为代表的新闻媒体以其迅速快捷，覆盖面广，受众年青的比较优势，呈现出强劲的发展势头对电视的影响和冲击是不言而喻的。实力传播公司的调查数据显示，在全球范围内，电视广告的市场份额 2005 年达到 37.7%，2006 年摸高到 37.9%，但 2007 年回调到 37.8%，此后将逐年小幅下跌。

三、完善产业结构链条，增强综合实力

电视传媒业的产业结构，就是指电视传媒业的各个生产经营部门之间以及各部门内部的组合与构成关系，以及各个生产经营部门在电视传媒业生产经营总体之中所占的比重。我国广电产业类型结构单一，产业价值链结构单一，产业赢利模式结构单一。如果缺乏一个比较成熟而又适用的利润生长机制，单纯地维系在广告一根绳子上，不可能从根本上实现盈利模式的过渡和转变，就会制约电视媒体的做大、做强，导致可持续增长乏力。

就目前国内电视台的整体经济构成而言，支柱产业显然非广告业莫属。多数城市台广告收入在全部经营收入中所占的比重高达 90% 以上，可以说，当前广告仍是电视台赖以生存和发展的经济基础，广告收入水平仍然是衡量其优劣的重要标准。正因为广告业作为支柱产业，是整个广播电视业生存发展的基础和后盾，一旦这一产业出现了波动，就会给电视机构带来极大的风险和压力，并使它的竞争能力和发展速度受到限制。

除大力争夺广告资源外，城市电视台试图利用地域优势加快发展有线网络，开展手机电视等新媒体业务，但受业内及电信等竞争因素的作用，新的产业链条尚未真正形成。

四、以体制创新吸引人才，提高核心竞争力

在市场经济条件下，利益主体是多元的，员工对职业的忠诚超过对企业忠诚。在这种情况下，已很难再要求新闻工作者像过去那样在同一单位工作十几年甚至几十年。媒体竞争的白热化，尤其是许多新生媒体的创办，使得人才流动日益频繁。而伴随着国外媒体巨头的涌入，广播电视集团的人才流动有了全球化的语境，一些中高级人才正在被国际媒体抢走，广电传媒的综合性人才、复合型人才成为制约事业产业发展的瓶颈之一。适度的流动一方面能为人才成长注入活力，实现人力资本增值，另一方面也对广电事业提出了严峻的挑战，尤其是对于传媒业这样一个人才密集型的产业，如何吸纳、维系和激励优秀人才已成为必须认真考虑的问题，这也正是人才资源管理的核心问题。

近年来，全国广电媒体陆续进行了集团化改革。集团化克服了无序的恶性竞争，但未将电视产业带入规范的市场环境，现在我国的广电集团，大的不到10亿美元资产，小的不过1亿多美元，与美国在线、时代华纳、维亚康姆和迪斯尼这样拥有上千亿美元资产的传媒集团相比，还是过于孱弱。即使中央电视台作为中国最大规模的电视台，面对激烈竞争的国际电视传媒仍然称不上是条大船。同时，集团化的部分地区虽然做到了"以资产为纽带"，但并没有实现"以市场为导向"，并没有"跨媒体"、"跨区域"。因此，集团化优化电视传媒产业结构的目标远未实现，"做大做强"的憧憬仍然遥远。

第五节　辽宁省广播电视行业存在的问题与对策

辽宁省电视台频道制改革已经取得明显成效。全省开展有线数字电视整体转换，有线数字电视用户数量激增，全省数字转化用户已达160万户，广播电视数字电视产业化发展前景广阔。同时积极进行全省有线电视网络整合调研，结合辽宁省实际，深入探究制定了符合辽宁省实际的全省有线电视网络整合实际方案。移动多媒体广播电视产业化发展工作全面启动，移动多媒体广播电视辽宁省公司正在积极筹建。全面推行广告招标制，广播电视广告产业发展加快，积极推动了我省的影视剧、动漫、节目制作等产业化发展。文化创意产业取得实质性的突破，高效完成了沈阳国产动画片的审查工作，积极扶持沈阳动漫产业基地建设工作并取得突破性成果。但由于体制机制种种原因，仍存在一些不容回避的问题。

一、辽宁省广播电视产业发展存在的主要问题

综观辽宁省广播电视产业发展过程，应当看到，目前我省广播电视产业既有着良好的基础和条件，发展潜力巨大，发展势头良好，但同时也存在若干突出的困难和问题。

1. 经济总量不足。从总体上看，我省广播电视产业发展不充分，经济总量规模比较小，与发达省份相比实力还较弱，竞争力不强。

2. 体制改革明显滞后。我省各级广播电台、电视台作为公益性事业单位，

企业化管理，存在政事不分、事企不分的矛盾，条块分割，在很大程度上使广播电视产业发展很难真正融入市场，严重制约了广播电视产业发展。广播电视体制问题已经成为广播电视产业发展的主要障碍。

3. 人才缺乏。在广播电视产业发展过程中，真正懂经营、会管理的企业经营人才短缺，对市场缺乏敏锐的洞察力，对企业内部缺乏有效管理，不能盘活和有效利用企业资产，不能有效抢占市场先机。

4. 发展资金不足。从2000年9月起，辽宁省财政对各级广播电视部门实施预算外资金统筹管理并沉淀10%—20%的政策，对广播电视产业发展资金扶持不足，弊端已经显现。2008年开始，辽宁省财政对辽宁省电视台、辽宁省电台实行沉淀资金全额返还的政策，对广播电视业发展给予资金和政策上的倾斜。但近几年辽宁省广播电视业快速发展，需要大量的资金投入，如网络建设、基础设施建设（电视大厦、广播大厦）、节目设备数字化更新改造等，仅靠电台、电视台自身经营创收仅能勉强维持，发展后劲严重不足。同时，面对新媒体产业经济时代的到来，IP电视、手机电视、手机电影等新兴产业，都需要有充足的资金投入来抢占市场，广播电视发展资金不足的矛盾愈显突出。

5. 有线网络急需整合。近几年，辽宁省网络建设较快，但网络条块分割严重，无序竞争严重，网络业务开发明显不足，未形成网络产业新的经济增长点，急需对全省有线网络进行整合。

6. 产业发展不平衡。产业发展不平衡体现在一是辽宁省广播电视产业东部、中部、西部，城市与农村，差异很大。东、中部地区和城市产业发展较好，产业效益较明显，逐步形成良性循环，而西部不发达地区和农村则相对缓慢。二是广播电视产业内部电视与广播发展不平衡，广播电视与网络的发展也不平衡。电视较强，发展较快，广播近几年注重产业发展，但在发展中存在不少困难。网络产业还未能充分发展。

7. 产业发展的扶持政策不足。当前辽宁省出台了一些促进文化产业发展的扶持政策，指明了大的文化产业方向，但一些具体配套政策不完善，在具体操作层面有待深入研究。

二、对发展辽宁广播电视业的几点建议

发展繁荣是广播电视业的根本出路。要把发展繁荣广播电视业作为满足人民群众日益增长的精神文化需求、保障人民群众基本收视权益的主要途径，创

作更多反映人民主体地位和现实生活、群众喜闻乐见的优秀广播电视文艺节目。各级电台、电视台都应认真研究广播电视业的发展繁荣问题，要在主题文艺宣传、大型文艺晚会等方面上水平，扩大影响。日常的文艺节目、栏目也要有特色。要深入学习贯彻科学发展观，以提高综合国力和国家文化软实力为己任，大力发展广播电视业的文艺内容产业、影视剧产业和动漫产业，加快广播电视产业基地建设，繁荣广播电视业的产品市场，壮大辽宁省广播电视业的感染力、影响力和市场竞争力。

（一）坚持广播电视业的正确导向

广播电视业必须牢牢地把握正确导向，这是广播电视管理部门和播出机构的共同责任。文艺宣传相对于其它形式的宣传更具影响力、感染力，因此，宣传导向尤为重要。导向正确，影响力、感染力越大，社会效益就越突出；导向错误，负面影响力、危害性就越大。因此，必须牢固树立政治意识、大局意识、责任意识、阵地意识，把坚持正确的导向放在文艺宣传的首位，所有的广播电视文艺作品都必须把社会效益放在首位，切实担负起影视传媒的政治责任、社会责任和文化责任，把社会主义的核心价值体系融入宣传工作的全过程。

（二）加强广播电视业的基础设施建设

基础设施建设是一个行业能否继续向前发展的物质基础。要继续深入贯彻落实广播电视"村村通"工作，继续在全省范围内推进广播电视数字化整体换装工作进程，打造优质的广播电视通讯网络，提高广播电视覆盖率，改变"重建设、轻维护"的思想，认真地把维护工作落到实处。

（三）深化日常管理科学化程度

日常管理是一门科学，它对于辽宁省广播电视业的发展至关重要。一个管理者的决策是否正确，直接影响到这个行业能否向正确的方向发展。要解决辽宁省广播电视业如何发展的问题就要集思广益，对行业政策进行科学化的可行性论证，只有这样才能保证发展方向的正确性，少走不必要的弯路。对日常宣传、播出机构、广告播出等方面的管理，要一如既往关注到每一个层面。只有这样才能做到日常管理的科学化、制度化和规范化。

（四）打造广播电视业的名优品牌

打造品牌最根本的就是提高宣传质量，要以精品生产为龙头，全面提升辽宁省广播电视业的整体质量和水平。节目质量是广播电视播出机构的生命，没有思想性、艺术性、观赏性俱佳的优秀栏目，就难以在激烈的竞争当中立足胜出。即使是靠低俗、媚俗的节目赢得了较高的收视率，那也会是暂时的，也是不负责任的。

（五）提高广播电视业的创新能力和创优水平

创新是广播电视业的灵魂，广播电视的文艺节目如果没有创新，就没有生命力。因此，必须鼓励广播电视文艺工作者创新，为他们创造性的劳动创造条件，提供服务。对广播电视栏目、节目的评奖工作也要创新，制定一些新的标准，来引导广播电视文艺的创优工作，使节目积极健康、思想精深、艺术精湛、制作精良，有广泛的受众。

（六）注重人才和队伍建设

人才是广播电视业上质量、上水平的基础和关键，有了人才就有了质量，有了品牌。辽宁电视台重薪聘请主持人，就是一个很好的方法。把人才引进来以后，还要留住人才，培养人才。要想办法留住人才，并培养和提高我们的人才。采取多种措施培养造就更多人们喜爱的名记者、名编辑、名主持人。我们一定要关注人才、重视人才、培养人才、留住人才、用好人才，努力建设成为一支政治强、业务精、作风正、纪律严的广播电视队伍。

第六节　辽宁省广播电视行业发展趋势

一、贯彻中央政策，继续落实"村村通"工程

2006年9月20日，国务院办公厅下发了《国务院办公厅关于进一步做好新时期广播电视村村通的工作通知》，明确提出了新时期广播电视"村村通"工作的目标任务和具体细则。辽宁省全力贯彻中央政策，大力发展"村村通"工程，并取得了显著的成绩。

辽宁省广播电视"村村通"工程开始于1998年，经过近10年的建设，截至2008年底，辽宁省的广播电视"村村通"工程建设取得了很大进展，继完成全省行政村、50户以上自然村广播电视"村村通"工程任务后，已经全部完成"十一五"时期规划的4630个20户以上自然村"盲村"的广播电视"村村通"建设任务，比国家下达计划到2010年完成任务的时间提前了两年。2009年1月，辽宁省广播电视局将对全省广播电视"村村通"工作进行全面检查验收。

在"村村通"工程建设工作中，辽宁省委、省政府领导高度重视，张文岳

书记、陈政高省长都对我省广播电视"村村通"工作做出重要批示，主管副省长滕卫平多次过问"村村通"工作。2008年6月，根据省委、省政府统一部署，陈政高省长亲自主持召开省政府第十次省长办公会议，决定我省要在2008年底前提前完成预计在2010年完成的"村村通"建设目标，即在2008年底前完成2930个20户以上自然村的"村村通"建设，三年任务一年完成。在省委、省政府的正确领导和大力支持下，全省各级广播电视部门科学规划，创新举措，确保了建设任务顺利开展。各级党委、政府都把"村村通"工作纳入当地经济社会发展规划和2008年工作要点，成立了工作领导小组，并分别召开"村村通"工作会和现场会，明确任务，落实责任，加强协调，落实工程建设资金。辽宁省广播电视局加强与省发改委、省财政厅等部门沟通协调，对列入国家和省"村村通"建设规划的4630个20户以上自然村"盲村"，下拨了省级建设补助资金3100万，同时下拨"村村通"维护经费1500万元。各地也积极协调落实工程建设配套资金，并尽快将资金拨付到了具体用款单位。辽宁省广播电视局及时调度，不定期通报，各地每月上报"村村通"进展情况和当地"村村通"工作情况，同时，专门下发通知，要求各地组织技术力量进行检测复查，防止迟报、漏报，消除"盲点"、"死角"，确保了"村村通"工作落到实处，使我省的广播电视覆盖率稳定在98%以上。

2009年，辽宁省广播电视"村村通"工作将再上一个新台阶，结合全省文化信息资源共享工程进村入户工作的推广，全省将逐步推进20户以下自然村广播电视"村村通"工程建设。同时，继续实施省级广播电视节目的无线覆盖工程建设，力争在2009年上半年完成已经规划的省级广播电视节目无线覆盖工程建设。并开始推广农村广播电视数字化改造，努力提高农村广播电视的播出容量和质量，到2015年实现全省农村广播电视数字化。

二、引入市场机制，促进产业化发展

（一）辽宁省广播电视业产业化的目前状况

为了大力加强广播电视发展战略研究，辽宁省广播电视局全面规划和部署了"十一五"期间全省广播电视发展的总体布局、主要目标和重点任务，改革试点工作成效明显。辽宁省电视台稳步推进节目制作和播出相分离的试探性改革，除新闻类、社会访谈类节目外，文艺、体育、科技类节目等逐步实行制作和播出相分离。引入市场机制，实行节目的市场招标采购，丰富节目源，降低节目制作成本，提高节目质量。稳妥推进宣传与经营分离进程，辽宁七星影业有限公司按照现代企业制度走向市场，产业发展势头良好，迈出了整合优势资源、实现广播电视业产业化发展的重要一步。各级广播电视媒体大力推行广告招标制，积极调整广告结构，促进广告产业快速发展。积极促进网络产业化，全省有线网络已具备开发产业项目的物质基础，辽宁省网络公司与有关单位联合组建了沈阳广联电视网络有限公司和沈抚有线网络公司，整合有线网络资源，发展有线网络产业。深化发展有线数字电视付费业务，辽宁省电视台组建辽宁北斗星空数字电视传媒有限责任公司，数据广播业务和股票广播业务初见成效。沈阳文化市场综合执法、大连整合广电资源、锦州广电综合执法、抚顺广电垂直管理等试点工作，为全省广电改革的全面深化积累了经验。深入推进全省广播电视公益性事业单位"三项制度"改革，规范和完善了全员聘用制和岗位管理制，切实强化了内部管理。推进经营性事业单位转企改制，进一步推进广播电视内部资源整合，优化资源配置，推动广播电视业整体向前发展。

辽宁北斗星空数字电视传媒有限责任公司的前身是辽宁电视台数字电视频道，辽宁电视台数字电视频道成立于2001年11月，是我国省级电视台中最早建立的数字电视节目制作、集成、播出专门机构，独立拥有完善的数字节目平台设施和节目制作编审部门。经过三年多的系统建设，目前已经建成国内最大、功能最全的数字电视全业务平台。经国家广电总局批准，获准开办准视频点播、移动电视、付费电视和网络电视业务。为了更好地发展新媒体业务，在辽宁电视台数字电视频道的基础上，辽宁电视台与辽宁电视台广告传播中心出资5000万组建了北斗传媒，北斗传媒是辽宁电视台新媒体业务的运营公司，主要业务有准视频点播、移动电视、付费电视和网络电视。目前北斗传媒播出准视频点播节目18套，包括电影、电视剧、纪录片、体育赛事、综艺娱乐、卡通、信息、音乐等丰富多彩的节目内容；全国付费电视节目6套，分别为游戏竞技、电子体育、网络棋牌、新动漫、家庭理财、智趣。面向沈阳城区公交移动人群播出"辽宁移动电视频道"，覆盖沈阳市2000辆公交车，日受众300万人次。

(二) 辽宁省广播电视业产业化的发展方向

辽宁省广播电视改革创新和产业发展总体要求是：遵照中央和省委、省政府关于深化文化体制改革的总体部署，突出重点，抓好试点，积极稳妥推进改革创新，大力发展广播电视产业。

一是大力推进试点工作，加大力度，加快进度，在创新机制、加快发展上取得实质性进展。辽宁省电视台要进一步完善频道制改革，积极推进制作和播出相分离，尝试以频道为主体组建节目制作公司，切实增强主流媒体的竞争力和发展活力。辽宁省电视剧制作中心要牢牢把握重塑市场主体这一关键环节，确定改革的具体进程，完成转企改制工作。沈阳、大连、锦州、抚顺等市要认真总结广播电视改革经验，依托自身优势，扩大广播电视改革成果，进一步做强做大。

二是积极稳妥地推进改革向纵深发展。要进一步推进广播电视管理部门职能转变工作，着力强化宣传管理、法规建设等行政职能，调整内设机构，健全规章制度，有效开展各项政府管理工作。要不断深化全省各级电台、电视台等公益性事业单位内部人事、收入分配和社会保障"三项制度"改革，激发活力，增强实力，不断提高服务水平。要整合系统内部资源，稳妥推进经营性事业单位转企改制。

三是大力发展广播电视产业。要推动影视剧产业快速发展，发挥政府主导作用，做好政策扶持、选题规划、审批服务等各项工作，鼓励和扶持重点制作部门推出弘扬时代精神、突出地方特色、具有市场竞争力的影视剧作品，发展和壮大我省影视剧创作生产企业及影视剧基地；争取文化扶持资金，吸收民营资本参与，研究制定奖励政策，广泛吸纳优秀影视剧本和优秀人才，努力培育良好的影视剧创作生产环境。要加速动漫产业发展步伐，进一步加大对国产动画片的扶持力度，引导相关企业加大资金、人才、技术投入，强化创意研发，提升产品质量，培育核心竞争力。要壮大网络产业，坚持网络建设和功能开发并重的原则，启动有线电视网络整合工作，培育市场主体，积极拓展付费电视、视频点播、电子政务、信息服务等增值业务。要依托系统内部资源，积极发展教育培训、旅游观光和会展产业。

三、使新媒体成为发展的新力量

（一）机顶盒时代来了——数字电视整体装换加速进行

随着辽宁省数字电视整体转换进程的加快，将会有越来越多的有线数字电视用户看到辽宁电视台的数字付费节目。辽宁省网络公司目前已将辽宁省电视台数字电视节目传送到14个省辖市的有线数字电视前端（其中沈阳、大连、抚顺、丹东、阜新、朝阳、营口、盘锦、葫芦岛、锦州等城市已开始销售辽宁电视台付费电视节目），同时在北票、凤城和东港三个县市进行数字电视付费节目销售试点。

沈阳有线数字电视的大规模整体转换工作是从 2008 年 4 月份开始的，目前沈阳传媒网络公司正以每天 2000 户的速度向沈城的有线电视用户赠送数字电视机顶盒，预计到 2009 年底将有 65 万户有线电视用户看上数字电视。辽宁省电视台共有《家庭理财》、《智趣》、《电子体育》、《网络棋牌》、《娱乐精选》、《家庭文艺》和《家庭学习》7 套数字付费节目入选其基本节目包；"家庭影院"和"家庭剧场"等 14 个省内准视频节目进入其付费电视包单独销售。大连市内的有线数字电视整体转换工作已经结束，2008 年主要是对旅顺、瓦房店和普兰店等地进行整体转换。到年底，已有 100 万有线电视用户看上数字电视。辽宁省电视台从 2003 年起，就与大连天途公司合作运营数字电视付费节目，由于双方的共同努力，辽宁省电视台的准视频点播节目在大连深得用户的欢迎，截至 2007 年底，在大连共发展了 3 万 5 千个付费预订用户。鞍山、抚顺、本溪、丹东、辽阳、铁岭等有线数字电视平台已建设完成，机顶盒招标工作也已结束，目前正在等待政府部门的文件批复，预计在 2009 年下半年其整体转换工作将大规模进行。

随着各地有线数字电视整体转换工作的完成，使数字电视付费节目有了更加宽泛的受众群体。辽宁省电视台付费电视节目在各地网络公司付费电视节目销售过程中占据了主导地位，为辽宁电视台数字电视节目在全省的运营打下了良好基础。

（二）七星网——做东北第一视频网站

经过辽宁北斗星空数字电视传媒有限责任公司网站运营部的一系列精心设计、开发工作，新版七星网于 2008 年 4 月 18 日全新推出。全新的七星网是我辽宁北斗星空数字电视传媒重拳推出的一个网络电视新媒体，它是集新闻资讯点播、付费电视频道节目点播、综娱访谈、影视欣赏、电视同步直播、影视节目点播为一体的大型资讯娱乐门户网站。新版推出后，辽宁省电视台大多数的自办电视栏目都能够在北斗星空网络电视平台上做视频点播，栏目包括《新北方》《大海热线》《健康一身轻》《家家都游戏》《生活导报》《今晚博客》。另外，辽宁北斗星空数字电视传媒有限责任公司自办的 6 套付费电视频道中的自办栏目也都能够在北斗星空网站上进行点播，每天节目更新量达 100 条以上。

（三）付费电视频道融资合作取得新进展

随着数字电视整体转换的推进，以及几年来付费电视的积累和沉淀，2008年，全国付费频道进入快速发展的上升期。辽宁省电视台辽宁北斗星空数字电视传媒有限责任公司所属的 6 个全国付费频道在节目内容、覆盖落地、融资合作等方面都取得了新的进展。

辽宁省电视台所属的6个付费频道目前的覆盖人群已经突破4000万，订购用户也达到了600万。覆盖人数的扩大不仅对节目内容的提高提出了要求，也给频道产业化发展带来契机。2008年6月，游戏竞技频道进行了长达1个月的赛事直播，每天日更新节目量都达到10个小时以上。游戏竞技频道是辽宁电视台成立比较早的全国数字付费频道，有着良好的节目内容基础和品牌基础，依靠良好的游戏产业背景和积极的营销手段，游戏竞技频道目前在市场推广上也取得了很大的进展。2008年初，游戏竞技频道与纳斯达克上市公司完美时空网络技术有限公司在节目制作、频道发展方面进行合作，与美国知名游戏外设ra-zer公司也建立了战略合作关系，共同开发游戏相关产品的电视购物项目。同时，还开办了游戏竞技频道网上商城，为游戏产业经营迈出了第一步。

家庭理财频道筹备了四个多月的基金节目《基金堂》终于在2008年5月末闪亮登场，这是全国首档基金类专题栏目。自2007年家庭理财频道全面覆盖大连以来，家庭理财频道受到了更多观众的认可，品牌知名度得到不断的提升。同时资本层面的战略合作也在稳步推进，前来合作者都实力不凡。家庭理财频道的融资不同于单纯的频道租赁，而是通过融资，为家庭理财频道未来的持续发展，在资本、市场、行业等各个角度奠定一个良好的基础。智趣频道、电子体育频道也在频道营销上取得了突破性的进展。其中电子体育频道与《欧洲足球》频道的资方上海天盛传媒数字电视发展有限公司的合作顺利签约，现已进入合同执行阶段。双方会就节目内容、运营等方面进行深度的合作。

四、整合资源，建设辽宁广播电视产业集群

作为原辽宁电视台、辽宁人民广播电台和辽宁教育电视台"三台合一"后的新产物，在原辽宁教育频道的平台上全新打造的北方频道承担着辽宁广电改革试验田的重任，而从更深层次的地缘政治和经济地理概念出发，这一全新频道的成立更具有深远的背景和意义。

20世纪90年代中期以来，在全球生产要素"东移"趋势继续加强的同时，我国改革开放的重心逐渐"北上"。"东移"和"北上"这两种趋势的共同作用使得越来越多的人们把目光聚焦在环渤海地区。环渤海地区将成为继珠江三角洲地区和长江三角洲地区之后中国经济增长的第三极。辽宁沿海经济带发展规划获国务院批准后，辽宁的国际化程度迅速提升。

基于以上特殊的地理位置和具有特色的地域文化背景,辽宁广播电视台的北方频道定位采用"与其伤其十指,不如断其一指"的战略,在国际重点关注"东北亚经济圈",在国内重点关注"环渤海经济圈",因为辽宁正处于这两大极具潜力经济圈的交汇点上,这样的历史机遇和地缘政治优势百年不遇。辽宁广播电视台北方频道正好利用当前"天时、地利、人和"的独特优势和资源趁势而上,走高端崛起的道路,实现电视节目的变革。

第七节　辽宁省广播电视业发展大事记

2008年,辽宁省广播电视局成立了辽宁省广播电视节目监听监看中心,充实了监听监看人员,对省、市、县三级广播电视媒体节目内容进行全面的监听监看。完善了全省广播电视宣传管理例会制度、宣传协调会制度等各项宣传管理规章制度。全省各级广播电视播出机构开始对文艺节目进行总体性的把关、管理。

2008年4月,沈阳有线数字电视的大规模整体转换工作开始,目前沈阳传媒网络公司正以每天2000户的速度向沈城的有线电视用户赠送数字电视机顶盒,2008年底,有65万户有线电视用户看上数字电视。

2008年4月18日,新版七星网推出。全新的七星网是我辽宁北斗星空数字电视传媒重拳推出的一个网络电视新媒体,它是集新闻资讯点播、付费电视频道节目点播、综娱访谈、影视欣赏、电视同步直播、影视节目点播为一体的大型资讯娱乐门户网站。

2008年5月12日,辽宁省各级广播电视播出机构大力开展抗震救灾宣传,并受到国家广播电视总局的通报表扬。

2008年5月16日,辽宁省委副书记、省长陈政高同志批示:"宣传部组织有力,各新闻单位积极努力,及时报道了辽宁抗震救灾情况,展现了辽宁人民的精神风貌。"

2008年5月18日,辽宁省委常委、宣传部长焦利同志批示:"请将政高省长重要批示传达到省直主要新闻单位,并按省委、省政府要求,继续做好抗震救灾宣传报道。"

2008年5月23日,辽宁省省长办公会议明确提出2008年底前全面完成全省 20 户以上已通电自然村"盲村"的广播电视村村通任务，原定三年完成 2930 个 20 户以上广播电视"盲村"的工作任务将在 2008 年一年之内全部完成。

2008 年 5 月末，辽宁数字电视家庭理财频道的《基金堂》开播，成为全国首档基金类专题栏目。

2008 年 8 月，辽宁省广播电视局圆满完成奥运火炬在辽宁省境内传递的相关任务及奥运宣传各项工作。奥运期间，辽宁省广播电台、辽宁省电视台等全省各级广播电视播出部门开设了形式多样的节目，全力宣传奥运。各个奥运节目和专栏在赛事报道的基础上，突出报道的创意新颖，做到统筹兼顾，主题突出，体现出浓厚的广播电视特色和辽宁地域特色，胜利圆满地完成了奥运宣传报道任务，受到省委、省政府领导以及社会各界的高度赞扬和充分肯定。

2008 年 10 月，国家广播电视总局和辽宁省委、辽宁省政府的统一部署，辽宁省广播电视局会同辽宁省文化厅全面展开辽宁省文化信息资源共享工程进村入户试点工作，利用广播电视网络将文化信息资源传送到农村千家万户，首批确定试点用户 3000 户。2008 年 12 月 20 日试点地区的信号传输线路全面调通，试点工作任务将全面完成。

2008 年底，全面完成了辽宁省政府确定的广播电视"村村通"工作任务，彻底解决了 20 户以上已通电自然村"盲村"通广播电视的问题。广播电视无线覆盖工程积极实施。对转播中央和省广播电视节目的无线覆盖设施进行了完善更新，中央无线覆盖工程在 6 月底已全面完成，相关设备及配套设备已全部到位并实现播出。辽宁省无线覆盖一期工程基本完成，相关设备已经到位并实施安装调试，大部分设备已实现播出。辽宁省无线覆盖二期工程准备就绪。

2009 年 12 月，辽宁电视台、辽宁广播电台、辽宁教育电视台实现了"三台合并"。

（作者：郎元智，辽宁社会科学院科研处）

行业报告三　辽宁省电影业年度发展报告

人类对动态影像的追求始于电影，1895 年法国卢米埃尔兄弟拍摄的《工厂大门》作为世界上第一部电影，虽然没有任何镜头的切换，却从此推开了电影世界的大门。如今的电影逐步产业化，已经成为世界文化不可或缺的一部分。电影产业是指生产电影及电影相关产品的各类企业的总和，包括电影制片企业、电影院线公司、专业制作公司、电影发行公司。在产业融合的背景下，电影产业还涵盖音像业、玩具业、服装业中的各企业。各门类的电影相关企业构成电影产业价值链，并通过整个电影产业价值链创造产业价值，满足电影市场需求。[①] 辽宁作为我国文化大省，电影业自然占有不可动摇的地位。

第一节　辽宁省电影行业概况

一、剧本创作和电影生产成果显著

辽宁虽不能称为电影创作与生产的大省，但在电影领域我们同样欣喜地看到了诸多辽宁作者辛劳耕耘、勤奋创作的身影。常言道：剧本剧本，一剧之本，对于综合艺术的电影而言尤为如此。我省所拥有的这支电影剧本创作队伍云集了各路豪杰。他们在创作剧本之前已经在文学、戏剧、小品创作领域颇有建树，在省内外获有较高的知名度。近年来，在国家广电总局电影剧本中心、中国夏衍电影学会联合举办的"夏衍杯优秀电影剧本征集活动"中，我省影协会员踊跃应征，积极参与。2008 年，蒋志杰创作的《葫芦岛大遣返》、张学森创作的《东北厨师牛大雷》双双荣获夏衍杯优秀电影剧本一等奖。这是继 2006 年张卫军创作的《战友无声》和 2007 年徐猛创作的《虚惊之喜》之后，我省电影剧本作者第三次获得全国电影剧本创作的最高奖项。

2008 年，辽宁电影制片厂拍摄了故事片《温暖》、二人转戏曲故事片《贵

---

① 《中国影视投融资的产业透视》，中国传媒大学出版社 2006 年 5 月版，第 172 页。

妃还乡》、数字电影《盛京里的秘密》和故事片《潘作良》，影片《潘作良》描写了我省优秀党的基层干部潘作良"为党分忧、为民解难"的感人事迹，被中宣部、国家广电总局选为迎接新中国成立60周年第一批重点国产影片。此外，由辽宁电影制片厂和长春电影制片厂、韩国自联映画社共同出品的故事片《耳朵大有福》荣获第十一届上海国际电影节亚洲新人奖评委会特别奖；由大连恒光文化传媒有限公司摄制、电影频道节目中心出品的数字电影《黑活儿》荣获2008年第八届电影频道"百合奖"二等奖、第十五届北京大学生电影节最佳电视电影男演员奖。[1]

二、市场发行放映取得显著效益

2004年至今的五年，辽宁省电影院线票房总额逐年上升，2007年全省票房总额10976万元，票房突破亿元，上了一个新的台阶。2008年辽宁电影产业依旧保持良好的发展势头，全年票房总额15394万元，票房再次破亿，并且较2007年增长1.4倍。仅辽宁北方电影院线公司下属的辽宁省地区院线2008年票房总额即为9365万元，比2007年的6770万元增长了1.38倍，比2004年的3345万元增长了2.79倍。其中国产影片票房约为5245万元，占票房总额的56%，进口影片票房约为4120万元。国产影片票房再次超过进口片。

表3-1 辽宁北方电影院线公司电影票房近五年走势图

（单位：万元）

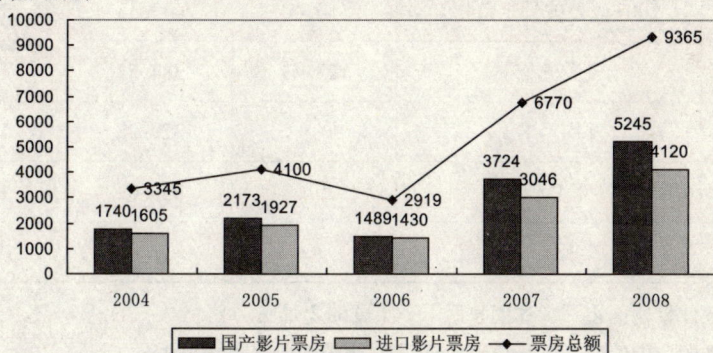

数据来源：辽宁北方电影院线公司统计数据

---

[1] 《改革开放30年辽宁文艺成果与研究（电影卷）》，北方联合出版传媒（集团）股份有限公司，辽宁美术出版社2009年9月版。

从全国的形势来看，2008 年国产影片的市场占有率大幅提高，超过总票房的 60%，《非诚勿扰》、《赤壁（上）》、《画皮》、《长江七号》、《功夫之王》、《大灌篮》、《梅兰芳》、《木乃伊 3》等 8 部国产影片均创造了票房过亿的优异成绩。其中，许多影片"既叫好又叫座"，思想性、艺术性和观赏性实现了有机统一。从票房统计来看，十大票房电影，进口影片仅占两席，分别是《功夫熊猫》（1.82 亿）、《007：大破量子危机》（1.40 亿）。这得益于近年来中国电影业对国产电影的大力扶持。

表 3-2　2008 年中国内地电影票房排行榜

排名	片名	放映场次（千场）	观众人数（万人）	票房收入（亿元）
1	《非诚勿扰》	98.54	621.59	3.25
2	《赤壁（上）》	237.37	958.04	3.21
3	《画皮》	188.96	766.92	2.33
4	《长江七号》	192.79	674.65	2.03
5	《功夫熊猫》	184.04	661.24	1.82
6	《功夫之王》	171.93	537.14	1.71
7	《007：大破量子危机》	150.40	443.36	1.40
8	《大灌篮》	123.43	384.52	1.10
9	《梅兰芳》	90.32	329.98	1.17
10	《木乃伊 3》	128.63	353.02	1.10
小　计				19.12

注：统计日期截止到影片上映后下一年度的 2 月底。

数据来源：中国电影发行放映协会《2008 中国电影市场报告》

第二节 辽宁省电影行业政策分析

2008 年，我省积极开拓中小城市及广大农村文化市场，大力推进全省农村电影"2131"工程，以及数字电影的发行放映工作。1998 年 10 月，国家文化部、国家广电总局为贯彻落实中宣部等十一部委《关于继续开展"三下乡"活动的通知》，提出了"2131"送电影下乡工程。该工程提出在"21 世纪初全国农村要实现每一个村，每一个月，看一场电影的文化活动"。2007 年 5 月 25 日，为加快农村电影放映工程建设，规范农村数字电影发行放映工作，广电总局发出《广电总局关于印发〈农村数字电影发行放映实施细则〉的通知》。我省 2001 年制定并实施了辽宁省农村电影放映"2131 工程'十五'规划"，农村电影滑坡的现象得到逐步控制，全省有 50% 的村实现农村电影"2131 工程"的目标。为了推进全省农村电影"2131"工程的进一步实施，2005 年起，我省连续 3 年每年拨款 100 万元购买电影拷贝，扶持全省县乡农村电影放映，切实解决农民看电影难的问题。

2007 年 8 月 20 日，广电总局印发了《广电总局关于印发〈组建数字电影（中档技术）院线公司的实施办法（试行）〉的通知》，目的是通过组建数字电影院线公司来充分调动国有、民营和社会力量，利用数字技术，开拓中小城市电影市场，促进国产影片的发行放映，扩大国产电影的社会效益和经济效益，满足广大人民群众日益增长的精神文化需求，积极探索中小城市电影市场发展的新路子。2008 年上半年，经省文化厅批准，辽宁新兴农村数字电影院线有限责任公司正式成立，面向全省农村地区经营数字电影传输、发行、放映业务，开发经营电影贴片广告发布业务，承担专业技术培训及协调设备维护等管理工作。

辽宁新兴农村数字电影院线公司成立以来，全面承担起了我省农村数字电影放映的发行管理工作，完善了放映基础设施建设，培育了农村电影放映新主体，把露天放映与室内放映相结合，把公益性放映与有偿放映相结合，把胶片放映与数字放映相结合，逐步实现了农村电影由胶片向数字化放映的过度，使我省农村首次看到了高清晰度的数字电影。新兴电影院线公司成立后，与我省 37 个农村基层放映队签订了数字电影放映合同，明确了数字电影放映的任务要求，同时做好节目采购，统一供片，监督检查，落实场次等发行管理工作。8月份，将37套数字电影放映设备向国家广电总局备案注册，配发授权卡，分发给我省沈阳、抚顺两地的16个涉农县（区）；并举办了我省首届数字电影放映技术培训班，为我省顺利发展数字电影放映打下了坚实基础。为了让得到政府资助数字电影放映设备的乡村尽快看到数字电影，新兴院线公司及时申请了农村公益版权影片，从国家广电总局数字电影节目管理中心订购了《夜袭》、《天堂口》、《新警察故事》、《别拿自己不当干部》等16部故事片，以及《农村食品安全》、《农村防火常识》、《农村触电急救》、《农村交通安全启示录》等4部科教片，共计30部数字电影节目，组织放映2220场次。同时组织专业技术人员到新民、辽中、康平、法库等县（区），为37个农村数字电影放映队下载、传输数字电影节目60场。截止2009年初，新兴院线公司共在我省农村地区组织放映故事影片294场，科教影片196场，共计490场，观众人次达130248人。今后的新兴院线公司将继续探索农村电影数字化放映的新机制，逐步建立起以农村数字电影院线为龙头，以数字电影节目发行为纽带，以县级电影发行企业为主体，以农村放映队为基点的农村数字化电影放映网络，为广大农民群众提供优质、快捷、方便的电影放映服务。

第三节　辽宁省电影行业产品的公共服务

据不完全统计，近年来我省作者担任编剧创作的电影剧本被省内外制片厂搬上银幕或制作成数字电影播放于央视电影频道的还有崔凯的《明天我爱你》、《冰葡萄熟了》，王占军的《大辽太后》，李铭的《磨剪子抢菜刀》、《梨花雨》、《石榴的滋味》、《村官李八亿》，张猛的《耳朵大有福》，张信的《梨树花开》，徐广顺的《圣经里的秘密》，唐锡成的《小鬼特种兵》，何邦锐的《十二个月亮》、《黑背记忆》、《至爱》，刘志钊的《鲁迅》，张卫军的《战友无声》等等。这些作品特色鲜明，题材广泛，达到了各自应有的水准，在不同范围内获得了良好的反响。上述影片中，有的被国家选送国外参加中外电影交流活动，包括中国电影文化周、中国电影展等，如《磨剪子抢菜刀》；有的参展上海国际电影节并获亚洲新人奖评委会特别奖，如《耳朵大有福》；有的创造了较高的上座率，在票房与观众口碑上双获丰收，如《小鬼特种兵》。

电影的核心竞争力是电影产品的生产，辽宁电影制片厂是我省电影生产的"重地"。作为省内唯一的电影制片厂，成立于1969年的辽宁电影制片厂，历经四十年的风雨跋涉，目前已成为可以创作生产故事片、美术片、科教片、纪录片等多片种的综合性电影制片厂。1980年，辽宁电影制片厂拍摄了自己的第一部故事片《生活是美好的》，由此拉开了故事片生产的大幕。20世纪八九十年代以及进入新世纪的2005年之后，辽宁电影制片厂出现了两次创作生产最为活跃的时期，向广大电影观众奉献了一批批银幕佳作。截至2008年底，辽宁电影制片厂已出品故事片56部，美术片31部，科教、纪录片152部。

2008年的辽宁电影制片厂，凭借张猛导演，范伟、关小平主演的故事片《耳朵大有福》和宋江波导演，周小斌、何苗、曹力、严晓频等主演的故事片《潘作良》等电影再续辉煌。《耳朵大有福》获得第十一届上海国际电影节亚洲新人奖评委会大奖；《潘作良》获得第十三届华表奖优秀影片提名奖，第十一届精神文明建设"五个一"工程奖优秀影片奖。除此之外，辽宁电影制片厂2008年还拍摄了故事片《温暖》、二人转戏曲故事片《贵妃还乡》、数字电影《盛京里的秘密》。于辽宁电影制片厂之外，我省其他影视文化机构也举其专长和优势，积极参与了部分影片的制作，并初见成效。由省影协参与策划、辽宁北方电影股份有限公司投资拍摄的电视电影《警徽 警戒》、《黑活儿》、《我的父母我的家》、《流年》等，尽一己之力，丰富了辽宁电影的艺术长廊，也都不同程度地产生了较好的社会影响，获得舆论的好评及国际国内各类大奖。

电影发行连接制片和终端（放映），实现影片迅速、顺畅、广泛地到达放映单位，并有效地完成影片资源、资金的流动；电影放映是实现产业与观众互动的载体，影院规模、布局及放映质量决定了电影产业对观众的吸引力和票房收入的高低。20世纪90年代以后，我省电影发行放映事业从顶峰跌入低谷，影院票房下落速度惊人，影院的上座率在2004年以前以每年10%的幅度递减。仅就沈阳电影公司来说，原有的16家影院，仅存4家营业，其余有的被另作它用，有的处于停业状态，有的因设施不完善被勒令整顿，特别是已有65年历史的东北电影院也因城市建设从太原街消失，全市电影公司约有800人下岗。

党的十四大以来，电影改革从流通体制、发行环节入手，打破了50年形成的统购统销的全国计划生产和发行模式，从中影公司独家发行国产片变为各电影制片厂都拥有发行权。2001年底，为打破垄断，彻底改变按行政区域层级供片模式，国家广播电影电视总局和文化部联合下发《关于改革电影发行放映机制的实施细则》。自此，以资本为纽带、连锁式的供片经营体制取代了按行政区域层级式发行体制，多渠道、多院线的竞争格局取代了单一的发行模式，院线公司的规模化经营取代了以影院为单位的分散经营。2003年，国家广电总局要求继续深化院线制改革，鼓励部分院线实现由签约制向以资本为纽带的联结制转变，鼓励院线的跨地区延伸，进一步打破地域垄断，鼓励院线公司按原则进行整合，促进电影市场的多样发展。

　　早在1997年，由省电影公司及沈阳、大连、鞍山市电影公司发起，成立了辽宁北方电影股份公司；2000年，辽宁北方电影股份有限公司与中影公司联合，成立中影北方股份有限公司，确立了在东北电影市场的绝对优势。2001年，成立辽宁北方电影院线股份有限公司，继续保持了辽宁电影在北方的龙头地位，并在东北三省50家电影院实行院线制管理，向电影发行放映的集团化经营迈出重要的一步。2008年1月1日，由于业务发展的需要，辽宁北方电影院线有限责任公司恢复独立运作。恢复独立运作之后的辽宁北方院线公司由中国电影集团公司控股，辽宁省电影公司、沈阳市电影公司、大连市电影公司、鞍山市电影公司、青岛市电影公司以及淄博市电影公司等七个股东单位共同投资组建。目前所辖地区包括辽宁、黑龙江、山东、内蒙古等几个省市自治区，现院线旗下共有影院58家，银幕206块，座位47315个。其中10厅以上影院2家，7—9厅影院7家，3—6厅影院21家。2008年新增影院7家，银幕27块，座位5449个。2008年票房达到一亿四千八百万元，跃居全国院线第八位。

　　截至2009年11月末，我省农村放映数字电影21990场，观众人次达595万；16毫米电影放映93395场，观众人次达2125万，总计放映电影场次115385场，观众人次达2720万。2009年12月，国家已资助辽宁省267套数字电影放映设备，2010年国家还将资助190套数字电影放映设备。我省将尽快建立农村数字化电影放映网络，加快城乡室内影院建设，改善农民观看电影环境，推动露天放映与室内放映相结合、胶片电影与数字电影相结合，并逐步向数字放映过渡，不断扩大农村数字电影放映覆盖面，争取到2010年底实现全省一村一月放映一场电影目标。

第四节　辽宁省电影行业的发展基础

一、电影院线

1998 年 1 月，由辽宁省电影公司为龙头，以资本为纽带，联合沈阳、大连、鞍山市电影公司和辽宁银都实业有限公司，经辽宁省政府批准，正式组建成立辽宁北方电影股份有限公司，开创了中国电影产业化发展的先河，也预示着辽宁电影文化产业进入了全新的发展轨道。

2001 年，公司在原有改革成果的基础上，再上一个新台阶，组建更加适应市场发展的"辽宁北方电影院线股份有限公司"，向"院线制"大步迈进。新的股份公司通过对辽宁、吉林、黑龙江三省放映实体进行资源整合，经营运作东北三省电影市场。公司以发行放映好国产影片为宗旨，以现代企业制度进行经营运作，促进电影发行放映行业的规模化、一体化，从而使东北三省电影发行放映体制从条条块块的分割式转向院线网络的联通式，从粗放经营的分散型转向集约经营的统一型，从多层次高成本的流通方式转向一个次低成本的流通方式。2002 年 5 月，国家电影局正式批准北方公司为跨省运作公司。至此北方公司在全国同行业中首次实现跨区域的"院线制"，建立了以"院线制"为主题的跨区域经营的新型公司。这种新的运行机制和经营方式改变了按行政区域发行的计划经济时期的传统模式，建立了有利于优秀国产影片发行放映、占领市场的有效机制，形成多方共赢的良好局面。2001 年公司电影票房收入比上年同期上升 12.1%，全年发行收入比上年同期上升 11.1%。

2008 年 1 月 1 日，由于业务发展的需要，辽宁北方电影院线有限责任公司结束与北京新影联公司为期两年的友好合作，正式恢复独立运作。新公司由中国电影集团公司控股，辽宁省电影公司、沈阳市电影公司、大连市电影公司、鞍山市电影公司、青岛市电影公司以及淄博市电影公司等七个股东单位共同投资组建，所辖地区包括辽宁、黑龙江、山东、内蒙古等几个省区，旗下影院 58 家，银幕数 206 块，占全国院线 3492 块银幕总数的 5%；座位数 47315 个，占全国 34 条院线 1183 家影院的 4%。恢复独立运作以来，辽宁北方院线各项工作都取得了长足的发展，2008 年辽宁北方院线公司票房总额达到 14889 万元，在全国院线中名列第八位，观影人次跃居全国院线第七位，院线公司旗下 2008 年票房 200 万元以上影院共计 20 家，显示出勃勃生机。

表 3 - 3　辽宁北方院线影院区域分布一览表

序号	省区	城市	影院数（家）	银幕数（块）	座位数
1	辽宁	沈阳	6	43	6082
		大连	7	40	6849
		鞍山	3	7	1484
		本溪	1	1	1690
		丹东	3	8	3058
		锦州	1	1	1650
		营口	1	3	1030
		阜新	2	3	2663
		辽阳	2	6	1207
		铁岭	1	2	1282
		盘锦	1	1	180
		朝阳	2	2	1600
		葫芦岛	2	5	588
2	黑龙江	哈尔滨	2	13	1973
		齐齐哈尔	2	8	940
		鸡西	1	1	800
		大庆	3	5	1492
		牡丹江	1	1	1030
		虎林	1	2	840
3	山东	青岛	7	32	3977
		淄博	3	9	3197
		烟台	2	7	1558
		威海	1	2	224
		日照	1	1	480

序号	省区	城市	影院数（家）	银幕数（块）	座位数
4	内蒙古	赤峰	1	2	319
		宁城	1	1	1122
合　计			26 58	206	47315

数据来源：中国电影发行放映协会《2008 中国电影市场报告》

表 3-4　辽宁北方 2008 年新增影院基本情况

序号	影院名称	地区	银幕数（块）	座位数
1	沈阳华臣影城	辽宁	8	1414
2	沈阳百联新东北影城	辽宁	5	590
3	辽阳京都新东北影城	辽宁	4	425
4	齐齐哈尔市东北电影城	黑龙江	3	450
5	齐齐哈尔中影新东北影城	黑龙江	5	490
6	日照数字影城	山东	1	480
7	中国石化齐鲁石油化工公司工会文体部	山东	1	1600
合　计			27	5449

数据来源：中国电影发行放映协会《2008 中国电影市场报告》

除此之外，目前还有大连万达电影院线、北京新影联电影院线、上海联合电影院线三家全国排名前五的大院线在我省设立影院（见表 3-5），全国排名第一的中影星美院线在沈阳设立的首家沈阳星美国际影城也将于 2009 年初正式开业。

表 3-5　辽宁地区其他院线设立影院情况统计表

序号	院线名称	全国排名	影院名称	地区	银幕数	座位数	票房（万元）
1	万达院线	2	大连万达国际电影城	大连	8	1645	1971

序号	院线名称	全国排名	影院名称	地区	银幕数	座位数	票房（万元）
2	北京新影联	5	辽宁中影百老汇影城	沈阳	8	1282	949
			大连奥纳影城	大连	10	1912	2538
			大连奥纳华南电影城	大连	6	1300	2008年新增
3	上海联合	3	新玛特永乐电影城	沈阳	6	642	571
合　计					38	6781	6029

数据来源：中国电影发行放映协会《2008中国电影市场报告》

二、电影制作机构

辽宁电影制片厂成立于1969年9月，最初由沈阳军区从所属部队抽调的现役军人组成，名称为"战地摄影队"，后陆续调入一些地方人员，1971年改名为"辽宁电影学习班"，隶属当时省革委会电影电视工业办公室领导；1973年更名为"辽宁省新闻电影学习班"；1977年，省里决定将原"新闻电影学习班"改为"辽宁省科学教育电影制片厂"，划归省科委领导。此后的一段时间里，辽影厂创作一直以科教片和纪录片为主。1980年辽影厂拍摄了自己的第一步故事片《生活是美好的》，从此开始故事片的生产创作，随后又开始生产美术片和电视剧；1985年经国家电影局同意，省委宣传部批准启用"辽宁电影制片厂"厂标，辽宁科学教育电影制片厂厂标继续保留。

20世纪80年代到90年代初是辽影厂创作生产最为活跃的时期。在这一时期，辽影厂完成了自身从单一生产科教片变成故事片、美术片、纪录片、电视剧多片种同时并举的调整转变。作为省级电影制片厂的辽影厂，当时在全国省属电影制片厂中创造了"五个第一"，即第一个开始创作生产故事片，第一个自己出品的故事片荣获国际电影节大奖，第一个荣获中国电影华表奖，第一个荣获大众电影百花奖，第一个在省级厂中拍摄故事片数量最多。

在故事片生产方面，由霍庄、徐晓星、邢丹导演，宋丹丹、斯琴高娃主演，李东德任制片主任的故事片《月牙儿》荣获意大利第四十一届莎莱诺国际电影节银奖；由凌子风导演，刘晓庆、姜文主演，李东德任制片主任的故事片《春桃》荣获中国电影华表奖和第十二届大众电影"百花奖"最佳故事片奖及最佳男女主角奖；由丁暄编剧导演，吴京安、原利主演，陈北京任制片主任的故事片《赌命汉》荣获中国电影华表奖和上海首届农民电影节腾飞奖。在美术片创作生产方面，辽影厂成为我国除上海美术电影制片厂外唯一一家能够独立摄制美术片的制片单位，为我国美术片的发展做出了贡献。其中《少女与魔鬼》参加了第一届中国电影节短片汇展，《夸父逐日》荣获1992年全国美术片展播奖，《好呱呱》、《小熊买瓜》荣获辽宁省首届优秀电影美术片奖。在辽影厂发展过程中，科教片、纪录片生产起着举足轻重的作用。《性的奥秘》荣获第四届中国人口文化奖一等奖、《红泥塑料沼气技术》获辽宁省科普作品一等奖，纪录片《支撑》荣获中国电影华表奖。

辽影厂的发展道路一波三折。由于种种历史原因，至2008年底辽宁电影制片厂仍是全国国有电影厂中唯一隶属关系不在广电系统，主管部门为省科技厅的"特殊厂"。由于体制不顺，国家给予电影厂的许多优惠政策在辽宁无法实现，辽影厂的影视生产进入低谷。2005年辽影厂领导班子重新组建，在厂内进行体制、机制、用人制度方面的改革，使电影厂卸下沉重的包袱，轻装上阵。在厂内改革的同时，辽影厂的影视创作生产也出现了活跃的态势。2006年拍摄了《十二个月亮》、《没准的葡萄熟了》两部故事片，同时完成了三部美术片《守护精灵》（26集）、《妙妙城》（65集）、《中华传统美德故事》（30集）。2007年又完成了《耳朵大有福》、《梨树花开》、《圣经里的秘密》、《灯芽》、《吝啬男友》等五部故事片，104集动画片《拇指熊康吉》和电视剧《乡村网事》。2008年拍摄了故事片《温暖》、二人转戏曲故事片《贵妃还乡》和故事片《潘作良》，该片描写了我省优秀党的基层干部潘作良"为党分忧、为民解难"的感人事迹，同时被中宣部、国家广电总局作为迎接新中国成立60周年第一批重点国产影片。

三、电影播出机构

（一）辽宁省电影公司

辽宁省电影公司成立于1949年3月，是隶属于辽宁省文化厅领导的实行自收自支的全民事业单位，公司现承担电影发行放映、写字楼管理及多种文化产业的经营管理工作。

长期以来，辽宁省电影公司坚持走科学发展之路，勇于创新，锐意进取，进一步推动了全省电影事业的发展。80年代初期，我省在县级电影公司实行"自选节目、自选拷贝、自主经营、自负盈亏"的电影经营机制改革，极大地调动了基层工作积极性，经济效益成倍增长，在全国引起强烈反响，受到电影局的充分肯定。90年代初期邓小平同志南巡讲话后，辽宁省电影公司进行经营机制、用人机制、分配机制改革，建立了竞争机制，进一步解放和发展了文化生产力，促进了全省电影事业的繁荣和发展。90年代末期，我省电影发行行业实施了发行体制和经营体制的一系列改革，完成了以资本为纽带的精简、分流、兼并、重组。1998年1月，由省电影公司，沈阳、大连、鞍山市电影公司和辽宁银都实业有限公司等5家公司，联合组建了辽宁北方电影股份有限公司，将全省发行人员由1300余人缩减为不足百人，大大提高了行业竞争力，实现了全省电影市场稳定、人心稳定、队伍稳定，发行收入在全国同行业中名列前茅。

为了积极应对中国加入WTO的机遇与挑战，建立适应社会主义市场经济的运行机制、管理体制和创新机制，省电影公司于2001年4月，与中影公司强强联合，组建了辽宁北方电影院线有限责任公司。新公司通过对辽宁、吉林、黑龙江三省电影放映实体进行资源整合，经营运作东北三省电影市场，促进了电影发行放映行业的规模化、规范化经营，促进了发行与放映工作向紧密化、一体化转变，从而使东北三省电影发行放映体制从条块分割式转为院线网络联通式，从粗放经营的分散型转向集约经营的统一型；从多层次、高成本的流通方式转向一次性、低成本的流通方式，建立了有利于优秀国产影片发行放映、占领市场的有效机制，形成多方共赢的良好局面。北方电影院线公司的建立，标志着我国电影业有了第一家院线制公司，在全国同行业中首次实现跨区域经营。2008年1月，北方院线又联合山东银星院线，组建了新的院线公司，经营运作辽宁、吉林、黑龙江、内蒙古、山东等省区的电影市场，实现了市场良性扩张，目前已拥有加盟影院52家，银幕188块，发展势头迅猛。北方院线成立以来，积极推动电影市场的繁荣发展，隆重推出了诸如《夜宴》、《十面埋伏》、《功夫》、《天下无贼》、《泰坦尼克号》、《变形金刚》等一系列中外精品大片，其中《英雄》、《无极》、《满城尽带黄金甲》、《霍元甲》、《集结号》等优秀国产影片均创造了惊人的票房佳绩，为广大人民群众奉献了精美的文化大餐。

（二）沈阳市电影公司

党的十一届三中全会后，文艺贯彻党的"双百"方针，我市电影事业开始复苏，被禁锢的各类丰富多彩的中外影片恢复了发行放映。沈阳市电影公司回复建制，进入了改革开放的历史新时期。1979 年庆祝建国 30 周年，陆续上映一批颇具新意的国产影片，如战争抒情片《小花》及《归心似箭》、《西安事变》、《人生》、《天云山传奇》、《人到中年》等，这些影片的映出备受沈阳观众喜爱。此外，沈阳市电影公司还复映了《舞台姐妹》、《花好月圆》、《早春二月》等，又不失时机地上映了新译制的《追捕》、《望乡》、《生死恋》、《叶塞尼亚》、《佐罗》、《蒲田进行曲》等外国新片，这就再次使沈阳电影市场重新红火起来。

1982 年，沈阳市电影公司又适时创办了《电影》（后改为《新影讯》）月刊，自 1984 年又与沈阳电视台联合创办了"新片预告"节目，1986 年正式改为"沈阳银幕"，重点宣传中外电影，该专题节目是沈阳电视台"最受观众欢迎的节目"之一，在全国开创了利用电视宣传电影之先河，受到广电部、电影局、中影公司及全国发行同行的高度赞誉。自 1984 年开始，沈阳市电影公司、市电影评论学会与市教委、团市委、青教办及新闻单位联合举办的沈阳市中小学生"火炬奖"影评征文活动，每年一届，现已举办了 20 届，共有 200 余万中小学生踊跃征文。

从 80 年代中期至 90 年代初，沈阳市电影公司成功地进行了城市影院改造，遵循结构经营的原理，确立了"分档次、多功能、新技术、高效益"为总体目标，建立"大、中、小不同规模，高、中、低不同档次"的新的电影院群体结构。1990 年春，东北电影院的"蓝宝石"、光陆电影院的"红宝石"、铁西电影院的"绿宝石"、群众电影院的"宝石花"小型电影厅应运而生，像几颗璀璨夺目的明珠，镶嵌在文化古城的沈阳，使观众情有独钟。东北、新兴、光陆等影院还首创新的服务方式：小姐站立服务、微笑服务、服务到位及映前致迎宾词，开全国电影服务之新风。

1999 年 10 月，由中国文联、中国电影家协会、沈阳市人民政府联合主办的"中国第八届金鸡百花电影节"在沈阳举行。电影节期间，确定了 10 月 20 日为"中国电影日"，有万余人在"中国电影日"横幅上签名。经过多年对电影市场的培养和发展，沈阳市电影公司除有下属东北、光陆等 14 家直属影院外，还有对内放映单位 49 家，有农村电影放映队 593 个，可放映 35 毫米和 16 毫米电影。

2005 年，沈阳市电影公司作为市委、市政府批准的沈阳市文化体制改革试点单位之一，在成功完成事转企改革任务后，于 2005 年 6 月 30 日正式挂牌为沈阳电影有限公司。公司拥有光陆影城、新东北影城等多家专业电影院及电影票务营销中心、器材公司、音像公司、农村电影分公司等多家分支机构，公司总资产1.2亿元。2005年电影票房收入再创历史新高，达到2000余万元。公司隶属的光陆影城、新东北影城电影经营业绩以30%以上的速度持续增长，已成为国内、省内电影行业的知名品牌，2007年经营收入实现了超千万。目前，公司已经与国内多家公司洽谈合作经营项目，其中与中国电影集团公司、香港百老汇戏院、北京市电影公司合资经营的"沈阳五洲影城"已对外经营。2006年在广泛吸收社会资本，采取多元投入方式，沈阳市电影公司在哈尔滨市投资建设了"哈尔滨新东北影城"，总建筑面积400平方米，设6个厅，810个座位，影厅内配置国内最先进的电影放映设备和国际知名专业品牌的立体声环音设备，各种设备均达到国际化标准。2007年，沈阳市电影公司又在沈阳、齐齐哈尔等地投资建设新影城，到目前为止，公司已由过去光陆、新东北影城两家正式营业外，新增哈尔滨店、兴隆店、葫芦岛店、齐齐哈尔店，另外沈阳百联店正在积极筹备开业。2009年，全公司的影城数量达到8家，经营面积由过去5500平方米增到13000余平方米，新增经营面积7506平方米；坐席由原2047个，增至4833个，新增2786个坐席；银幕块数由过去15块增至39块，新增24块。2008年沈阳市电影市场总收入6000万元，取得了历史性的突破，相比2007年沈阳电影市场总收入只有3000万元，一年间实现了100%的增长。

（三）大连市电影公司

大连电影也同样经历了阵痛和荣耀。20世纪80年代，为了尽早从"文革"的阴霾中走出来，大连市电影公司就先后对7家直属影院原有的设备进行了更新改造。80年代末、90年代初，随着电视等大众文化娱乐业的兴起，电影再度受到强烈冲击，观众大批分流，电影已不再是群众文化生活的"唯一"方式，市场开始转向低谷。面对市场窘境，大连市电影公司开始分别针对影院的经营方式及企业内部经营机制进行了尝试性的改革。1995年3月，国家广电总局颁布了《关于进一步深化电影业改革的若干意见》一文，标志中国电影开始显现出全面市场化的端倪，电影迈出了历史性的一步，大连电影业走向了全面市场化阶段，电影重新成为生机勃发的大众文化并渐入佳境。从1995年开始，中影引进的"大片"搅热了整个市场，而市场化的进程成就了大连电影事业十年迈出十大步的辉煌成就。仅在1996年的大连电影市场，观众就达到450万人次，5家影院放映收入1700万元，成为全国同行业中的佼佼者。2008年大连电影公司所属11家影院年度票房总收入突破8000万元，与前年成绩相比，同比增长了40%，创下历史新高。

2004年6月，拥有50多年发展历史的大连电影公司顺利完成了产权制度改革，实现了国有事业单位向适应社会主义市场经济的股份制企业转制。产权制度改革使大连电影公司燃发了生机和活力。2004年之后，大连电影公司年电影票房收入由2500万元增长到2007年的6000万元，影院由过去的7家增加到现在的12家，银幕数量由过去的22块增加到现在的68块，经营范围由大连本土拓展到沈阳、丹东、青岛、哈尔滨等地，实现了跨地域经营，在院线建设、产业链发展等方面也取得了长足进步。

院线制为大连电影发展提供了广阔空间。2002年，电影公司紧跟行业发展步伐，宣布成立了大连电影院线公司（后改为大连华臣影业院线公司）。目前，在大连地区华臣影业拥有大连影城、新玛特影城、新天艺影城、金州华臣影城、进步电影院、友好电影院及洪兴电影院等7家影城，在2006年，华臣影业又在哈尔滨、青岛和丹东创下了两个半月连开三家外埠影城的创举。2008年4月，沈阳华臣影城的启幕以专业的影院设施、豪华的装修成为华臣影院建设的一面旗帜。至此，大连电影也鲜明地树起了一个全国性的新文化品牌——"大连华臣"，在院线发展的道路上迈出属于大连的华丽步调。

一直以来，大连电影公司本着以市场为导向，以营销策划为核心动力，树立起全方位的市场营销观念。1999年下半年，大连影市开始实行周二特惠日：周二票价只有平日的一半。这一优惠举措不但得到了影迷观众的认可，还受到了全国的关注。2005年6月，中国电影发行放映协会、中国城市影院发展协会、中国电影制片人协会在第八届上海国际电影节上联合发出倡议，呼吁全国电影院在每周二将电影票价降为半价。至此，从大连电影起步的"周二半价"政策正式在全国推广。与此同时，大连电影公司还着手电影后产品的开发研制。2006年和2007年成功主办"电影玩具节"和"大连首届海报节"，2008年9月，由中国文联、中国电影家协会联合主办的"第十七届金鸡百花电影节"也在大连举行，这些都为大连电影后产品市场开发积累了经验，闯出了新路。公司计划3到5年内，电影后产品开发以及全行业销售实现5000万元产值，成为公司产业化发展的重要支柱。同时2008年，公司已成立了专门机构正式进军制片业，计划到2015年，拍摄5到8部故事片，完成从单纯放映到制作、发行、放映一体化专业电影企业的过渡。

第五节 辽宁省电影行业存在的问题及对策

一、我省电影业现状

辽宁电影市场正处在开放时期，面临体制改革初见成效、业内竞争愈加激烈的喜忧参半的局面。据业内人士介绍，20 世纪 90 年代以后，我省电影发行放映事业从顶峰跌入低谷，影院票房下落速度惊人，影院的上座率在 2004 年以前以每年 10% 的幅度递减。仅就沈阳电影公司来说，原有的 16 家影院，仅有 4 家营业，其余有的被另作它用，有的处于停业状态，有的因设施不完善被勒令整顿，特别是已有 65 年历史的东北电影院也因城市建设从太原街消失。而辽宁抚顺被曝全市无影院，市民开车到沈阳看电影，引起全国文化界关注。2008 年，辽宁全省电影票房收入约 1 亿元，其中沈阳、大连 9000 多万元，鞍山 400 万元，其余 11 个市电影票房总共才 400 万元。

经过多年沉寂之后，辽宁电影市场从 2004 年开始呈现升温的态势，票房收入达 4818 万元，比 2003 年增长 30%，观众人次达 340 万，是 5 年来增长最快的一年。此后更是一年一个新台阶，逐年稳步增长。如坐落在沈阳中街的老字号光陆电影院，2004 年电影票房总收入达到了 817 万元，比 2003 年增收 362 万元，增幅达 80%；2008 年光陆影院票房达到 1398 万元，比 2003 年增收 943 万元，增幅达 207%。辽宁电影产业正以强劲的势头蓬勃发展，然而在辉煌的背后，我们也应该注意一些问题的存在。

二、我省电影业存在问题

1. 部分电影机构刚刚完成转制，羽翼尚未丰满，面对市场激烈残酷的竞争，很难找准自己的位置；资金在电影业的发展中起着举足轻重的作用，刚刚完成转制的电影机构虽然卸下了一部分包袱，但由于底子仍然很薄，自身竞争力较弱，无法吸引大量资金，如果放任不管，可能会使其一蹶不振。

2. 盗版对电影的侵害极大，影响到整个电影业复苏，主要原因是对盗版的清理打击力度不够，造成了盗版现象泛滥成灾，给电影市场带来了难以估计的损失；网络下载的侵权行为严重，随着科技化的进程，网络下载各种电影已到了无孔不入的地步，对其侵权行为的整治问题，应引起高度重视。

3. 电影产品的数量和品质还不能满足市场的需求；电影资金短缺，电影服务设施、服务价格、服务水平、服务策略等仍然与观众的消费期望有明显距离。

4. 电影界人才短缺。缺乏能够与世界电影艺术、专业技术保持同步，且具有市场意识和时代意识的电影人才，特别是青年电影人才。

三、针对我省电影业存在的问题的几点对策

1. 建议政府对刚完成转制的电影机构加以适时适当扶持，使其更快地适应市场竞争机制，比如可以在税收方面加以优惠，现在许多行业都有税收的优惠政策，但电影业却没有，甚至很多时候还要双重纳税。

2. 打击盗版行为，加快推进电影业的改革。政府必须采取积极有力的措施对电影市场盗版行为予以坚决打击，使观众切实体会到高品质电影带来的享受。同时，以振兴辽宁老工业基地为契机，深化电影业的改革。一要进行影院的数字化改造；二要加大对影院的政策扶持力度。

3. 完善电影市场机制，扩大电影市场空间。一是发挥电影院线作用，提高电影产品的市场效益。院线是电影市场的一种商业运作模式，所涉及的是市场体系的统一性问题。电影市场在国内是一个整体，它以资本或供片为纽带，由一个发行主体或若干个影院组成，实行统一品牌、统一排片、统一经营、统一管理，从而建立良性运转的电影市场机制。二是加速城市现代化影院的建设、改造和升级，创造和改善电影消费条件。三是开拓后电影市场，扩展辽宁电影市场空间。延长电影产业链条，推进电影的产品经营和电影市场的扩展，是电影产业经营的主要模式。片头广告、光盘发行权、有线电视和电影频道的电影放映权，以及相关的书籍、游戏或玩具等衍生产品，都是影片发行前后的"大市场"。

4. 扶持资助省内青年电影编剧及导演，发展中小题材、中小成本电影。2007 年国家广电总局制定并出台了对青年导演的资助计划，包括陆川、贾樟柯、宁浩等在内的 16 位青年导演成为首批资助对象。我省也应在能力范围之内，尽可能对省内青年编剧及导演加以扶持培养，提高自身竞争力。

第六节　辽宁省电影业年度行业大事记

2008年1月，省影协与辽影厂在省电影公司举办张猛编剧并导演、辽影厂拍摄的《耳朵大有福》观摩及研讨会。

2008年1月，辽宁北方电影院线有限责任公司联合山东银星院线，组建新的院线公司，经营运作辽宁、吉林、黑龙江、内蒙古、山东省区的电影市场，已拥有加盟影院60家，银幕210块。

2008年3月，大连电影有限公司义工站正式启动，以帮助弱势群体为主题，为弱智学校的孩子免费放映电影。

2008年4月，省影协举办"慧光杯"中小学生征文竞赛。

2008年4月，位于沈阳北站华府天地购物中心的沈阳华臣影城开业，这是大连电影有限公司在外埠投资兴建的第五家影城。

2008年5月，推荐我省张卫军、徐猛、何邦瑞、李铭、姜黎黎五名中青年编剧参加国家广电总局电影剧本中心举办的西安曲江电影编剧高级研修班。

2008年6月，我省成立新兴农村数字电影院线公司，将面向全省农村地区经营数字电影传输、发行、放映业务，承担专业技术培训及协调设备维护等管理工作，争取到2010年实现全省农村一村一月放映一场电影的公益服务目标（1231工程）。

2008年7月，沈阳定影有限公司作为沈阳市农村电影"2131"工程的承办单位，大力推进农村电影放映工作并取得了可喜成果。

2008年7月，沈阳电影有限公司投资建设的第六家影城—新东北影城（辽阳京都店）正式开业。

2008年7月，沈阳电影有限公司与中影集团共同投资建设的、公司旗下第七家影城—新东北影城（沈阳百联店）正式开业。

2008年8月，张卫军编剧的军事题材影片《战友无声》（为我省首部获夏衍杯二等奖剧本），于八一建军节期间在中央电视台电影频道首播。

2008年8月，大连电影公司成立了专门机构正式进军制片业，计划到2015年，拍摄5到8部故事片，完成从单纯放映到制作、发行、放映一体化专业电影企业过渡。

2008 年 9 月，中国文联、中国电影家协会"第十七届金鸡百花电影节"在大连举行。我省 25 人当选"大众电影百花奖"观众评委。

2008 年 9 月，沈阳电影有限公司与中影集团共同投资建设的、公司旗下第八家影城——新东北影城（齐齐哈尔店）正式开业。

2008 年 10 月，推荐我省拍摄的三部故事片参加中国电影制片协会、中影发行放映协会在青岛举办的"第二届国产影片交易会"。

2008 年 10 月，朝阳市委、市政府拍摄描写皮影艺人的故事片《凌河影人》。

2008 年 10 月，省影协组织我省六部优秀电影作品参加 2008 年夏衍杯优秀电影剧本评选活动。

2008 年 10 月，为了纪念对中国电影事业贡献了毕生精力的谢晋导演，辽宁北方院线所属的沈阳和大连地区举办了为期 10 天的"谢晋经典作品展映"活动。

2008 年 10 月，组织我省编剧的四部作品参加"首届大地杯优秀农村题材电影剧本征集和评选活动"，此次活动有中宣部、财政部、国家广电局、吉林省政府举办。

2008 年 10 月—12 月，协办中国电影家协会、中影青年工作委员会举办的大学生电影文化交流活动——"大学生华语电影展"系列活动。

2008 年 11 月，李铭编剧的电视电影《村官李八亿》由北京嘉禾佳硕文化传媒公司拍摄完成；数字电影《拉钩》由锦州市委宣传部、北京快乐传媒和电影频道联合出品，作为电影频道 12 月十部改革开放献礼电视电影之一，在电影频道播出。

2008 年 12 月，辽宁电影制片厂拍摄我省会员创作的电影作品，故事片《温暖》、《吝啬男友》、《梨树花开》、《潘作亮》、二人转戏曲故事片《贵妇还乡》，数字电影《圣经里的秘密》已在电影频道播出。

2008 年 12 月，大连恒光文化传媒有限公司拍摄数字电影《从心开始》、《浪淘真金》。

2008 年 12 月，铁岭市委宣传部，上海电影制片厂拍摄农村喜剧片《喜临门》。

2008 年 12 月，鞍山市委宣传部，北京卡佰文化传媒公司拍摄农村喜剧片《孝顺媳妇》。

2008 年 12 月，锦州市委宣传部、北京新月文化传媒公司拍摄数字电影《常青藤》。

2008 年 12 月，丹东市农村电影放映管理中心、朝阳市建平县农村电影放映工程电影放映队获广电部"全国农村电影放映工程先进集体"荣誉称号。

2008 年 12 月，省电影家协会代表团参加中国电影家协会第八次全国代表大会。

2008 年 12 月，编辑出版《改革开放三十年辽宁电影成果与研究》纪念文集。

2009 年 1 月，大连低价推出"电影一票通"。

2009 年 4 月，辽宁电影制片厂、辽宁星汉盈邦文化交流有限公司制作的影片《潘作良》获得 2009 年 4 月份电影局领取公映许可证。

2009 年 5 月，辽宁抚顺被曝全市无影院，市民开车到沈阳看电影。

2009 年 11 月，辽宁省电影家协会与黑龙江省电影家协会、吉林省电影家协会联合举办首届东北三省电影论文评奖。

（作者：马琳，辽宁社会科学院档案室）

行业报告四　辽宁省动漫业发展报告

　　所谓动漫产业，是指以创意为核心，以动画、漫画为表现形式，包含动漫图书、电影、电视、音像制品、舞台剧等动漫直接产品的开发、生产、出版、播出、演出和销售，以及与动漫形象有关的服装、玩具、电子游戏等衍生产品生产和经营的产业。其实早在动画片市场发展还未成产业化的时候，辽宁电影制片厂就生产过多部动画片，并且都是国内外发行，有的还在国际、国内获过奖。据统计，辽宁电影制片厂在1980—1992这12年期间共生产14部动画片（其中1部是水墨动画片），有的1年就生产3部。其中《少女与魔鬼》参加过第一届中国国际电影节短片展，《夸父追日》获得1992年全国美术片展播奖。辽宁电影制片厂生产的动画片在当时影响很大，为今后我省动画片市场产业化的发展奠定了良好的基础。

第一节　辽宁省动漫行业概况

　　自2004年以来，我省动漫产业发展较为迅速，动画片产量呈持续增长的趋势。2008年我省的动画片产量已经接近1.5万分钟，2009年我省的动画片产量突破了2万分钟。还有很多正在制作中的，已经立项的，将近4万分钟。根据我省动画片生产的走势和在国家广电总局备案情况显示，估计我省动画片的制作产量将随着新的技术平台的使用而驶入动漫生产的快车道，预计2010年度我省动画片完成生产的分钟数总量将突破3万分钟。

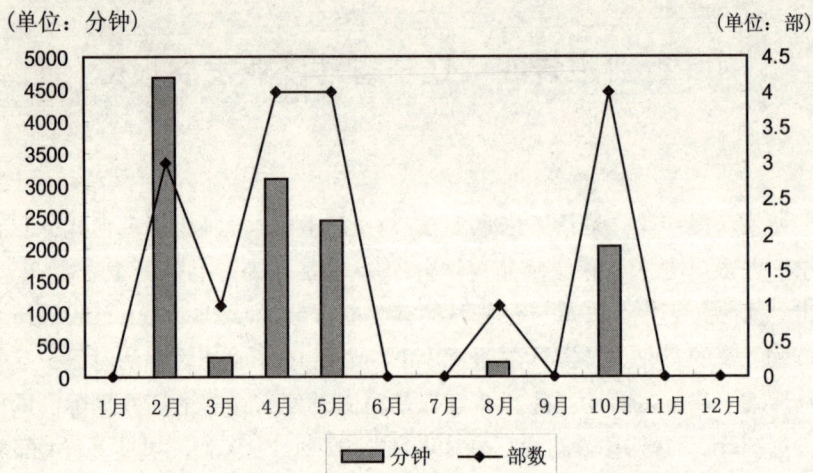

（单位：分钟）　　　　　　　　　　　　　　　　　　　（单位：部）

图4-1　2008年辽宁省电视动画制作备案情况

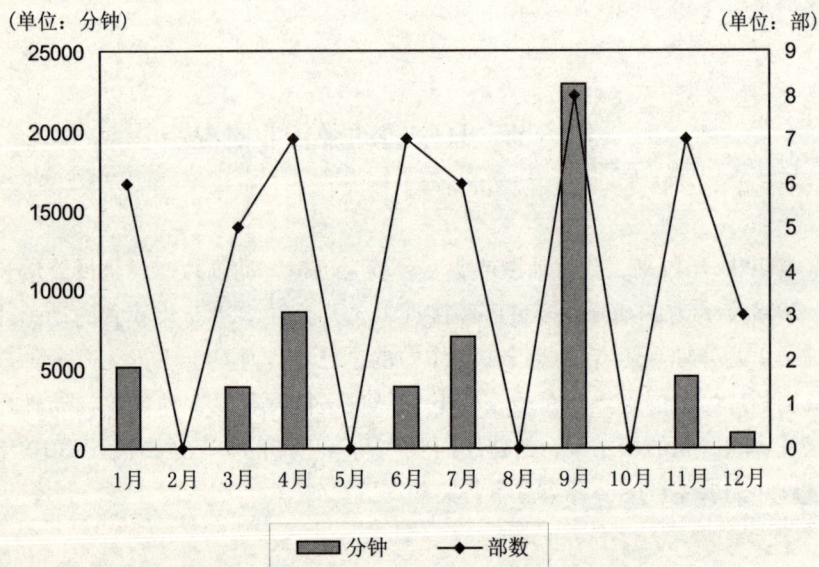

（单位：分钟）　　　　　　　　　　　　　　　　　　　（单位：部）

图4-2　2009年辽宁省电视动画制作备案情况

数据来源：http：//www. sarft. gov. cn

从全国范围看，辽宁动漫产业起步较早，大连早在2003年就开始规划建设动漫产业基地，并于2004年在高新园区开始建设动漫走廊，是国家广电总局2005年第二批授予国家动画产业基地的六家基地之一。当时国家广电总局规定国家动画产业基地的投资规模需达到1亿元以上，电视动画片年产量达到3千分钟或电影动画片年产量达到一定规模；具有自主知识产权的国产动漫产品在该基地产品总量中应占有相当比例，并拥有一些市场占有率高的动画产品，具有一定的动画产品出口能力。沈阳的动漫产业基地也在2004年5月正式成立，并进一步提出打造动漫之都的蓝图，2007年被国家新闻出版总署批准为国家动漫产业发展基地，2008年成为国家广电总局第四批授予国家动画产业基地的四家基地之一，2009年被国家文化部批准为"国家文化艺术科技创新基地"。

目前，我省沈阳、大连两个动漫基地发展势头强劲。国务院在2006年发布了《关于推动我国动漫产业发展的若干意见》，2008年文化部又出台了《关于扶持我国动漫产业发展的若干意见》，在国家政策的大力扶植和省市政府的关心和支持下，我省两个基地都取得了快速的发展和进步。我省除了副省级城市建立了动漫产业基地之外，位于辽西的阜新市在2004年则从动漫人才教育和培养方面先行一步，着力建设初级人才培养基地和初级产品加工基地，目前已具有12家动漫企业。丹东是中国最大的边境城市，位于辽东，毗邻朝鲜的地域优势让丹东市虎山动漫产业中朝服务外包基地的建设成为可能。本溪市也有较大的专业动漫制作公司。鞍山有制作动漫衍生品的公司和动漫培训学校。我省已经向着动漫集群的方向前进了。2008年，辽宁省已有《希望》、《戏曲动漫》、《共筑坚强》、《中华传统美德》、《天天笑》等5部动画片在央视播出。

据中投顾问2009年3月出品的《2009—2012年中国动漫产业投资分析及前景预测报告》统计，全国动画片创作生产数量排在前五位的省市是湖南省、江苏省、浙江省、广东省、北京市；国产动画片创作生产数量位居前列的十大城市分别是长沙、杭州、广州、无锡、北京、上海、南京、常州、西安、重庆。因此，辽宁省的动漫产业发展要进入全国前五名还有一段距离要走。截至2008年底，辽宁省共有2个国家级的动漫产业基地，分别位于大连市高新园区和沈阳市浑南新区。其中大连动漫走廊先后经国家广电总局批准为"国家动画产业基地"，文化部批准为"国家动漫游戏产业振兴基地"，共青团中央批准为"中国青少年数字娱乐产业教育基地"。沈阳动漫产业基地先后经国家新闻出版总署批准为"国家动漫产业发展基地"，国家广电总局批准为"国家动画产业基地"。这两个基地共获得5块国家级牌匾，是辽宁动漫业发展当之无愧的排头兵。

据统计，目前全国共有 78 个动漫（动画）产业基地（园区），动漫制作机构从 2002 年的 120 多家猛增到目前的 6400 多家，2008 年国产动画生产总量达到 249 部、131042 分钟。据辽宁省经济和信息化委员会软件服务业处提供的统计数据显示，截至 2009 年 6 月，辽宁省已有动漫企业近 300 家，比 2007 年增长了 48.3%，约占全国动漫企业总数的 5.4%；2008 年全省已经立项的影、视动画片达 2 万分钟，生产动画片总片长近 13494 分钟，比 2007 年增长了约 20.5%，占全国动画片总量的 15.3%；全年实现销售收入约 55 亿元，比 2007 年增长 38.9%，约占全国动漫产业销售收入的 10%；全省动漫的从业人员也由 5 千人发展到现在的近万人，约占全国动漫从业人员的 5%；动漫产业投入用房面积达到 20 余万平方米。从各个方面来看，2008—2009 年我省动漫产业发展较 2007 年都有较大增幅。

第二节　辽宁省动漫行业政策分析

2008—2009 年辽宁省无论从动画片制作总量，还是各大基地的发展都取得了可喜的成绩，这与国家和省委省政府以及地方的扶持政策是分不开的。继国务院办公厅转发了《关于推动我国动漫产业发展的若干意见》（国办发 [2006] 32 号）之后，国家成立了由文化部牵头、十部委组成的扶持动漫产业发展部际联席会议，并由中央财政设立了扶持动漫产业发展专项资金。2008 年中央、省委省政府和地方对动漫产业的一些扶持政策也陆续出台。辽宁省 2008 年动漫产业发展依照这些扶持政策，以科学发展观为指导，重点开展加快发展动漫产业的一系列工作，颁布了很多优惠政策，增加了动漫产业发展的专项资金。从 2008 年起，省级文化产业发展专项资金由 1500 万元增加到了 3000 万元。并按照党的十七大报告加强网络文化建设和管理，营造良好网络环境的要求，发布了很多关于监管网络游戏的通知和文件，对未成年人上网环境起到了保护作用。

一、中央政府的扶持政策与我省动漫产业的发展

2006 年 9 月 13 日，我国发布了《国家"十一五"时期文化发展规划纲

要》。这是我国第一个专门部署文化建设的中长期规划。《纲要》明确未来五年我国将着力发展的九类重点文化产业，动漫产业就是其中之一。这之后，文化部认真贯彻落实《国家"十一五"时期文化发展规划纲要》和《中共中央、国务院关于进一步加强和改进未成年人思想道德建设的若干意见》（中发［2004］8号），根据《国务院办公厅转发财政部等部门关于推动我国动漫产业发展若干意见的通知》（国办发［2006］32号）的精神，针对当前我国动漫产业发展中存在的问题，按照扶持动漫产业发展部际联席会议的总体工作部署，经过一年多的调研和反复征求意见，不断充实完善。2008年8月13日，文化部发布了《文化部关于扶持我国动漫产业发展的若干意见》（文市发［2008］33号），一共17条，提出文化部关于扶持我国动漫产业发展的指导性意见和具体措施，全面阐述了文化部扶持我国动漫产业发展的政策主张，明确了扶持民族原创、完善产业链条、完善支撑体系、加快平台建设等方面的具体举措，提出要用5—10年时间实现跻身世界动漫大国和强国行列。"动漫十七条"对全国各大动漫基地的发展都起到了强大的推动作用。

9月23日，文化部办公厅印发了《关于"原创动漫扶持计划"（2008）申报工作的通知》（办市函［2008］426号），对原创漫画、原创动漫演出、原创网络动漫的扶持工作做了具体部署。文化部"原创动漫扶持计划"由三部分组成，即"原创漫画扶持计划（2008）"、"原创动漫演出扶持计划（2008）"、"原创网络动漫扶持计划（2008）"。文化部将扶持10部优秀原创漫画作品，每部给予扶持资金10万元；扶持10个漫画创作者（团队），每个创作者（团队）给予扶持资金5万元。将以200万元扶持10至20部优秀原创动漫演出作品；扶持10个动漫演出创作者（团队），每个给予扶持资金5万元。将扶持30部优秀原创网络动漫作品（其中手机动漫作品占50%），每部给予扶持资金5万元；扶持30个优秀网络动漫创作者（团队）（其中手机动漫创作者占50%），每个创作者（团队）给予扶持资金5万元。可见，中央政府对于动漫产业的支持力度是很大的，一系列优惠奖励政策的出台大大激励了原创动漫的开发。

除了出台具体的扶持政策，针对动漫产业的组织领导管理和部门协作等问题也有文件发布。2008年7月，国务院办公厅印发了文化部、国家广播电影电视总局、国家新闻出版总署等部门的《主要职责、内设机构和人员编制规定》。其中《国务院办公厅关于印发文化部主要职责内设机构和人员编制规定的通知》（国办发［2008］79号）中明确了"动漫和网络游戏管理的职责分工"，规定"文化部负责动漫和网络游戏相关产业规划、产业基地、项目建设、会展交易和市场监管。国家广播电影电视总局负责对影视动漫和网络视听中的动漫节目进行管理。国家新闻出版总署负责在出版环节对动漫进行管理，对游戏出版物的网上出版发行进行前置审批"。国办发〔2008〕79号文件同时规定，将国家广播电影电视总局动漫（不含影视动漫和网络视听中的动漫节目）管理的职责划入文化部；将国家新闻出版总署动漫、网络游戏管理（不含网络游戏的网上出版前置审批），及相关产业规划、产业基地、项目建设、会展交易和市场监管的职责划入文化部。这些相关政策的出台明确了动漫产业各大环节的领导管理职能，分工明晰的协作将会大大提高动漫产品的产出效率。

文化部在2008年发布了很多关于网络游戏管理工作的通知，如《文化部中央文明办信息产业部公安部国家工商行政管理总局关于净化网络游戏工作的通知》、《文化部等14部委关于进一步加强网吧及网络游戏管理工作的通知》、《文化部关于加强网络游戏产品内容审查工作的通知》、《文化部 信息产业部关于网络游戏发展和管理的若干意见》等。据CNNIC最新发布的《第23次中国互联网络发展状况统计报告》（2009年1月13日）显示，2008年我国网络游戏用户比2007年增长了49.6%，有近1.87亿网络游戏用户，这其中又有大部分是未成年人。而在我国网络游戏刚起步的阶段，对网络游戏的监管职责还不明晰，游戏内容充斥着暴力、色情、赌博、迷信，这些相关政策的发布有力地保护了青少年的网游环境，对动漫产业、网络游戏向健康方向发展起到正确的引导作用。

国家广电总局也有扶持办法出台。2009年1月20日，国家广电总局发出《广电总局关于2008年国产原创电视动画片及国产动画创作人才扶持项目申请事项的通知》，通知说，根据《国务院办公厅转发财政部等部门关于推动我国动漫产业发展若干意见的通知》（国办发〔2006〕32号）精神，为扶持国产原创电视动画片的创作生产及国产动画创作人才，广电总局决定自2009年2月1日起，受理国产原创电视动画片及国产动画创作人才扶持项目申请。

2009年4月24日，文化部与中国银行在京签订《支持文化产业发展战略合作协议》，中国银行与中国对外文化集团也一并签署了《战略合作协议》。文化部与中国银行将遵循"长期合作、相互支持、共谋发展"的原则，建立全面长期的战略合作关系。文化部将发挥政府文化行政主管部门的职能，加强对我国重点文化企业和文化项目的管理与指导，通过组织申报和专家评审，向中国银行积极推荐需要扶持培育的文化企业和文化项目。中国银行与中国对外文化集团签署的《战略合作协议》，标志国有大型金融机构助力国内大型文化企业及重点文化产业项目序幕的开启。战略合作关系的建立，将为中国对外文化集团自主创新提供强大的金融支持，有助于帮助其提高核心竞争力，加快实现跨越发展的步伐；对于提升整个中国对外文化产业的业态，不断扩大中国文化产品和服务在国际市场的份额，提升国家文化软实力，增强中华文化的国际影响力，也将做出积极的贡献。

2009 年 7 月 22 日，国务院常务会议通过了《文化产业振兴规划》，这是继纺织、轻工等规划之后的第十一大产业振兴规划。国家将重点推进的文化产业包括：文化创意、影视制作、出版发行、印刷复制、广告、演艺娱乐、文化会展、数字内容和动漫等。在多项重点任务工作中都体现出对新兴文化产业的大力扶持：（1）发展重点文化产业。以文化创意、影视制作、出版发行、印刷复制、广告、演艺娱乐、文化会展、数字内容和动漫等产业为重点，加大扶持力度，完善产业政策体系，实现跨越式发展。文化创意产业要着重发展文化科技、音乐制作、艺术创作、动漫游戏等企业，增强影响力和带动力，拉动相关服务业和制造业的发展。动漫产业要着力打造深受观众喜爱的国际化动漫形象和品牌，成为文化产业的重要增长点。（2）加快文化产业园区和基地建设。加强对文化产业园区和基地布局的统筹规划，坚持标准、突出特色、提高水平，促进各种资源合理配置和产业分工。对符合规划的产业园区和基地，在基础设施建设、土地使用、税收政策等方面给予支持。建设若干辐射全国的区域文化产品物流中心，建设一批文化创意、影视制作、出版发行、印刷复制、演艺娱乐和动漫等产业示范基地，支持和加快发展具有地域和民族特色的文化产业群。（3）扩大对外文化贸易。制定《2009—2010 年度国家文化出口重点企业和项目目录》，形成鼓励、支持文化产品和服务出口的长效机制。重点扶持具有民族特色的文化艺术、展览、电影、电视剧、动画片、网络游戏、出版物、民族音乐舞蹈和杂技等产品和服务的出口，抓好国际营销网络建设。支持动漫、网络游戏、电子出版物等文化产品进入国际市场。

中央政策的出台都是与全国重大战略思想相契合的，因此中央关于动漫产业扶持政策的制定又是完全符合科学发展观的内在需要，是十七大报告关于文化产业发展的具体实施。报告指出，大力发展文化产业，实施重大文化产业项目带动战略，加快文化产业基地和区域性特色文化产业群建设，培育文化产业骨干企业和战略投资者，繁荣文化市场，增强国际竞争力。运用高新技术创新文化生产方式，培育新的文化业态，加快构建传输快捷、覆盖广泛的文化传播体系。动漫产业作为新世纪的朝阳产业，是国民经济中新的增长点，更是提升国家文化软实力的重要着力点。在美国、韩国、日本等动漫大国，动漫产业完全是国民经济的支柱产业之一，而在我国动漫产业要发展成为支柱产业还有很长的路要走，发展空间还很巨大。

二、地方政府的扶持政策与辽宁动漫产业的特色形成

以中央扶持政策为主导，辽宁各地方各部门贯彻落实中央相关文件的同时，加大了对动漫产业的扶持力度，出台了相应的政策措施，很多地方发展动漫产业热情高涨，纷纷建设动漫产业基地、引进动漫制作公司，这对推动各地动漫产业发展、提高动漫产业知名度发挥了积极作用。辽宁省文化厅始终把制定政策作为发展文化产业的重中之重，先后制定出台了《关于深化文化体制改革，加快文化产业发展，全面加强文化建设的意见》、《关于经营性文化事业单位转企改制的若干政策的通知》、《辽宁省加快发展文化产业的若干优惠政策》等一系列政策措施。从 2008 年起，省级文化产业发展专项资金由 1500 万元增加到 3000 万元。我省动漫基地建设取得卓著成绩的大连、沈阳、阜新都有相应的鼓励政策出台，阜新市政府还制定了五年的发展规划。

（一）制定鼓励动漫产业发展的政策大都围绕着各地动漫产业发展阶段性面临的问题

基地建设初期政策大多是给予优惠的投资、融资政策，在财政上给予不同程度的补贴。如《大连市进一步促进软件和服务外包产业发展的若干规定》（大政办发〔2008〕183 号）中大连市政府设立软件和服务外包专项资金，与国家部委、省政府相关扶持资金形成配套。企业或培训机构向金融机构获取的用于主营业务的贷款，按照中国人民银行公布的基准利率，由市专项资金给予不超过贷款利息 30% 的补贴。

沈阳市政府和浑南新区管委会共同出资设立了动漫产业发展基金，市政府每年列支 2000 万元，浑南新区管委会制定出台了更加优惠的扶持政策，每年新区财政列支 2000 万—3000 万元，对进驻基地的企业在房租补贴、动画片播出奖励、贷款贴息以及产业基金等方面给予扶持。主要包括：一是对有自主开发原创作品的动漫企业给予免房租三年的支持，培训企业和代工企业给予免房租一年、减半房租二年的支持，中介企业和运营商给予免房租一年的支持；二是对从事动漫产业开发、研制，形成一定规模并获得银行贷款扶持的企业，每年可给予 30 万—100 万元的贷款贴息用于企业发展动漫游戏产业。《沈阳市促进软件

及动漫产业发展的若干政策措施》中还规定对我市软件及动漫企业固定资产投资银行贷款，经市有关部门审批后，可给予一年银行贷款贴息支持。

阜新市在 2007 年制定的《关于进一步扶持动漫游戏产业的意见》（阜政发〔2007〕8 号）也明确了市政府每年筹集专项资金作为阜新市动漫游戏产业发展基金，并制定了基金使用办法。如提供两层办公楼场所，建立了开放性公共技术服务平台，对入驻孵化基地的企业或人才培训机构均可享受免费入驻 3 年的优惠（企业自身发展的费用除外）。而且 2008 年阜新市申报的四个动漫游戏项目得到省信息产业厅的资金支持，省厅首批专项扶持资金 100 万已经拨付到位。朝阳市招商局对初建动漫及软件外包基地也有很多优惠政策，如：土地价格实行一事一议，成本价出让或作价入股，减免本地基本建设各项税费；五年内对投资者所得税、营业税实行部分奖励返还政策；政府全程帮办规划、审批、建设各项事务；对投资 5000 万元以上的项目，根据实际情况采取一事一议的办法，给予更优惠的政策。

（二）当动漫产业基地已具雏形，政策则就会侧重于鼓励原创动漫公司的创作，动画片播出后给奖金资助

这对于当下大部分动画片收购价格大多低于制作成本的现状给予扶持，以鼓励更多国产原创动画片产品。沈阳浑南新区管委会结合《关于印发沈阳市促进软件及动漫产业发展和加快电子信息产品制造业发展若干政策措施的通知》（沈政发〔2008〕6 号）中《沈阳市促进软件及动漫产业发展的若干政策措施》规定，原创影视动画作品在地方电视台首次播出的，按二维动画每分钟 500 元、三维动画每分钟 1000 元的标准，给予原创企业一次性奖励，最高奖励额 50 万元；在中央电视台首次播出的，按照每分钟二维 1000 元、三维 2000 元的标准给予一次性奖励，最高奖励 100 万元；对经国家有关部门批准正式上线运营的原创游戏，每款给予 30 万元以下的奖励；对获得重大国际奖项和国家、省市级奖励的原创动漫游戏作品，一次性分别奖励 50 万元、30 万元、10 万元；获得中国驰名商标的产品，最高可得奖励 50 万元；基地内企业获得国家和省资金无偿支持的，国家级项目按 1:1 比例匹配，省级项目按 50% 匹配。

大连市政府本着《中共大连市委 大连市人民政府关于加快软件和服务外包产业发展的意见》（大委发〔2008〕6 号）的指导性意见，出台了《大连市进一步促进软件和服务外包产业发展的若干规定》，其中对企业具有突破性的自主创新成果（如获得国家、省、市科技进步奖并形成销售收入的项目或产品，获得国家、省、市名牌或驰名商标的产品，中标国内外重大信息化建设项目的产

品），由市专项资金参照其销售收入给予不超过 50 万元的奖励。阜新市《关于进一步扶持动漫游戏产业的意见》规定，"十一五"期间，凡我市企业生产的原创动画片在中央电视台首播的，每分钟奖励 1200 元；在省级电视台首播的每分钟奖励 600 元；在境外有影响电视台首播的，每分钟奖励 1500 元，奖励总额最高不超过 30 万元。经国家有关部门批准正式上线运营的原创游戏，视产品的水平和影响，每款奖励 3—8 万元。凡在报纸、杂志上公开发表或出版发行的、并在发表或出版发行之日起 1 年内被相关部门采用并制作播出（以签署制作协议为准）的动漫原创故事脚本，按 2000 元/万字给予奖励。

（三）对于动漫产业长期发展所面临的人才问题

沈阳市、大连市等政府部门也有相关的人才奖励办法，市财政都设立了软件人才专项资金，以期对动漫产业的长期发展奠定人才基础。如沈阳市信息产业局、沈阳财政局、沈阳市人才工作办公室、沈阳市地方税务局、沈阳市科学技术局联合发布的《沈阳市软件（动漫）高级人才专项奖励办法》（沈信产发 [2008] 16 号），明确了自 2008 年起，三年内各级财政部门都应安排高级软件（动漫）人才的奖励资金，用于奖励在本市缴纳个人所得税的软件（动漫）企业高级管理人员和高级技术人员。浑南新区管委会还规定自带大型动漫游戏原创题材来基地创业的"领军型"人才，一次性给予 100 万元以下创业资金的资助。《沈阳市促进软件及动漫产业发展的若干政策措施》中对在我市软件及动漫企业中被连续聘用一年以上、年薪 5 万元以上的高级人才给予奖励。《措施》中也鼓励境内外软件、动漫专业培训机构在我市开展人才培训，鼓励本地教育培训机构与国外软件及动漫教育机构开展联合办学，支持学校与企业进行产学研合作，对为我市输送相关人才成效显著的单位，给予一定的建校、办学补贴。

《大连市进一步促进软件和服务外包产业发展的若干规定》也有对人才的规定，企业自国外和外地聘请首次来本市工作的高级技术和管理人员（年薪 25 万元以上，在企业连续工作 1 年以上），给予一次性安家补贴 3 万元。《阜新市服务业发展规划实施方案》（阜政发 [2008] 9 号）明确指出构建阜新动漫初级人才培养基地和初级产品生产加工基地，到 2012 年，动漫专兼职教师人数达到1000 人左右；辽宁工大和阜新高专要逐步增加动漫的策划、编导、技术和营销等方面专业，条件成熟时成立阜新动漫学院；积极申报国家动漫产业基地，建立动漫产业发展基金，形成集约化、规模化的产业经营。

（四）在这些政策中难得的是都提出了对自主知识产权的保护，这是对我省原创动漫产品、网络游戏产权的有力支撑动漫产业原创很重要，动漫大国都已将自主知识产权的保护纳入法律轨道。因此，保护自主知识产权是我省动漫产业迈向国际化的重要砝码。《中共大连市委 大连市人民政府关于加快软件和服务外包产业发展的意见》（大委发〔2008〕6号）中指出要加强知识产权保护，营造尊重和保护知识产权的良好氛围；通过财政支持正版软件集体采购等措施，促进软件和服务外包企业的软件正版化，强化企业的知识产权保护意识；加大知识产权保护执法力度，依法查处软件和服务外包领域的知识产权侵权行为；加快知识产权公共服务平台建设，强化和扩大软件知识产权保护服务中心的服务功能和领域，为软件和服务外包企业提供知识产权创造、保护、管理和运用等咨询服务；积极开展知识产权保护的国际间合作。《沈阳市促进软件及动漫产业发展的若干政策措施》指出，支持具有自主知识产权的共性软件、基础软件及应用软件的产业化项目，对符合我市软件发展方向的产业化项目，经公开申报、专家评审和有关部门审批后，给予适当资助。

第三节　辽宁省动漫行业发展现状

截至2008年底，从辽宁各城市动漫业行业发展来看，大致可分为三个梯队。被批准为国家级动漫产业基地的大连动漫走廊和沈阳动漫基地都在城市的高新产业园区内，两个基地占地面积近20万平方米，入驻企业两百多家，毫无疑问属于第一梯队。阜新的动漫初级人才培养基地和初级产品生产加工基地也颇有成绩，属于第二梯队。丹东的"虎山国际文化创意生态城"还没有建成，因此，像丹东、本溪、朝阳、鞍山等城市还没有动漫产业基地，但却已经拥有个别的专业动漫原创公司，如檀苑多媒体制作有限公司、艺格动漫有限公司，则属于我省动漫业行业发展的第三梯队。

一、大连和沈阳是辽宁动漫行业的前沿阵地

从全省范围来说两个基地不但建设时间最早，而且都获得了国家级的动漫产业基地牌匾。大连高新技术产业园区管委会和沈阳浑南新区管委会还都成立了动漫产业办公室，作为基地的具体管理机构，制定规划和发展工作，公共技

术平台建设，引进和扶持动漫游企业。

　　大连高新技术产业园区动漫走廊于 2003 年全国率先规划建设，先后经国家广电总局批准为"国家动画产业基地"，文化部批准为"国家动漫游产业振兴基地"，共青团中央批准为"中国青少年数字娱乐产业教育基地"，发展成效获得全国瞩目。基地充分发挥毗邻动漫强国日本与韩国的区位优势，依托大连市软件及信息服务业和文化产业发展的产业优势，利用大连高新园区良好的政策及环境条件，实现了快速发展。截至 2009 年底，动漫走廊已进驻动漫游企业 132 家，比 2007 年增长了 78.4%；投入使用的楼宇面积 12 万余平方米；获第四届中国游戏产业年会授予"中国十佳特色游戏产业基地"荣誉称号；2008 年度出品动画片总量 8000 分钟，其中获得正式播放许可的 5384 分钟，2009 年度出品动画片总量 8146 分钟；2008 年实现销售收入 40 亿元，比 2007 年增长了 28.2%；2009 年实现销售收入 48 亿元，比 2008 年增长了 16.7%。现有动画、网络游戏、手机游戏、影视、广告以及用 CG 手段进行建筑设计等八大门类。2008 年大连动漫走廊的网络游戏、手机游戏、游戏机研发、动画片制作、动画外包、衍生产品生产、人才培训等方面都取得了骄人的成绩。

　　主要动漫作品有二维动画片《天天笑》365 集 1825 分钟，获得国家广电总局播放许可，已经在中央电视台播出 52 集 260 分钟；二维动画片《聊斋》13 集 325 分钟，获得国家广电总局播放许可，即将在中央电视台播出；三维动画片《侠义小青天》52 集 700 分钟，获得国家广电总局播放许可，2010 年寒假在中央电视台播出；FLASH 动画片《子曰》26 集共计 200 分钟；《折纸小兵》8 集共计 100 分钟动画。动画片《折纸小兵》共计 52 集，目前本动画片已经得到了央视动画公司高度评价；三维动画片《铠甲战士之光影传奇》52 集 1144 分钟，湖南卫视播出。此外还有三维动画片《宝马与大奔的故事》、《魔力兔》、《海底大PK》等作品正在制作。90 分钟影院片《大禹治水》基本制作完成，在第十七届金鸡百花电影节上隆重推出，即将公映。大连乾豪数字科技有限公司出品的 52 集三维动画片《折纸小兵》，捧得了上海电视节"最具市场潜力奖"，并赢得了 30 万元奖金；还在四川电视节"金熊奖"的评比中斩获"最佳宣传片"奖。同时动漫走廊将有《菜菜团》、《微王国大战》、《神笔马良传奇》等众多动画片将在央视及全国各地省市台播出，大连胡军漫画作品在 2009 年 10 月获得"中国金龙奖"。应用技术领域的动画原创也取得了显著成果，大连水晶石公司参与了奥运会开幕式和闭幕式的动画视频图像等重大项目的制作，完成了大连市政府的《第二通道》、《港湾东部钻石湾》招商宣传片，天津政府的滨海新区规划馆、哈尔滨的黑龙江省博物馆三维动画片等建筑表现制作项目。

大连动漫走廊在2010年计划新引进企业30家，包括2—4家国内外知名大公司；实施"旗舰"带动战略，培植骨干企业10家；从业人员达到5000人；原创动画达1万分钟；在线运营网络游戏达10款，再研发5款网络游戏，手机游戏突破500款；新建产业用房17万平方米；年总产值达到57.6亿元。沈阳动漫产业基地位于沈阳市浑南新区（国家高新技术产业区）内，于2004年5月开始建设，浑南新区在高新技术产业区黄金地段规划了一公里长的动漫产业带，2007年6月被国家新闻出版总署批准为"国家动漫产业发展基地"，2008年12月被国家广电总局批准为"国家动画产业基地"，2009年9月被国家文化部批准为"国家文化艺术科技创新基地"，这标志着沈阳动漫产业基地已经发展成为国家重要的动漫产业基地。沈阳市委、市政府提出打造中国"动漫之都"的发展目标，沈阳的动漫产业从此进入了更加快速的发展时期，制定了《沈阳动漫产业基地管理办法》，明确了入驻企业的相关管理办法，能够使基地的各项管理工作更加完善。基地有来自韩国、中国香港等国家和地区以及国内从事动画制作、网络游戏、手机游戏、虚拟仿真、游戏运营以及技术培训企业130家，比2007年增长了38.5%，原创企业占一半以上。基地总投资达到8亿元，产业用房面积达到9万平方米，入驻企业注册资金总额达3亿元，就业人数超过5000人，同比增长60%。

截至2010年1月，基地已立项原创作品达到50余部，总片长8万分钟；正在制作的作品25部，总片长近4万分钟；继2007年有3部原创作品制作完成并通过审查获得发行许可证，2008年1—11月份，又有9部原创作品制作完成并通过审查获得发行许可证，总片长近5000分钟。2009年基地制作完成并通过国家广电部门审查获得发行许可证的原创动画片13部，总片长10366分钟，是2008年的3倍，增幅位居全国第1位。其中，沈阳红帆影视制作有限公司制作完成的动画片《中华传统美德故事》和沈阳深海动画数字媒体有限公司制作的抗震题材动画片《希望》，在中央电视台播出后引起不小反响；沈阳福娃娃影视动画有限公司的《戏曲动漫》更是将我国国粹这一传统与动漫这种最新的技术展示方式结合在一起，取得意想不到的效果。沈阳非凡创意动画制作有限公司异军突起，全年制作完成365集三维动画片《兜兜的世界》，总片长3000分钟，被国家广电总局推荐为东北地区唯一一部优秀国产原创动画片及中国动漫制作十大竞争力品牌。公司2010年底还将完成5部共500集总片长6000分钟三维动画片《无敌悠悠》，将一跃进入全国前三强。沈阳四维数码科技有限公司4D立体技术产业化取得突破性进展，与中央电视台和上海美影厂合作将推出中国第一部立体动画电影并进入全国各大院线；与国家教育部合作的立体多媒体教学产业化项目参加了东盟十一国教育成果展，并获得首批5000万元的风险投资；与文化部合作建立中国4D艺术中心；努力在未来3—5年建成产值达到100亿元的中国最大的4D立体产业基地。沈阳非凡创意动画制作有限公司被评为2008年中国动漫产业十大最具影响力品牌。

沈阳动漫产业基地建设了全国领先、亚洲一流的动漫公共技术平台，总投资4000万元，分两期建设。一期主要包括动作捕捉系统、渲染集群系统、标清和高清后期制作系统以及幻影成像系统，总投资2000万元，已于2007年5月14日投入使用，目前已实现全负荷运转。二期主要包括新增调光调色系统、动画角色演播系统、音效合成制作系统、游戏测评运营系统等四大系统，同时进一步提升渲染集群系统能力，达到目前的4倍；提升动作捕捉系统，场地面积增大4倍，再有10个镜头升级为400万像素；改造幻影成像剧场，与调光调色观片室结合，座位达到70以上。二期建设总投资2000万元，2009年1月底建成。2010年，沈阳动漫产业基地还将完成11万平方米的"东北动漫新天地"的建设。届时，动漫产业用房将达到20万平方米。动漫企业总数将达到160家，年创动画片总长度突破2万分钟，动漫产业产值突破25亿元，拉动相关产业产值200亿元，基地规模进入国内前3名，建设成为全国一流的动漫产业基地。此外，2008年深圳华强集团有限公司投资80亿元人民币，在沈北新区建设沈阳华强文化科技产业园项目，项目规划总用地面积5500亩。

二、阜新市动漫产业发展潜质较好

阜新市委、市政府围绕动漫产业发展战略进行过多次论证，2006年就将发展动漫产业列入工业年"2020行动"（20个市属部门包20个重点产业，对口扶持产业发展，其中市教育局包动漫产业发展），提出了建设动漫初级产品加工基地和动漫初级人才培养基地的发展定位。

阜新市动漫产业办公室围绕两个基地（初级人才培养基地和初级产品加工基地）建设积极开展各项工作，动漫人才培养规模进一步扩大，逐渐形成体系，动漫企业由年初的1家发展到现在的12家，动漫产品的研发、制作、推广能力逐渐加强。2008年下半年，阜新市动漫产业办公室在原28中学校址建立了新的动漫产业研发基地，为动漫企业提供了更为宽松的发展空间和更加优越的条件。

基于阜新市动漫产业的初级发展阶段，他们能够"走出去"，开阔眼界，从更高的角度建设动漫产业基地。2008 年 4 月下旬，阜新市产业办组织优秀实验教师到上海等动漫产业发达的地区学习考察，组织参加杭州（中国）第四届国际动漫节系列活动，考察学习，招商引资。阜新市的大圣动漫游戏发展有限公司、英图动漫制作传播有限公司、北斗影视动画制作公司（高专）、辽宁工程技术大学等四家企业和单位的四个动漫游戏项目已经得到省信息产业厅 100 万的资金支持，同时省厅还将在使用沈阳、大连共用平台等方面给予阜新市一定的优惠政策。

阜新市主要的动漫企业大圣动漫公司的大型游戏《超人学院》在 2008 年已完成初期工作，公司累计投入资金 45 万余元，现正在进行下一个关于编程等方面的运作；19 集系列动画片《聪明宝贝》已制作完成；漫画系列图书《五年三班》第一部已接近尾声；公司制作的 10 集动画广告片《交通小卫士》荣获公安部交通安全宣传二等奖；由阜新市交警支队出品，大圣公司制作的《交通安全温馨提示》一书已出版；公司自主研发的手机漫画已投入制作，并初步与中国移动相关部门达成协议，共同进行市场开发；大圣公司负责教学管理的辽宁工程技术大学成教院影视动画专业 2010 年面向全国推出函授教育。同时，在全国各大专业院校中，首推动漫表演与配音专业，使动漫教育有了新的形式；公司原创、荣获国家专利的动漫衍生产品"关公"、"大圣"可动精品人像已完成 1000 余件，已预定售出 600 件。英图动漫公司编写的《3DMAX 影视特效表现技法》、《3DSMAX 影视特效表现技法 2》等专业书籍在全国新华书店、软件书店和各大图书城热卖，2009 年公司出版了《模神——超白金建模视频教学》一书，该教学软件，是目前世界上时间最长（近 80 小时）、容量最大（15 张 DVD 光盘）的三维建模教学软件，被列入国家"十一五"重点电子图书项目，由北京希望电子出版社进行包装及光盘的制作，极大提升了阜新动漫在业界知名度，2009 年阜新市编写的各类动漫书籍共销售 4 万余册，销售收入 50 余万元。

2009 年 7 月 28 日，由阜新市城市基础建设投资公司和原大圣动漫游戏发展有限公司重组，成立了国有控股的阜新大圣动漫游戏发展有限公司。新公司将致力于开发 1000 集中国古典文化儿童启蒙教育系列动画片《三字经外传》。2009 年 8 月 12 日，由阜新市政府主办，阜新大圣动漫游戏发展有限公司承办，《三字经外传》新闻发布会在沈阳召开。目前，《三字经外传》已经完成前 100 集的脚本创作，并已经完成前 10 集的制作，同时开发出了相关系列周边产业及衍生产品，还将建设占地 3000 余平方米的《三字经外传》主题教育公园。公司并将在全国范围内招聘1000人参与制作，从而保障1000集动画片的制作用工需求，有关培训工作已经开始。

阜新的初级动漫人才培训基地取得的成绩是有目共睹的，对于动漫人才的教育和培训，阜新市可以说已经走在辽宁各大基地的前列。辽宁工程技术大学作为培养高端动漫人才的院校，拥有雄厚的师资力量和技术优势，在2006年创办了动漫专业（本科段），并购置了近百万元的专业设备和先进的二维无纸动画软件，还从国内外聘请了四位动漫顶尖人才，同时为省内一些城市交管系统制作了三维动画公益广告。2010年阜新将形成更系统的人才教育和培养模式，加强中高等动漫职业教育。如支持辽宁工程技术大学组建动漫学院，扩大阜新高专、辽宁工大成人教育动漫专业的招生规模；第一、二职业中专等中等职业技术学校进一步加强动漫专业建设，发掘办学特色，努力将动漫专业打造为品牌专业，为动漫产业储备初、中级人才。阜新高专建立的手机游戏工作室已经可以支持30人的软件开发团队进行办公。辽宁工大还将有两个大动作，一是联合中国科协举办红玛瑙杯科普动漫剧本大赛，二是为中国科协制作52集系列科普动画片《查海龙传奇》，每集12分钟，共624分钟，剧本主要反映阜新地域特色文化和科普知识。

三、丹东等市发展动漫产业迅速发展

丹东是中国最大、最美的边境城市，毗邻朝鲜。朝鲜的动画游戏水平在亚洲属一流，人才济济，朝鲜SEK会社有1800名专业动画制作员工，高级动画师500多名，多年来，大量承揽欧美、日韩等国家动漫制作业务，其中代表作有《高尔多马代》、《蒂卡辛》、系列动画片《雪拉加德公主》、《悲惨世界》、《狮子王辛巴》，中国版动画片《小兵张嘎》、《大禹治水》等也是他们参与制作的。另外，朝鲜公民和车辆出入丹东都方便，有利于合作和交流，其他省市则无此条件。这为我市引进国际动漫人才，进行跨国合作，国际动漫加工，提供了得天独厚的优势。2008年5月丹东市政府、宽甸满族自治县政府与国家动漫游戏公共服务平台联手合作，签约了"虎山国际文化创意生态城"项目，计划在虎山脚下建设占地5000多亩的动漫加工基地。基地包括产业聚集区、交流展示区、公园区、生活配套区等区域，首期投资规模为10亿元，总投资规模50亿至100亿。6年内丹东将成为中国乃至全球最大的动漫加工城，不仅能满足国产原创动漫80%的制作需求，同时也可以承接来自全球40%以上的动漫加工业

务，在动漫作品的加工制作上，实现年产 30 万分钟以上的规模。按照目前动画制作平均成本 15000 元/分钟计算，实现直接产值 45 亿元以上，相关产值 200 亿元以上。丹东辽东学院将与杭州动漫游戏公共服务平台有限公司实行联合办学，以丹东"虎山国际文化创意生态城"作为人才需求和实践教学基地，走产学研一体化道路，将在辽东学院南校区共同投资建设"毕加索艺术与传媒学院"（暂定名），部分学生以订单培养方式，直接输送至"虎山国际文化创意生态城"相关企业。

除了与省外的优秀动漫公司合作，丹东本市的动漫企业发展也很突出，值得一提的是丹东檀苑多媒体制作有限公司。檀苑多媒体制作有限公司坐落于丹东市经济开发区文化产业园，公司占地面积 14000 平方米，现有办公楼、制作中心楼等建筑面积 3600 平方米，动漫中心现有员工 35 人，其中大中专以上学历 34 人。2008 年共加工制作动漫电视剧 30 集，约 300 余分钟，实现经营收入 120 万元。檀苑多媒体动画制作有限公司利用朝鲜动漫人才与外省市合作，完成了《古代科学家》、《小兵张嘎》、《大禹治水》、《武林外传》、《福娃》、《乌兰琪琪格》、日本动画片《叛逆的鲁鲁修》等多部高水平的动漫作品，近期中央电视台又将 3000 分钟的订单交于与檀苑制作。第一部原创动漫电视连续剧《蓝鲨—217》已于 2008 年 7 月 31 日举行了启动仪式，标志具有自主版权的第一部原创片诞生。《蓝鲨—217》是公司原创制作的第一部动漫电视连续剧，也是国内第一部反映海军题材的动漫作品，剧情以海洋为背景，以捣毁恐怖分子水下基地为主线，以励志、忠诚、爱国为宗旨，反映青少年健康成长和潜艇生活。作为中国首部海军题材的动画片，首映式发布后，得到社会各界广泛的关注，国家广播电视总局动画部表示要一起进行联合录制，吉林影视集团兄弟动画制作公司、北京联盟投资影业有限公司也有进行合作的意向。同时，还得到了海军、科协、环保等各有关部门的大力支持，从而使得这部动画片得到了广泛的宣传，市场前景乐观。另外，丹东浩泰软件、天马电子等 20 多家动漫加工制作企业都从不同渠道承担国内外动漫游戏软件订单，这些企业已成为丹东市发展动漫产业的骨干力量。

檀苑多媒体动画制作有限公司 2010 年计划建设 2 栋办公楼，一栋是"动漫中心大楼"，一栋是"教育培训大楼"，总建筑面积 12000 平方米，计划总投资 1200 万元。新大楼建成后，立即开展招生工作，一是联合办学，二是办专业速成培训班。根据原创动漫电视连续剧《蓝鲨—217》原形，设计新颖独特的卡通玩具、饰物推向市场，推广《蓝鲨—217》的影响力，获取经营收益。

在动漫人才培养方面，辽宁机电职业技术学院与丹东檀苑多媒体制作有限公司联合成立了檀苑动漫培训学院，充分发挥各自资源优势，实现深层次校企合作。学院将根据公司的需要定向招生、定向培养，开展"订单式"高技能动画行业人才培养工作，满足动漫产业用人需要，而公司将成为学生的实习基地和就业基地。辽东学院从2009年开始动漫专业本科招生和动漫设计与制作、动漫相关产品设计专业的专科招生，加上原有的艺术设计专业，每年将培养动漫方面的设计制作人才300多人。辽东学院还与杭州国家动漫游戏公共服务平台签定了联合办学协议，依托企业为学校提供更好的学习培训条件。辽宁地质工程技术学院从2008年开始动漫设计与制作专科招生，每年60多人。

本溪市委、市政府高度重视动漫游产业的发展，早在2006年市科技局（信息产业局）就按照江瑞市长对《关于进一步做大做强大连高新区动漫游产业的建议》（《专家反映》第13期）的批示，对我市动漫游戏产业发展现状及省内情况做了调研。2007年，本溪市加大了对动漫游戏产业的政策扶持力度。市政府将安排一定数量的资金作为动漫游戏产业发展专项资金，专项用于支持动漫游戏创作、产业基地建设、人才培训、公共技术服务等。市科技局将会为动漫游戏企业建立动漫游戏工作室及培训基地，免费提供一年的动漫游戏开发工作室，同时支持一定数量的先期开发资金。对于符合条件的动漫游戏企业，经认定为高新技术企业或者软件企业，可享受高新技术和软件方面的相关税收优惠政策。同时还要在我市各大媒体设立展示频道和专栏，播放和刊登我市企业制作的优秀动漫游戏作品。

本溪艺格动漫有限公司就是在本溪市政府优惠政策扶持下成立的，由本溪市科技局监管，是一家从事动画片加工、策划、制作、发行、动漫器材销售、衍生产品开发与销售的高科技、综合性企业。艺格动漫有限公司的法定代表人于海鹰原籍本溪，在上海师从我国动漫界名家杜春甫。他参与了近百部国内外动画片的制作，逐渐成为国内动漫界知名人士。本溪市科技局为于海鹰创业免费提供了500多平方米的办公场所，还帮他联系各相关部门办妥了各项手续。本溪艺格动漫现有员工70多人，其中大专以上学历人员占80%，高中级技术人员占40%，曾制作了受国家奥组委委托，投资额达1029万元的奥运题材动画片《追风少年》，又与一家日本公司签订了合同额达1亿日元的动画片《金牌之路》的制作协定。2008年8月，一部以辽东风土人情为题材的动画片《灵珠》（暂定名），也在紧锣密鼓地创制中，将完成100集的童话故事大型动画片。2008年9月，该公司准备自主创作动画片《雕》，目前正处于原画和修型阶段。

鞍山主要有制作动漫衍生产品的公司和培训动漫人才的教育学校，如鞍山型工场科技有限公司，主营影视动漫游戏周边产品开发设计、3D 立体纸模型、3D 拼图、影视动漫主题玩具等，产品深得市场好评。鞍山漫潮动漫艺术学校成立于 2004 年，是一所以漫画教学为主的动漫学校。学校现开设漫画设计就业班、漫画中专班、动漫设计高考班三个班型。朝阳市依托化石文化也着手建设动漫及软件外包产业基地，拟投资 10 亿元人民币，极具吸引力。因为朝阳具有世界上独一无二的古生物化石资源，能够吸引世人眼球，并能以此为创作素材进行动漫原创。建设内容主要有综合服务大楼（动漫大厦）、动漫主题科普展示中心、动漫业办公室楼以及动漫衍生产品生产厂房等。外包装软件产业基地用地范围规划建设软件研发中心、独立研发楼、软件总部大厦、公寓、产业服务大厦等。建成后的基地将在创新环境、学术交流、产品生产、人员生活休闲保障等方面产业集群式的效应。同时全面发展基地在中介服务、人才引进、信息交流等方面的功能，为基地的可持续发展创造良好的基础条件和政策支持，大力引进我国动漫产业的发展，实现动漫业经济规模的迅速提升。

第四节　辽宁省动漫行业的产业创新

我国现在各大网站，包括腾讯、搜狐、新浪等都专门有动漫的板块和链接，迅雷、超级旋风、网际快车等专门下载的网站也都有动漫的下载专用网页，在全国 200 多万的网站中也有不少的动漫网站，这一切都表明网络动漫、手机动漫是新媒体动漫产业的代表。我省的动漫基地在这个领域与动漫产业发达的省份基本处于同一起点，并且市场巨大，这是我省网络动漫、手机动漫发展的良好契机。作为动漫产业发展的新的增长点，《文化部关于扶持我国动漫产业发展的若干意见》提出大力发展以数字化生产、网络化传播为主要特征的网络动漫、手机动漫产业，充分利用数字、网络等核心技术和现代生产方式，改造传统的动漫生产和传播模式，培育新兴动漫业态；拓展传播方式，推进传统动漫产业升级，延伸产业链条；高度重视手机动漫产业的发展，办好中国原创手机动漫大赛，不断提高原创手机动漫作品的质量和水平，并将其作为我国动漫产业发展新的增长点和提升我国动漫产业国际竞争力的突破口。通过新媒体动漫产业的发展，拉动动漫产业整体发展，使我国尽快实现跻身动漫强国的目标。

一、网络动漫迅速发展

2010 年 1 月 15 日，中国互联网络信息中心（CNNIC）发布了最新的《第 25 次中国互联网络发展状况统计报告》。报告显示，截至 2009 年 12 月 30 日，中国网民规模达到 3.84 亿人，普及率达到 28.9%，较 2008 年底增长 8600 万人，年增长率为 28.9%。宽带网民规模达到 3.46 亿人，较 2008 年增长 7600 万。中国手机网民规模年增加 1.2 亿，达到 2.33 亿人，受 3G 业务开展的影响，我国手机网民数量迅速增长，占整体网民的 60.8%。其中只使用手机上网的网民 3070 万，占整体网民的 8%。手机上网成互联网用户新的增长点。网络游戏在各个应用中排在第六位，在中小学生的应用排序中是第三的位置，网络游戏是中小学生上网的一个重要应用。据《2008 年中国游戏产业调查报告》（2009 年 1 月 7 日）显示，2008 年，中国网络游戏用户数达到 4936 万，比 2007 年增加了 22.9%；中国付费网络游戏用户达到 3042 万，比 2007 年增加了 36.0%；中国网络游戏市场实际销售收入为 183.8 亿元人民币，比 2007 年增长了 76.6%；手机网络游戏市场运营收入达 1.5 亿元人民币，比 2007 年增长了 25%。按照 2007、2008 年的互联网发展趋势，我国的网民数、手机上网网民数都将再创新高，这样的发展态势顺应了互联网的发展需求，而且我国拥有全世界最庞大的用户群，这些优势都为我省、乃至全国的新媒体动漫开拓了广大的市场。

网络动漫在我省动漫产业发展中主要表现为网络游戏的开发。大连动漫走廊一直将网络应用产业的发展作为重点工作之一。2008 年，大连金山自主研发的国内第一款绿色 FPS 网络游戏《反恐时代》正式推出，在泰国、马来西亚等国家展开运营，仅半年时间在泰国本土就取得了近 40 万美元收入的业绩。此款游戏即将在国内上市，目标是创建同时在线人数最多的世界记录，预计 2009 年实现年度收入 8000 万元。多杰科技与美国图多公司在网页游戏《图多的故事》合作顺利，将全权代理《图多的故事》在中国与美国的独家发行与运营，打造一个以网络游戏为基础的全球儿童教育与娱乐平台。

"经典"网络棋牌游戏已经拥有注册用户 3100 万，同时在线最高人数由 2007 年的 36450 人增长到目前的 57178 人，增长率达到 57%，辽宁棋牌市场占有率达到 52%，成为辽宁乃至东北地区规模最大，用户最多，最具影响力的地方性棋牌游戏平台。WEB 产品研发及运营取得重大突破，"娱网家园"网络社区推出仅 4 个月，开通个人主页的用户便突破 70000 人，同时在线突破 3000 人，日访问量突破 30 万人次。此外，招聘服务频道"娱网人才"也于 2008 年 6 月成功推出，目前企业用户数量近 600 家。与大连电视台合办的"步步为赢"游戏节目影响力持续扩大，收视率居大连电视台非新闻类节目第一名，日前又代理运营大型武侠网络游戏《侠义道》，成为继《少林传奇》、《逐鹿天下》之后，进驻动漫走廊的第三款大型网络游戏。网络游戏《逐鹿天下》、《娱玩棋牌》自 2006 年上市以来，注册人数已突破 300 万人，运营平台达 9 个，大连金山互动娱乐有限公司研发的《疯狂的石头》于 2008 年实现海外上市，先后在越南、马兰西亚、中国台湾等地上线运营，2009 年 3 月 26 日在国内上线运营。

沈阳浑南开发区动漫基地的沈阳蓝火炬软件有限公司也是致力于 3D 休闲网络游戏的研发，现拥有 92 人的强大游戏制作研发团队，建立了完整的三维网络游戏开发平台。2005 年，蓝火炬与上海盛大网络发展有限公司建立合作关系，并成功地研发了《滚滚球》休闲网络游戏。2007 年，蓝火炬与北京光宇华夏集团建立密切的合作关系，共同研发多款休闲及大型网络游戏。2008 年，蓝火炬自主研发的飞行射击休闲网络游戏——《幻想之翼》，这是一款 3D 空战休闲网络游戏，也是全球首款休闲空战网游，采用第三人称视角，以再现经典的飞行射击游戏为目标，在 2008 年 9 月 16 日下午 14：00 封测一开启就受到广大网游用户的热烈欢迎，目前已经上市。蓝火炬开发的音乐舞蹈类休闲网络游戏《炫舞吧》于 2009 年揭开神秘面纱。以上两款游戏将最大限度的满足休闲游戏爱好者对游戏的渴望。可以说，沈阳蓝火炬软件有限公司的休闲类游戏在全国都是位于前列的，具有很强的竞争力。

二、手机动漫创新前行

手机动漫产品包括动画屏保、漫画电子书、Flash 动画播放、彩信、游戏等类别。我国有 5 亿以上的手机用户，手机上网网民在 2008 年同比增长了 133%，这是一个巨大的增长值，因此，打造手机动漫将有广阔的市场和空间，也能推动整个动漫产业的积极发展。2008 年，大连动漫走廊完成手机网游、手机单机游戏和手机动漫作品 312 款，成功引进移动互联网服务内容应用服务提供商（SP），为手机游戏、互联网内容开发企业提供上线服务，为下一步 3G 手机内容的开发提供必备平台，在"中国手机原创动漫大赛"中荣获最佳动漫造型奖、人气优胜奖等多项大奖，并与韩国、日本、美国等公司广泛开展业务合作。

大连动漫走廊已有 8 家公司成功推出手机游戏产品 300 余款，其中《水浒》

系列、《三国》系列、《福尔摩斯》系列等反响突出，《战地英雄》、《绝密飞行》、《绝地战士》、《城市猎人》等游戏已经出口欧美，另有公司在推出手机游戏产品的同时，成功研发手机游戏引擎，并着手进军手机动画、手机漫画市场。阜新高等专科学校从北京引进了国内顶尖的网络与手机游戏设计人才——张鹏，他编写的专业书籍《手机游戏实例手册》和《手机游戏50例》已由海洋出版社出版发行，在全国新华书店和软件书店销售。阜新大圣动漫公司自主研发的手机漫画已投入制作，并初步与中国移动相关部门达成协议，共同进行市场开发。

三、游戏机研发空间巨大

我省的新媒体动漫在《文化部关于扶持我国动漫产业发展的若干意见》的扶持下取得了突破性的发展，网络动漫和手机动漫在两个国家级动漫产业基地都发展很快，但也由于网络动漫和手机动漫需要专业动漫制作公司来制作，而阜新、丹东、本溪等地的动漫企业相对较少，大都只从事动画片的制作和研发，能够从事新媒体动漫创作还需要一定的时间和专业人员，因此，2008年我省的新媒体动漫产业主要就集中在沈阳和大连的两个国家级基地。

大连动漫走廊实施"旗舰加随航"战略，重点支持以华录集团为代表的本土动漫游企业研发与生产。华录开发的游戏平台，是一款人机互动式智能电视游戏机，主要侧重互动式的体育运动学习娱乐、汽车驾驶技能训练，音乐乐器的技能训练，兼顾传统学习机的功能，达到健身、学习和掌握知识的目的。华录的游戏机项目发展目标是以华录为龙头，牵动大连动漫走廊乃至全国动漫游产业的发展。在动漫游产业管理办公室及相关部门的全力扶持下，目前产品已经投入批量生产，预计2009年第一季度产出8000套以上。

新媒体动漫产业的发展，将是对传统动漫产业的有益补充，形成新的动漫产业价值增长链，是我省动漫产业基地在全国动漫产业基地立足的有力保证。

第五节　辽宁省动漫业行业的投资状况

我国动漫企业的投融资方式包括企业投资、政府投资、项目包装投资、播出机构投资、产业外资本投资、吸引战略投资等。

一、企业投资

主要包括以下四种类型①：一是动漫制作企业直接投资，主要承担启动资金；二是营销企业投资，主要以先期股权资金介入动画产品制作，后期分享利润；三是广告企业投资，主要以获得贴片广告的形式先期投资动画作品，后收回广告盈利；四是生产企业投资，主要以形象授权的方式，先期投资动画作品，获得衍生产品的开发权。

我省沈阳、大连动漫基地入驻企业大多属于动漫制作企业直接投资，开发、生产衍生产品也多是制作动画片的公司进行，一个动漫制作公司几乎能独立完成动漫产业链条中的每一个环节。如大连乾豪公司出品的动画片《侠义小青天》及衍生产品的开发；阜新大圣动漫公司原创、荣获国家专利的动漫衍生产品"关公"、"大圣"可动精品人像已完成1000余件，已预订售出600件；丹东檀苑动漫公司也将根据原创的动漫电视连续剧《蓝鲨—217》的原形，涉及卡通玩具和饰物。沈阳动漫基地已引进香港等专门从事动漫衍生品设计和制作公司，专门从事基地企业相关衍生品的设计与开发。这种生产企业投资的方式将大大提高动漫衍生品的制作效率，使动漫产业链条更结构化。

二、政府投资

主要包括以下形式：一是直接投资，政府通过对国有动画生产企业和播出机构拨款的形式制作和播出动画作品；二是半直接半间接投资，政府通过设立产业基金的形式资助动画生产企业和播出机构；三是间接投资，政府运用政策优惠的杠杆，通过诸如减免税、退税低息、无息、贴息贷款减免租金等方式，鼓励社会资金投入动画产业。我省虽然没有政府直接投资的模式，但是我省、各个市的对动漫产业发展的优惠政策也是对动漫产业发展的间接投资，既有专项基金又有奖励办法，本溪市还为艺格动漫公司免费提供了500多平方米的办公场所。本章第二节有专门的优惠政策分析，此不赘述。在我省动漫产业进入快速发展期之前，政府间接投资将是我省主要的投融资方式。

---

① 陈少波：《实施市场化资本运作是动漫产业发展的关键环节》，《中国广播电视学刊》2006年第6期。

三、播出机构投资

包括播出机构直接投资和与动漫制作公司合作投资两种类型。而在我省，政府有关部门对动画作品的播出给予的奖励资助也应该看作是播出机构的资金投入。对于动漫制作公司来说，多媒体的播映、宣传平台是他们展示产品的最好机会，重视多媒体的营销策略会加快动漫产业的一体化进程。

目前沈阳动漫基地与辽宁电视台新动漫频道合作开设的《少儿动漫教室》栏目已经开播，与辽宁教育电视台教育频道合作开设的《动漫世界》栏目也将在近期开播，2009年将与辽宁电视台少儿频道合作开设动漫栏目时段。对于沈阳动漫基地，辽宁省电视台无疑是最快捷的播映平台，基地的产品会和辽沈地区的观众们见面，这也是我们省拥有国家级动漫产业基地的优势显现。大连动漫走廊支持大连乾豪公司与辽宁青少频道正式签订"乾豪动画剧场"。2009年，中国广播电视协会的"动漫影视策划中心"落户动漫走廊，将整合国内百家电视台，搭建"创播平台"，创建《神州动画》栏目。全国首创的"创播平台"的建立，对拉动我市动漫游产业，提升在全国的影响将起到巨大的作用；同时《星星村》在2008年戛纳秋季电视节，被多家外国代理商看好，并达成了意向性协议。因此，与市级或者是省级电视台合作播出动画片，或进行动漫产业基地宣传，都将是不错的选择。这种选择在我省目前只有大连动漫走廊和沈阳动漫产业基地拥有动画片的数量可以进行长期播出，而阜新、丹东、本溪等市的动漫数量还不够电视台播放的规模要求。因此，从这一角度来说，我省动画片播出频道还有很大的播映空间。

动漫制作公司发展到一定规模，具备强大的资金支持时，上市是对动漫企业发展的畅优平台。上市融资模式广泛地存在于美国等动漫产业相当发达的国家。据不完全统计，我国目前有九家网游上市公司，分别是九城、网易、完美时空、搜狐、巨人网络、网龙、盛大、腾讯、金山软件。2008年，哈尔滨市的盛源动漫公司在美国成功上市，通过融资上市，该公司已成为东北三省最大、居全国三甲的动漫企业。而我省目前还没有上市的动漫公司，因此我省的动漫原创企业在资金储备、从业人员等方面要做大做强还有很长的路要走。

第六节　辽宁省动漫行业发展趋势

据不完全统计，我国有超过 3.5 亿的青少年动漫读者和观众，是全球最大的动漫目标消费市场，发展潜力巨大。动漫研究专家表示，未来 3—5 年将是中国动漫产业发展的黄金期，中国动漫市场将会有 1000 亿元的价值空间。那么在这个巨大的市场空间中，辽宁的动漫产业基地能占多大的份额，

一、辽宁动漫产业发展中存在的问题

（一）动漫文化意识淡薄

我省动漫产业缺乏公众足够的认识与支持，很多人认为动漫产业就是动画片和漫画，是给小孩子看的。其实很多电视节目的宣传片，如辽宁电视台 2009 年的新娱乐节目《明星转起来》片头就是三维动画的形式，而且还有明星形象的漫画。中央电视台也有很多节目早就采用了动漫的形式，如对经典相声、小品加以人物形象漫画处理，利用三维动画的形式进行重播，都取得了意想不到的效果。还有就是受众对动漫产业链的构成没有确切的概念。这就大大阻碍了动漫产业在我省的扩大和衍生产品的推广，没有受众对动漫形象的足够认可，产业链最后一环的动漫形象衍生产品的开发和授权就得不到落实。

（二）原创动漫作家匮乏

现在很多公司的动画片遇到题材撞车的情况，而且缺乏有竞争力的龙头产品，根源就在于动画片的脚本没有创意。动漫产业说到底是个创意产业，它的发展规律虽然要求产业化的形式，但根本的竞争还是在于动漫作品本身，这正是超越技术因素的东西。我省培训和吸引的动漫人才很多，但大多是从美术绘画，或者是计算机技术平台系统操作的专业角度出发，主要在于制作动漫的技术层面，而能够专业从事脚本创作，并且作品富于想象力，能拍成动画电影的创作者很少，而且几乎没有专业作家。

（三）动漫产品目标群体狭窄

动漫的消费人群按照年龄分可以分为四段，即 0—3 岁，3—7 岁，7—14 岁，14—34 岁。其中 8 岁以下的，基本上自己没有购买力，而只有 8 岁到 34 岁

的人群才具有绝对的购买力。我省多数的动画片目标群体还是属于比较低幼化的，主要是少年儿童，只有网络游戏和手机动漫的消费群体年龄能稍大些，这是和国际动漫发达国家有差距的。美国的《猫和老鼠》、日本的《灌蓝高手》都有很多成人观众。辽宁电视台全国付费频道《新动漫》的定位是成人动画，面向16—35岁的都市年轻人。但我省、乃至全国都比较缺少成人动画作品。而国外的优秀经验告诉我们，动画只有开始向青少年和成人群体延伸，才能获得丰厚的回报。

（四）产业链条不完整

任何一个产业都有一个完整的产业链，动漫产业发展到日益完善的时候，应该是漫画连载获得成功——改编为动画——制作——运营——播出——出售衍生产品——开发游戏等等这样一个完整的产业链。目前来看，我省的动漫产业都还不完整，亟待完善，几乎所有的原创动漫公司只完成了产业链中几个环节，没有漫画的先期推出，也没有衍生产品的研发和宣传，更没有开发成游戏的。有很多公司出品的动画片已经取得了很大的成功，但都没有继续发行图书、音像制品等衍生产品。这也正是我省的动漫产业还没有实现利润最大化的根源所在。仅靠政府给的扶持资金和播出奖励将不能适应国际市场的检验。

二、对进一步发展辽宁动漫产业的建议

（一）加大对动漫产品以及文化创意产业的宣传

文化创意产业，创意很重要，但文化氛围是需要长期积累的，我省可以充分利用沈阳科学宫、工业展览馆和大连会展中心等规模适合又具有国内外影响力的场所开展全国性、国际性的"动漫展览"、"动漫论坛"、"动漫产品交易会"和"卡通形象品牌授权洽谈会"，宣传、推介辽宁产业基地的动画产品；举办原创作品竞赛等活动，培养动漫产业在我省的文化氛围；还可以组织中小学生参观动漫产业基地，了解动漫制作的过程，为促进动漫文化的发展奠定广泛的群众基础。

（二）鼓励作家参与动漫创作，提高动漫作品的竞争力

我省的儿童文学创作在全国影响很大，应该充分利用这一文化品牌，根据现有的市场反映好的辽宁儿童文学作品改编成漫画或者动画片，我省很多儿童文学作家的小说和童话都可以做这种尝试。黑龙江省作协就成立了动漫文学专业委员会。这样既能提高原创动漫的编剧、策划水平，又有助于提升我省动漫产

品的文化内涵，形成核心竞争力，拥有自主知识产权，更可以尝试发掘我省的文物遗存、民间传说等文化资源优势，可以将红山文化这一古老文明的起源作为脚本进行创作，对于辽宁的青少年来说，既能反映中华民族传统文化，又能表现东北地域民俗风情，加深对自己家乡的了解。阜新的科普动漫剧《查海龙传奇》就是反映阜新地域特色文化的作品。本溪艺格动漫公司也有意制作以本溪名胜古迹和传说故事为蓝本的动画片。

（三）完善动漫产业结构，形成长效机制

我省动漫产业已经进入快速发展期，尤其是动画片的生产数量已经相当可观，因此完整动漫产业链条、优化产业结构也就显得尤为重要。漫画是动漫产业链条的前端，动画是运动的漫画，如果根据市场反映好的漫画改编为动画片，就可以避免营销过程中收不回成本的状况。产业链的后端就是衍生产品的开发。根据国际动漫产业发展的一般规律，其利润的70%来自于衍生产品，包括图书、玩具、办公用品、音像制品、服装等等。据《2009—2012年中国动漫产业投资分析及前景预测报告》显示，中国儿童食品每年的销售额为人民币350亿元左右，玩具每年的销售额为人民币200亿元左右，儿童服装每年的销售额达900亿元以上，儿童音像制品和各类儿童出版物每年的销售额达人民币100亿元。因此，衍生产品不仅可以为动漫企业带来丰厚利润，还可以带动就业，促进相关产业更好更快发展，动漫公司还可以利用衍生产品产生的利润进行下一个动漫形象的开发。这是一个完整良性循环的产业链。多数靠政府的扶持，不经过市场的优胜劣汰，这样的公司从长远来看是没有竞争力的。迪斯尼的米老鼠、唐老鸭经久不衰就是因为他们把这一形象的衍生产品做到了极致。目前沈阳动漫基地已引进一家来自香港的专门从事动漫衍生品设计和制作的公司，将加快完善动漫产品产业链条。

（四）注重人才培养和人才结构

据预测，我国动漫人才缺口高达80万。这对于我省招收动漫专业学生和培训动漫人才是个好机遇。面对巨大的人才需求市场，我省应注重对动漫专业学生多方面的动漫素质培养，不能只停留在计算机软件的操作上，更应加强对学生们想象力、创造力的培养和训练，这样有助于填补动漫高端人才缺口。而有意识地打造动漫策划团队将是今后市场的需求，一个动漫公司往往就是由一个或多个策划团队组成的，团队中有负责创意的，有制作的，更有音乐制作、后期配音等人员。这才是动漫人才的优良结构。

第七节　辽宁省动漫业发展大事记

2008 年 1 月 12 日，我省动漫作品《中华传统美德故事》登陆中央电视台，是沈阳动漫产业基地在央视播出的首部原创动画片，同时也是我省第一步走进央视的动画木偶剧。《中华传统美德故事》是一部反映我国历史上不同时代一些著名人物高尚道德情操的系列动画式木偶剧，共分上、下两部，60 集，选取了体现爱国爱民、发奋学习、诚实守信和遵守公共道德等感人至深的六十个故事，总片长 900 分钟，每集 15 分钟。

2008 年 2 月 23 日，大连高新区共有 3 家企业在第二届中国原创手机动漫大赛上分获最佳动漫造型奖、人气优胜奖等 5 个奖项。

2008 年 3 月 15 日，本溪市首届动漫设计大赛开幕，本次大赛是由本溪市科学技术（信息产业）局发起、中共本溪市委宣传部、市信息产业局、市文化局、市广电局、市科协、本溪日报社、辽宁科技学院共同举办的全市最高水准的动漫大赛。这次大赛将汇集全市动漫产业资源，提升动漫产业影响力，塑造动漫文化形象，为全市动漫产业提供一个交流和展示的平台。

2008 年 3 月 19 日，阜新市政府发布《阜新市服务业发展规划实施方案》（阜政发［2008］9 号），这是继去年发布《关于进一步扶持动漫游戏产业的意见》后，又一个有利于阜新动漫基地建设的文件。

2008 年 4 月，为迎接奥运，展示动漫成果，构建和谐家园，阜新市委宣传部、团市委举办了"青春奥运、和谐阜新"迎奥运动漫作品展。在阜新市第十一中学南墙和信息产业大厦北墙上绘制了阜新市第二个动漫画墙。

2008 年 4 月 27 日，在 2008 中国（杭州）文化创意产业高峰会暨投融资洽谈会上，浙江省杭州国家动漫游戏公共服务平台与我省丹东市政府签署了动漫游戏服务外包基地合作协议。其中，"虎山文化创意产业生态城"是一个动漫外包加工项目，总投资达 100 亿元，是签约项目中金额最大的。

2008 年 5 月 4 日，沈阳市政府发布《关于印发沈阳市促进软件及动漫产业发展和加快电子信息产品制造业发展若干政策措施的通知》，《沈阳市促进软件及动漫产业发展的若干政策措施》，内容具体，大大促进了沈阳动漫产业基地的发展。

2008 年 5 月 6 日，IEF2008 中国总决赛组委会面向大连全体动漫爱好者，发起"迎奥运，绘我心"IEF2008快乐动漫创意大赛。此次大赛的比赛内容包括漫画类和动画类。作品主题范围包括：迎奥运，讲文明，树新风；和谐友善，人本至上；更快，更高，更强；坚持不懈，勇往直前；奥运在北京，观光在大连。

2008年5月16日，沈阳市信息产业局、沈阳财政局、沈阳市人才工作办公室、沈阳市地方税务局、沈阳市科学技术局联合发布《沈阳市软件（动漫）高级人才专项奖励办法》（沈信产发〔2008〕16号），旨在加速我市软件和动漫产业发展。

2008年5月，汶川地震期间，全国首部地震题材原创三维动画片《希望》由沈阳深海动画数字媒体有限公司创意制作，仅12天就做出了15分钟的动画片。

2008年5月30日，为丰富阜新市小学生"六一"期间的文化生活，支持北京奥运火炬传递活动，同时也为四川地震灾区的小朋友献上一份爱心、带上一份祝福，阜新市委宣传部、市教育局、团市委在月亮湾广场举办了"迎奥运、庆六一、与灾区小朋友心连心"小学生动漫画展，并组织了近百名小学生进行了现场作画表演。

2008年6月15日，沈阳市动漫艺术协会继2007年举办首届动漫原创作品大赛后，以"参与、传承、祝福"为主题，举办了"2008快乐奥运 福地沈阳"——沈阳市第二届动漫原创作品大赛。

2008年6月20日，2008中国（辽宁）国际动漫产业发展高峰论坛在大连世界博览广场召开，本次论坛的主题是"交流合作，发展共赢"，旨在进一步贯彻落实国务院在2006年发布的《关于推动我国动漫产业发展的若干意见》文件精神，搭建辽宁省动漫产业发展交流与合作的平台。来自中、日、韩及中国台湾地区的国内外动漫产业界专家和国内10余家政府机构及80多家企业代表共计170多人参加了会议。

2008年6月23日，中共大连市委发布《中共大连市委 大连市人民政府关于加快软件和服务外包产业发展的意见》（大委发〔2008〕6号），对大连动漫产业的发展给予优惠政策。

2008年7月22日，辽东学院与杭州动漫游戏公共服务平台有限公司签署联合办学意向书，以丹东"虎山国际文化创意生态城"作为人才需求和实践教学基地，走产学研一体化道路。

2008年8月4日，大连华慧影视剧制作有限公司与日本一家三维电视动漫广告商正式签约，该公司出售原创、制作的26集三维动画片《魔力兔》在日本的公映权。这是大连市原创三维动画作品首次走进日本市场。

2008年9月24日，我省动漫作品《中华传统美德故事》继央视热播后，近日在四川省成都电视台"乐豆假日乐园"栏目黄金时间播映。

2008年9月25日，沈阳动漫产业发展与人才培养论坛会在浑南新区21世纪大厦召开，论坛会主题是"增进交流 促进发展"，由沈阳市浑南新区动漫产业办公室、中国计算机学会青年计算机科技论坛沈阳学术委员会共同主办。

2008年11月15日，沈阳2008第二届动漫之星设计大赛全国征集作品，主题为"活力沈阳，动漫之都"，由沈阳市委宣传部等部门主办。

2008年11月21日，大连市政府办公厅发布《大连市进一步促进软件和服务外包产业发展的若干规定》（大政办发〔2008〕183号），其中很多关于动漫产业发展的优惠政策。

2008年11月22日，辽宁省美术家协会动漫艺术委员会在沈阳成立，刘克军担任动漫艺术委员会主任。辽宁省委宣传部文化产业处处长李满春出席成立大会。

2008年11月28日，由沈阳（国家）动漫产业发展基地沈阳福娃娃影视动画有限公司制作、央视监制的系列动画片"戏曲动漫"登陆中央电视台，在央视戏曲频道九州戏院锦绣梨园栏目中开始播出。这是央视戏曲频道首次以动画形式播出的节目。目前，系列片已经完成《锁麟囊》、《七品芝麻官》、《柜中缘》、《武松》等传统经典剧目，这些剧目将陆续在央视戏曲频道播出，预计播出200集。

2008年12月12日，沈阳市沈北新区政府与深圳华强集团正式签约，华强集团将投资200亿元，在沈北新区道义经济区建设沈阳华强文化科技产业基地。该项目重点建设动漫体验展示区（方特卡通王国）。

2008年12月20日，中国·阜新首届"红玛瑙杯"科普动漫剧本大赛颁奖典礼在辽宁工程技术大学国际会议中心举行。

2008年12月22日，国家广电总局在无锡召开的2008年全国影视动画工作会议上批准沈阳动漫产业基地为"国家动画产业基地"，这是继2007年被国家新闻出版总署批准为"国家动漫产业发展基地"以来，沈阳动漫基地获得的第二个国家级牌匾。

2009年1月10日，鞍山市首届"漫潮杯"漫画展在市新华书店开幕。

2009年2月27日，"活力沈阳、动漫之都"第二届动漫之星设计大赛落下帷幕，沈阳（国家）动漫产业基地举行了隆重的颁奖盛典。

2009 年 4 月，丹东成立丹东动漫协会，由动漫企业、大专院校、其它行业和相关主管部门的代表及具有中高级职称的科技工作者组成。

2009 年 5 月 27 日，由阜新市委宣传部、市教育局主办，市教师进修学院承办的阜新市小学生迎"六一"动漫绘画大赛在阜新市第一中学体育馆举行，来自海州区、太平区等五区和市实验小学的 9 个代表队 900 名小学生参加了比赛。

2009 年 7 月 10 日，浙商创业投资管理有限公司与沈阳四维数码科技有限公司在沈阳签订投资协议，浙商创业投资管理有限公司为沈阳四维数码科技有限公司投入 4000 万人民币，用于教育部立体媒体影库与立体影机项目的产业化。此举标志着沈阳动漫产业基地 4D 影视技术将全面进入中小学教学领域。

2009 年 7 月 15 日，阜新大圣动漫游戏有限公司启动千人就业工程。

2009 年 7 月 28 日，由阜新市基础建设投资有限公司（市政府国有独资企业）与原大圣动漫游戏发展有限公司重组，成为国有控股公司，并由政府注入资金，全力支持《三字经外传》的创作与投拍。

2009 年 8 月，我省 11 部动漫作品入选由文化部、中国文联和中国美协共同主办的第十一届全国美术作品展动漫综合展区。

2009 年 8 月 12 日，首届"中国沈阳东北亚动漫电玩节"在辽宁工业展览馆举行。电玩节主要包括 2009 年首届中国沈阳东北亚 ACG 动漫游戏展、动漫产业风险投资论坛、动漫产业发展 CEO 峰会三项主体活动。

2009 年 8 月 28 日至 9 月 1 日，"2009 首届沈阳动漫节"在沈阳国家动漫产业基地举办，主要有动漫展会、沈阳国家动漫产业基地开放日、首届沈阳动漫节原创漫画大赛、动漫产业发展论坛暨项目洽谈签约活动、沈阳市首届动漫夏令营活动、铸造博物馆创意集市活动、首届沈阳动漫节 COSPLAY 表演大赛、动漫人才招聘日等八项内容。

2009 年 10 月，以"创意动漫 炫动大连"为活动主题的 2009 中国（大连·高新区）动漫游戏设计大赛隆重开启，并于 10 月 20 进行颁奖。

2010 年 1 月 20 日，中国第六届游戏产业年会在大连举行，新闻出版总署副署长孙寿山、新闻出版署音像电子和网络出版管理司副司长寇晓伟、游戏工委秘书长刘杰华、腾讯副总裁任宇昕、完美时空总裁池宇峰、网龙总裁刘德建、巨人网络总裁刘伟、第九城市 CEO 陈晓薇、盛大游戏 CEO 李瑜等出席了本次会议，并将作为嘉宾发言。

（作者：冯静，辽宁社会科学院文学所）

行业报告五　辽宁省演艺业发展报告

2008 年，沈阳文化娱乐消费成为扩大内需的新亮点。据有关部门统计，沈阳共接待文化消费者 1.1 亿人次，实现营业收入近 30 亿元，文化产业全年产值同比增长 20%。城镇居民人均文化娱乐支出同比增长 51.8%，其增幅高于人均消费支出增幅 21.5 个百分点。其中，"刘老根大舞台"总收入近亿元。沈阳评剧院的评剧《我那呼兰河》代表辽宁成功入选 2009—2010 年度国家舞台艺术精品工程初选剧目，迈出了辽宁市级院团冲击十大精品剧目的第一步。2009 年辽宁优秀剧目重点创作工程中，辽宁人民艺术剧院的话剧《黑石沟的日子》、儿童剧《水晶之心》，辽宁芭蕾舞团的《白蛇传》等圆满完成内部连排。2009 年辽宁优秀剧目再创作工程，对辽宁歌剧院轻歌剧《在那遥远的地方》等具备良好艺术潜质的剧目进行了修改加工，取得了良好的效果。

第一节　辽宁省演艺业发展状况

多年前，沈阳的演出市场一直不被看好，而今，出现了超乎想象的繁荣。以赵本山为品牌的"刘老根大舞台"的二人转场场爆满，成为沈阳的文化品牌。"刘老根大舞台"的二人转表演深受喜爱，这为沈阳文化市场繁荣提供了前提。"刘老根大舞台"的观众 80% 是外地人，平均上座率在 98% 以上。"刘老根大舞台"在北京、沈阳、哈尔滨、长春、天津等地有分店，在金融危机的背景下，这些"刘老根大舞台"却出现一票难求的火爆场面。据省文化厅公布的数据，2008 年"刘老根大舞台"上缴利税 1700 多万元，赵本山领衔的艺术团体 2008 年总收入近亿元，位居全国同类团体第一。

一、文化体制改革繁荣了民营演出市场

2003 年，沈阳被确定为文化部文化体制改革综合试点城市后，对国有的文

化单位进行了一系列改革，包括产权制度改革、人事制度改革等，将享誉国内外的沈阳杂技团与沈阳南湖剧场合并，引进韩资重新组建成一个新的演出单位——天幻秀宫。沈阳市还将沈阳京剧院、沈阳评剧院、沈阳艺术团（歌舞团、曲艺团）和沈阳市艺术学校合并组成沈阳演艺集团，以形成演出的集团优势。此外，还对数百项文化产业项目进行招商，像发展工业产业一样发展文化产业，这些改革为国有文化演出单位全面进入市场、参与市场竞争扫清了道路，提出了沈阳文化演出市场的多元化发展的决策。沈阳市委、市政府做出了构建起"南有长沙，北有沈阳"的文化演出繁荣新格局，实现沈阳"天天有演出，晚晚有戏看"的目标。沈阳市文化演出市场的发展规划，还打破省属、市属界限，将省、市所属的文化演出企业统一纳入发展计划。

为鼓励民间资本进入演出市场，沈阳市做出了加快民营文化产业发展的决策，出台了《促进民营文化演出产业加快发展的若干政策措施》，专门设立了促进文化演出产业加快发展的专项资金，通过贷款贴息、演出场租补贴、经营环境改善和优秀品牌项目奖励等方式，支持民营文化演出企业的发展。沈阳从湖南演出市场的发展中大受启发和鼓舞，做出了一系列适合市场发展的决策。2006年8月6日，天幻秀宫引进32名来自美国、法国、俄罗斯、巴西等国家的舞蹈演员，打造出一台富有欧美风情的歌舞演出——天幻秀。豪华的装修、美轮美奂的演出和带餐式的演出模式，引领着演出市场的新潮流，为沈阳成为国际化大都市增添了文化氛围。沈阳引进具有国际一流水准的演出，完成了与世界文化演出舞台的一次接轨。天幻秀宫演出已成为继刘老根大舞台之后，沈阳的又一个文化名牌。2006年12月20日，沈阳演艺集团包装出一台以清（朝）风满（族）韵为特色的综艺节目——盛京红磨坊。演出中还有变脸、互动魔术、人体彩绘等节目，使吸引力得到增强。辽宁大剧院大剧场共有1200多个座位，可演出芭蕾舞、歌剧、交响乐等，台前的乐池可容纳100人的大型乐队，旋转、升降、可伸缩的巨型舞台和一流的灯光、音响，都代表了辽沈地区的最高水准。5年来，辽宁大剧院演出近千场，观众近80万人次。

在鼓励民营文化演出企业发展政策春风的吹拂下，沈阳民营文化演出产业获得了更快的发展。刘老根大舞台在赵本山这块金字招牌的引领下，不仅在沈阳开设的二部、三部已经开张，同时还在北京、天津、长春各有剧场。2006年刘老根大舞台售票1700万张，实现总收入4200万元，上缴税收600万元。2007年将在全国巡回演出300场，并将走出国门，到美国、加拿大等国家演出。其他的民营企业也看好了二人转在沈阳的市场前景，于洪区文化中心剧场、东陵区万泉俱乐部也相继推出了具有东北特色的二人转演出，所不同的是定位和票价远没有刘老根大舞台那么高，低档消费群体有着巨大的市场潜力。西部酒城东方斯卡拉式的粗犷、豪放和热烈，午夜阳光的特色演艺，沈阳 SOS 俱乐部慢摇与 KTV 的融合，纽约·纽约一对一的高档秀，都让沈城的夜场演出魅力四射，可以说民营的酒吧文化已经渗透到了各个阶层的消费群体，为沈阳的文化演出产业开辟了新的阵地，丰富了市民的文化生活。

二、各门类艺术演出市场全面开发

沈阳有刘老根大舞台、天幻秀宫、沈阳爱乐乐团、西部酒城、午夜阳光演艺酒吧、沈阳原创音乐推广基地、沈阳 SOS 俱乐部、纽约·纽约演艺秀场、宝贝派对酒吧、圣·马可酒吧、沈阳工人会堂、沈铁文化宫、于洪区文化中心剧场、东陵区万泉俱乐部、辽宁大剧院、盛京红磨坊、沈阳电台广乐宫、"关东情"演艺广场 18 家规范的文化演出场所，而且这 18 家演出场所均匀地分布在沈阳市的东西南北中各个方向，市民无论家住哪个区，都可以就近看到演出，也为沈城市民的娱乐消费提供了更多的选择。

以演出二人转为主的有 5 家，这些场所的演出既为群众喜闻乐见，又票价低廉，是一般老百姓真正看得起的演出。沈阳电台成立的以演出小品、相声、评书等为主的广乐宫，则受到喜爱传统曲艺节目的观众的追捧。而西部酒城、盛京红磨坊则以年轻人喜欢的酒吧、清吧的形式出现，满足了他们的需求。高雅的交响乐经沈阳爱乐乐团创造性地演绎后，让老百姓感到它不再是高处不胜寒，而是可亲可近的，并从中得到性情的陶冶。同时，沈阳还邀请一批经典演出丰富演出市场，如维也纳新年音乐会、钢琴大师殷承宗领衔的钢琴伴唱《红灯记》、中国芭蕾舞团即将来沈表演的红色经典《红色娘子军》等高雅节目。

精彩的演出不仅提升了沈阳观众的欣赏水平和文化素质，也改变了观众的看戏习惯。以前沈阳人很少自己花钱去看节目，习惯于拿着赠票去看节目，每有好的演出，总是忙着四处要票，这种习惯正在逐步改变，随着演出市场票价的不断降低，自己掏腰包买票看节目的人越来越多了。在刘老根大舞台，绝对不存在赠票的现象，有时当天买票都买不到。进剧场的人多了，参加赌博等不健康活动的人就少了，整个社会风气也变好了。沈城市民如沐春风般地享受着文化的熏陶，这使沈阳的精神文明建设，正在追赶着高速发展的经济建设步伐，并最终使沈阳成为一座精神文明与物质文明同步发展的和谐之城。

《我那呼兰河》是精品也是产品。二人转占据了沈阳演出市场的半壁江山，另半壁还是由国有剧院团支撑。国有剧院团已经开始将产品意识注入了艺术生产之中，沈阳演艺集团创排的评剧《我那呼兰河》，主创阵容强大：著名编剧黄伟英，剧本曾被评为国家精品级五部优秀剧本之一；金牌导演查明哲是导演学博士，曾多次获得国家级大奖；金牌作曲徐占海和金牌主演、"二度梅"获得者冯玉萍，如此豪华阵容打造的评剧《我那呼兰河》果然一鸣惊人，显出精品之相。沈阳演艺集团并不满足只作精品，还在市场上下气力。《我那呼兰河》已经完成了30场的演出，好评如潮。

2008年5月至8月，我国女子民族音乐秀节目——《女儿风流》（在日本演出时名为"花之乐舞——《茉莉花》"）在日本引起轰动。98天的时间里，这台融音乐、舞蹈、特技为一体的民族音乐舞蹈晚会，在日本55个主要城市演出93场，观众达20万人次。《女儿风流》是辽宁演艺集团打造的精品剧目。对于《女儿风流》的成功，辽宁演艺集团总经理李长青表示："这是树立品牌意识，打造精品剧目的成果，更是我们全面转向市场，实现经营从以往的'等、靠、要'、'单一输血型'向'自我造血型'转变的成果。"

沈阳杂技剧，海外挣美元。在沈阳演出市场空前活跃之时，沈阳杂技演艺集团放眼国际演出市场。沈阳杂技共有《海盗》、《孔子》、《金达莱——绳技》等三台节目分别在南美、欧洲巡回商演。从南美传来消息，《海盗》已在巴西玛瑙斯、贝伦、圣路易斯三个城市演出了十几场，场场爆满。沈阳杂技排演《天幻》和《龙幻》时，还处于先创作节目、再投放市场的以产定销的推销阶段，到了《孔子》和《海盗》，"沈杂"已经进入了先市场调研再量身定做，以销定产的营销阶段，2009年全年的演出合同都已经签完。

演出大市场，风中起热舞。文化产业都出现了"飘红"，在其他消费增幅下滑的情况下，文化产业一枝独秀，月平均增幅达17%，尤其是电影与舞台剧，收入增长都在20%以上。在金融危机的寒风中，这一组组令人咋舌的数字，带来了一丝暖意和希望。经济萧条时期，往往是文化产业得以发展和繁荣的机遇期，物质消费抑制，而精神消费会膨胀。危中求机，也是文化发展的良机。

三、演出市场链条进一步完善

没有赵本山，就没有二人转的今天。赵本山对二人转演出进行改造、包装，带领本山传媒摸索出了一套崭新的娱乐产业盈利模式。赵本山吸纳民间人才组建辽宁民间艺术团，其演员不仅在公司连锁经营的刘老根大舞台演出，还出演公司制作的《马大帅》、《乡村爱情》等电视剧和辽宁电视台的《刘老根大舞台》栏目剧，电视剧和剧场演出之间的套作，不仅通过共享演员、后台等资源实现低成本运作，刘老根大舞台的充沛现金流也可以为电视制作提供资金支持，实现公司运作的低成本、低风险、高收益。

赵本山创建本山艺术学院，标准化培训演艺人才，满足电视制作和演出环节扩大产能的需求。通过出版电视、演出的音像制品，获得衍生品收入，并曾经尝试建影视城介入影视旅游业。2009年春节晚会上，显示本山传媒在演艺经纪业务上开始发力，完成了本山艺术学院培养演员、本山影视造星、经纪部门开发艺人品牌资产的造星产业链，对小沈阳等人的价值开发将为其带来经营赵本山之外的收入增长点，但其前提是重建利益明晰的经纪与人才激励机制，建立优秀的剧本创作团队。赵本山的持续推广做大了二人转产业，打造出一条二人转演出产业链的本山传媒也成为二人转热潮的最大受益者，其2008年仅演出收入就接近1亿元，这使得赵本山在演艺明星竞争的红海之外开辟出演艺产业经营的蓝海，成功转型为文化商人。参考倪德伦家族在百老汇歌舞剧行业90年的发展经验，本山传媒还可以在剧院管理、票务营销、发展观众等方面持续深耕，做大产业。

为了引进更多的境内外优秀剧目，由辽宁大剧院倡导发起成立的中国北方剧院（场）联盟，不但北方的辽、吉、黑、京、冀、鲁的9家剧场加盟，南方的武汉、合肥和宁波的3家剧场也参加进来。联盟以"团购"的方式与演出方洽谈，起到了"一石三鸟"的作用：既大大降低了演出成本，繁荣了艺术舞台，又让剧团和剧场都增加了效益。北方剧院（场）联盟成立后，已实质运作了大型民族歌舞《云南映象》、荣获国家舞台艺术十大精品工程称号的歌舞《八桂大歌》、红色经典芭蕾舞剧《白毛女》等多个剧目的巡演。辽宁演艺集团还深入挖掘媒体资源优势、教育资源优势、跨区域品牌资源优势，与《辽沈晚报》签署了战略合作协议，与沈阳音乐学院联手打造人才基地。

辽宁演艺集团从转企改制一开始，就坚持"以创新为灵魂、以市场为导向、以特色为支点"，通过整合内部资源，联合外部力量，实现稳定发展。2008年，辽宁歌舞团和辽宁大剧院共实现演出收入1000多万元，完成各类商演近800场；辽宁大剧院全年剧场有效利用率达67%。为打造艺术生产产业链，辽宁演艺集团组建了物美工程公司、广告策划公司、演出公司，拉近院团与销售终端的距离，实现了资源优化组合。此外，辽宁演艺集团还重视培育演出市场。同时，集团还通过"演出季"、公益演出等活动，培育演出市场。2008 年在 45 天的"演出季"中，集团设置了大量 10 元的超低门票，受到了观众的欢迎。2009 年，集团打造了 5 个平台：充分利用北方剧院联盟，打造资源平台；与当地主流媒体合作，建立宣传平台；与国内知名票务公司合作，构建营销平台；与沈阳音乐学院合作，建立人才平台；寻求社会资金投资剧目，打造融资平台，继续扩大了演出市场。

第二节　辽宁省演艺业存在的问题

文化发展道路中极其重要的就是发展文化产业，赵本山可谓是中国最好的文化创意产业带头人。他将草根培育成大树，将无形的文化娱乐转化为炙手可热的产业链条，赵本山的文化产业实践无疑提供了内涵丰富的参照模板。艺术精品往往更重视体裁重大、主题鲜明，一些喜闻乐见的文化被认为是俗的，低级的东西，得不到支持，一些精品舞台工程虽获了奖，却不能演出，没能在大众文化生活中发挥作用。但是，在娱乐文化中，确实有一些落后文化、腐朽文化搀杂其中，这方面不仅要加强规范引导，而且要加快健康有益文化的发展，压制这些不健康的东西。整体来看，辽宁省文化产业还处在起步、探索、培育、发展的初级阶段，与发达地区的文化产业相比差距还很大。

一、体制僵化，集约化程度不高

文化系统内有些单位的思维方式和管理模式仍停留在计划经济体制。由于体制陈旧僵化，造成市场观念淡薄，经营管理乏力，生产与消费脱节。对文化的生产属性还缺乏足够的认识，产业意识不强，真正走向市场的不多。

文化产业概念已被广泛认同，从区域经济的角度看，文化产业的重要性已经逐渐得到了各级政府的认识，同时文化产业也已经进入了县域经济的视野。但是，从产业本身看，还缺乏实质性的内容以及政策支持，很大程度上还是停留在提出概念阶段。

政府行为和政策法律状况，构成文化产业外部环境极为重要的部分，投融资政策直接影响到文化产业的发展。"有投入才有产出"，这对尚处在发展初级阶段，尤其需要资本血液的文化产业来说，无疑有着更为特殊的意义。文化产业发展还缺乏整体宏观布局，各类文化经营小打小闹，短期行为较为普遍，严重制约了文化产业的迅速发展。

文化产业虽然取得了一些发展，但文化产业单位普遍规模偏小，经营分散，集约化程度不高，市场总量不大，发展后劲不足。没有强势的文化产业微观主体，对外开放程度不高，难以形成规模效应和稳定的营销网络。在文化产业发展上，还没有一个统一协调机构，缺乏统一规划，各自为政，亟待加强领导，理顺体制，形成合力。文化产业的经济效益是通过开发利用各种文化资源创造的文化附加值来体现的。它的发展，需要大批既懂文化、又有经营头脑的管理人才的参与。目前，经营管理人才匮乏是制约文化产业发展的一大难题。

二、对文化产业资源开发不足

对文化产业资源的开发存在着资源的闲置、不足和浪费同时存在的问题。目前多数民俗民间艺术仍处于自然存在的形态，成为时代和市场宠儿的还为数不多。另外，在文化资源的开发上，还存在着"散"和"粗"的问题。

虽然拥有丰富的民间文化资源，但大多数民间艺人是守着独特的艺术过着并不富裕的生活。没有真正解放思想，小农意识和农耕文化中"守"的观念很深，只知坐等客商上门，不知外出闯市场；组织形式松散，缺乏龙头企业或带头人，有自由发展、自生自灭的趋向；当前民间文化产品的生产大多是传统的家庭作坊式生产方式，无法形成产品的规模效应；在政府引导和学术研究上，理论与实践严重脱节，很少有人研究如何指导民间文化应用及市场开发；对外宣传不足，作为民间艺术的主管指导单位，这些年也作了大量的工作，但由于经费、人力等条件的制约，宣传力度远远不够。

三、演出格调不高，缺乏可持续发展动力

近年来，"刘老根大舞台"始终伴随着争议。演出市场的巨大成功，并实现了快速扩张，但是，演出内容和风格受到不少批评。有观众反映，小沈阳演出时的三大件：娘娘腔、头上的发卡、腿上的大花裤衩，确实令人不敢恭维。其实，二人转演员中，每个男演员打扮基本上都是这样，古怪搞笑。关键还不是服装打扮，而是演出内容和风格，有时候虽然让人笑，却觉得实在低俗。有些段子虽然没有一个脏字，但抖的是黄包袱；有的笑话，还是对肥胖、智障人士

的讽刺和歧视。传统二人转很长，一些唱完全本要一个多小时，观众哪有耐性听这个？这就逼着演员使尽浑身本事，让观众笑起来。观众爱听什么，演员就演什么。对演出内容，辽宁民间艺术团有明确规定，取笑残疾人也是严格禁止的。赵本山对破坏绿色的徒弟毫不留情，主要手段是罚款。二人转已有近300年历史，语言取于东北农民的生活用语，难免带一些俗的东西。赵本山的贡献是提倡绿色二人转，净化粉嗑（脏口），但仍很难和传统二人转彻底撇清。有专家指出，作为民间院团，为了生存和发展，虽然要"看观众的脸色吃饭"，但也不能过分取悦甚至迎合观众，否则，格调低俗恐成为下一步发展的瓶颈。

第三节　辽宁省演艺业发展对策

面对金融危机，启动新的经济增长点，大力发展文化产业已是迫在眉睫。应鼓励社会资本投资文化产业，充分利用当前文化产业良好的回报率与投资环境。文化发展可拓展消费领域，肯定了文化产业对拉动内需的巨大作用。必须抓住机遇，尽快推出文化产业振兴计划，让文化产业更加灿烂。要明确演艺业发展的出发点。我们坚持把社会效益放在首位，社会效益与经济效益相统一，坚持为人民服务、为社会主义服务的方向，推动演艺业繁荣发展，更好地满足广大人民群众丰富多彩的精神文化需求，这是演艺业发展的出发点和落脚点。

一、在金融危机中寻求文化产业商机

金融危机来了，失业、减薪等等不如意，生活还得继续。有什么能让人慷慨解囊，甚至排队争购？答案是：电影票。2008年末至2009年初的贺岁档，让电影从业人员喜出望外。不管是高成本、大制作，还是小成本，引进片，几乎每一部的成绩都相当好。当危机来临，人们可能会砍掉很多大额消费，于是房地产、汽车、外贸出口等多个支柱性产业遭受到了冲击，但口红、香水等却仍将保持热销，因为人们需要一些便宜的方式让自己快乐一点。于是，看电影、K歌、看演出、网络游戏等这些看似"非生活必需品"，但却"廉价而使人愉悦"的文化娱乐消费也就顺势而上了。

文化产业的"口红效应"并非一种想象，这与20世纪美国经济大萧条时期

好莱坞娱乐业异军突起，亚洲金融危机影响下韩国网游业和影视业的突飞猛进，相隔数十年却图景相似。越是经济不景气，文化娱乐业越是红火，这几乎已经成为观察经济景气指数的参照系之一。"口红效应"一词已随着金融危机一起，成为年度热门词汇。众多产业都在寄望于成为那支最大的"口红"以成功躲避危机。那么，要成为一支引发效应的"口红"，又需要的三个条件缺一不可：价格够低，具备心理安慰作用，相比同价位的消费品它的安慰作用更强。

当前沈辽宁的文化产业正符合这些条件，但并非适用于文化娱乐业的所有门类。金融业和制造业的不景气，已经让很多艺、体育明星面临着赞助合约的危机。更为严重的是，如果赞助企业广告预算的持续缩水，将使得一些以广告支持为生的行业，如电视台、报纸刊物、公益演出、体育俱乐部受到直接冲击。

二、通过系统规划扩展演艺市场资源

据有关专家分析，目前影响居民文化消费需求的因素可以归为三类：第一类是居民的收入水平，第二类是宏观经济发展、消费品的价格水平和价格环境，第三类是消费习惯、制度及其变化等其他因素。而在金融危机影响下，价格因素最为牵动人心。除了充分利用"口红效应"中的价格敏感度，使文化消费回归到合理价格，刺激更多的消费热情，有关专家也指出，"口红效应"毕竟只是影响消费的其中一种，是特效药，但并非"万灵丹"，从根本上提高文化娱乐消费品的质量更为关键。应尽快出台专门的"文化产业振兴计划"，从文化产业管理部门的建设、文化产业的近期目标和长远规划方面，从制定完善扶持政策、理顺投融资体系、培养人才激发原创力等方面着力，进一步增强文化产业的竞争力和总体实力，文化产业才可能在危机中趁势崛起。

全面正确地认识演艺的功能。既注重充分发挥演艺业的思想教育功能、艺术欣赏功能，又注重深入发掘和运用演艺业的产业功能、商业功能和经济功能。正确定位演艺的性质。把演艺定位为文化产业，推动演艺活动进入市场、在市场中生存发展，使演艺业不仅成为开展宣传教育的工具，而且成为满足人们文化消费需求的重要载体。推动演艺团体成为市场主体。除少数具有地方历史文化特色的演出团体需要必要扶持外，全省演艺院团和演出场所将全部走向市场，成为自主经营、自负盈亏、自我发展、自我约束的市场主体。

通过推动演艺团体、演艺人员主动面向群众，积极进入市场，实现艺术追求和利益追求双丰收。激发进入市场的兴奋点，引导和吸引众多演艺团体和演艺人才创业兴业。激发追求艺术的兴奋点，注意尊重艺术创作的规律，尊重艺术工作者的艺术创造，最大可能地激发创造热情、创造活力、创造灵感，以更多的精品力作赢得观众。激发追求利益的兴奋点，使其保持永续发展活力。例如，开原大戏院有限责任公司以二人转演出为主打，兼营电影放映、休闲旅游、传媒广告、艺术教育等文化产业。现在，公司已跻身"辽宁民营演艺十强"行列，还被中宣部、文化部等4部门命名为"全国服务农民服务基层文化建设先进集体"。2010年初，又整体收购并改造了上一级城市铁岭市的红旗影剧院。

三、促进旅游业与演艺业的产业融合

随国内旅游业的扩大发展和持续升温，对旅游演艺产品的市场需求增长迅速，由此激发了旅游业与演艺业良性互动、有机结合的产业发展动力。旅游业与演艺业互联共需、互利共赢。旅游业发展能够为演艺业发展创造条件和环境，借助旅游休闲这个平台获取更高的社会效益、经济效益，促进演艺市场的繁荣；演艺业发展是旅游业发展的助推器，可以为旅游者提供休闲娱乐机会，吸引游客、留住游客，形成旅游的品牌，不断推动旅游业的发展。由此可见，促进旅游业和演艺业的结合，能够形成文化共生体和产业联合体，促使旅游业和演艺业双赢的局面，是市场发展的需要。

演艺业发展为旅游业发展增加文化内涵、增强吸引力，是旅游业发展的助推器；旅游业发展为演艺业发展创造条件和环境，是演艺业繁荣的催化剂，二者互联共需、互利共赢。要将文化工作和旅游工作一起规划、一同部署，形成文化旅游共生体和产业联合体，推动旅游业和演艺业共同发展、共同繁荣。

丰富的生态旅游资源和民间传统文化是我们发展文化产业得天独厚的优势，既要充分发挥好这个优势，又要坚持锐意创新，适时融入时代精神，培育出真正的名牌精品。文化资源具有其它资源所没有的强大生命力和巨大的开发价值，而文化生态又是一个比自然生态更为复杂的系统，因此，文化资源开发必须坚持可持续的发展观，要积极稳妥、不留后患，反对掠夺式的经营和践踏式的开发，正确处理好开发与保护的关系。

四、在政府主导下整合区域演出资源

政府主导，就是在项目的制作前、制作中、制作后，政府始终都发挥着至关重要的作用。如政府拨款作为前期启动经费；批准创办民营性质的责任公司；

提供良好政策环境和优质服务推动项目发展；项目公演后，大力向国内外媒体推介，扩大项目的知名度等等。在此基础上，要树立市场化运作意识。在投资主体上，既有国有企业，也有民营企业或个人；在投入形态上，既有资金、土地等有形资本的投入，又有创意、品牌、作品等无形资本的投入；在资金来源上，既有国家政策性扶持资金、民营企业投入股份资金、银行贷款，也有品牌的无形资产投资。

以更新观念、突破障碍、创新体制、面向市场为方向，深化改革，为演艺业发展提供动力、注入活力。把握方向、制定政策、加强管理、搞好服务上，为演艺团体和演艺人员参与市场竞争创造条件、营造环境。要抓住演艺业发展的关键点，紧紧围绕建设好艺术人才和经营管理人才两支队伍，坚持用事业激励人、用感情凝聚人、用待遇吸引人、用市场感召人，着力造就一批名编剧、名策划、名导演、名演员、名主持、名经纪，形成名人效应和名人经济。

大力发展文化产业，必须打破各自为政、条块分割、资源分散的现状，构建区域和城市文化产业链，实现文化产业资源的优化组合，发展集约经营，形成规模优势。将释放国有文化资源的存量潜力，与放开民营文化资本的增量实力结合起来，从而推动我市文化产业的跨越式发展。沈阳经济区（八城市）演艺产业一体化合作发展是对演艺资源的优势整合，可实现八城市演艺资源的优势互补，提升八城市在国内外演艺市场的竞争力。2009年11月10日，由沈阳市文广局与省文化厅产业处共同主办的沈阳经济区（八城市）演艺产业合作发展研讨会在辽宁大剧院召开。八城市文化部门领导、辽宁演艺集团、沈阳演艺集团及省内知名演艺企业代表就创建沈阳经济区（八城市）演艺产业合作机制进行了探讨。

五、为繁荣演出市场培育人才和筹措资金

通过各种办法、采取多种措施培养人才、吸引人才、用好人才，这是旅游演艺市场发展的关键所在。要加大艺术人才培养力度，大力培养和引进经营型人才；要采取编写教材、联合办学、集中培训、示范引导等方式，培养一批既懂艺术、又懂经营管理的复合型人才。各演艺项目应为公司化运作，根据项目需求，按需设岗、以岗择人、以岗定薪，推行合约管理。以必要的人才投资、有效的激励机制、包容的文化环境，汇集创作和管理骨干，形成精英演出团队，建立了一整套以较好的待遇吸引人，以有效的方法管理人，以良好的前景留住

人，以和谐的团队精神凝聚人的人力资源管理机制。辽宁旅游演艺市场机遇与挑战并存，要坚持政府主导战略，树立市场化运作意识，加强人才培养力度，建立和谐的人力资源管理机制，因地制宜，形成特色，创建品牌，使其成为有效吸引国内外新老游客，保持旅游业可持续发展的新路径。

为促进辽宁文化大发展、大繁荣，在著名表演艺术家李默然的带领下，老艺术家们筹备成立了辽宁省老艺术家协会，致力于抢救、整理、保护、解析民族文化遗产、传播先进文化，普及高雅艺术，培养新人。2010年2月，春节前夕，在辽宁大剧院小剧场，数千名辽宁文艺界退休的老同志在辽宁老艺术家欢聚一堂。辽宁省文化厅厅长郭兴文鼓励老艺术家们发挥献计献策的"智囊团"作用，培养新秀的"辅导队"作用，团结和谐文艺界的"黏合剂"作用，搞好传帮带，促进辽宁文化大发展大繁荣。

政府的经济计划部门应把文化产业作为经济指标的重要组成部分，列入经济发展计划，以保证文化产业的地位和作用。将文化产业列入经济发展计划，有利于各级党委、政府对文化产业的领导；有利于增强对各个职能部门、主管部门的约束力，保证文化产业应有的地位和作用；有利于统一各级党委、政府和职能部门的思想。建立与社会主义市场经济相适应的文化机制，是推动文化产业发展的必要条件。建立科学合理、灵活高效的文化产品生产经营制度，在深化改革的基础上，有计划、有步骤地按专业分工和规模经营的要求，运用联合、重组、兼并等现代企业手段，组建和培育文化产业集团。同时，制定和完善各类产业政策法规，确定符合实际的阶段性目标，明确跟进的措施，为文化产业提供强有力的政策支撑。

要深化投融资体制改革，改变融资渠道单一的局面，降低文化产业准入门槛，吸引民间资本参与兴办文化企业，实现投融资渠道的多元化。政府有关部门在列年度计划和预算时对文化产业的启动和发展给予一定的资金支持，逐步增强其发展的能力。同时，政府可采取授权或部分授权文化部门搞文化资产运营，建议政府国有资产、国土资源等部门尽快将文化资产授权或部分授权给文化部门，使其通过文化资产运营的方式获得现实的生存能力，再进一步产生效益哺育文化艺术生产。

（作者：张思宁，辽宁社会科学院哲学研究所）

行业报告六 辽宁省艺术品经营业发展报告

艺术品亦称艺术产品或艺术作品，指人们为了满足精神生活需要，通过有目的的艺术劳动所创造的产物。它通常具有一定的物化形式，即艺术家将创造性思维活动，经过一系列的劳动过程，凝结在一定的客观物质载体上的实体。广义的艺术品包含极广，主要指绘画、雕塑、书法、印章、工艺美术品（包括陶瓷、漆器、金属物、纺织物、竹木古牙玉石器等）、建筑物、园林等。在形式上，它完全可以脱离艺术的生产者和消费者而独立存在。其中，前5种为可移艺术品，后两种为不可移动艺术品。在艺术品经营领域，艺术品主要指可移动艺术品。艺术品经营主要指美术品经营。

第一节 辽宁省艺术品经营业概况与政策分析

艺术品经营行业指的是通过对艺术品这种特殊的商品进行买卖流通的行业，它是在艺术品收藏家、古董商、画廊、美术馆、博物馆、拍卖行、艺术品市场等基础上建立的一种现代商业运作行业。我省艺术品资源丰富，阜新玛瑙、鞍山玉雕闻名中外，盘锦被誉为"关外古玩第一城"。法库县成为东北第一的陶瓷生产基地地位，并从景德镇请来了众多国师级工匠，将艺术陶瓷生产制作顶级工艺与全国的艺术家创作进行全方位对接，大力开发陶瓷礼品、艺术品、收藏品，形成"工匠瓷都来，器成天下走"的格局。

一、艺术品经营行业产品的范围与行业结构

根据文化部2004年7月1日《艺术品经营管理办法》规定，艺术品指绘画作品、书法篆刻做品、雕塑雕刻作品、艺术摄影作品、装置艺术作品、工艺美术作品等及上述美术作品的收购、销售、租赁、装裱、经济、评估、咨询以及

商业性美术品展览、比赛等活动就被定义为艺术品经营活动。

艺术品市场分为三个层次。画廊、画店以及美术品公司是一级市场，其经营方式为通过购买和销售直接完成美术作品所有权转移。二级市场是以经纪行为为主的市场，如拍卖行和经济公司，其经营方式是通过第三方的中介行为，完成作品所有权的转移。另外，还有与美术销售有直接关系的各种服务类经营活动，如评估、鉴定、展览等。在成熟的艺术品市场中，这三级市场并驾齐驱，保持合理平衡。辽宁省艺术品市场中，一级市场的成熟和繁荣程度远远超过其它两类市场。艺术品三级市场协调健康发展的状况近两年来有所好转，我省艺术市场正在向成熟、平衡的方向迈进。

二、与艺术品经营相关的法律法规

1.《经济人管理办法》：1995年10月26日发布并实施，该办法确立的经纪人的法律地位，规范经济行为，肯定诚信原则在经济行为中的核心地位。

2.《中华人民共和国拍卖法》：1997年1月1日起实施，《拍卖法》规范了拍卖行为，维护了拍卖秩序，保护拍卖双方当事人的合法权利。

3.《中华人民共和国文物保护法》，2002年10月修订颁布，新修订的《文物法》拓展了文物流通渠道，私人收藏文物获得了法律上的认可；规定收藏文物的来源渠道；对文物的出入境做了严格的限制。

4.《美术品经营管理办法》：2004年7月1日开始实施，对艺术品经营业的经营方式、企业主体的相关要求作出调整，对新增的艺术品经营活动进行了更为严格的而准确的规定。

5.《拍卖管理办法》2005年1月实施，对拍卖活动进行了规定和限制，对拍卖企业的发展、退出作出明确规定，对拍卖从业人员的结构和外商投资进行了规定。

三、《物权法》实施对艺术品经营业的影响

2007年2月，《物权法》以高票通过，并于当年10月1日实施。对于艺术品市场，《物权法》是继2002年颁布的新《文物法》之后又一部重要法律，其影响将十分深远。

（一）《物权法》的实施认可和保护了民间收藏的地位

艺术品市场能够繁荣的前提之一，就是其持有者的所有权（包括占有、使

用、受益、处分权利）得到充分确认。中国艺术市场是在不断出台的新的法律法规的保障下发展起来的。如 1982 年的《文物法》对民间文物的收藏未置可否。新《文物法》规定国有文物收藏单位以外的公民、法人和其它组织，可能通过一发继承或者接收赠与、从文物商店或者拍卖企业购买、个人相互交换或者依法转让等途径收购文物。对于民间私藏文物合法来源的确认，适应社会主义市场经济体制，于文物艺术品市场的发展起了重要作用。

但是由于《文物法》主要目的是加强文物保护，而非为民间收藏者提供法律保障，所以对此问题的规定并不是十分清晰，加之相配套的法规相对滞后，因而实施中出现了一些问题。如新《文物法》以"历史、艺术、科学价值"为衡量标准，确立公民个人拥有和流通文物的合法性，但是，国家文物局、国家工商总局、海关总署于 1992 年 5 月发布的《关于加强文物市场管理的通知》，却是以 1911 和 1949 年为界，划分文物是否可以流通、是否需要监管。广东、上海等地的类似地方性法规也仍在适用。这类行政法规、地方法规与新《文物法》存在抵触，可能使执法人员在检查和处罚民间文物经营行为时，将大量不具有文物价值的"旧货"禁止交易。在此困扰下，经营者和收藏者必然缺乏安全感，可能使许多不准入市自由交易的文物继续流向海外。

新颁布的《物权法》以"维护国家基本经济制度、维护社会主义经济市场经济秩序、明确物的归属、发挥物的效用、保护权利人的物权"为出发点，平等地保护社会主义市场经济中国家、人、集体、私人的物权，它意味着民间文物的收藏地位将得到进一步的确认。《物权法》对于私人财产权的确认和保护，将增强收藏者的投资动力和信心。由此，文物艺术品购藏者在藏品遭遇所有权和处置权争议时，将拥有更充分的法律保障。

并且，"产权激励机制"可能使国内的"私人博物管业"得到进一步推动。在新《物权法》下，由于过去法律的约束，私人博物馆从民间古玩市场的收购还没有完全解除，"倒卖文物"的嫌疑，致使国内"私博"为数不多、规模极小，与西方博物管业通常 4∶6 的公私比例相差甚远。由于《物权法》的推动，国内私人博物馆位置将日益显著。

（二）《物权法》的实施将使艺术市场进一步开放和规范

《物权法》的目的是"发挥物的效用"，对于民间私人收藏所有权认定和保护，将促使艺术品市场更趋开放，也使艺术品市场将成为收藏利益最大化的合法而有效的途径。因为新《文物法》对于古玩市场和个人古玩经销商的存在仍然采取不承认和回避政策，已经不能解决文物艺术品市场的所有问题，所以不久将来可能出台《文物市场法》。

此外，《物权法》的"公示公信"原则，将在艺术市场发挥化解纠纷的作用。《物权法》第106条、107条规定的"善意取得"原则，在权利人与善意受让人发挥利益冲突时，保护后者，将使市场交易更加公平、安全、有序。

第二节　辽宁省艺术品经营业的产品与服务

一、艺术品经营行业组织形式

艺术品经营可以分为三级市场：以画廊为代表的直接销售层次；以拍卖为代表的艺术品经纪层次；以展览、博览会为代表的艺术品高端展览层次。

画廊数量最多，艺术品的吞吐量极大。当代的专业画廊大多依托于当代艺术无限拓展的前卫性，从容扮演着新时尚、新流行的发起人角色。同时，它也试图通过多样化的经营行为，担负起将圈子内的价值认定逐步推广至社会性价值认同的责任。但大多数画廊主要经营价格比较低的商品。画廊老板也愿意选择一些有定论的成名画家，它的价码稳定。而因其稳定，成名画家一般也愿意选择画廊经营其作品。

拍卖公司数量有限，而且拍卖会也需要隔一段时间举行一次，所以艺术品的吞吐量比较小，但是拍卖公司经营的艺术品往往是有定评和高质量的，也只有这些艺术品才有拍卖价值。在拍卖方式上，艺术品拍卖基本采取比较单一的"加价式"（英格兰式）拍卖形式，遵循"高价者得"的基本原则。以拍卖经营机构为主体所形成的艺术品拍卖市场，在当代艺术品市场中又被称为"二级市场"，与由画廊经营、艺术品交易市场等主体所形成的"一级市场"相区别，形成以稀缺性艺术资源再流通为目的的交易特点。

作为艺术与市场的集大成者，艺术博览会是目前世界上规模最大的一种艺术展示和交易活动。把成百的画廊集中起来，每年或者每几年交易一次，艺术品的交易量较大。艺术博览会是艺术市场中的"三级市场"。

二、辽宁艺术品经营业的产品

从我省文化产业的统计资料看，我省的艺术品市场上，岫玉、阜新玛瑙和利用非物质文化遗产资源制作的工艺品例如皮影、木偶、根雕等项目充当我省工艺品市场上的主力军，而且整体价格也呈稳步攀升态势，价格出现了大幅上涨。

1. 岫玉。中国玉文化有着悠久历史和优秀传统，她是中华文明发展史的第一块奠基石。据北京大学地质专家认定，岫玉生成于18亿年前，岫岩玉文化形成于8000年前，可以说岫岩玉文化的发展是承载着中华5000年文明史的奠基石。中国目前发现的最早玉器出自岫岩，红山文化中"中华第一龙"就是用岫玉琢成的。目前，岫岩玉雕产品主要有人物、动物、花鸟、花卉、瓶素、旅游、保健等七大系列一百多个品种，可以说，题材相当广泛，内涵十分丰富，具有深厚的文化底蕴。玉雕包装工艺和档次逐年提高，各种质量、各种档次、各种材质的包装盒应有尽有，达到国内领先水平。

岫岩是我国最大的玉石产地，是世界著名的"玉都"。岫岩玉储量丰富，质地优良，国内玉雕原料70%以上出自岫岩。岫岩从事玉开采、加工和玉雕工艺品销售及相关人员达10万多人，商业零售企业5000多户，年创产值4亿多元。

岫岩玉产业主要发展的重点是放在市场营销上，先后建成了玉都、东北玉器交易中心、中国玉雕精品工艺园、万润玉雕园等7大玉雕产品专业批发大市场，创建了中国岫岩玉网站，积极向外推介宣传岫岩玉，在外地从事岫玉销售人员4000多人，在全国设立了2500多个分销点，编织起强大的销售网络。出现了以生产玉马、玉枕、玉垫等产品为主十几个玉器生产专业村，以家庭为主体的玉器加工厂点、作坊遍地开花。

2. 阜新玛瑙。据勘测，阜新玛瑙资源储量占全国总量的50%，而且质地优良，具有颜色全、品种多、质地优、精料奇四大特点。2005年，全国玛瑙产品年销售额实现5亿元，而阜新就达2.5亿元，占全国销售额的一半，玛瑙制品及其营销网络在全国具有很强的影响力和很高的知名度。

为了推动特色产业大发展，2005年底，阜新市委、市政府研究决定成立市玛瑙特色产业办公室，负责玛瑙产业发展的综合协调工作。2006年初，市玛瑙产业办筹备并成立了市玛瑙协会，建立了行业公约，玛瑙产业逐步走向规范化。2006年7月，在中国珠宝玉石首饰行业协会的大力支持下，阜新市成功举办了首届中国·阜新玛瑙节。"玛瑙节"从活动的安排到各项活动的创意和构思，无不紧密围绕阜新的历史文化、玛瑙文化和特色文化，特别是"走进玛瑙之都"大型文艺演出、"红玛瑙杯"全国玉雕大赛和"红玛瑙广场"命名仪式等活动，都蕴含着玛瑙文化的内涵，体现着玛瑙的地域风情。

经过几年的发展，目前阜新的玛瑙产业显现出良好的态势和巨大的产业发展潜力。全地区有玛瑙厂家、业户6800余户，从业人员3万余人，年产值3亿多元。

3. 特色文化产品。辽宁的特色文蛤产品主要是利用非物质文化遗产资源，发展丰富民间工艺品项目，如皮影、木偶、根雕、满族刺绣、剪纸、楹联、古筝、软陶、树叶剪刻、葫芦雕等，在工艺品市场中展示了它们特有的活力，逐渐彰显出了自己的投资魅力，越来越受到藏家的青睐。

三、辽宁省艺术品经营业的服务

近年来我省艺术品发展主要在古玩艺术品、民间工艺品发展较快，涌现出一批优秀的文化企业和产品。如沈阳鲁园古玩商城和盛京古玩城，业户近700多户，年营业额超过6亿元；锦州辽西古玩商城建筑面积近2.7万平方米，现有固定业户200多家，经营种类3200种，安置再就业6000余人，年实现产值8亿元以上，成为东北地区最大，幅射内蒙、京、津、唐等地的古玩市场；鞍山岫岩玉工艺品市场，在全国享有盛誉，年销售额近15亿。岫岩县委、县政府大力发展岫岩玉特色经济，成立了岫岩管理局，从资源、加工、市场、技术进行规范管理；又组建了行业组织——岫岩宝石协会。全县现在8个玉石矿山企业，有玉雕加工企业3115户，销售业户1339户，全县玉产业从业人员4万人，年创产值4亿元，年创利税2000万元，年出口创汇200万美元，产品远销至四十多个国家和地区。岫岩建起了"玉都"、"荷花玉市场"、"东北玉器交易中心"、"玉雕精品园"、"万润玉雕园"、"哈达玉器一条街"六大玉器市场，国内外玉器收藏、经销者云集岫岩，收藏鉴赏和使用玉器已经成为新的时尚，投资现代玉器，特别是精品、珍品、上品玉件的保值、增值已是广大爱玉者的共识；阜新玛瑙工艺品市场已发展成东北最大的生产、经营玛瑙工艺品的重要基地，年销售额超过5亿元；大连大青集团经过10多年的发展，从一个加工制作城市雕塑的小企业，一跃成为集艺术创意、艺术雕塑产品设计制造，安装施工为一体的文化企业，年产值近3亿元，艺术雕塑产品远销美国、法国、英国等国家。此外，利用非物质文化遗产资源，发展丰富民间工艺品项目，如皮影、木偶、根雕、满族刺绣、剪纸、楹联、古筝、软陶、树叶剪刻、葫芦雕等，已成为我省特色文化产品，在市场中展示了它们特有的活力。

第三节 辽宁省艺术品经营行业竞争格局

潜在的艺术品投资者常常关心投资艺术品是否会有潜在的结构性的障碍。据"梅·摩艺术指数"全艺术数据库的数据显示，全球艺术品市场指数从2009年年中的31%降幅已经跌至现在32.5%的降幅。不过，该指数表示："尽管如此，这相对于第一季度35%的降幅，已经是一个不小的改观了。因此，将极有可能以'W'形曲线呈现复苏。"辽宁艺术品经营业也存在着发展中的问题。

一、竞争结构

在行业企业的地域格局上，出现了以京沪两地争雄为主轴的竞争格局，无论是在拍卖方面还是在画廊和博览会上。京沪两地都集中艺术品经营业最优势的企业和资源。广东、江浙两地也有强劲的发展。京津、珠三角、长三角和胶州半岛形成艺术品企业较为集中、发展比较充分的几个区域。辽宁省并没有在这种形势下分得与东北区域中心城市相应的一杯羹。辽宁艺术市场一直受到质疑的是发展结构不平衡，市场主体位置本末倒置，作为二级市场的拍卖和三级市场的博览会长期得到不发展，起不到艺术品行业的核心作用。2008年，画廊业发展不见起色。另一方面，国内一线城市艺术博览会风起云涌，展会之间相互竞争，更促进了艺术品市场的兴盛和成熟。画廊业和博览会的成熟是一个国家艺术市场走向现代化、规范化的必由之路。但在辽宁却看不到这种现象。辽宁艺术品市场升级曙光仍然没有出现。

二、企业竞争状况

（一）拍卖行

自20世纪90年代中国艺术品拍卖市场兴起以来，国内的艺术品拍卖市场一直由中国嘉德、北京荣宝、中贸圣佳以及北京翰海等国内几家拍卖公司所垄断，但是从2005年开始，随着国内一些新拍卖公司的加盟，中国艺术品拍卖公司便呈现出了进一步规模化的发展。在2007年，随着新拍卖公司业绩的提升，以及成交总额的迅速放大，中国艺术品拍卖市场的旧格局正在发年巨大的变化。

北京作为中国艺术品拍卖市场的中心，这种变化体现的更为明显。在2005年，就有了北京保利、北京匡时、北京诚轩等数支新军加盟中国艺术品拍卖市场。而且这些公司在当年的首拍中就取得不俗的拍卖业绩。例如，在2005年北京保利举行的秋季拍卖会，就以5.63亿元的佳绩排名2005年拍卖公司总成交额第7名，其中，举行的三个"中国近现代书画专场"就取得了近3.64亿元成绩，而"中国油画及雕塑"也交出了1.08亿元漂亮的成绩单。从此，北京保利也迅速建立起了自己的品牌优势。在接下来的2006年，北京保利更是以8.18亿元的业绩排名当年内地拍卖公司总成交额第三名。北京匡时在2006年推出的我国首个"般若光辉·古代佛教文物"专场，以5898.7万元的佳绩轰动整个收藏界，同时也在业内掀起了一股佛教艺术品收藏热。当年，北京匡时就以4.64亿元的业绩排名当年内地拍卖公司总成交额第5名。北京诚轩作为国内杂项拍卖的领军拍卖公司，在2005年秋季首拍也取得了1.68亿元的成交额。

随着艺术品拍卖市场的纵深发展，各拍卖公司的排名也发生了变化。以2007年为例，除中国嘉德仍然以17.32亿元占据首位外，北京保利后来者居上，以15.36亿元排名第二，北京翰海却以11.51亿元退到第三，北京匡时则以8.11亿元当代佳绩迅速提升到第五。而北京荣宝这类老牌拍卖公司则迅速倒退到第七名。这些新公司业绩的提升以及在成交总额排行榜上位次的上升，都标志着中国艺术品拍卖市场的新格局在2007年已经形成。

面对内地艺术品拍卖市场上的竞争不断升温，国际拍卖巨头也虎视眈眈地盯着中国的艺术品拍卖市场，而且是大手笔地进入了中国艺术品拍卖市场。如国际拍卖巨头佳士得，拥有240多年的拍卖历史，与国际拍卖巨头苏富比一直垄断了全球艺术品拍卖90%以上的市场份额，对中国大陆艺术品拍卖市场可以说是"蓄谋已久"。早在1994年4月，佳士得就在上海设立办事处，1996年在北京设立办事处，是首家进驻中国大陆的外资拍卖行。香港佳士得2007年春拍卖总额达到了6.02亿元，而去年年的秋季拍卖更是达到7.69亿元的高价。

（二）博览会

在地域竞争格局上，辽宁的博览会还没有在中国取得位置。目前中国艺术博览会市场已经一改90年代上海、广州、北京三足鼎立的局面，而呈现出北京扶摇直上、上海激烈竞争、广州渐趋萎缩的趋势，其它城市，无论是交易额还是实际影响力、品牌知名度，均与北京、上海、广州有很大的差距。根据2006年的数据，艺术北京、中国国际画廊博览会的成交额都为2亿元人民币左右，广州艺术博览会的成交额为2000万元人民币左右，山东国际美术博览会的成交额为400万人民币左右。目前国内影响最大的三个博览会是中艺博国际画廊博览会、艺术北京当代艺术博览会、上海艺术博览会当代艺术展。它们之间的竞争是中国艺术品经营的整体竞争格局的一个缩影。

1. 定位。辽宁大部分的博览会都是以本土为定位，他们做的是地域化和现状的整合，多采取组委会的形式，由当地政府部门直接参与运作，营销对象为当地的市民艺术品消费。类似沈阳、大连、济南等二线城市的地域性艺术品博览会，大多属于此类。其次是亚洲定位。2006—2007年，中国艺术博览会行业的一些运营商，已经打出"打造亚洲艺术交易中心"的口号。这种定位基于近年来亚洲艺术市场的发展，以及中国在亚洲艺术市场中崛起的现状。例如"艺术北京当代艺术博览会"，就明确以"亚洲概念"为核心。中国画廊和亚洲其它国家的画廊一直占有参展商中较大的比例，2006年整个亚洲参展商的比例为81%，2007年则上升为91%。中国国际画廊博览会（现在的是中艺博国际画廊博览会）也呈现出类似特质。2007年，中国国际画廊博览会参展商中，中国画廊占49%，亚洲其它地区画廊占35%，欧美画廊占16%。第三类是国际定位画廊。定位于国际，强调的不小仅是与国际艺术资源的直接对接，而且还有国际操作模式的引入。2007年9月在上海举行的"上海艺术博览会当代艺术展"，请皮埃尔·胡伯出任总监，将巴塞尔艺术博览会的操作方式移植到上海，同时将大批海外画廊带入中国。在这次博览会中，欧美画廊占了55%，中国画廊占21%，亚洲其它画廊的数量为24%。

2. 操作模式。辽宁的大多博览会是官方主导的，影响力不强。而国内的一线城市，68%艺术博览会采取公司化的运作模式，以企业管理和项目运作的方式，提升团队效能，其中最有代表性的一些艺术博览会不仅以公司运作为主体，更进一步优化学术和商业资源，建立更为专业化的营运团队。如艺术北京当代艺术博览会，就是以北京艾特菲尔文化有限公司为背景的组织团队，其中包括了由艺术史家、艺术批评家、策展人所组成的学术委员会，由艺术家、艺术经营者、政府官员等组成的艺术委员会，以及由展览营销、展览展示、媒体推广、赞助公关，公共产品设计、网络维护等人员组成的执行委员会。而上海艺术博览会当代艺术展，则更融入了海外艺术博览会的资深人士和专业队伍，其在操作层面上专业化程度更高。

3. 竞争策略。艺术博览会成功的最重要的因素就是要把握和发挥自身优势资源。相对来说，北京具有文化中心优势，这里聚集着中国最多的当红艺术家和收藏家，作为买卖双方中间一环的展会项目，肯定会选择资源最密集的地方展开。另一方面，北京也具有国家文化政策支持优势。第三，北京具有学术优势。因此，北京的艺术博览会就在优势的基础上进行竞争。他们主动承担起传承文化和发展艺术的使命。2007年艺术北京提出"展现年轻的动力"，关注中国艺术的未来；主体展"艺术突破"则更带有实验性和先锋性。北京拥有国内最多的重要策展人、艺术评论家和专业人士，形成了另外一个学术优势，北京的学术优势体现在"画博会"和"艺术背景"组织的"艺术经济论坛"和"综合媒体艺术国际实验论坛"上。专业的学术论坛，赢得专业领域的好评。而上海是著名的金融交易中心之一，多元而开放的海派文化使得上海比国内其他城市更具有国际气质，而这些气质与其所处的江南地区特有的婉约、文雅相结合，使得大多数市民追求经典艺术、精品文化，呈现出小资、优雅的文化氛围。上海艺博会2007年也将口号更新为"收藏艺术，享受财富"，重视细节的安排，充分反映出海派文化重视艺术源于对精致生活品味的追求。上海当代艺术博览会则体现了上海作为国际化大都市的气魄和魅力。这样一些不同的定位的竞争策略，使得中国艺术市场竞争变得多姿多彩而且具有坚实的基础。而辽宁虽然不具有北京上海的区域优势，但辽宁也有自己的优势和特点。如东北区域中心和东北亚区域中心的定位，红山文化的发源地，阜新的翡翠制品，鞍山的玉雕，在国内都很有市场，只是没有形成自己的品牌优势。

第四节　辽宁省艺术品经营业整体经营状况分析

2008年辽宁省的艺术品行业整体状况可以用两个词来描述：一是调整，二是理性。艺术市场相对2005、2006年是有很大变化的。前两年艺术市场面临一个调整，可以说几乎已经"见底"了，2008年则有"回暖"、复苏的迹象。只是现在的复苏不是一种全面的复苏，而是由选择的复苏，是市场更成熟、更理性的表现。理性的一个表现是现在的市场，真正的精品不仅不用担心售出问题，而且都有较好的价钱，有的精品甚至能以比2005年还高的价格成交；另一个表现是，对于一些艺术质量不高或是真伪有争议的物品，过去可能会因为大家的盲目追捧能卖个好价钱，而现在大家会对这样的物品持一种观望的态度。现在市场准入的标准不断地提高，认可的是真正的精品。

一、相比国内一线城市，辽宁应继续加大打造特点鲜明、上规模的艺术品集群化发展

近些年，辽宁艺术品行业在规摸上迅速扩张，艺术品经营单位数量和艺术品交易量同步激增。但在代表一级市场的画廊和文物艺术品交易市场方面，与北京、上海、广州、杭州等中心城市，以及珠三角、长三角、胶州半岛等区域的差距反而有扩大的趋势，没有形成如北京的 798 艺术区、酒厂艺术区、索家村艺术区、宋庄艺术区、草场地艺术区以及观音堂画廊街区，上海的莫千山艺术区、泰康路艺术区，以及杨浦区五角场等在国内有影响的艺术区。

画廊在总体数量上呈现出增长的势头，但质量有待提高。像北京、上海等地，画廊的投资人或主持人，多具有金融、投资、贸易等知识背景，海外资金进入这些城市画廊业也已经蔚然成风。投资国别和地区更为广泛，包括了德国、意大利、美国、日本、韩国、新加坡以及中国台湾、中国香港地区。韩国画廊纷纷进入是一个新现象，截至 2007 年上半年，韩国画廊在北京已经开办了 7 家之多。这些海外画廊基本都成立时间较久而且颇具知名度。他们的积极介入在某种程度上提升了当地画廊业及中国画廊业的整体实力。而辽宁地区目前还没能显现出受到国际资金关注的迹象。在代表二级市场的文物艺术品拍卖方面，整体经营规模呈现出进一步放大的势头，但 2008 年交易总额的增长幅度，以及利用外资略显差强人意。

二、结构日趋合理，但尚处低端水平

辽宁艺术品市场上，自 20 世纪 90 年代发端以来，拍卖并没有像北京、上海一样抢了所有市场的风头，其规模和影响力在地区艺术品市场上并没能发挥应有的作用，倒是一级市场发挥了更大的作用。这也从一个角度看出辽宁的艺术品市场尚处在低端水平。这种结构上的不平衡一直是困扰辽宁艺术品市场的痼疾。

与画廊业发展相伴随和互动的是中国艺术品展业的升级换代。之前由于画廊的长期低迷，艺术品展业发展基础先天不足，长期以来给人良莠不齐的感觉。但是近两年，随着画廊业的发展，不仅老牌的艺术博览会如上海艺术博览会、广州艺术博览会焕发了青春，还产生了像艺术北京（Art Beijing）、中国国际画廊博览会（CIGE）这样的全新形态与运营模式，由此修补了人们对于艺术博览

会的长期非议，同时也成为推动中国艺术市场发展的进步力量，使得艺术市场的结构更加平衡。但是辽宁地区的艺术品展业还没有这样的代表，除了一些小型的专品展会外，2008 年，政府主导的大型展会与理想的影响力仍有距离。

三、在国际化成为核心趋势的国内，辽宁省更需加快步伐

在中国画廊业，这一方面体现在业主构成的国际化上。以北京为例，这个区域市场容纳的国际性的市场成分，既有作为紧邻的日、韩业主，也有远隔重洋的欧美经营者，这些外来业主的大部分客户是海外人士。其次是本土高端画廊开始积极向海外拓展，参加海外的主流画廊博览会已经列入国内许多画廊的计划范围。更有一些具备大企图心的画廊开始和海外的美术馆、博物馆和国际级大型艺术会展合作，输出中国当代艺术的价值和理念。如当代唐人艺术中心和程昕东国际当代艺术中心，就有与英国和俄罗斯相关学术机构合作的事例。2007 年 12 月，在美国迈阿密的艺术博览会中，香格纳、空间两家画廊成为中国画廊代表参展，2008 年巴塞尔博览会中国代表团也将有 4 至 6 家画廊参与。国际化趋势在拍卖业上的表现得也很明显。2007 年中国艺术品拍卖业特别是当代艺术品拍卖的火爆不是孤立的，与国际艺术品市场呼吸相连。在国际艺术品市场上，中国当代艺术品的第一代西方大藏家开始出手藏品。尤伦斯夫妇 5 月在香港苏富比春拍上的"中国现当代艺术专场"，霍华德·法伯 9 月在伦敦菲利普斯秋拍上组织"中国先锋：法伯收藏"专场，有 45 件中国当代艺术藏品。同月纽约苏富比张晓刚作品再次打破个人记录。10 月岳敏君《处决》在伦敦以 590 万美元成为中国现当代绘画中最高价记录。新一轮中国艺术品价格风暴在海外被掀起，也刺激国内的艺术品特别是现当代艺术品的拍卖。另外在拍卖企业方面，一方面，国际大拍卖公司以不同的形式纷纷进军中国艺术拍卖市场，这些国际企业有悠久历史，极高的经营信誉、专业的经营人才、广泛的拍品来源、优质的服务水准，这都给国内经营艺术品拍卖企业带来极大的压力；另一方面，国内企业也不甘示弱，主动采取走出去的国际化策略，崇源、嘉宝、保利等公司做得尤其出色；再次，在拍品上，在各大拍卖行所搜集到的文物艺术品中，海外回流艺术品已经占到 60%，同时，国外艺术品也大量登陆中国拍卖行，雷诺阿的作品拍出了 1120 万就是一个实例。

在艺术品博览会上，几大艺术博览会都有大量的海外画廊参与。最为显眼的是 2007 上海当代艺术博览会，聘请巴塞尔艺术博览会的创始人和常任理事皮

埃尔·胡伯出任上海当代艺博会总监，将巴塞尔的操作方式"移植"到上海，同时将大批海外画廊带入中国，并且为欧美的藏家建立起进入中国市场的通道，使得上海成为国际当代艺求与中国对接的"新机场"。可是在如此热闹的艺术品交流中，却鲜见辽宁地区画廊或藏家的声音和作为，且辽宁在艺术品产业也没能发挥其与韩国、日本、俄罗斯等国相邻相交流方便的地缘优势，这实在是一件十分可惜的事情。

第五节　辽宁省艺术品经营业行业发展预测

一、艺术品市场将继续稳定增长

专家认为，尽管近两年拍卖纪录不断被改写，但艺术品市场目前还处于2003—2005市场高峰后的平稳发展阶段，拍卖市场新的高峰到来的条件还不成熟。这主要表现在大量中档藏品还没有出现大幅拉升的趋势，各个公司的货源依然紧张，供需两旺的局面还没有出现。

著名艺评家郭浩满预测，中园艺术品市场的新高潮将出现于2009年前后，随着奥运会和世博会的相继召开，辽宁这两年艺术品拍卖逐渐有开始走高端路线的趋势。辽宁省各家拍卖公司2008年的成绩，显出"低成交率、高成交额"的特点。2010年6月26日拉开帷幕的第三届沈阳民间艺术品博览会以"继承传统文化、弘扬民间艺术"为主题，在成功举办了首届沈阳民间艺术品暨古玩字画沈收藏品博览会的基础上组委会以更高的标准把此届展会打造成为专业性更强、级别更高、参展内容同期活动更丰富的一次行业盛会！

二、艺术市场进入名作和精品时代

在辽宁国际商品拍卖有限公司举行的2006年秋季拍卖会上，收入《石渠宝笈》的明代吴门画派代表人物陈淳的精品手卷《水仙》，被89号买家以5000万元高价举牌竞走，成为东北拍卖市场迄今为止艺术品成交价最高的"标的王"。在本次秋拍中，各类"标的王"的出现以及成交价的节节攀升，标志着沈阳及东北拍卖市场正在逐渐走向完善，新的趋势正在形成，市场划分更加明确。1.05亿成交额创历史新高。"这次秋拍是沈阳拍卖历史上最为成功的一次，拍品数量较少，总成交额却首次超亿，这在国内拍卖市场上也是首屈一指了。"辽宁国际商品拍卖有限公司信息部经理陈雁雁说。据介绍，此次秋拍是沈阳承办档次最高的一次艺术品拍卖会，全场共分为"御效瓷雅玩珍选"及"瓷器书画艺术品"两个专场，共推出 332 件拍品，其中 52% 拍卖售出，总成交额高达 1.05 亿元。艺术品拍卖开走高端路线，"经过去年和今年两年拍卖市场的发展，沈阳的艺术品市场已经开始出现等级分化，不再以'多而杂'理念组织拍卖会，而是开始走精品路线。"陈雁雁在分析沈阳艺术品拍卖市场趋势时说。

很显然，这次秋拍走的就是精品路线。拍品目录中，一些国内罕见的藏品首次现身，如明洪武釉里红缠枝牡丹纹碗、明宣德青花鸾凤纹碗、明永乐青花缠枝莲纹壮罐、清康熙豇豆红柳叶瓶等几件拍品，起拍价均在百万元以上。另外，明代吴门画派代表人物陈淳的精品手卷《水仙》堪称精品中的精品，也吸引了为数不少的南方投资者的关注。拍卖业内人士认为，市场等级分化局面的形成，使一批规模小、利润低、组会能力差的拍卖企业逐渐受到市场排斥，一些实力较强的拍卖企业将以类似"垄断"的方式出现，往往仅几件高成交价的精品就已经占到了成交总额的 60% 以上。由此可见，买家正在日趋理性，"追捧精品"的投资理念对拍市影响越来越大。艺术品市场往"量少质精"顶级艺术品发展已是不可转移的趋势。

三、艺术品企业将进一步采取特色化与差异化经营方式

在日益激烈的市场大环境下，艺术品经营企业将努力寻求差异化经营，逐渐建立自己的品牌优势。特色化就是做到在经营中"人无我有，人有我优"，这一点在辽宁省近两年的企业竞争中将成为制胜的最重要的法宝，今后也将成为艺术品经营企业脱颖而出的不二法门。如中国沈阳民间文化藏品博览会、大连服装节、千山庙会、锦州古玩艺术节、阜新玛瑙节、兴城海会、辽河文化产业园区系列展会等。这些文化会展活动，已逐渐从公益性文化活动转变为由政府主导、社会参与、企业赞助的市场化运作形式，形成了公益文化活动与市场化运作相结合的文化产业项目。在文化产品"请进来，走出去"的思想指导下，我省组织参加了中国深圳（国际）文化产业博览交易会，推出文化产业合资合作项目 114 项，签约额达到 22.4 亿元。会展业的发展不仅为我省的文化企业和文化产品提供了交流、交易的平台，也为我省文化产业发展提供了广阔的市场空间。

四、艺术品市场和企业的国际化趋势进一步加强

在这一点上，辽宁艺术品市场同中国艺术市场一样，与国际艺术市场中的"中国概念"联系和互动进一步加强，纽约和香港佳士得和苏富比的亚洲艺术和中国艺术专场将继续影响内地艺术品市场；外国资本势力和外国艺术机构将进一步进入中国艺术市场，其资本力量和经营方式将对国内艺术品企业产生影响，促进国内艺术经营的成熟；辽宁的拍卖行和画廊也将进一步采取国际化的策略，以各种形式走出去，对国际艺术品市场产生影响，加快走向国际艺术品市场的步伐。

辽宁艺术品市场的成长是以辽宁经济整体发展和购买力迅速提升为前提的。东北财经大学金融学院范立夫副教授表示，从欧美等发达国家理财市场的发展历程来看，艺术品投资市场在经济发展到一定程度时必然会开始得到蓬勃发展。目前国内艺术品市场中的投资资金主要来自于境外投资者和国内众多企业，现代金融资本的介入已经使艺术品成为大资本运作的题材。因此，长期、专业和稳定的资金性质将使艺术品投资市场步入一个快速上升的通道。其中，在境外投资者看来，除了中国的 A 股市场与房地产，中国的艺术品一样是分享中国经济增长的最佳工具。尤其在近一两年，境外投资者开始把目光转向正在成长中的 20 世纪 70 年代生和 80 年代生艺术家身上。在沈阳市书法家协会名誉主席、著名收藏家姚志忠看来："作为艺术家储备力量，虽然中青年艺术家的名气不大，但是从其作品中可以看出升值潜力。几百块钱的价位收藏这样的作品，就好比买了低价潜力股，现在市场上许多这样的作品的价值能够迅速提升正是得益于此。"而对于国内企业来说，资金进入艺术品投资领域，更多地是代表着一种资本运作的新潮流。省内某民营企业人士对记者道出了他们的生意经："艺术品除了可以使企业超越自身的行业限制，开拓更多的收益渠道，还可作为'经营设施'摊入经营成本，免交所得税。其在作为固定资产经 10 年或 20 年的折旧后，还可化为零资产，而自身的价值却将随时间推移而提高。"从长远看崛起的中国对于国际的影响一定会从经济领域向文化领域延伸，而艺术品正是文化的最佳表现方式，辽宁的艺术品市场也将受益于我国艺术品市场的大发展。

第六节　辽宁省艺术品经营业发展大事记

2006 年 4 月 28 日至 5 月 8 日，由省文化厅、沈阳市委宣传部主办，沈阳市文化（新闻出版）局承办的"2006 中国沈阳民间文化藏品展销会"，在沈阳辽宁工业展览馆广场举行。本次展销会以民间文化藏品展销为主，展销的古旧文化商品包括古旧书刊、报纸、文书档案资料等印刷品，古玩、字画、雕塑、玉器、奇石、布艺、古青铜器、古饰品，玻璃、陶器、瓷器等艺术品，古家具等古生活用具、器皿，民俗用品，历史纪念品、旅游纪念品，邮品、钱币、磁卡，票证、徽章，动植物标本等。设置展位 1000 个，其中古文化藏品展位 600 个，特价图书展位 400 个，展览面积 12000 平米。期间还举办收藏知识专题讲座、民间藏品拍卖会、沈阳民俗用品及民间手工艺展演等。

2009 年 3 月 12 日，由中国名人大词典编制委员会、中国青年美术家协会、中国书画家联谊会、中国书画艺术研究学会主办，大连亚博会展有限公司、香港艺术收藏杂志社、大连城市文化协会承办的第三届中国书画艺术品及油画作品双年展在大连开幕，本届双年展是 2009 年国内举办最早的书画艺术品盛会。

2009 年 4 月 18 日上午 9 时，第四届中国·锦州古玩文化节开幕式在锦州古玩城门前隆重举行。本届古玩文化节历时三天（4 月 18 日—4 月 20 日），展厅总占地面积约为 12000 ㎡，共设普通展位 5000 个，回流古玩展位 50 个，在设备配备档次、规模上创国内古玩展会之最。古玩节期间参展客商将达到 5000—6000 余家，来自境内外参展商、采购商、收藏爱好者将达到 6 万余人。参展项目分别为古玩、书画、家具、文革文物、各种工艺品、岫玉、鱼化石、杂项等八大专题。届时，河北省秦皇岛市、唐山市、廊坊市，内蒙古赤峰市等城市也将组织庞大的代表团到锦参加古玩文化节。古玩节期间，我们还安排了海外回流文物精品展销、古玩艺术品交易、公益性大众拍卖、专题古玩藏品展（佛教文物展、靖武书画展、毛主席像章拼图展、奇石展、民俗文物展、古生物化石展）、经贸项目推介及洽谈等。

2009 年 5 月 26 日至 5 月 31 日，在辽宁工业展览馆举行了第二届中国（沈阳）民间艺术品博览会，来自国内 21 个省（市）的 300 余参展商参展，展出作品近万件，这是近几年沈阳地区规模最大的一次民间艺术品展会。

2009 年 9 月 14 日至 22 日阜新玛瑙节暨第三届中国阜新玛瑙博览会召开。阜新市是中国玛瑙之都，是玛瑙艺术的发祥地，是"中国珠宝玉石首饰特色产业基地"。阜新的玛瑙储量占全国的 50% 以上，有着悠久的历史起源，在这里曾出土过中华民族最早的玉制品。目前玛瑙产业已经成为阜新市最具特色的支柱产业。特别是 2006 年以来，阜新玛瑙产业呈现出了快速发展的良好态势，玛瑙产品已形成工艺品、饰品、旅游纪念品、体育用品、保健品、装修材料和工业用品七大系列、二百余个品种、数千种款式。2007 年末，阜新的玛瑙制品年产值近 4 亿元，玛瑙已经成为了阜新的一张亮丽"名片"。

（作者：王妮，辽宁社会科学院哲学所）

行业报告七　辽宁省艺术教育业发展报告

　　世界经济全球化和科学技术的迅猛发展，使国与国之间综合国力竞争日趋激烈。改革开放以来，特别是从新世纪开始，我国的经济建设取得了巨大的成就，我国已进入加快推进社会主义现代化建设的新阶段。教育在综合国力的形成中处于基础地位，新的形势对教育在培养和造就我国 21 世纪的一代高素质新人方面提出了新的、更加迫切的要求。艺术教育是整个教育体系中不可缺少的一个重要组成部分，亦是我国实施素质教育、构建现代国民终身教育体系的重要内容。而从辽宁省来看，改革开放以来，艺术教育事业越来越受到省委、省政府和各级教育主管部门的高度重视。尤其是近年来，辽宁省艺术教育业在省委、省政府的正确领导下，以科学发展观为指导，认真贯彻落实《学校艺术教育工作规程》等各项有关艺术教育的文件和法规精神，通过深化教学改革、组织开展艺术教育课程改革和举办各级各类相关教师、行政管理人员培训等举措，全面提高艺术教育教学质量，促进了青少年学生德、智、体、美全面发展，使我省艺术教育事业取得长足的进步与发展，艺术教育工作迈上了一个新台阶。

第一节　辽宁省艺术教育业发展概况

　　艺术教育作为教育的重要组成部分，是实施素质教育的主要途径。新时期以来，随着教育事业的蓬勃发展，素质教育不断向前推进，艺术教育作为学校实施素质教育的基本途径之一，也越来越引起学校和社会的重视，成为学校整体教育的重要组成部分。近几年来，辽宁省教育主管部门通过实施校园环境艺术化工程和建立中小学艺术教育示范县区动态评估机制等措施，有效地推动了全省艺术教育工作的蓬勃开展。辽宁省艺术教育事业在省委、省政府的领导下，经过各级教育主管部门、教育工作者和全社会的共同努力，取得了长足的进步与发展。

一、各级学校普遍重视艺术教育开展

在基础艺术教育方面，为了贯彻落实《中共中央国务院关于进一步加强和改进未成年人思想道德建设的若干意见》和《中共中央国务院关于加强青少年体育增强青少年体质的意见》的要求，为青少年学生提供优质的艺术教育活动资源，促进青少年学生的健康成长和全面发展，教育部组织创编了《第一套全国中小学校园集体舞》，并于 2008 年 9 月在全国中小学校全面推广。我省于 8 月下旬在沈阳举办了第一期校园集体舞培训班，来自 14 个市的 100 余名教师参加了培训，培训收到了较好的效果。目前校园集体舞已在全省中小学蓬勃开展起来，尽管有些学生跳得还不很完美，但集体舞已成为校园课间活动一道亮丽的风景。另外，为展示和交流我省艺术教育教学成果，省教育厅于 2008 年 2 月份举办了艺术教育示范县区美术教师集体教学基本功展评活动，共有 35 个县区的 200 余名美术教师参加了展评活动，经最终评审，共有 12 个示范县区获集体一等奖，13 个县区获集体二等奖，10 个示范县区获集体三等奖。展评活动促进了教师教学水平的提高，推动了学校艺术教育工作的发展，收到了良好的效果。另外，2007 年 2 月全国第二届中小学生艺术展演活动在深圳市隆重举行。省教育厅组织全省中小学校积极参加在本次中小学生艺术展演活动。经教育部初审合格，辽宁省代表团 4 所中学的参赛队伍一行 100 余人参加了本次现场展演活动。沈阳市第九中学的民乐合奏《满乡情》获器乐类一等奖，抚顺市特殊教育学校舞蹈《雄鹰》获舞蹈类节目一等奖，沈阳市第 108 中学，铁岭市开原职教中心分获舞蹈类二等奖。周济部长、陈小娅副部长参加了颁奖晚会，省教育厅获全国优秀组织奖。同时，为全面贯彻党的教育方针，落实《学校艺术教育工作规程》，丰富校园文化生活，推广传唱优秀校园歌曲。省教育厅在省内积极开展了"班班有歌声"活动和校园集体舞的推广工作，于 2008 年 4 月至 10 月举办了辽宁省第三届中小学生校园歌曲合唱节，合唱节期间同时开展了"班班有歌声"活动。活动在全省各市县区普遍开展，达到了预期的目的。经过层层选拔推荐，省教育厅与省合唱协会于 2007 年 11 月初组织专家对各市推荐的 63 个优秀合唱团队（录像）进行了认真的评审，并于 12 月 7 日公布了评审结果。

在高等艺术教育方面，为了全面贯彻教育方针，推进艺术教育工作，促进大学生提高审美素养，展现当代大学生积极向上的精神风貌，按照教育部的要求，辽宁省教育厅于 2007 年 10 月至 2008 年 11 月在全省开展了辽宁省第二届大

学生艺术展演活动。为认真落实大学生艺术展演活动，切实实现教育部提出的"校校办展演，人人参加活动"要求，教育厅相继多次下发相关文件、提出要求，并召开了专题工作会议，传达教育部关于开展大学生艺术展演活动安排，部署我省大学生艺术展演工作。各高校积极开展内容丰富、形式多样的艺术展演活动，至高校展演活动阶段结束时，省教育厅共收到全省各高校报送的艺术类节目 134 个；包含国画、油画、版画、书法、篆刻、摄影、设计、雕塑，陶艺和动画等各类艺术作品 800 余件；高校校长书画作品 7 件；高校艺术教育科学论文 102 篇。通过组织相关专家评委对这些节目、作品、论文的逐一认真评选，最终，共向教育部推荐艺术类节目 20 个、艺术类作品 30 件、高校校长书画作品 7 幅、高校艺术科学论文 79 篇，代表辽宁省第二届大学生艺术展演的成果参加全国第二届大学生艺术展演活动，其中，为保证节目的录制质量，省教育厅还专门对将报送参加全国展演的艺术类节目进行了统一录制。

二、通过动态评估督导示范高中艺术教育

2002 年教育部颁布了《学校艺术教育工作规程》，2005 年又印发了《普通中小学校和中等职业学校贯彻 <学校艺术教育工作规程> 评估方案》，2006 年辽宁省普通示范高中起始年级全部进入新课程，艺术教育作为高中必修课程，被赋予 6 个学分。这对全面提高学生综合素质奠定了有力的基础。为进一步推进普通高中素质教育的全面实施，辽宁省教育厅以推进实施高中新课程为重点，会同省政府教育督导团于 2007 年 10 至 11 月期间以推进实施高中新课程为重点，对全省 14 个市，48 个县区，49 所省级示范高中艺术教育工作进行了专项督导检查。检查内容包括贯彻落实《学校艺术教育工作规程》情况，高中实施艺术类新课程情况，推广校园集体舞、校园新歌和开展"班班有歌声"活动情况。辽宁省普通高中 2006 年 9 月起全部进入新课程，艺术教育成为高中的必修课程，共有 6 个学分（其中美术、音乐各 3 学分）。在此次督导检查中，获得"辽宁省示范高中"称号的学校为必检单位，其他高中则实行抽检。专项督导检查的主要内容包括各级教育行政部门和学校对艺术教育工作的重视程度、对学校艺术教育方面的投入、校园文化艺术环境建设、艺术教育工作队伍建设以及艺术教育资源开发及小本课程的开设等。通过检查进一步提高了各级领导对艺术教育工作的认识，促进了学校艺术教育工作的开展，为全面推进素质教育，关注学生的全面发展起到了积极作用。2008 年，辽宁省教育厅还在全省组织开展

了中小学艺术教育示范县区第三轮动态评估活动。省教育厅组织部分艺术教育专家，先后对省内35个艺术教育示范县区进行了评估检查。检查过程中，对国家艺术教育政策法规、省艺术教育总体工作思路进行了宣传和讲解，对"开齐开足开好艺术课、提高教学质量、提高课外活动水平"等艺术教育关键问题进行了认真细致的检查，并就该地区存在问题提出了整改意见和建议。

三、各种课外艺术演出活动蓬勃发展

课外艺术活动是学校艺术教育的重要领域。我省各高等学校和城乡中小学校普遍成立学生艺术活动兴趣小组或学生艺术社团，每年定期举办校园艺术节，同时，省里根据国家《学校艺术教育工作规程》，定期举办大型综合性学生艺术展演活动。这些综合性的学生艺术活动，面向全体学生，以育人为宗旨，为展现广大师生的精神面貌和艺术才华、展示学校艺术教育改革发展的成果提供了舞台，对于推动高等学校和中小学的艺术活动发挥了积极的作用，产生了良好的社会反响。随着课外艺术活动的蓬勃开展，以"向真、向善、向美、向上"为特质的校园文化环境正在逐步形成，对于促进学生全面发展提供了良好的育人环境。另外改革开放以来，各级各类学校的艺术教育对外交流日趋活跃。有关学校通过各种渠道，与世界各国进行广泛的交流、合作，并多次参加或举办国际性的艺术教育论坛、交流展演等艺术教育活动，学习吸纳各国艺术教育的经验，并向世界展示我省青少年的风采和学校艺术教育的成果。

为了进一步提高学生的艺术修养和审美素养，近几年来，辽宁省教育厅相继开展了一系列高雅艺术进校园演出的活动。2008年的高雅艺术进校园演出活动由辽宁省交响乐团、沈阳音乐学院青年交响乐团、中国歌剧院和中国国家话剧院共同完成，共演出18场，进一步加强了校园文化建设，丰富了校园文化生活，提高了大学生艺术修养和文化素质，为培养全面发展的合格人才奠定了基础。同时，为落实十七大提出的"弘扬中华文化，建设中华民族共有精神家园"的要求，省教育厅配合省语委办举办了以"我们的节日"为主题的"端午诗会"，共有100余人参与了演出，演出进行了现场录制并在端午节当天播出。

另外，以"阳光下成长"为主题的全国第二届中小学生艺术展演活动历时一年时间，共分三个阶段。辽宁省教育厅认真组织全省学校落实展演工作，成立了组委会，提出了"校校办展演，人人都参与"的总要求，在各地区层层选拔的基础上，省组委会共收到各市报送参加省级比赛的艺术表演类节目90个，

艺术作品 519 幅，艺术教育科学论文 336 篇，少儿歌曲创作 54 首；共进行了声乐、器乐、舞蹈、校园剧及课本剧、少儿歌曲创作、绘画、书法及篆刻、摄影、艺术教育科学论文等三个类别九个项目的比赛，并将优秀的节目、作品、论文及歌曲创作报送全国参加比赛。此次展演活动，共获得全国展演活动各类别一等奖 11 个，二等奖 21 个，三等奖 38 个，市、县、区优秀组织奖 17 个，为辽宁的艺术教育事业争光添彩。同时，此次展演活动参与面广，范围大，内容丰富，效果明显，受到了广大师生的欢迎，达到了陶冶情操普及艺术教育的目的。

四、艺术教育培训体系初步形成

我省艺术教育培训体系经过几年的培育，已形成以省职工艺术大学、省群众艺术馆为龙头，省直各艺术院团、各市艺术院团、艺术学校、群众艺术馆、文化馆为基础的艺术教育培训体系；培养了为数众多的创作、导演、表演、声乐、器乐及美术、书法、摄影等领域的艺术人才，不仅为专业艺术团体提供了优秀的后备艺术人才，也造就了一大批群众性文化艺术活动骨干，取得了社会效益和经济效益双丰收。2008 年全省艺术培训收入达到 5300 万元。另外，在2008 年，为进一步提高中小学音乐教师的合唱指挥能力与水平，促进全省中小学音乐课外活动的开展，省教育厅于 5 月在沈阳音乐学院南校区对全省 100 余名中小学合唱指挥骨干教师进行了封闭式培训，聘请国内知名专家对大家进行了有关合唱指挥、钢琴即兴伴奏、少儿歌曲的词曲创作等知识与技能的培训，沈阳音乐学院南校区还安排了声乐、器乐等专业教师对参加培训的中小学音乐教师进行一对一的专业指导。通过培训，大家了解了当今合唱指挥发展概况，掌握了合唱指挥、少儿歌曲创作的基本技能技巧，促进了艺术类教师的专业发展和教学方法的进步。除了高等师范艺术教育培养、培训的主渠道之外，各级教育主管部门和教学研究部门所组织的艺术教师教学基本功竞赛、评选优秀课活动、教育论文评选以及相关专业培训活动等，对于更多的艺术教师，特别是青年教师更新教育观念、提高综合素质，也产生了重要的作用。

五、学校课堂艺术教育水平明显提高

20 世纪七八十年代开始，经过教育战线拨乱反正，辽宁省各级各类学校恢复正常教学秩序，学校艺术教育也逐步得到恢复，各中小学音乐美术课逐步恢复正常，部分高等学校也逐步开设艺术类选修课。2000 年开始的全国基础教育

课程改革，使得我省中小学校艺术教育从教育理念到具体运作出现了新的重大变化，艺术教育的位置开始得到落实，全省城乡中小学校音乐、美术和艺术课的开课率显著提高，普通高中也普遍开设了艺术类必修课和选修课。

随着新课程标准的实施，一批新的艺术类教材也以高雅的格调、丰富的内容、鲜明的特色陆续出台，我省学校艺术教育进一步确立了面向全体学生，着重提高学生的审美素质，开发学生的创造力和想象力，培养学生爱国主义精神，促进学生全面和谐发展的教育目标。艺术教育的课堂教学特别关注从知识和技能、过程和方法、情感态度和价值观等方面落实教育目标，体现艺术教育促进学生全面发展的特有功能。开设公共艺术选修课或必修课，是普通高校推进艺术教育的重要途径，目前，普通高校开设的课程门类有美学、文艺理论、音乐、美术、戏剧、舞蹈、影视、书法、摄影等数十门。许多学校将艺术选修课列入教学计划并计入学分。普通高等院校的艺术课程注重提高大学生的审美情趣、文化品位和人文素养，并为建设高雅健康的校园文化产生了积极的作用。

第二节 辽宁省艺术教育业发展的基本经验及问题分析

在中共中央、国务院《关于深化教育改革全面推进素质教育的决定》中就艺术教育专门做了细致地阐述，文件中指出："美育不仅能陶冶情操、提高素养，而且有助于开发智力，对于促进学生全面发展具有不可替代的作用。要尽快改变学校美育工作薄弱的状况，将美育融入学校教育全过程。中小学要加强音乐、美术课堂教学，高等学校应要求学生选修一定学时的包括艺术在内的人文学科课程。开展丰富多彩的课外文化艺术活动，增强学生的美感体验，培养学生欣赏美和创造美的能力。地方各级人民政府和各有关部门要为学校美育工作创造条件，继续完善文化经济政策，各类文化场所（博物馆、科技馆、文化馆、纪念馆等）要向学生免费或优惠开放，鼓励文化艺术团体到学校演出高雅健康的节目。农村中小学也要充分利用当地文化资源，因地制宜地开展美育活动。"改革开放30年来，辽宁省艺术教育事业在省委、省政府的领导下，认真落实中共中央国务院相关文件精神，经过各级教育主管部门、教育工作者和全社会的共同努力，艺术教育事业取得长足的进步与发展，艺术教育改革与发展所取得的成就和积累的宝贵经验，将为今后辽宁省艺术教育事业的继续改革和发展打下了坚实的基础。

一、艺术教育得到普遍重视，师生艺术教育素养全面提高

近年来，全省艺术教育工作取得了长足的进步与发展，这主要得益于各级教育行政部门和学校领导对艺术教育工作的普遍重视。艺术教育是教育方针的重要组成部分。我省教育部门各级领导和学校领导者对艺术教育的功能、地位以及重要性普遍有了比较全面的认识，熟悉并能够较好地贯彻有关艺术教育的政策法规，对艺术教育在人的全面发展中的重要作用和独特的功能等基本形成共识。各级教育行政部门及学校都成立了艺术教育工作领导小组，建立了比较完善的艺术教育制度，艺术教育工作有组织、有计划，工作思路清晰，《学校艺术教育工作规程》基本得到落实。以沈阳市正在实施中的建设 100 所艺术教育特色学校为代表，各市教育局把艺术教育工作逐步摆上了重要的工作日程。各级教育行政部门和学校普遍加大了对学校艺术教育方面的投入。沈阳、大连、锦州、阜新等市教育局专门设立了艺术教育专项经费。各学校对艺术教育的投入都很多，艺术活动的经费得到保证。特别是在创建示范性高中的过程中，许多学校的艺术学科的教学条件得到较大的改善。

另外，学校领导者还特别注重校园文化艺术环境建设，注重开发校园隐性教育功能，使优美的校园环境设施与校风校训、学校办学理念、办学目标结合起来，形成了文明、和谐的校园文化氛围，潜移默化的陶冶着学生的情操，学生们时刻感受着文化艺术环境的教育，艺术教育工作队伍得到充实和提高。同时各类学校还积极开发艺术教育资源和适合本校实际的校本课程。以大连 24 中学和东北育才中学为代表，很多学校都提出了整合社会艺术资源为学校艺术教育工作服务的想法和做法。沈阳市沈河区利用教育局域网站，搭建艺术教育平台，实现资源共享的作法，得到多方赞誉，很有推广价值。

纵观教育发展形势，我们清楚地看到：一方面教育外部的大环境越来越有利艺术教育的发展，另一方面，制约艺术教育发展的因素也很多，有些问题可能短时间内也难以解决，比如学校场地，人员编制等问题。但是，不管外部条件如何，都有一个内涵发展的问题。内涵发展的含义也很广泛。既包括要把自身应办的、能办的事情办好，又包括盘活现有资源，使其最大限度的发挥作用，也包括挖掘内部潜在的资源和能力等等，从而推动工作向前发展。加强对学校领导者的培训，不断提升学校领导者的教育理论水平和审美素养，就显得尤为

重要。学习型社会，要求每个人都要养成终生学习的习惯。我们现任的学校领导者的理论水平都很高，也有很多校长是教育专家，大家对艺术教育工作的认识也很高，都能讲出很多道理。但是，把认识转化为行动的时候，链条却断了。其中有客观的原因，但说到底还是没有真正地认识到艺术教育的重要作用。因此，仍有不断学习，进一步提高理论修养的必要。要树立以美育人的教育理念，定期开展学校领导者培训活动，是一个好办法。很多市、县区的教育局长参加过教育部的培训后，都深有感触很有收获，说明效果很好。应当说，现阶段重视艺术教育的学校领导者理论水平和艺术素养都较高。"提升理论修养，会使我们变得思路更开阔，思考更缜密，思想更丰富"，理论与实践的距离，就是我们主观能动性发挥的空间。

二、盘活艺术教育资源，逐步提升校园环境的艺术品位

近年来，辽宁省艺术教育事业充分利用现有的艺术教育资源，使校园文化艺术环境建设（即校园环境艺术化工程中的硬环境建设）的艺术品位逐步得到提升。省教育厅到 2008 年底为止，已经表彰的 300 余所实施中小学校园环境艺化工程先进学校。有的市、县区在推进此项工程的过程中，设星级评估本地区的学校，分层次推进。今后，省里会在评选先进学校的基础上，提升层次，研究制定评估表彰实施校园环境艺术化工程首批特色学校的标准。按照教育部在加强中小学校园文化建设的意见中所指出的："要对校园人文环境进行精心设计，充分发挥学生的主体性，鼓励学生积极参与校园环境的设计、维护和创造。学校的校训、校歌、校徽、校标等设计要体现学校特点和教育理念，有条件的中小学要建好校史陈列室和共青团、少先队室。要充分利用板报、橱窗、走廊、墙壁、雕塑、地面、建筑物等一切可以利用的媒介体现教育理念，特别是鼓励、展示学生自己创作的作品。有条件的中小学要发挥校园广播站、电视台和网络的作用，不断拓展校园文化建设的渠道和空间"。

针对此项工作，省教育厅也制定了相关文件，提出了八字方针的指导原则，即"愉悦、和谐、诗意、创新"。愉悦是由于客观对象的刺激所引起的主体感受，它虽是全身心的，但更侧重于一种趋于表象的感受表达；而和谐则更强调主体与客观对象的融合、协调共生，它可以是物与物之间的，也可以是人与物、人与人之间的，还可以是人与意识形态之间的，和谐本身就是一种美；由这种愉悦、和谐构成的客观环境和主观感悟便又是一种诗意状态，基于愉悦、和谐的诗意是一种格调，是一种高品位的美的境界，诗意的环境会酝酿诗意的人生，这也是校园环境艺术化工程的最终意义所在——塑造美好而崇高的心灵！那么与前三者相比，创新更致力于对既有成果、状态的一种突破，对于学校、对于每个人而言，更是一种在持续的螺旋性发展进程中的不断自我革新和生成。要实现真正的创新，一方面要强化个体的自我努力，另一方面也要从大环境上给予支持，校园环境艺术化工程就是一个最富于空间意义的发展平台，同时也是创新校园文化的一个载体，如李长春同志在《大力推进和谐文化建设，繁荣发展社会主义文艺》一文中所指出的，要尊重差异，包容多样，大力营造保护创新热情，鼓励创新实践、完善创新机制，宽容创新挫折的良好氛围，最大限度地焕发文学艺术工作者的创造活力。创新事关所有的教育工作者，更是艺术教育工作永恒的主题。

三、实施品牌战略，促进课外艺术活动蓬勃发展

辽宁省艺术教育事业在注重外部管理与引导的同时，切实加强内部管理，规范办学行为，严格执行国家和省里制定的课程计划，开齐开足艺术课程。加强教学研究，认识抓好新课程标准的贯彻落实工作，认真总结课改实验过程中的经验，实施"有吸引力的艺术教育"，这也是联和国教科文组织 1955 年提出的关于中小学艺术教育的建议。这里就包含两层意思，一是要实施有吸引力的教育，艺术教育必须感染别人，艺术教育的过程就是陶冶人、影响人的过程。如果老师的教学没有情感，就不能实现教学目标。二是强调实施的是艺术的教育，既强调艺术教育的经典性艺术性，也强调了艺术学科的特点。

另外，注重加强对艺术学科教师业务能力的培训，这是提高教育质量的前提。除了支持教师参加省、市组织的相关培训外，还积极地有计划的组织了多种形式的县区内、校际间教师培训与交流活动。同时，注重加强中小学艺术教育的科研工作，科研兴校是许多学校领导者经常说的一句话。因此，要从实际出发踏踏实实地开展艺术教育的科研工作，积极引导学校领导者和专业教师，逐步适应在研究状态下工作的生活方式，让科研为艺术教育的实施插上翅膀。此外，要加强艺术专用教室的建设，注重营造艺术氛围，提高专用教室的利用率。

课外艺术活动是艺术教育的重要内容，也是校园文化的组成部分。它既是形成学生艺术素养的渠道，又是展示学生良好精神风貌和艺术特长的平台，同

时也是学校应当打造的素质教育的一个品牌。目前许多学校都积极举办艺术节，开展丰富多彩的课外艺术活动学生们也表现出了极大的热情，有些节目也很精彩。但精品节目少，课外艺术活动的总体水平有待提高。因此，学校和艺术教师要加大对学生艺术社团、课外艺术活动的指导力度，帮助其出精品，上档次，必要时也可以请校外艺术专家亲临学校指导，提升课外艺术活动的水准。目前我省只有3—5个学生艺术团队在全国中小学生艺术展演中获得过一等奖，这和辽宁作为文化大省、教育大省的地位不相称。而我们辽宁是有能力改变这种状况的，关键取决于教育主管部门和学校领导者的重视程度。打造品牌需要有素养有气魄的学校领导者，需要有较高专业素养且敬业艺术教师，更需要相关政策的支持。大连市已于2008年6月1日成立了童声合唱团，并有相关政策支持。

四、注重均衡发展，实施艺术教育希望工程

在我国，音乐、舞蹈一直被认为是少数精英才能从事的职业，因此长期以来缺乏面向大众、面向成人的专业音乐、舞蹈教育，造成了公民普遍缺乏艺术修养。1998年，沈阳音乐学院党委决定成立社会教育中心暨成人教育学院，"让音乐、舞蹈走向大众"这一与时俱进的艺术教育理念开始了它的实践之路。时至今日，南校区的办学规模不断扩大，这一办学理念的内涵也在不断充实着。"让音乐、舞蹈走向大众"并不是说沈阳音乐学院的教育层次低于其他艺术院校，

而是把学校的教育对象、教育目标制定得更加具体，更贴近实际、贴近百姓。因此从艺术教育的本质上讲，这一观念与"以人为本"的社会发展全局是相一致的，是切实为提高我国国民素质所进行的艺术教育，其最终目的和意义是实现全社会各方面的协调发展。

为改善农村艺术教育相对贫乏的现状，从2006年起，辽宁省实施艺术教育希望工程。艺术教育希望工程主要是为农村培养德、智、体、美全面发展的以音乐为主、美术为辅的中小学教师及乡镇文化站工作人员。从2006年开始，沈阳音乐学院南校区每年免费招收20名来自农村贫困家庭的高中毕业生，使他们毕业后回到农村中小学任教或到乡镇文化站工作，确保10年后全省每个乡镇都有一名专业的艺术教育教师或文化站的工作人员，改变目前农村缺乏专业艺术教师的现状，改善农民的文化生活。艺术教育希望工程在辽宁省实施10年后，辽宁省每一个乡镇将有一名艺术类专业人才，从而改善辽宁省农村的艺术教育

落后状况，提升农村的艺术教育水平和农民的艺术欣赏能力，促进农村经济和各项社会事业的协调发展。

人类文明发展到今天，艺术已经充斥人类生活的各个角落，艺术教育也不再是少数人的特权，而成为满足每个社会公民审美需求和情感表达的常态手段。艺术教育的价值不仅在于培养艺术家等专业艺术人才，更在于提升每个社会公民的艺术修养和审美能力。当前，随着生活水平的提高和文明的进步，人们更加关注丰富自身的精神世界，艺术教育也已深入人们的生活世界。然而，目前在对艺术教育的认识上，却普遍存在着一些误区或偏差。这主要表现在：

首先，把艺术教育简单等同于美术教育和音乐教育。长期以来，人们往往把艺术理解为美术和音乐，在教育实践中，学校的课程设置则进一步加深了人们对艺术的误解。比如，在我国的高等教育中，美术和音乐是艺术院校传统的两大学科，而中小学课程设置中更是以美术和音乐两门课程为主。在各中小学尤其是农村中小学的课程表中仍然是只有美术和音乐，而无艺术。这与素质教育的目标和理念是不相符的。素质教育是适应时代发展要求的一种新的教育理念，是以"重视全面发展，突出创新精神和实践能力"为核心的一种新的人才观、质量观和教育观。新世纪的国际国内竞争，归根结底将是国民素质和人才素质的竞争。因此，应该丰富学校艺术教育的内涵，进一步营造有利于艺术教育全面发展的社会氛围，形成学校、家庭和社会互相沟通，积极配合，共同促进艺术教育事业良性发展。

其次，把艺术教育简单等同于艺术技能的训练。艺术教育的目的不仅在于训练人的艺术技能，而且更有着丰富的内涵。但现实中的各级各类学校都几乎以艺术技能的训练为主，而忽视了艺术综合素养以及审美能力的培养。比如，过于重视各种绘画技术和技巧的训练，忽视了美术史及美术作品的欣赏，忽视了对人的美的情感及鉴赏美、创造美等艺术修养的塑造。音乐教育则只重视各种乐器的弹奏技巧，忽视音乐本身所蕴含的思想和文化内涵，忽视音乐作为一种重要的艺术形式对人的心灵的滋养和品德的熏陶。各种乐器的考级制度进一步助长了艺术技能至上的教育理念，认为学音乐就是练习弹好各种乐器，学美术就是把画画好，而艺术内蕴的美感及艺术对人的精神家园的价值则被功利性的教育弱化了。一些家长让孩子学美术、学乐器只是想让他们以后多一门手艺，增加一些就业机会。这种教育和训练由于背离了艺术的宗旨和规律，忽视学生的兴趣培养，只是变成简单枯燥的技能训练，反而使学生把一种高级审美活动当成了一种负担，甚至使一些学生对艺术产生了厌倦心理。

最后，艺术教育没有起到促进全体学生艺术素养提升的价值，相反却成了培养少数艺术类人才的独享产品。艺术本身是一种以审美为目的的高级精神活动，艺术创作是人的思想和情感的最真挚表达，人在各个年龄段对外部世界都有自己独特的观察和思考，都会有用各种形式表达自己感受的欲望，儿童的涂鸦、少年时的各种小制作、青春期激情澎湃的诗歌朗诵等，实际上都是宝贵的艺术萌芽或是艺术的创作。事实上，以各种艺术形式对自己内心真实情感的表达和释放是每个人所共有的特点，是人的天性。艺术教育就应该予人的天赋为前提，根据每个人的兴趣给以加工和培养，从而促进所有人艺术素养的提升，最终使人的德行高洁，精神家园丰富。但现实中，本应对所有学生和社会公民所实施的艺术教育，却仅仅变成了少数艺术类专业院校和少数人的独享产品。

因此，尽管辽宁省艺术教育事业经过近几年的快速发展，已经取得的巨大的成就，但是在当前的艺术教育教育中，一方面存在艺术教育的边缘化倾向，一些学校和家长只重视学生的学习成绩，无视艺术教育对学生全面发展的价值；另一方面，一些学生之所以选择学习艺术类课程，往往不是出于自己的兴趣，或者是全面提高自身的素养，大多数学生都是把艺术的学习当成了未来谋生的手段。艺术教育中的这些认识误区和偏差以及由此产生的不当做法，往往不利于艺术教育的正确开展和有效实施，影响艺术教育价值的充分实现。因此，必须深入研究艺术教育的特点和规律，克服艺术教育实施中的片面性和功利性，坚持艺术教育的大众化取向和审美取向。

第三节 辽宁省艺术教育业发展趋势展望及对策建议

现代社会背景下艺术教育观念的变化，是伴随着社会经济发展，人们对教育更广泛价值理解的基础上一步步深入的，强化素质教育的认识已经使人们对艺术教育的价值有了远比以往更为全面和更具深度的认知。新世纪的艺术教育价值越来越被认可，那么，适应新形势的艺术教育体系就需要重新研究并予以完善。这将是当前社会形势下各级艺术教育主管部门需要面临的重要任务。2009年，辽宁省艺术教育事业以科学发展观为指导，继续认真贯彻落实《学校艺术教育工作规程》等各项文件精神，深化艺术教育课程改革，全面实施素质教育，全面提高各类学校艺术教育教学质量，促进青少年学生德智体美的全面发展。

一、以全面推进素质教育为目标，深化艺术教育课程改革

辽宁省艺术教育事业要以全面推进素质教育为目标，深化课程教材改革为核心，更新教育思想和教育观念，大力改革教学内容和教学方法，使学生在学习艺术基础知识和基本技能的同时，注重培养爱国主义精神和集体主义精神，树立终身学习的愿望，培养创新精神和实践能力，提高审美能力和文化素养，开发自身的潜能，促进学生全面和谐发展。在中等以下学校艺术教育课程改革中，要注重实验、推广和实施国家艺术课程标准。为了保证艺术教育课程改革的顺利进行，应坚持民主参与、层层推进的原则。各级教育行政部门要认真组织高等师范学校、教研科研机构及中小学艺术教师积极参与艺术类课程教材改革实践，提高对艺术教育的认识，做好舆论宣传，引导社会各界关心支持艺术课程改革。九年义务教育阶段的艺术课程改革，应强调使学生形成积极主动的学习态度，培养对学习的兴趣，倡导探索性学习，让学生学会学习，为终身学习储备必要的基础知识和基本技能。高中阶段艺术课程和教材的改革则应体现多样性、选择性的特点，使学生在普遍达到艺术课程基本要求的前提下，实现对艺术课程各个学习领域的自主选择。中等职业学校应按照教育部有关教学计划开足艺术课程。高等艺术教育方面要通过艺术课程和开展丰富多彩的课外文化艺术活动，培养和提高学生的审美能力和文化素养。在艺术课程的开设和教学内容的选择上，高等学校既要结合本校的实际，又要努力创造条件，开设各种艺术类选修和限定性选修课程，满足学生的不同需求。要重视和加强高校艺术教育教学的管理和研究，逐步使艺术课教学规范化，不断提高教学质量。

各级各类学校艺术课的教师也应积极探索、勇于改革教学内容和教学方法。根据艺术教育的规律和学生生理心理发展的特点，结合实际情况创造性地组织教学。艺术教师应充分利用和开发本地区、本民族的文化艺术教育资源，重视现代教育技术和手段的学习和应用，逐步实现教学形式的现代化、多样化，拓展艺术教育的空间，提高艺术教学的质量。另外，要加强艺术课程教学评价的改革。不仅要评价学生，也要对教师的教学行为和学校的教学决策进行评价。不仅要评价学生对艺术技能的掌握和认知的水平，更重要的是评价学生在情感态度、审美能力和创新精神等领域的发展水平，要把静态的评价教学结果与动态的对课程实施过程进行分析评价结合起来，通过改革逐步建立起能够促进学

生素质全面发展的艺术课程评价体系。同时，在艺术教育教材方面，应该加强艺术课教材的建设和管理工作。通过教材审查和评选推出符合素质教育要求的、高质量的艺术课教材，同时，重视高等艺术教材建设，逐步建立高校艺术教材的评审制度，积极推出一批质量高、特色鲜明、深受学生欢迎的艺术教材。教育改革的核心是课程改革，要坚决贯彻实施国家课程标准，开设好国家规定的艺术课程。目前新课程实施刚刚进入第二年，要研究的东西很多，怎样"用好新教材"，上好艺术课，"实施有吸引力的艺术教育"，是我们面临的首要问题。在抓落实国家课程的同时，也要整合教育资源，开发适应本校实际和特点的校本艺术课程，传承祖国传统文化艺术，生成富有个性特点的校本教材，满足不同群体学生对艺术课程的需求。

二、加大艺术教育设施建设的投入，积极开展各类艺术活动

课外、校外艺术活动是学校艺术教育的重要组成部分。它既与艺术课教学相互联系，又具有与学科教学相区别的独特的教育价值。因此，在内容和形式上，必须考虑学校教育以及学生的心理和生理特点，面向全体学生，遵循学生的主体性和自主选择性原则，鼓励学生积极参与，大胆表现和创造，并在普及的基础上，尽可能满足学生提高的愿望。

首先，开展课外、校外艺术活动应该确立以提高艺术修养和艺术审美能力为主的艺术教育宗旨。艺术教育的价值不是把所有人都培养成艺术家或艺术工作者，艺术教育总体上应以培养人们的艺术修养和艺术审美能力为主，帮助学生建构丰富的精神家园。基础教育阶段艺术教育是美育的重要途径，重在培养学生的审美意识、审美情趣以及创造美、表达美的能力，对那些少数确有艺术天赋和对艺术有浓厚兴趣的学生进行适当的专门指导，为他们选择艺术专业做准备；艺术专业人才的培养则主要在高等教育阶段进行。艺术教育工作者要注重对学生的艺术审美教育，做到艺术技能与艺术审美并重。只有艺术技能和技巧，而缺乏艺术修养和深厚的文化积淀，其最多只能成为一个出色的画匠或乐器演奏者，而很难成为真正的艺术大师。

其次，各级教育行政部门应该加强对课外、校外艺术活动的管理和指导，制定相应的法规，使之逐步规范化、制度化。要根据国家及省教育主管部门的规定及文件精神，认真组织实施课外、校外文体活动。同时，开展课外、校外艺术活动，要做到有计划、有措施、有师资、有制度，要因地制宜，充分利用

一切有利条件，发挥社会文艺团体和艺术家的作用，帮助学校开展艺术活动，指导教师提高业务水平。同时，课外、校外艺术活动要与校园文化建设、社区文化建设相结合，发动和组织学生积极参与美化学校与社区文化环境的活动。农村学校也要利用当地的文化艺术资源，发挥学校文化环境对村镇文化建设的辐射作用。以基础教育新课程改革为契机，丰富艺术教育课程的形式和内容，适当增加戏剧、舞蹈、影视、书法、雕刻、篆刻等艺术形式和表现手段，各类学校应该根据地方文化传统增加有特色的文化艺术内容。另外，教育行政部门和学校应加大学校文化艺术设施建设的投入，为学校开展学生艺术活动提供必要的条件。同时还要充分利用校外教育场地设施，并争取社会各界和家长的支持，积极开展有关艺术教育方面的比赛、演出、展览等活动，为学生健康成长创造良好的社会文化环境。近年大连市西岗区政府投入2000余万元打造艺术教育强区，区域艺术教育工作在全省处于领先地位、连续三届被评为省级艺术教育示范区，区域内一大批学校跻身省级艺术教育示范校、先进学校、特色学校行列，区政府率先将中小学艺术教育纳入教育强区建设指标体系，今年进一步加大投入，并以此为突破口推进区域素质教育，让每个学生都能掌握一门艺术特长。

三、不断加强艺术教育教师队伍建设，努力提高教师水平

建设一支以专职教师为主，数量和质量都能够满足学校艺术教育需要的艺术教师队伍，是提高艺术教育教学质量的关键。教师队伍建设关系到课程实施的质量，我省各级教育行政部门和各类学校应该予以高度重视，切实采取有效措施加强艺术教师队伍的建设。各学校应按照课程计划开设艺术课程的要求，配备数量足够的专职艺术教师。同时，由于艺术教师的专业特长不同，要努力开展校际协作，加强艺术教师培训工作，提倡区域内校际间的师资共享。采取多元化的教师培训方式，解决当前艺术课程当中教师课程理念落实不到位、教学方法模式老化、教学设计缺乏指导等一系列问题。力争作到培训贴近课改热点、贴近课堂实际、贴近教师所需。此外，由于每所学校的音美教师人数有限，开展校际协作，取长补短、资源共享，势在必行。

另外，要深化高等艺术师范教育课程教材改革。高等艺术师范专业要从基础教育改革与发展的实际出发，改革课程设置、结构和内容，减少课程门类，拓宽专业口径，增强课程的综合性和实用性。在课程的实施过程中，要特别注

意正确处理文化理论课程与艺术技法课程、教育实践课程与艺术实践课程之间的关系，将德育和美育渗透到文化和专业教学中，加强对学生思想品德、审美能力、文化素养和教育教学能力的培养。同时，针对我省广大农村中小学艺术教师严重匮乏，艺术教育水平相对落后的实际情况，将推广音乐、美术主辅修教学的成功经验，进一步探索培养复合型农村中小学艺术教师的新模式、新途径。

最后，要加大对艺术教育教师的培训力度。培训应以全体艺术教师为目标，以骨干教师为重点，使艺术教师队伍整体素质有明显提高。同时，加强艺术教师培训基地的建设，在高等师范院校建立艺术教师培训基地，培养一批大中小学艺术教育学科带头人，形成一支符合时代要求，能发挥示范作用的骨干艺术教师队伍。各级教育行政部门和学校对艺术教师的工作条件和生活待遇还应该给予足够的关注，专职艺术教师在职称评聘、工资、住房、奖励等方面，应享有与其他学科教师的同等待遇。

四、充分重视艺术教育科学研究，不断加强艺术教育国际交流与合作

科学研究与国际交流是不断提高艺术教育教学质量的重要条件，也是目前学校艺术教育中急需加强的薄弱环节。各级教育行政部门及学校对艺术教育的科研工作应给予充分的重视。首先，艺术教育科研要抓住学校艺术教育改革发展中的热点、难点问题进行深入研究。在重视理论研究的同时，更要在应用研究上下工夫。各级教育行政部门和高等学校下属的教育科研机构，应对学校艺术教育的研究工作进行总体规划，并设立相应的研究室或课题组，配备专职或兼职科研人员，逐步建立具有较高水平的学校艺术教育研究队伍。同时，应加强对艺术教育研究项目的管理，及时推广优秀成果，并用于艺术教育实践。在科研中，应充分发挥艺术教育社团、学术刊物的作用，广泛交流和展示研究成果，推动学校艺术教育的发展。其次，应充分发挥广大艺术教师从事科学研究的积极性，引导并鼓励他们多渠道争取和自筹经费，积极申报并努力完成研究课题。要及时对教师的科研工作进行指导和帮助，有效地提高他们的研究能力和科研素质，做到既出成果又出人才。

另外，应该充分开展国际交流，学习、借鉴各国艺术教育的先进理念和经验，扩大中国学校艺术教育的国际影响。国际交流包括留学进修、参观考察、访问演出、学术研讨等。除选派和组织艺术教育管理干部、科研人员、教师、

学者、学生出国交流外，还应该有计划地邀请外国专家来华访问、讲学。要加强外国艺术教育理论、艺术教材以及专著的翻译、出版工作，及时介绍并引进国外艺术教育研究的最新成果。教育行政部门、教研部门、各级学校、研究机构、学术团体乃至教学与科研人员，都应积极建立各种艺术教育的交流渠道，充分发挥学术团体的作用，鼓励他们参加国际性艺术教育的学术组织，举办国际学术研讨会等。同时应该充分发挥国际互联网和多媒体的作用，使交流的范围更加广泛。

由中国国际贸易促进委员会大连市分会、大连市文化局主办的2009首届大连国际教育及文化创意产业博览会暨第十届辽宁国际教育展在大连世界博览广场开幕，共有来自18个国家和地区及国内23个城市的300家中外企业参展。大连国际教育及文化创意产业博览会的创办，对于创造更多的具有自主知识产权的文化产品，推动大连市文化产业快速发展都具积极意义。

五、充分发展现代教育技术，提高艺术教育现代化水平和信息化程度

大力提高艺术教育现代化水平和信息化程度，促进信息技术和艺术课程的整合，拓展教师和学生获取艺术及相关信息的手段及选择的范围，是大幅度提高教育质量，在艺术教育领域全面实施素质教育的必要条件。因此，应该充分应用现代化教育技术，提高艺术教育教学质量及艺术教师计算机辅助教学水平。目前，我省城市及经济比较发达地区的大中小学艺术教师，已经全部能够利用网上及远程教育艺术教育资源，并能使用计算机进行辅助教学；在未来几年内，应该做到除少数处境不利地区的学校教师以外，所有教师均能利用网上及远程教育艺术教育资源、使用计算机进行辅助教学。

另外，应该根据学校艺术教育发展的需要，研究开发并推出若干套艺术教育计算机辅助教学软件，供大中小学艺术教师和学生选用，为学生的学习和发展提供丰富多彩的教育环境和学习工具。最后，应该建立艺术教育资源库，以目前现有的教育网站为平台建立艺术教育网站，卫星网和互联网结合起来进行传输。通过艺术教育网站，介绍省内外及国际上优秀艺术教育教学理论，发布教师艺术教育示范课，大范围开展网络教研活动，为艺术教师用多媒体备课提供素材。同时，应该开发教师电子备课平台，帮助教师快速制作具有特色的艺术教育的电子课件。

六、认真贯彻执行国家艺术教育课程计划，积极推进依法治教

《学校艺术教育工作规程》是国家的法规性文件，国家制定的课程计划和《普通高中音乐课程标准》、《普通高中美术课程标准》是国家关于艺术教育教学的纲领性文件，是国家对艺术教育课程的基本规范和要求。因此，各地教育行政部门、各类学校应该加大依法执教和监督检查的力度，认真贯彻执行国家艺术课程计划、开足艺术课程，配备设施完备的艺术课程专用教室，配齐艺术教育器材和设备，以及艺术教学所需要的艺术图书和音像资料。

同时，应该完善艺术类专业招生考试制度。为真正实现艺术教育的价值，促进学生精神世界的健全发展，一方面教育行政部门要加强对教育的督导，确保教育方针的贯彻实施和课程计划的全面落实；另一方面必须改革艺术类专业的高等教育招生考试制度，协调文化课与艺术专业加试的关系，适当增加文化课分数的比重，在专业加试方面适当增加艺术史及艺术欣赏等与艺术修养有关的内容，增强艺术类学生的文化底蕴。加强舆论宣传和引导，使艺术教育复归理性。艺术教育中的功利主义取向一方面源于家长对艺术本身缺少必要的认识和理解，他们往往以社会上少之又少的明星的成功为范例，误以为学习艺术就可以成为艺术家，就可以出名从而获取高收入。近年来以"超级女生"为代表的各种"造星运动"助长了家长和学生的明星梦。事实上，艺术创作需要一定的天才成分，艺术家的成功道路充满艰辛，在艺术领域获得成功的人少之又少。

艺术与人类社会的生活密切相关。自从游牧民族祭奠祖先的原始歌舞，猎手在石窟墙壁留下的原始猎物绘画以来，艺术就连接着人类的世代传承。艺术，深深地植根于我们的日常生活。艺术在生活中存在之深，存在之微妙，使我们往往意识不到它的存在。但是在我们的生活中艺术却又无处不在。它深化着生活，丰富着环境，改造着我们的生活经验，成为人们生活中不可分离的组成部分。艺术在创造文化和建设文明中发挥着重要的价值。而艺术教育则有助于我们培养完整的人，学生在发展直觉、推理、想象、技巧以及表达和交流的独特形式和过程中，逐渐形成丰厚的文化修养。领悟民间艺术以及民间艺术对其他艺术的影响，还可以加深学生对自己的民族和社会的尊重。学生在从事和学习艺术所必须的自律、合作精神和坚韧的品格，可以对生活的其他方面产生迁移作用。在充满令人困惑的信息世界里，艺术教育还有助于年轻人探索、理解、接受和运用模糊性和主观性的事物。如同生活、艺术中往往不存在明确的或

"正确"的答案，而这一点正是艺术教育追求的价值所在。我国《面向二十一世纪教育振兴计划》中对艺术教育的功能全面深入的阐述，证明艺术教育的地位和作用已非往昔，它必将在教育创新和全面实施素质教育过程中得到更大的发展，因为它是培养学生全面发展和个性特长不可或缺的重要组成部分。只要我们全面贯彻艺术教育各项方针政策、继续落实好《学校艺术教育工作规程》，提高教育管理部门及教育工作者对艺术教育的认识、增强依法治教的力度，加大艺术教育的投入，优化艺术教育的师资，与时俱进、开拓创新，一定会推动我省艺术教育工作的跨越式发展。

七、扶持本山艺术学院，打造辽宁艺术教育产业品牌

辽宁是文化艺术的大省，它与东北老工业基地一样，曾经有过历史的辉煌，然而随着改革开放的深入发展，人民群众对社会文化和精神文明的更新标准、更高要求，我省乃至全国的文化艺术已不适应这种飞速发展、更高要求的需要。作为民间艺术的发源地的辽宁，如今也面临着原作品资源匮乏的危机，相比辽宁民间艺术在全国艺术节取得的辉煌成绩，我们的理论研究和实践人才的培养明显薄弱，振兴理论研究和表演创作人才的培养是我们艺术振兴的关键，更是当务之急，本山艺术学院的建立适应了这种发展趋势。

辽宁大学本山艺术学院重视学生实习，坚持走教育与产业相结合的路线。实习基地占地 20 万平方米，其中有 8 个 300 平方米的排练厅，2 个 400 平方米的舞蹈厅，1 个实习剧场，还有东北最大的摄影棚，可供 500 人就餐的食堂和公寓，学生可以根据教学需要定期去"基地"实习。此外，还有赵本山领导的辽宁民间艺术团、本山传媒集团可随时向学生开放进行实习实践。本山传媒集团的影视制作中心，每年拍一部电视连续剧，每两年拍百集室内情景剧，还有刘老根大舞台栏目剧也供学生进行艺术实践。正因为有如此优越的实习条件，本山艺术学院建立以来已取得显著的教学成果，电视剧《马大帅》（1、2、3）、电视剧《乡村爱情》（1、2）、《关东大先生》都有本山艺术学院的优秀学生担任重要角色。另外，本山艺术学院在 2006 年参加国家教育部在长春举办的"五月的鲜花"全国大学生校园文艺演出活动，引起了很大的社会反响，获得了优秀表演奖；2007 年 9 月参加辽宁省第七届艺术节，演出的综合晚会"快乐二人转"荣获金奖等。这些艺术实践无疑为学生们的成材搭建了一个有效的平台，也在一定程度上扩大和提高了本山艺术学院的影响力和知名度。当前应发挥东北文艺

的现实主义传统，社会各界加大扶持力度，把本山艺术学院打造为辽宁省艺术教育产业的龙头。

第四节　辽宁省艺术教育业发展大事记

2007年2月，省教育厅组织全省中小学校参加在深圳举办的全国第二届中小学生艺术展演活动。经教育部初审合格，辽宁省代表团4所中学的参赛队伍一行100余人参加了本次现场展演活动。沈阳市第九中学的民乐合奏《满乡情》获器乐类一等奖，抚顺市特殊教育学校舞蹈《雄鹰》获舞蹈类节目一等奖，沈阳市第108中学，铁岭市开原职教中心分获舞蹈类二等奖。周济部长、陈小娅副部长参加了颁奖晚会，省教育厅获全国优秀组织奖。

2007年10至11月，辽宁省教育厅以推进实施高中新课程为重点，会同省政府教育督导团对全省14个市，48个县区，49所省级示范高中艺术教育工作进行了专项督导检查。检查内容包括：贯彻落实《学校艺术教育工作规程》情况，高中实施艺术类新课程情况，推广校园集体舞，校园新歌和开展"班班有歌声"活动情况。

2007年10月至2008年11月，辽宁省教育厅在全省开展了辽宁省第二届大学生艺术展演活动。至高校展演活动结束时，共收到全省各高校报送的艺术类节目134个，各类艺术作品800余件，高校校长书画作品7件，高校艺术教育科学论文102篇。通过对这些节目、作品、论文的逐一认真评选，共向教育部推荐艺术类节目20个、艺术类作品30件，高校校长书画作品7幅，高校艺术科学论文79篇，代表辽宁省第二届大学生艺术展演的成果参加全国第二届大学生艺术展演活动。

2008年2月20日，辽宁省学校体育、卫生、艺术与国防教育年度工作会议在本溪市召开，来自全省各市教育行政部门、教研部门、部分学校校长和骨干教师以及体育院系专家共50余人参加会议，张建华副厅长到会并作了重要讲话。会议总结交流了2007年学校体卫艺与国防教育工作的基本情况和经验，部署了2008年工作，会议取得了良好的效果。

2008年2月份，辽宁省教育厅举办了艺术教育示范县区美术教师集体教学基本功展评活动，共有35个县区的200余名美术教师参加了展评活动，经最终评审，共有 12 个示范县区获集体一等奖，13 个县区获集体二等奖，10 个示范县区获集体三等奖。

2008 年 4 月至 10 月，省教育厅在省内积极开展了"班班有歌声"活动和校园集体舞的推广工作，举办了辽宁省第三届中小学生校园歌曲合唱节，合唱节期间同时开展了"班班有歌声"活动。活动在全省各市县区普遍开展。经过层层选拔推荐，省教育厅与省合唱协会于 2007 年 11 月初组织专家对各市推荐的 63 个优秀合唱团队（录像）进行了认真的评审，并于 12 月 7 日公布了评审结果。

2008 年 5 月，辽宁省教育厅在沈阳音乐学院南校区对全省 100 余名中小学合唱指挥骨干教师进行了封闭式培训，聘请首都师范大学蓬勃教授等五位专家对大家进行了有关合唱指挥、钢琴即兴伴奏、少儿歌曲的词曲创作等知识与技能的培训，沈阳音乐学院南校区还安排了声乐、器乐等专业教师对参加培训的中小学音乐教师进行一对一的专业指导。

2008 年，组织开展了全省中小学艺术教育示范县区第三轮动态评估活动。根据工作计划，省教育厅组织部分艺术教育专家，先后对省内 35 个艺术教育示范县区进行了评估检查。检查过程中，对国家艺术教育政策法规、省艺术教育总体工作思路进行了宣传和讲解，对"开齐开足开好艺术课、提高教学质量、提高课外活动水平"等艺术教育关键问题进行了认真细致的检查，并就该地区存在问题提出了整改意见和建议。

2009 年 6 月 9 日，由教育部、文化部、民政部共同主办的"2009 年高雅艺术进校园"活动在辽宁大学崇山校区礼堂举行。

（作者：元文礼，辽宁社会科学院社会学所）

行业报告八　辽宁省历史文化旅游业发展报告

旅游业已经成为辽宁新的经济增长点和服务业中最具活力、发展最快的重点产业之一，正在从旅游资源大省向旅游经济强省、由朝阳产业向支柱产业发展。据统计，2008 年，全省旅游经济指标总收入达到 1741.5 亿元，增长 33.2%，相当于全省 GDP 的 12.9%，对全省经济贡献率又提升 1.1 个百分点；旅游外汇收入 15.9 亿美元，增长 24.3%；国内旅游收入 1635.5 亿元，增长 34.6%；接待入境旅游者 241.9 万人次，增长 20.9%；接待国内旅游者 1.98 亿人次，增长 20.2%。各项指标增长均超过 20% 以上，突破性实现升级晋位，由全国旅游总收入第八位晋升到第七位，旅游产业结构不断优化，重点工作成效显著。全省争取国家旅游发展基金补助项目经费达到 1200 万元，投入沈阳昭陵等 13 个旅游项目。围绕"满韵清风、多彩辽宁"为主题口号的宣传推广取得成效，进一步扩大了辽宁旅游影响力和知名度。

第一节　辽宁省历史文化旅游业概况

在辽宁旅游业的发展中，历史文化旅游是辽宁最具特色和发展潜力的资源优势之一。历史文化资源，是指人类祖先留给后人具有历史价值、考古价值及艺术欣赏价值的遗迹、遗址及文物等。历史文化是旅游文化之源，也是重要的旅游资源，是旅游产业中的重要组成部分。构筑一个景区，一座城市的旅游文化必须把山水、古迹等自然、人文的文化遗产与非物质文明的历史文化遗产结合起来。辽宁历史悠久，文化源远流长，文化资源十分丰富，遗留下来大量的历史遗迹和众多的文物宝藏，具有鲜明的地域特征和民族特色。这些宝贵的历史文化资源，是辽宁发展历史文化旅游产业的基础和灵魂，是辽宁历史文化旅游业发展之根本。据统计，目前，全省已发现的各类文物遗址 11300 余处，各级人民政府先后公布了文物保护单位 1878 处。其中，世界文化遗产地 6 处（万里长城——九门口、五女山山城、沈阳故宫、清永陵、清福陵、清昭陵），全国重点文物保护单位53处，省级文物保护单位240处，市级文物保护单位441处、县级文物保护单位1208处。此外，我省现有历史文化名城9处（国家级1处，沈阳；省级8处，大连、抚顺、辽阳、朝阳、北镇、兴城、桓仁满族自治县、新宾满族自治县永陵镇），国家级历史文化名镇1处（新宾满族自治县永陵镇）。

　　从全国来看，辽宁历史文化旅游资源丰富、地方特色鲜明，极具竞争优势。辽宁历史文化资源起源早，并最先进入文明时代，而且积淀十分丰厚。辽宁历史文化资源的数量众多，分布广泛。辽宁历史文化资源品位高，文化内涵丰富，知名度大。辽宁历史文化资源的地域特色浓郁，民族文化鲜明。辽宁历史文化兼具北方多民族文化与移民文化特色，关东地域性强，具有辽宁本土性，适于历史民俗文化旅游的开发。古人类遗址出土的精湛文物，阶级社会存留至今的宫殿庙塔等建筑，多处世界文化遗产的熠熠生辉，加之近现代社会重大历史事件的发生，使得辽宁历史文化资源不仅成为辽宁人的骄傲，也成为举世瞩目的人类共有文化资源。辽宁现已经成功打造多处历史文化旅游品牌。世界文化遗产之旅：清沈阳故宫清昭陵—清福陵—抚顺清永陵—本溪五女山山城—绥中九门口长城。清文化史迹之旅：清沈阳故宫—清昭陵—清福陵—抚顺清永陵—抚顺赫图阿拉老城—辽阳东京城、东京陵。藏传佛教之旅：沈阳皇寺—沈阳清初四塔（北塔法轮寺、东塔永光寺、南塔广慈寺、西塔延寿寺）—辽阳广佑寺—阜新瑞应寺—阜新千佛山。此外，还有游沈阳的新乐遗址，探索沈阳人的起源历史；到锦州北镇青岩寺朝佛请愿，游中国五大镇山之一、东北三大名山之首——北镇医巫闾山与中国唯一现存五镇山神庙——北镇庙；观世界上遗存最古老、最大的泥塑佛像群，中国第一大雄宝殿——义县奉国寺；观辽宁的古代石窟艺术群——义县万佛堂石窟；到朝阳体会古化石的风韵——朝阳古生物化石国家地质公园，感受人类文明的起源——牛河梁红山文化遗址；观朝阳双塔，登东北佛教第一寺——凤凰山龙翔寺等等。这些品牌的打造为辽宁历史文化旅游业的蓬勃发展奠定了坚实的基础，也使得辽宁旅游业的发展在全国的竞争力日益增强。

　　在全省旅游业蓬勃发展的大背景下，辽宁围绕历史文化旅游做了大量卓有成效的工作，并取得了一定的经济和社会效益。随着历史的发展和岁月的流逝，大部分古代建筑破损较为严重，亟需维修保护。多年来，在各级党委和政府的重视和支持下，经过全省文物保护工作者的辛勤努力，对一大批古代建筑实施了维修保护工程。据不完全统计，从2005年起，中央及地方各级财政部门每年总计投入经费 2000 余万元，用于古建筑保护维修工作。多年来，按照"修旧如旧"的原则，全省先后维修了世界文化遗产清"一宫三陵"、九门口长城、五女山山城，全国重点文物保护单位兴城古城、盖州玄贞观、义县奉国寺、义县万佛堂石窟、张学良故居、北镇庙、锦州广济寺古建筑群、丹东凤凰山山城以及省级文物保护单位中共满洲省委旧址、阜新圣经寺朝阳南塔等百余处古代建筑，使之成为吸引中外宾朋的文物旅游胜地。景区环境改善很大，旅游设施不断建设，吸引了大量游客。

继 20 世纪 80 年代营口金牛山古人类洞穴遗址、朝阳牛河梁红山文化遗址和姜女石秦汉宫殿遗址发掘被评为辽宁八十年代"三大考古发现"后，从 1995 年开始，我省的朝阳北塔塔基遗址、北票喇嘛洞三燕贵族墓地、绥中姜女石秦汉宫殿遗址、北票康家屯城址、桓仁五女山山城、牛河梁遗址第十六地点、朝阳三燕龙城宫城南门遗址等 7 个项目先后被评为"全国十大考古新发现"。十余年来，文物部门与水利、交通、铁路等部门密切配合，进行了百余项考古发掘工作，既有力地支持了地方经济建设，又保护了大批珍贵的历史文物，丰富了辽宁的历史与文化内涵，为历史文化旅游业的发展提供了更广阔的发展空间。

在肯定成绩的同时，我们还必须正视差距、看到不足。辽宁历史文化旅游业的发展还停留在低层次的水平，文化的内涵挖掘还缺乏深度，文化的科技含量还比较低，文化的附加值比较少，资源利用率较低，缺乏对历史文化资源的深度开发，历史文化资源优势还没有充分地转化为经济优势。辽宁大多数历史文化资源的开发仍停留在初级阶段，主要以观光旅游产品为主，普遍呈现"小、弱、散、差"的特点。在国内大多数人的心目中，辽宁更多只是一个重工业省份。辽宁的多处古人类遗址基本上只是考古专家的去所，而并未进行合理的旅游开发，诸多资源处于闲置状态。辽西地区是我省历史文化旅游资源最丰富的地区，旅游资源极具特色，类型多，品位高，组合条件好，是一条典型的高价历史文化旅游带。但由于地区经济发展水平较低，重视程度不够，和长期以来人们所形成的对辽西的印象，导致旅游资源开发不够，经营不够，宣传不够，包装不够，"养在深闺人未识"，处在初级开发或没开发阶段，没有把资源优势变为产业优势，白白捧着一个金饭碗，致使我省最具发展潜力的历史文化旅游地带并未真正显露其优势，这是我省发展旅游产业的一大遗憾。但与此同时，辽西历史文化优势又是发展辽宁历史文化旅游的最大机遇和资源载体，充分挖掘并科学系统开发，辽西历史文化旅游带将成为我省旅游的最大亮点之一。另外，资金严重不足是历史文化旅游开发起点低的一个重要原因，也是旅游产品开发后劲不足、品种少、无特色的重要原因。辽宁旅游企业总体发展水平较低。中小企业占总数的90%以上，企业规模小，信息化管理水平较低，业务的市场覆盖面小，国际化程度偏低。基础设施不完善和旅游人才匮乏，也成为制约我省历史文化旅游业可持续健康发展的瓶颈之一。

第二节　辽宁省历史文化旅游业政策分析

文化旅游产业既是具有满足人们特殊精神需要的重大功能性产业，也是21世纪具有巨大市场发展前景的重要黄金产业。文化旅游产业特别是文化产业作为现代服务业的重要组成部分，对第一产业和第二产业的发展具有重要的引领和助推作用。历史文化旅游业作为一种历史文化与旅游完美结合的旅游形式，正日益引起文化、文物管理部门和旅游管理部门的高度重视。党中央、国务院为加快文化事业和文化产业的发展，于2006年下半年颁布实施了《国家"十一五"时期文化发展规划纲要》。《纲要》明确提出：要"建设一批文化产业强省、强市和区域性特色文化产业群，形成文化产业协调发展格局"；要"促进文化产业与教育、科技、信息、体育、旅游、休闲等产业的联动发展，与工业设计、城市建设等经济活动相结合，形成新的经济增长点"。胡锦涛总书记在党的十七大报告中突出强调了加强文化建设、提高国家文化软实力的极端重要性，对兴起社会主义文化建设新高潮、推动社会主义文化大发展大繁荣做出全面部署。辽宁省委、省政府按照党的十七大报告精神，根据《国家"十一五"时期文化发展规划纲要》的要求，已于2006年12月31日出台了《辽宁省"十一五"时期文化发展规划纲要》（辽委办发［2006］44号文件）。提出大力发展文化旅游产业理念，为历史文化旅游业的蓬勃发展提供了政策保障。

一、政府主导的政策导向

旅游业是综合性的经济产业，在其初级发展阶段更需要政府及有关部门的大力扶持。政府主导是指在以市场为主配置资源的基础上，充分发挥政府的指导、引导和倡导作用，为历史文化旅游产业的发展创造良好的社会、人文和自然生态环境。

1. 确立旅游业在辽宁国民经济与社会发展中的重点产业地位，将其培育成全省新兴支柱产业；将旅游业纳入全省国民经济与社会发展计划，纳入各级领导的任期责任目标；将历史文化旅游作为辽宁旅游业发展的核心和特色，形成辽宁旅游的主打品牌。《辽宁省"十一五"时期文化发展规划纲要》和《辽宁省国民经济和社会发展第十一个五年规划纲要》已确立了将旅游产业培育成为我省国民经济的支柱产业，加快实现把辽宁建设成为中国的旅游强省的奋斗目标。并指出要推动旅游与文化紧密结合，提升旅游业的文化含量。2007年5月29日，中共辽宁省委、省政府联合下发《关于进一步加快发展旅游业的意见》，就把旅游业培养成全省国民经济的支柱产业、科学规划促进旅游业发展、创新旅游体制和经营机制、加大政策扶持力度、优化旅游业发展环境等提出具体要求，并全面制定了全省旅游业发展总体目标。

2. 制定全省和各市（县）的旅游产业发展规划，抓好政府主导性旅游宣传促销，搞好政府基础性和引导性投资，制定促进历史文化旅游业发展的各项政策和措施。辽宁省委、省政府一向重视旅游业的繁荣发展。1999年12月2日印发《关于加强政策扶持促进旅游业发展的通知》（辽宁省人民政府辽政发〔1999〕43号文件），2001年6月2日出台《关于大力发展旅游业建设旅游强省的意见》（辽宁省人民政府辽政发〔2001〕18号文件），2005年9月23日，辽宁省第十届人民代表大会常务委员会第二十一次会议通过《辽宁省旅游条例》，为辽宁旅游业的发展营造了良好的法制环境。《辽宁省旅游业发展总体规划》编制工作于2008年3月正式启动。全省还颁布出台了各项旅游规章及规范性文件，各市（县）制定了一系列加快旅游业发展的政策措施，辽宁历史文化旅游业逐步走上了法制化、制度化和规范化的轨道。

3. 各级财政、税收、工商、物价、海关、交通、水运等要为历史文化旅游发展创造良好的环境，建设、土地、文物、环保、体育、宗教、园林、农业、林业、水利等部门，须将本部门的工作及发展与历史文化旅游业的发展有机地结合起来。2007年5月10日，辽宁省委、省政府首次召开了全省旅游产业发展大会。时任省委书记李克强、省长张文岳和国家旅游局局长邵琪伟等领导出席会议并做了重要讲话。李克强强调，加快发展旅游产业，必须营造良好的发展环境，各级党委、政府要加强对旅游产业发展的领导，抓紧制定支持旅游产业发展的配套政策，在项目审批、产品开发、人才培养、信贷税收等方面加大支持力度，确保各项措施落到实处。张文岳指出，各级党委和政府要切实加强领导，密切配合，把旅游产业作为支柱产业来培育。邵琪伟在会上表示，要抓住有利时机，在做好旅游发展规划同时，进一步优化旅游发展环境，完善旅游基础设施，促进产业素质全面提升。

二、产业扶持的政策导向

旅游业是综合性的经济产业，其市场潜力巨大，经济效益可观。全省各级政府的领导干部要牢固树立优先扶持发展历史文化旅游业的思想，尤其是在政策的制定及具体问题的落实上，要大力倾斜，优先考虑，积极支持。重视辽宁历史文化旅游业的发展，已形成了省、市、县各级政府的共识。他们从资金政策等方面给予重点扶持发展，为辽宁历史文化资源的保护与开发工作奠定了坚实的基础，迎来了难得的发展机遇，确立了"满韵清风·多彩辽宁"的品牌形象。

1. 各级政府要多渠道筹措旅游建设资金，增加对历史文化旅游业的投入，重点用于支持我省六大世界文化遗产和国家级、省级历史文化旅游区（点）的交通、安全、环保、卫生、供水、供电等基础设施建设。在财政上对历史文化旅游产业予以大力支持，可安排一定额度的无偿资金、旅游周转资金，用于支持我省历史文化旅游资源的深度开发，加大历史文化旅游的宣传力度和对专业人才的培养。

2. 金融机构加大对历史文化旅游业的支持力度，增加对历史文化旅游基础设施和前景看好的开发项目的信贷投入；设立历史文化旅游专项贷款，对计委立项的重点旅游项目所需贷款和流动资金优先安排；支持符合条件的旅游企业通过发行股票、企业债券等方式融资；积极争取旅游国债资金。

3. 充分发挥市场机制的基础性作用，坚持投资方式多元化，资金来源多渠道，实行"谁投资、谁所有、谁受益"的原则，采取国家、地方、部门、集体、个人、内资、外资一起上的方针，积极运用直接融资的方式筹集旅游发展资金，大力倡导纵向接力式（政府出面统筹规划，各方分阶段参与投资）、横向联合式（由两个以上的部门或单位组成投资主体，进行联合开发）、多元化经营式（出于多元化经营的目的，非旅游行业的企业参与旅游投资）等多种融资方式。

三、开发保护的政策导向

1. 保护与开发并重。历史文化旅游与常规旅游相比又有其独特性，历史文化资源具有独一无二性和不可还原性。因此必须在"保护为主，抢救第一，合理利用，加强管理"的指导方针下进行开发利用，尤其要加强对世界文化遗产、大遗址、历史文化名城（街区、村镇）和文物保护单位的保护和管理。要加大对沈阳故宫、福陵、昭陵、抚顺永陵等世界文化遗产的保护力度，完善配套设施，提高服务和管理水平。在有效保护的前提下，科学合理利用历史文物资源，使历史文化旅游纳入良性循环与可持续发展的轨道。

2. 历史文化旅游与常规旅游相结合，实现双赢效应。历史文化旅游的产生，是历史文化资源和旅游业互相结合、互相渗透的必然产物。历史文化旅游的发展不仅将成为旅游环境容量分流及挖掘旅游资源内涵的重要措施，而且可以促进历史文化旅游经济带的快速形成，又能使历史文化旅游的发展与城市发展遥相呼应，并为历史文化旅游创造更为有利的环境条件，实现旅游资源新的整合。将两种产业互相结合、相得益彰，符合现代产业发展的新趋势。

3. 实施品牌化发展战略。伴随着旅游业的发展步入竞争全球化、知识经济化、需求个性化、游戏规则化、消费感性化的时代，未来旅游业的竞争将更多地体现为品牌竞争。实施品牌发展战略已成为当今旅游开发的必然选择和新的趋势。辽宁省目前旅游品牌效应还没有得到充分发挥，而历史文化资源优势则是辽宁旅游品牌打造的最大优势，也可以形成辽宁旅游的核心竞争力。"一宫三陵"等世界文化遗产品牌、红山文化品牌、古生物化石品牌以及东藏佛教等历史文化旅游品牌的打造，对树立辽宁良好的旅游形象，扩大竞争优势、提高市场份额和提高辽宁海内外的旅游影响力都具有极其重要的现实意义。

四、区域合作的政策导向

1. 冲破地区行政分割、部门壁垒和行业垄断，促进和扩大地区交流与合作，建立统一的市场体系，加速全省历史文化旅游经济发展。在历史文化资源管理的条块分割问题上，政府应积极采取措施，加大改革力度，尽快改变过去"单打独斗、条块分割、权属不一、政出多门、多头管理"的局面，实行政府推动、企业跟进，形成"小政府大企业"的发展模式。编制跨行政区划的区域性历史文化旅游发展规划，组建跨地区的旅游企业，联合开发相邻的旅游景区，相互开放旅行社经营业务。政府可依托文化产业协会组织有关部门和相关专家学者，统一制定《全省历史文化旅游产业发展规划》。《规划》要以辽宁历史文化资源为依托，以辽宁民族民俗风俗为主要内涵，保护和开发并举，运用市场的办法，打造和延伸历史文化旅游产业链条，积极采取节庆互动、整体包装、互推线路、联手促销的方式，突出不同的产品特色和旅游功能，共同开拓国内外市场，避免重复建设和互争客源。在全省的统一规划下指导下，各地分力发挥地方优势，实现信息的交流、沟通与共享，力争使各地的历史文化旅游产业提升内涵，增加实力，各地联手形成合力。

2. 建立辽宁中东部沿海发达地区对口辽西地区开发历史文化旅游制度。要充分发挥以沈阳为中心的辽宁中部地区的旅游带动作用，利用以大连为龙头的辽东半岛地区的旅游区位优势，帮助辽西地区发挥其历史文化资源优势，做好红山文化、三燕故都、九门口长城的保护和开发工作，打造辽西"历史文化走廊"。可采取东部地区向西部地区输送客源、东西部地区旅游企业联合或合作经营、设计全新历史文化旅游线路等途径，实施山海联动、东西互助、共同发展。2008 年 11 月，辽宁省委、省政府从区域协调发展的全局出发，已做出实施大连朝阳携手"突破辽西北"的重大战略决策，并明确大连市对口帮扶朝阳市。两市将在产业、招商、人才、旅游、县域经济和城区经济等领域继续开展务实合作，建立健全合作机制，增强合作实效。这将对辽西历史文化旅游业的发展起到很好的推动作用。

3. 进行东北历史文化的大区域资源整合，打造文化旅游精品。东北三省自古以来，就泛称"东北"，而明以后又俗称"关东"，直到当代仍在民间盛行。东北三省历史文化资源互补，各具特色，无论在历史上还是地理上都密不可分。如黑龙江的金源文化、吉林的高句丽文化、辽宁的满族文化在全国乃至世界都是独一无二的，又都融为一体，涵盖整个东北地区。只有以东北地区为背景，整合历史文化旅游资源，发挥各自优势，才能打造出文化旅游精品，以带动辽宁地区乃至东北地区旅游的发展。

第三节 辽宁省历史文化旅游业的产品与服务

一、古生物化石文化旅游产品与服务

辽宁拥有世界罕见的古生物化石，特别是在辽宁西部相继发现了大量鸟类化石，已鉴定出 11 个属 16 个种。朝阳被科学界誉为世界独一无二的古生物化石宝库。辽西古生物化石是目前全世界已经发现的中生代（恐龙时代）化石中

堪称数量最多、品种最全、科研价值最高的中华瑰宝。辽西地区还蕴含着极其丰富的鱼类、爬行类、植物类等门类众多的种属。这些动植物化石的出土，为辽宁的历史环境变迁提供了可靠的证据，也是开展考古旅游的重要目的地。其中最具代表性的旅游产品就是朝阳鸟化石国家地质公园。公园位于辽宁西部的朝阳市，总面积2300千米，主要地质遗迹面积207千米，主要地质遗迹为古生物化石、含化石地层、地质构造。地质公园由上河首古生物化石园区、四合屯古生物化石园区、凌源大杖子园区（均为著名的"热河生物群"化石的主要产地）、AAA级的凤凰山园区及槐树洞风景区组成，中生代古生物化石丰富多样，迄今为止已发现了最早的鸟类和开花的植物，朝阳因此被誉为"第一只鸟飞起的地方，第一朵花绽放的地方"，在国际上具有独特性、完整性、稀有性，是世界级的古生物化石宝库，具有极其重要的科学研究价值。地质公园集人文、历史、风景名胜和地质遗迹于一身，是理想的休闲、旅游及科普教育基地。公园中建有运用声、光、电等现代高科技手段再现古地理、古气候、古生物、古生态环境的现代化室内"白垩纪"探险观光游乐园。观赏之余，可购置古生物化石旅游纪念品。朝阳古生物化石，形成于晚侏罗纪——早白垩纪陆相地层，距今有1亿5千万年，具有重要的科学研究价值和珍贵的收藏价值。朝阳市古生物化石纪念品获得辽宁旅游纪念品"十大精品奖"。此外，由沈阳师范大学投资4800万元的辽宁古生物化石博物馆正在建设中，总建筑面积1.38万平方米。项目建成后，将成为辽宁最大的集研究、保护、展览和收藏于一体的古生物化石博物馆，将集中展示沈阳海关没收后移交的部分古生物化石以及辽宁省国土资源厅和沈阳师范大学收藏的古生物化石8000余块，于2009年上半年开馆迎客。

二、古人类遗址文化旅游产品与服务

本溪庙后山古人类遗址。庙后山位于本溪满族自治县山城子村东，距本溪水洞15公里，也是游关门山和汤沟温泉的必经之地。这座古人类遗址是我国迄今为止最靠东北部的旧石器时代早期的洞穴遗址，出土了大量的磨制石器和陶器等文化遗物，据考证最早年代距今约40万年以上，约和北京猿人同期。不仅填补了我国东北地区旧石器时代人类化石的空白，而且为研究东北亚人类分布和转移提供了可贵的历史资料。2006年被国务院核定为全国重点文物保护单位。

营口金牛山古人类遗址。金牛山位于大石桥市永镇，海拔69.3米，于平地上拔地而起，雄视一方。1984年在此发掘出了金牛山猿人头骨化石，考古研究表明其头骨化石进化程度更高，是中国猿人从直立人向智人过渡的种群之一。这一发现使之被评为定为全国重点文物保护单位。现已建金牛山古人类遗址陈列馆，展示当时发掘出土的部分人体骨骼化石和当时的生存环境及生活场景。在金牛山古人类遗址陈列馆中可以见到金牛山古人类的复原像和目前世界上最完整的古智人骨骼。

朝阳鸽子洞遗址。鸽子洞位于朝阳市喀左县水泉乡大凌河西岸云山峭壁上，是经地下水长期溶蚀而形成的天然石洞。因洞中多有野鸽子栖息，故俗称鸽子洞。鸽子洞因发现十多万年前古人类生活遗址而名扬四海。1979年被列为省级文物保护单位。鸽子洞遗址曾出土了古人类及动物化石十多种，石器300多件。洞中原始人类留下的各种遗迹和遗物，为研究东北地区旧石器时代原始人类生活提供了宝贵资料。鸽子洞主洞高大宽敞，从洞连环互通，进深十五米，上下两层，背倚青山绝壁，俯瞰凌河碧波。游人至此，抬头则见白云朵朵，鸽群翱翔；低头可观帆影点点，鱼儿泛波。赏眼前之美景，发思古之幽情，鸽子洞确是一个好去处。

阜新查海遗址。位于辽宁省阜新蒙古族自治县沙拉乡查海村，这个遗址的绝对年代为距今7600左右，是目前辽宁以至东北地区发现的时代最早的一处新石器时代遗址。查海文化被誉为"玉龙故乡，文明发端"。查海遗址出土的玉器，堪称"世界第一玉"；出土的龙纹陶片，比我国先前发现的兽形玉——猪龙还早近3000年，是更原始的龙的雏形，堪称"华夏第一龙"。查海文化是红山文化的源头，以其8000年的久远年代，丰富的文化内涵，在中华文明起源的过程中先行了一步，堪称"中华第一村"。查海遗址没有其它历史遗存的干扰，四周没有近代村落，原始自然风貌保存极好。以查海遗址博物馆为主体的原始旅游度假村正在广招各方宾朋，当您置身于"中华第一村"这片神奇的土地，八千年前古老文明会使您产生无尽的遐想。

沈阳新乐遗址。位于沈阳市皇姑区黄河大街新开河北岸黄土高台之上，在北陵公园西侧，是距今7200多年前的原始社会新石器时代较早的一处母氏族公社聚落遗址。新乐遗址为全国重点文物保护单位，是我国辽河流域十分重要的史前考古学文化遗存，是东北地区新石器时代极具代表性的文化类型，被史学界定为"新乐文化"。它的发现填补了辽河流域中下游地区新石器文化的空白，把沈阳地区有人类活动的历史推溯到了7000年前。现有新乐遗址博物馆，展出有出土石器、陶器、煤制精品、木雕珍品、古房址等。由于煤精工艺品历史悠久，目前，随之大量开采，煤精这种非再生资源已日见枯竭。所以煤精工艺品已被视为即将绝世之宝，其价值日见提高，国内外各界人士争先收藏。新乐遗址博物馆中有一件木雕艺术品尤为珍贵。其样貌似鹏鸟，称为太阳鸟，为古代先民的图腾，金碧辉煌的太阳鸟雕塑，高高耸立在市政府广场，已成为为沈阳市城市的象征。

朝阳牛河梁红山文化遗址。牛河梁红山文化遗址位于凌源、建平两县交界处，是1981年文物普查时发现的。现已在五处地点发掘出许多重要的历史文化遗迹，发现了距今大约5500年前的大型祭坛、女神庙、积石冢和"金字塔"式建筑。遗址内涵丰富，出土文物精美绝伦、世界罕见。这一重大发现把中华文明史提前了1000多年，被称为"东方文明的新曙光"。牛河梁红山文化遗址是可与埃及金字塔、印度亨觉达罗古文明相比的世界性发现，牛河梁红山文化遗址为国家级重点文物保护单位，现已申报世界文化遗产。女神庙、积石冢、大型土台建筑址是牛河梁文化遗址的代表性建筑。此三个遗址点依山势按南北轴线分布，坛庙冢三位一体，规模宏大、气势雄伟，是红山文化最高层次祭祀中心场所。它为中华五千年文明起源，上古时期黄帝等代表人物在北方活动以及宗教史、建筑史、美术史的研究都提供了丰富的实物资料。现已开发出大量红山玉器等旅游纪念品。

三、遗址遗迹旅游文化产品与服务

五千多年前，辽宁地区已成为中华民族文化最发达的地区之一。进入阶级社会以后，辽宁同中原地区一样步入了迅速发展时期。自秦始皇统一中国至清朝末年，辽宁一直是中国东北地区政治、经济和军事中心。各朝代在这方土地上留下了大量充满传奇色彩的文物古迹。

秦汉遗址历史文化旅游。绥中秦汉遗址位于绥中县万家镇的止锚湾海滨，西距山海关15公里。遗址群范围约15平方公里，包括六处大型宫殿遗址，分布在石碑地、黑山头、瓦子地、大金丝屯、红石砬子和周家南山。碣石宫遗址，是六处遗址中最大的一处，为公元前215—209年秦始皇和秦二世巡视渤海湾时的行宫。当年曹操三次到碣石宫，写下了"东临碣石，以观沧海"的传世之作。碣石宫建在石碑地高地上。遗址的立体建筑靠海岸线，遗留下来的夯土台高达8米，台基边长40米，有一半沉入地下，是一座规模宏伟的高台多级建筑。立体建筑的两翼有角楼，后面有成批的建筑群。除秦都咸阳和汉都长安以外，极少有如此大型而又布局有方的宫殿建筑群。从这里出土的特大夔凤纹瓦当和云纹瓦当，是秦代皇家建筑的专用材料，图案的规范化为全国所少见。两千多年前行宫中的大小居室、排水系统、储备食物的窖井等，均清晰可见。碣石宫中轴线南端正对着海中臣石——姜女石，相距 400 余米。姜女石即为秦汉时的碣石（门）。碣石宫是利用海滨自然景观，前临一望无际的渤海，海中有昂然耸立的碣石；后靠巍峨连绵的燕山，山上有逶迤起伏的长城。以墙子里宫殿为主体建筑，止锚湾为左翼阙楼，黑山头为右翼阙楼，衬以瓦子地、周家、金丝屯等众多的附属建筑，呈合抱之势，正对海中碣石（门），形成一处完整壮观的建筑群体，可与始皇陵、阿房宫并列为秦代三大工程。遗址处现建有遗址陈列馆。

高句丽古城遗址文化旅游。高句丽，一个曾称雄于中国东北和朝鲜半岛北部、存世长达 705 年的中国少数民族地方政权，其肇端就在辽东山区的桓仁县。2004 年 7 月 1 日，作为高句丽王城之一，桓仁五女山山城被列入《世界遗产名录》。五女山山城位于辽宁省本溪市桓仁县县城东北 8.5 公里的五女山上，是史料中记载的高句丽第一代王城"纥升骨城"的部分遗址。五女山山城依山势而建，呈不规则的楔型，南北长 1540 米，东西宽 350 至 550 米，分山腰的外城和山顶的内城两部分。山城东、西、北三面都是百尺峭壁，南面是险峻的陡坡，地形易守难攻。目前城内主要发现了三处大型建筑遗址以及城墙、哨所、兵营、蓄水池等遗址。

三燕历史遗迹文化旅游。"三燕"指东晋十六国时期，鲜卑慕容氏在北方建立的前燕、后燕、北燕三个地方政权。它们均以龙城（今辽宁朝阳）为都城或陪都，先后长达百年之久，创造了朝阳历史上灿烂的"三燕文化"。朝阳先后发现了位于北塔下面的三燕和龙宫殿基址以及上面的北魏冯太后建造的思燕佛图、北塔东南面的三燕宫城城门遗址、龙城北面和东面城门、西面和东、北面的城墙等三燕时期龙城重要遗迹和大量的遗物。以南北双塔为中心的"三燕文化旅游景区"正在规划和实施：连通南北二塔的双塔古街已经启动，化石、古玩等文化旅游产品正在汇集于此，还将建设"中国北方民族影视基地"、"慕容村"和"五帝神话"雕塑观光园。

辽、金历史文化旅游资源。辽宁境内现已发掘出大量辽墓群，如朝阳耶律延宁墓、法库叶茂台墓等，都具有鲜明的民族特色。辽代的陶瓷艺术别具一格，在朝阳、锦州、沈阳等地多有发现。辽宁现存四大辽金古建筑：沈阳无垢净光舍利塔、锦州义县奉国寺、辽阳白塔、铁岭调兵山兀术古城遗址。阜新境内发掘的关山辽墓群为辽代中晚期贵族墓葬典型代表，全国仅见。墓葬中出土的壁画，百科全书式的全面反映了辽代的社会生活，考古价值极高。

清前满族历史文化旅游。辽宁是清朝的龙兴之地，独具特色的清前史迹，为辽宁提供了完整、丰富而悠久的清前满族文化资源景观。其中尤以被列为《世界文化遗产名录》的"一宫三陵"最具代表性，即沈阳清皇宫、沈阳清福陵、沈阳清昭陵、新宾清永陵。清前著名的辽东战史，抚清之役、萨尔浒之役、叶赫之役、战迹遗址等也是辽宁重要的旅游文化资源。世界文化遗产——九门口长城，是我国唯一的水上长城，也是历史上著名的"一片石"大战的发生地。目前，我省已对"一宫三陵"等清代历史文物古迹进行了大规模整治，做到了历史遗迹设施设备保存完好，修旧如旧，保持原样。满族文化资源已得到整合，凸显"满韵清风"主题，形成辽宁历史文化旅游的一大品牌。1998年9月沈阳市开始举办以清文化旅游周为主体的沈阳民俗风情旅游节，2002年正式定名为沈阳清文化国际旅游节。沈阳清文化国际旅游节是集经贸、旅游、文化和学术交流为一体的一个国际盛会。通过几年的实践，旅游节已经成为促进沈阳市对外开放、招商引资和展示沈阳城市风貌的品牌盛会，同时还成功打造了抚顺满族风情节以及皇家礼仪展演及系列满族歌舞表演等。沈阳、抚顺、辽阳三地联手打造了清文化旅游的精品线路，并开发了系列清满族文化旅游纪念品，初步形成了辽宁历史文化旅游的品牌优势。

非物质文化遗产旅游也是历史文化旅游的重要组成部分。我省首批22项遗产中，囊括了鼓乐、高跷、二人转、玉雕、凌源皮影戏等众多珍贵的非物质文化遗产项目，不仅为中外游客提供了参观学习的机会，也传播了地方文化。许多地方特色产品与非物质文化遗产有着传承与推广的联系，不仅展示了地区文化特色，其相关作品令旅游者爱不释手，如我省的岫玉、玛瑙、化石、满族工艺、草编、苇编、柳编等。但很多少数民族的优秀文化资源和旅游价值较大的非物质文化遗产基本处于未开发或待开发阶段，旅游产品尚未形成。

四、宗教文化旅游产品与服务

辽宁宗教文化旅游以佛教、道教、伊斯兰教、基督教和天主教为代表，其中以佛教、道教为首，基督（天主）教为此，其中佛教中还包括藏传佛教。大小宗教场所遍及城乡，尤以各旅游景区为最，有景必有庙，甚至是诸教于一山，多庙共一景。逢法定宗教节日，常常庙会与经济活动于一身，成为旅游的一道景观。

朝阳是佛教旅游胜地之一。朝阳作为古城象征的北塔，已成为十方信众朝拜的佛教圣地和中外游人心驰神往的旅游胜地。北塔内两颗佛祖释迦牟尼真身舍利的再现于世,是继1987年陕西法门寺后佛教考古的又一次重大发现,轰动了海内外。同时出土的鎏金银塔、金银经塔和波斯玻璃瓶被国家文物鉴定委员会鉴定为国宝级文物。其他如精美绝伦的金银器、华丽多彩的玛瑙器、绚丽夺目的玻璃器、晶莹剔透的水晶器和巧夺天工的玉石器等佛教文物更是全国罕见,现都展览于北塔博物馆内。朝阳市充分利用现有的佛教资源,配合佑顺寺改造,以复建佛教圣迹龙翔佛寺、北塔保安寺为基础,决定在凤凰山文化旅游产业示范区兴建释迦牟尼佛舍利和锭光佛舍利两佛合利供奉道场,打造东北佛教圣地和世界朝拜圣地。

阜新是藏传佛教的东方传播中心。清康熙皇帝亲笔题匾的瑞应寺,属藏式庙宇建筑风格,以其雄伟、规模宏大,被列为省级重点文物保护单位。北京雍和宫的主持和部分喇嘛多来自瑞应寺,瑞应寺的"巴门扎仓"为蒙医药事业发展培养了大批人才。普安寺遗址所在地海棠山的摩崖造像群是藏传佛教东方中心唯一保存下来的民族瑰宝。摩崖造像雕刻在陡峭巨石之上,且种类繁多,从山间到山岭,在大小不等的花岗岩石上,到处雕刻着千变万化的佛像。现保存完好的佛像267尊,它们最高为5米,最低不足0.3米,多为明末清初所造,距今已有300多年历史,为中国藏传佛教东方中心的现存典范。这些佛像形态各异的佛像集历史、艺术、欣赏价值于一身,堪称天下奇观,是我国保存完好的浮雕造型艺术珍品。

鞍山的千山,是自然景观与人文景观的完美统一,而宗教文化是千山人文景观的主体。"临山已谛金钟响,入庙先闻玉炉香"。千山有寺、观、宫、庙、庵等20余处,宛如一颗颗闪光的宝石,镶嵌在奇峰秀谷之中,使古老的千山更加迷人。这些古老而宏伟的寺庙,有的高耸于险峰之上;有的依偎于群山环抱之中;有的坐落在向阳坡上;有的隐蔽在古松怪石之阴,与自然景物彼此烘托,融为一体,构成一幅优美、雅致、幽静的动人画面。除庙宇外,还有无数洞、塔、亭、碑也是千山人文景观的重要组成部分。在千山众多的奇峰中,最为奇特的是千山大佛。千山弥勒大佛(石佛)位于千山风景区北部,是自然造化的全国特大石佛之一。佛像身高70米,体宽46米,依山而坐,貌似弥勒,形象逼真,神态可掬,栩栩如生,端坐于千朵莲花山之中,为千山增添了神秘的色彩。鞍山玉佛苑景区内坐落在玉佛阁内的玉佛是1960年发现于中国玉乡——鞍山岫岩县的高7.265米、宽6.88米、厚4.1米、重达260.76吨的"玉石王"雕刻而成。玉石王正面经过精雕而成世界上最大的玉佛——释迦牟尼佛,背面为渡海观音，观音像右侧还隐现出栩栩如生的龙凤图形，使玉佛成为国宝和举世无双的中华民族珍贵的艺术品。

沈阳的慈恩寺是东北佛教四大道场之一，是沈阳最大的佛教寺院，历史悠久，所藏经典佛像、礼器、法器数量之多，保存之完整居全市之首，为中国重点寺庙。皇寺是实胜寺的异称，实胜寺全名为莲花净土实胜寺。实胜寺是沈阳最大的喇嘛教寺庙。"皇寺鸣钟"是著名的盛京八景之一。阔别了沈阳50年的皇寺庙会于2004年中秋节重新开市。沈阳皇寺庙会已历经6个年头，共举办15届，把寺庙和旅游很好的结合起来，且拉动了民俗旅游。如今，沈阳的皇寺庙会已经与北京的地坛庙会、上海城隍庙会、南京夫子庙会齐名，成为中国第四大庙会。沈阳城的四周各建有四座塔，每座塔的旁边各建有一座喇嘛寺院，并称为清初四塔四寺。南塔名为"广慈寺"，北塔名为"法轮寺"，东塔名为"永光寺"，西塔名为"延寿寺"。清初四塔只有北塔和法轮寺保存较为完整，于1962年1月，沈阳市人民委员会公布为市级文物保护单位。1984年国家拨款对北塔进行了维修，并修复了法轮寺的大殿、山门、配殿，举办了佛教密宗艺术和盛京古城风貌陈列，新建了碑林，于1987年10月正式对外开放。东塔、南塔也于1985年和1986年相继修复，辟为公园和景点。无垢净光舍利塔位于沈阳市皇姑区塔湾街，是沈阳市历史较久的古建筑之一，雄伟壮丽，历史久远，从古至今景色不减。此塔为密檐塔，塔身为空心，这在全国同类建筑中是绝无仅有的。塔北侧新建了一座沈阳古塔遗物陈列馆，馆内展出有沈阳各塔先后出土的大量珍贵文物。"塔湾夕照"也是著名的盛京八景之一。

此外，锦州北普陀寺历史源远流长，文化底蕴深邃丰厚。明清两代，以辽西"第一洞天"驰名海内，为佛、道两教高僧、宗师及信众朝拜之圣地。义县的奉国寺（俗称大佛寺）为辽代皇家寺院·佛祖道场，坐落在辽宁省锦州市义县县城内。奉国寺遗存有中国古代佛教寺院最古老最大的大雄宝殿，世界最古老最大最精美的彩塑佛像群。奉国寺除原有古寺院对外开放，还有辽代契丹族历史文化展，义县出土文物展，书画展等展览。作为旅游胜地，奉国寺先后被评为"全国著名景区三百家、辽宁五十佳景、辽宁最美的地方、锦州十佳景、锦州市爱国主义教育基地"。北镇庙是北方镇山医巫闾山的山神庙，是全国四大镇山中唯一保存完好的山神庙，具有重要的历史和艺术价值。庙内留下自元代以来的告祭碑、修庙碑记、题咏刻石共计有56通。青岩寺位于北镇市医巫闾山南部风景最佳处，是北镇市寺院中香火最盛的寺院，也是辽西乃至东北的佛教胜地。营口楞严禅寺，位于营口市中心，是我省现存较为完整的民国时期的大型寺院建筑群之一。营口至今仍保持着赶庙会的习俗，每年的农历四月十八，远近百里的僧众不辞辛苦齐聚寺内，大殿内香烟缭绕，诵经之声不绝于耳。这一天是楞严禅寺一年当中最热闹的一天，也带动了宗教旅游的发展。辽阳广佑寺位于白塔公园内。该寺建于东汉，是佛教传入中国后最早出现的寺院之一。其整体建筑以辽代风格为基调，并融合明清建筑之精华，为我国传统建筑的杰出代表。是目前世界殿内佛身最高、体积最大的木质释迦牟尼佛坐像。一千多年来，广佑寺经历了多次重修、扩建，现已成为国家 AAAA 级旅游区。如今的广佑寺与中华广场、白塔古典园林公园、青年湖公园融为一体，已成为著名的佛教圣地和重要的旅游景区。

第四节　辽宁省历史文化旅游业竞争格局

辽宁历史文化旅游的竞争格局主要是四个层次的竞争：一是辽宁省内各景区间的竞争；二是与东北三省区域内吉林和黑龙江两省的竞争；三是与北京、河北等省市的竞争；四是与国内其他省市的历史文化旅游竞争。

一、辽宁历史文化旅游的省内竞争格局

首先，历史文化旅游同自然风光生态旅游之间的竞争格局。相对而言，对于本省游客而言，历史文化旅游对人们的吸引力往往不及自然风光生态旅游，历史文化旅游往往需要人们对所去景区现有文化上的认同感或有所研究和了解，才能产生相应的旅游意愿或兴趣，游玩起来相对比较枯燥，体会类的旅游产品较少，娱乐性差，更多是依靠历史文化本身的浓厚文化底蕴吸引，再有就是靠导游员清晰形象的讲解。比较而言自然风光类景区则给人更多的休闲娱乐感，随意性较强，尤其是在春夏之际，海滨度假、山水旅游游客更向往的去处。因此，如果是历史文化景区能与自然上水相结合的景区，就能够产生很好的结合效应，否则单纯的历史文化旅游则容易在竞争中处于弱势。当然对于外地游客到辽宁旅游而言，辽宁独特的历史文化古迹则更凸显其优势，例如辽宁的世界物质文化遗产一般是外地游客的必到之处，如果游玩时间有限，他们会更多选择历史文化游而放弃自然风光游。这也正是一个地区历史文化旅游独特的吸引

力所在。从而，可以看出我省的历史文化旅游与自然风光生态旅游之间虽可以优势互补，形成一体的旅游线路，但同时二者又不可避免地会形成竞争格局。

其次，省内各历史文化景区间也会形成竞争状态。目前，旅游行业已经日益认识到区域合作的重要性，历史文化旅游也初步形成了地区合作的模式，但总的来看，单打独斗的状态仍很严重。尤其是相同或类似历史文化景区之间重复建设、争抢客源的现象就更为严重。辽宁清前满族文化资源丰富是无可争议的，重要的就是缺乏科学规划和整合性开发。其中主要表现为两大方面，一是"一宫三陵"及清前历史遗迹遗址资源的整合力度不够，受到市县的地区观念限制，各地资源开发基本上还处于单打独斗的状态。沈阳（盛京）、抚顺（兴京）、辽阳（东京）被称为著名的"关外三京"，在我国众多的清前史迹中具有重要的历史价值。从素有"启运之地，满族故里"之称的抚顺赫图阿拉城（努尔哈赤建立的第一个国都），到辽阳的东京城（努尔哈赤从赫图阿图阿拉城迁都辽阳所建的都城），再到沈阳的盛京城，清前独具特色的史迹，为游客提供了完整、丰富而悠久的前清历史文化旅游景观。从追求旅游产品整体价值和历史完整性价值的角度出发，构建以沈阳为中心，以抚顺、辽阳为两翼的新格局，三市联手历史文化旅游资源，对于打造历史文化旅游品牌和彰显城市风采具有深远的意义。目前看，沈阳和抚顺的清朝满族文化旅游搞得比较好，而辽阳则稍微逊色一些。虽然三地也曾有过联手合作项目，但由于资源和交通等因素，辽阳的竞争力显然是不及沈阳和抚顺的，就显得被动得多。省内其他类似相同主题的历史文化景区也都不同程度地面临彼此竞争的问题。在竞争中又多因地区经济、交通便利程度、宣传力度大小而产生差异。相对而言中心城市和沿海地区优势较大，辽西历史文化旅游的竞争力则略显不足。

从宗教旅游的竞争格局看，省内各市由于都有较为丰富的宗教寺庙等旅游资源，所以在宗教旅游方面竞争比较激烈。鞍山市将260多吨的玉石雕刻成佛，"玉佛苑"在2000年被批准为宗教活动场所，2001年被评为国家AAAA级旅游区，2002年举行大型玉佛开光仪式，恭请全国政协常委、中国佛教协会副会长圣辉大师任玉佛苑方丈。党和国家领导人李鹏、朱镕基、吴邦国等数十人先后亲临视察。经过三期工程建设，现如今玉佛苑景区宏大，设施齐全，年收入达3.6亿元，带动了鞍山的相关产业发展。北镇市青岩寺景区在常兴店镇行政区内，原来就是一座山，一个庙，一个洞，一尊像，经过多年艰苦的建设、推介，以观音菩萨第32化身的传说为主题，将青岩寺打造为省内外知名的佛教圣地和著名的旅游景区，年收入超过一亿元，成为常兴店镇的主要经济来源和北镇市重要经济支柱。朝阳市以龙翔寺、北塔、凤凰山、佛祖舍利等为依托，全力打造"东方佛都"，邀请国家宗教局、辽宁省政府、辽宁宗教局的主要领导，高等院校和宗教研究所的著名专家学者，佛教界享有盛誉的高僧大德，于 2007 和 2008 年两次召开朝阳佛教文化研讨会，出版了《佛光朝阳》、《东北佛教名山》等十几种著作和画册，把朝阳市的佛教文化经典和全市风貌呈现给世人，扩大了朝阳市在全省、全国乃至海外的影响。沈阳的皇寺庙会每年举办的如火如荼，已经成为中国第四大庙会。阜新借助其"东北藏传佛教中心"的资源优势，也在积极扩大宣传，大力发展佛教旅游。

二、辽宁与吉林、黑龙江两省的历史文化旅游竞争格局

东北三省人文相亲，整体特色鲜明，历史上就有着天然的亲近感。在外地人看来，东三省是一个地缘地貌、风土人情、自然景观都十分相似的整体。甚至有些人不会把辽宁、吉林和黑龙江区分得特别清楚，同是白山黑水，同是北方文化。从历史文化资源的角度而言，辽宁与吉林和黑龙江两省既有一脉相承的一致性，辽宁又具有自己的独特优势，但就是因为社会、文化、民俗、生活习惯的相似性，竞争又是不可避免的。

东北三省在辽金文化旅游中的竞争。吉林省发现辽金古城遗址 206 座，其中长春发现 98 座。农安县属于长春市，曾是辽国六府中重要的一府——黄龙府的所在地，不仅仅巍巍辽代古塔矗立在农安县城内，而且左家山遗址和元宝沟遗址，在此揭开了六七千年前就曾经有人类生活的历史，并且农安县还出土过大量的辽金文物。辽金故里文化旅游区项目是吉林市市"十一五"旅游重点开发建设项目之一，占地 114 万平方米，拟建辽、金两大文化园。位于黑龙江鹤岗市绥滨县境内的完颜河流域是辽金代完颜氏族（金兀术）的发祥地。辽金五国城之一的奥里米古城、中兴遗址，记载了满族祖先女真人征战和生活的历史。

以高句丽世界历史文化遗产为例，我省桓仁县的五女山城是和吉林省集安市的国内城、丸都山城、12 座王陵、26 座贵族墓葬、好太王碑等共同列入《世界遗产名录》的。比较而言，集安更具高句丽历史文化旅游的优势。集安作为高句丽政治、经济、文化中心长达 425 年之久，创造了灿烂的高句丽文化，留下了大量的文化古迹。现有高句丽遗址 36 处，古代城址 8 处，古墓群 75 处、6974 座，碑碣石刻 7 处。当然也不乏有游客把辽宁的五女山城和集安高句丽历史文化作为整体来参观游玩的。

在满族历史文化风情旅游的竞争中，人们常说，白山黑水是满族的故乡，满族的根在东北三省，而吉林省的满族民俗风情旅游又是最具特色的。叶赫、乌拉、辉发是满族的聚居地，许多在其它地方已绝迹的满族民俗与遗址，在吉林还很好地保存着，如叶赫、乌拉、辉发的古城遗址。叶赫是清朝两代皇后的家乡；伊通设有全国独一无二的满族民俗馆；乌拉街的萨满文化活动盖世无双；松花江上的满族渔猎习俗使人拍案叫绝；火山喷发形成的三角龙湾和大、小龙湾，簇拥着海西女真辉发古城；在"野人"女真活动过的珲春，可以看到海上丝绸之路的遗迹，还有满族先民戍边生活留下的东、西炮台、水师营遗址等。黑龙江省则以其长白山为优势，满族文化旅游开发定位在满族的发祥地、满金文化中心、大清文化源头等基点上。位于鹤岗西郊和南郊的松鹤西湖公园有女真人笃斯女斋、萨满庙，将军石山庄是努尔哈赤战东海时水师训练场和点将台，在这里可以寻找到女真人融入中华大家庭的足迹。这些造成了辽、吉、黑在满族历史民俗风情上的竞争局面。

但是辽宁的古化石遗址、古人类遗址、"一宫三陵"等其他历史文化遗址旅游中，吉林和黑龙江又成为辽宁省外的第一游客来源。有些南方旅客又有很多是把黑龙江的长白山五大连池作为第一旅游目的地的，往往是在返回途中到达辽宁，至少会看看沈阳的故宫和昭陵、东陵。从这个角度看，吉林和黑龙江两省又对辽宁历史文化旅游起到拉动作用。

三、辽宁与北京、河北等省市的历史文化旅游的竞争格局

辽宁与北京、河北等省市的历史文化旅游的竞争凸显为清满族文化旅游和长城景区旅游的竞争。辽宁的故宫、永陵、福陵、昭陵与北京故宫及河北省的清东陵、清西陵的清文化历史旅游竞争是无法回避的。实际上，沈阳故宫与北京故宫有着明显差别。北京故宫是汉族建筑的艺术结晶，而沈阳故宫则是集满、汉、蒙、藏等多民族建筑艺术为一身的文化瑰宝，具有鲜明的东北满族特色。具体表现为：其一，视野开阔的庭院，帐幄式建筑造型及其布局，是八旗制度在宫殿建筑上生动而具体的再现，为中国古代宫殿建筑所仅见，是北京故宫所没有的；其二，宫殿顶覆以黄琉璃瓦镶以绿色剪边，既保留了以黄为尊的传统观念，又体现了满族对故乡山林的深厚眷念，从而形成了区别北京故宫的又一特点；其三，沈阳故宫是"宫高殿低"，而北京故宫则恰恰相反，是"殿高宫低"。寝宫的"口袋房，万字炕、烟囱竖在地面上"的建筑特点也是沈阳故宫所

独有的。此外，辽宁的清代关外三陵（永陵、福陵、昭陵），分别是清王朝的始祖和开国皇帝清太祖努尔哈赤、清太宗皇太极以及他们的后妃的陵墓，是我省重要的历史文化遗产之一。从清代的皇陵排序上看，关外三陵永远都要排在其它皇陵之前。而且，关外三陵在建筑艺术方面具有很高的造诣和民族特色，既体现着满族文化的个性，也体现出多民族文化的兼容并蓄，其艺术价值驰名中外。关外三陵均伴有优美的自然景观和各种传说掌故相衬托，有着广阔的开发空间。更确切地说，辽宁清文化是整个清文化的源头。从全国来看，辽宁清文化与北京清文化有着明显的差别性，在清朝迁都北京之后，满文化逐渐与汉文化融合，基本上失去了满族自身的文化特点，因此，最能体现原汁原味的满族文化和清朝政权草创初期浓郁的源头文化则都留在了辽宁。这是辽宁清文化历史文化旅游的竞争优势所在。但北京作为全国的政治文化中心，其国际影响力和旅游资源的丰富性又是辽宁所无法比拟的。辽宁与北京在清文化旅游的竞争格局中最好的抉择就是与北京清文化旅游联手打造，形成清文化的全国旅游精品线路，这样更有利于辽宁历史文化旅游的可持续发展。

辽宁的九门口长城以及辽宁境绵延 1200 多公里长城类遗址旅游品牌的打造又与北京及河北长城旅游形成了竞争格局。北京的万里长城是世界文明的旅游胜地，也是中华文化的典型代表之一。长城旅游在河北省旅游业中占有重要位置。20 世纪 80 年代，随着旅游热的兴起，河北开辟了一条长城旅游项目，吸引了大批中外游客。河北省在未来五年 重点升级的 8 条旅游线路中，"长城旅游"专线仍然作为一条主线路位列其中。从长城的宏伟壮观和保存完整情况而言，辽宁的长城旅游是不具有竞争优势的。2005 年，九门口水上长城，由于道路、配套设施和人文开发不够，门票收入才 50 万元，而相邻的山海关仅门票收入就 4000 万元，加上辅助设施收入 1 个亿。因此，辽宁的九门口长城和虎山长城必须凸显自己的特色。九门口长城，因其城桥下有九个泄水城门而得名，水势自西向东直入渤海，气势磅礴、壮观，是自然景观和人文景观的完美结合，因而享有"水上长城"的美誉。而辽宁丹东的虎山长城是我国明长城东端起点。距考古专家考证，虎山长城大约始建于 500 多年前的明成化五年，即公元 1469 年。20 世纪 90 年代初，经长城专家学者实地考察认定为万里长城东端起点，这一发现使我国万里长城延长了 1000 多公里，使教科书中的传统说法得以改写，并在海内外引起强烈反响，并认定其为明代万里长城的东端起点。长城以虎山长城为起点，经辽宁、河北、天津、北京、山西、陕西、宁夏、最后抵甘肃嘉峪关。水上长城九门口和万里长城东段起点的虎山长城的美誉，使得辽宁长城类历史文化旅游才可能在与北京及河北的竞争格局中占有一席之地。

四、辽宁与国内其他省市的历史文化旅游竞争格局

辽宁与国内其他省市的历史文化旅游竞争主要表现为古人类遗址旅游和宗教旅游这两个方面。中国传统史学一向认为黄河流域是中华民族的摇篮，但近年来象征中华5000年文明的考古证据在辽河流域一再被发现，证明中华文明起源不是一个中心而是多中心，包括辽河流域在内的燕山南北长城地带也是中华文明的发祥地之一，而且红山文化也是中华文明起源的重要标志之一。著名考古学家苏秉琦先生经研究认为，红山文化在中国文明起源过程中处于"先走一步"的前导地位，其重要标志之一是最高层次的中心邑落——牛河梁遗址在红山文化中已经出现。中国古文化有两个重要体系，一个是源于渭河流域的仰韶文化，一个是源于大凌河流域的红山文化。仰韶文化主要分布在黄河中下游地区，仰韶村文化遗址，位于河南省三门峡市渑池县城北9公里处的仰村。这样在中华文明起源的历史文化旅游的角度，辽西的红山文化遗址便具有了与中原中华文明起源的竞争格局。尤其是在吸引考古学家、历史学者和中外游人等方面。

宗教旅游竞争格局方面。阜新瑞应寺始建于清康熙八年（公元1669年），属藏传佛教格鲁派，素有"东藏"之称，它与西藏之外的青海塔尔寺、甘肃拉卜楞寺，合称三大寺，是内蒙古东部地区和东北三省中的最大寺院，遂称"东北藏传佛教中心"。寺内有当年康熙皇帝所赐满、蒙、藏、汉四种文字雕刻的金龙镶边的瑞应寺牌匾。普安寺遗址所在地海棠山的摩崖造像群是藏传佛教东方中心唯一保存下来的民族瑰宝。现保存完好的佛像有267尊，形态各异的佛像集历史、艺术、欣赏价值于一身，堪称天下奇观，是我国保存完好的浮雕造型艺术珍品。辽宁阜新可与西藏、青海和甘肃的藏传佛教历史文化旅游形成竞争，但作为东方藏传佛教传播中心，辽宁则更多地吸引省内及临近省市对藏传佛教感兴趣的游客。

朝阳佛教文化底蕴深厚，特色突出，保存完整，是中原文化与东北文化、汉传佛教与藏传佛教交融的重要结点。在历史上，朝阳是中国北方的佛教圣地和佛教文化发展中心，并对中原乃至东北亚的佛教文化发展起过重要作用，在中国两千多年的佛教发展史上占有重要地位。目前，朝阳市境内有保存完好的古塔近30座，现存300年以上历史的佛教寺庙（包括藏传佛教喇嘛院）150多处，其道场在海内外有着广泛的影响力。朝阳有史籍记载的东北第一寺——

"龙翔佛寺"；有集燕、隋、唐、魏、辽五代塔于一身（全国唯一）、1998年被国务院列为全国重点文物保护单位的东北第一塔——北塔；有世界罕见的佛教圣物——释迦牟尼佛真身舍利二尊（比法门寺佛舍利更珍贵）、举世无双的燃灯佛舍利十八颗；有享誉海内外的大德高僧——关外西域取经第一僧昙无竭（早唐僧取经207年）、倍受敬仰的蒙古族史学家罗布桑却丹（喇嘛）、北票惠宁寺坐床活佛嘉木杨（现为中国佛协副会长、甘肃省人大副主任）、海内外佛教界颇具影响的大法师释永惺。以如此丰富的佛教文化资源为依托，朝阳正在全力打造"东方佛都"，完全可与五台山、普陀山、九华山、峨眉山、法门寺相媲美，形成与其他佛教圣地的旅游竞争格局。

第五节　辽宁省历史文化旅游业整体经营状况分析

辽宁历史文化旅游整体经营状况良好，同辽宁整体旅游业蓬勃发展的大趋势是同步的。整体而言，辽宁历史文化旅游的经营已初具规模，旅游产品和服务日臻完善，基础设施建设不断加强。作为清王朝的肇兴之地，辽宁以其丰富的历史文化吸引了越来越多的国外旅游者。"满韵清风"为主题的历史文化旅游已形成辽宁历史文化旅游的主打品牌，且经营状况曾逐年上升趋势。其他历史遗迹历史文化遗迹旅游持续升温，宗教文化旅游蓬勃发展，民俗文化和节庆文化旅游活动影响广泛。经营过程中也存在诸多问题，机遇与挑战并存。据统计2008年1—6月，全省接待入境旅游者1078289人次，比上年同期增长19.58%。其中接待外国旅游者923581人次，比上年同期增长18.45%；接待香港同胞66755人次，比上年同期增长31.28%；接待澳门同胞12772人次，比上年同期增长47.01%；接待台湾同胞75181人次，比上年同期增长20.33%。入境游的增加表明辽宁历史文化旅游对外境游客的吸引力日益增强。

一、辽宁历史文化旅游的整体经营状态呈上升趋势

（一）"满韵清风"主题文化旅游有新突破

辽宁清前满族文化有着巨大的国内国际影响力，省旅游局高度重视清前满族文化旅游的发展。沈阳故宫成为世界文化遗产后，故宫提出口号"到沈阳故

宫看皇家礼仪"。几年来沈阳故宫排演了《国朝实录告成》《皇格格下嫁》《清太宗出巡》及《清宫新春朝贺礼仪》、《册封五宫后妃礼仪》等展演节目。如今，沈阳故宫的皇家礼仪展演，已成为沈阳清文化旅游的标志性品牌，成为沈阳与国内外宾朋、客商进行文化交流的纽带，提升了沈阳的影响力。省内现已打造两部以满族文化为主题的大型优秀舞蹈节目大型舞蹈诗画《满风神韵》和大型满族风情舞蹈《东陲边鼓》。2008年，完成投资达800万的"沈阳故宫日常养护工程"，不仅有效恢复和保护了沈阳故宫古建筑的完整性，还使沈阳故宫的占地面积增加了400平方米。全省争取国家旅游发展基金补助项目经费达到1200万元，投入沈阳昭陵等13个旅游项目；沈阳故宫2008年共接待观众94万人次，产业收入达3500万元。沈阳清福陵和昭陵不断打造新的旅游活动，又配以优美的自然景观，经营状况稳中有升。

2005年开始，辽宁清前满族文化旅游的区域合作也呈现出新的气象。第二届沈阳清文化旅游节并非沈阳市独有，而是包括抚顺、辽阳在内的三个城市合力打造的区域文化品牌。沈阳（盛京）、抚顺（兴京）、辽阳（东京）被称为关外"三京"，是清王朝的奠基地和清文化的发祥地，有着丰富的历史文化遗存和独特的民族风情。三市联手举办的清文化旅游节，经过2004年第一届的成功运作，已经成为颇有名气的区域性文化品牌。抚顺借助清前满族历史文化资源，到2008年，旅游总收入全省排名已由2003年的第11位，跃居至第5位。迄今沈阳市已举办过两届清文化节，辽宁省委也已组织有关人员对省内的清前文化资源进行了调查。应当说，将清前文化作为辽沈地区的主要文化品牌的共识已基本达成。此前，沈阳市政府已经推出连接沈阳、抚顺之间的"寻根游"活动，两地之间的旅游衔接大势已成。与此同时，作为清东陵、清西陵"祖宗根"的关外三陵也将与它们建立更为紧密的联系，整个清文化产业带即将形成。

满族风情文化旅游内容丰富，异彩纷呈。丹东青山沟中华满族风情园被誉为"中华满族第一园"，就是说在目前它是中华大地上第一个最大的、最为完整的、真实的、科学和系统地再现了满族古老的民族风情和民俗文化的展示地。以古朴典雅和错落有致的建筑风格，色彩斑斓和底蕴丰厚的民族风情，格调高雅和扣人心弦的满族文化，赢得了广大游客的赞许。抚顺新宾中华满族风情园位于赫图阿拉城东侧，是我国唯一的展示满族民族发展历史的综合性浏览区，园内有满族历史文化长廊、满族博物馆、地藏寺、显佑宫、商贾一条街、赫城湖、跑马场等旅游景点。新宾满族历史文化长廊建成于2002年，坐落在赫图阿拉城中华满族风情园内，全长560米，不仅是我们赫城著名的景观，而且是中国满族第一座长廊。沈阳陨石山满族民俗村是以满族民俗风情、北方乡村田园风光和体育娱乐健身相结合的旅游新区。抚顺成功地打造一年一度的满族风情节，游人如织，景区年接待游人达 50 多万。满族风情旅游带动相关餐饮业的发展。2004 年，以"珍藏沈阳清文化，打造酒店新品牌"为主旨的中国沈阳首家清文化主题酒店在沈阳房地产大厦揭幕。该酒店的推出为沈阳清文化品牌打造了一个生动而丰富的载体。满汉全席、满族八大碗等饮食受到游客的广泛青睐。

（二）历史文化遗迹旅游持续升温

我省历史文化遗迹游持续升温。以本溪五女山山城为例。2004 年 7 月，五女山山城荣登世界文化遗产名录，为桓仁打造了一张名扬中外的旅游名片。2007 年 9 月份，桓仁获得"中国生态旅游大县"荣誉称号，并跻身于首批 16 个中国旅游强县行列。2007 年，实现旅游接待 150.4 万人次，实现行业收入 8.6 亿元。2008 年，本溪市全年旅游总收入突破 100 亿元，增长 32.4%；接待国内外游客 1959 万人次，增长 85%。2008 年，葫芦岛市旅游业发展步伐加快，九门口长城、葫芦山庄通过国家 4A 级验收。全年接待境内外游客 884 万人次，增长 30%；旅游总收入 47 亿元，增长 27%，提前两年完成"十一五"规划目标，旅游业向支柱产业迈进。朝阳鸟化石国家地质公园自 2007 年 9 月 29 日开园以来，每天平均接待域内外游客 300 多人次，已经接待游客几百万人次，取得了较好的社会效益、经济效益。五年前，在辽宁省 14 个城市排名中，朝阳市旅游经济总收入排名倒数第一，五年来，朝阳利用牛河梁红山文化等四大文化资源，建设并打造"东方佛都"、"化石王国"、"文明圣地"、"三燕古都"四大历史文化品牌，共接待入境旅游者 1.78 万人次，旅游外汇收入 995 万美元，接待国内旅游者 1883 万人次，旅游收入 150.5 亿元人民币。2008 年，朝阳市实现旅游总收入 55.2 亿元，旅游经济总收入在全省 14 个城市排名从倒数第一上升至第十位。与此同时，旅游产业体系日臻完善，目前，朝阳市旅游直接和间接从业人员从 1.2 万人发展到 5 万多人，预计朝阳市旅游产业增加值占 GDP 的比重将达到 3%。铁岭市大力开发以调兵山风景区兀术古城、开原古城为代表的辽金文化旅游线路。2008 年，全市旅游收入实现 46.4 亿元，同比增长 50.6%。其中，国内旅游收入 45.25 亿元，同比增长 52.3%；接待国内游客 720.3 万人次，同比增长 31%；接待入境游 3.3054 万人次，同比增长 27%；实现旅游外汇收入 1772 万美元，同比增长 20%。2003 年，调兵山兀术古城被评为"辽金四大古建"之一，并获得了"金国第一城的美誉"。调兵山还规划设计了点将台、锁龙井、金兀术塑像等金文化代表性景点，正在积极招商引资进行开发建设。

(三) 宗教文化旅游蓬勃发展

近年来,我省宗教文化旅游得到迅猛发展。据了解,2002年青岩寺风景旅游区实现收入达720万元,2003年翻了一番,达到1560万;2004年实现收入3580万,到2006年将近8000万,游客总人数突破120万人次。这两年,收入已经过亿。阜新市瑞应寺等景区功能日趋完善,每年的法会吸引信众和游客10万多人。在构建以工业遗产旅游为主体,以藏传佛教旅游、大漠生态旅游为两翼,以玛瑙之都和民族文化旅游为辅助的产品体系的基础上,阜新市旅游市场日益繁荣,2008年,全市旅游总收入实现18.78亿元,同比增长52.68%。其中,国内旅游者368.4万人次,同比增长52.23%,国内旅游收入18.48亿元,同比增长52.72%;旅游入境人数10050人次,同比增长88.13%,旅游外汇收入432.6万美元,同比增长69.71%,增幅位于全省前列。据不完全统计,从2003年到2006年,国家4A级风景区鞍山玉佛苑共接待国内外游客105.47万人次。"十一五"期间的发展目标也已确定,玉佛苑要接待国内外游客达214万人次,年均增长15%%,实现旅游收入1.6亿元,晋升5A级旅游景区,创成世界级旅游品牌。2008年五一小长假期间,玉佛苑接待游客1.819万人次。在2009年元旦小长假的3天时间里,玉佛苑共接待游人5000余人。辽阳广佑寺自2004年6月21日复建落成以来,全力打造以宗教文化为特色的旅游景区。2005年景区共接待游人50多万人次,旅游收入1800万,极大地拉动了辽阳市旅游经济发展。2008年春节期间,广佑寺景区佛教文化旅游氛围异常浓厚。新春庙会暨"魅力古城,盛会辽阳"大型灯会,融思想性、艺术性、趣味性和观赏性为一体,集传统工艺与现代科技为一身,成为城市旅游的新亮点。黄金周期间,广佑寺景区接待游人24万多人次,比去年同期翻一番。不仅如此,辽阳县下河达乡佛教文化游也吸引了大批省内外游客,龙峰山景区7天接待游人达2.4万人次。铁岭着力开展以调兵山明月禅寺、开原七鼎龙潭寺、昌图长泰寺、铁岭经济开发区圣水寺为代表的佛教文化旅游线路。2008年,"十一"期间举办的沈阳皇寺庙会深受广大市民的欢迎与喜爱,逛庙会的人数突破了120万人次,庙会收入突破了1300万元人民币。

二、辽宁历史文化旅游经营中面临的问题

(一) 历史文化内涵挖掘不够

挖掘历史文化不是损毁,是保护、是利用和构筑旅游文化。历史文化旅游

中，旅游者要通过旅游活动，追求不同于本地、本国的特殊感受和知识，扩大自己的视野，否则旅游就失去了意义和价值。文化内涵是旅游业尤其是历史文化旅游业的灵魂。辽宁大多数历史文化资源的开发仍停留在初级阶段，主要以观光旅游产品为主，普遍呈现"小、弱、散、差"的特点。文化内涵挖掘不够，资源利用率较低，缺乏对历史文化资源的深度开发。例如，清文化旅游开发中并没有很好地把历史景观和非物质文化遗产很好地结合开发；佛寺类历史景区的旅游项目单一，除了观看古建筑，就是烧香拜佛，没有充分挖掘佛教文化内涵。没有历史文化内涵的挖掘和传承，就很难建立起有自己特色和定位准确的旅游文化，旅游文化的缺失又严重制约着旅游产品的升级、产业化和旅游业向纵深发展。

（二）历史文化旅游纪念品匮乏

历史文化旅游本身对游客的吸引力就相对较差，在历史文化旅游中往往不能满足人们全方位的旅游诉求。我省目前的历史文化景区多数存在只能满足人们游的要求，但由于除历史景观本身之外，缺乏相关产品和产业链条的开发，延伸和拓展项目较少，就不能留住游客。缺乏特色旅游纪念品和特色饮食产品，使游客多数不会选择留宿，这样自然也就减少了吃、住和购物等方面的收入。各旅游景点千篇一律的旅游商品却成为旅游业发展的一大"软肋"。实际上，旅游产业是由吃、住、行、游、购、娱等要素所组成的综合性产业，其中旅游购物不仅是旅游消费支出中的重要组成部分，也是各地旅游创汇、收入的重要来源。在旅游业较发达的国家或地区，旅游购物收入一般占到旅游业总收入的40%—60%。但是据旅游部门统计，前来我省的外地游客，用于旅游商品消费的平均费用还不到6块钱，这个数字大大低于国内旅游商品消费的平均值。例如，沈阳故宫外的皇城根纪念品商店中，几乎找不到像样的沈阳故宫纪念品，也没有突出地方特色的工艺品，而绝大多数旅游纪念品在全国各地的旅游景点是都能找得到的。现阶段，我省各大商场超市并未设有清前（满族）文化产品的专柜，包括最有特色的满族旗袍，也几乎成了餐饮服务业工作服的典型代表。实际上我省玛瑙、玉石产量十分丰富，但是精加工和专业的旅游市场营销人才却十分短缺，目前解决我省旅游产品开发等专业人才的短缺才是解决各中问题的症结所在。

（三）人们对辽宁文化缺乏认同感，文化旅游并未深入人心

辽河，也是中华民族的母亲河，且是中华民族的源头。营口金牛山距今28万年，喀左鸽子洞距今5万年，阜新查海遗址距今1万多年，沈阳新乐遗址距

今7200多年，牛河梁距今5500年，辽河文明源远流长，而且从没有断过。可是直到现在，人们都知道黄河是中国的母亲河，可辽河仍然默默无闻。以沈阳的新乐遗址为例。新乐遗址是沈阳人的发源地，早在7200多年前，沈阳人的祖先就在这里繁衍生息，沈阳市的城市标志太阳鸟就是根据在这里挖掘出的文物演化而来。同沈阳的"一宫两陵"一样，新乐遗址也是国家级旅游风景区，有着丰富的文化底蕴和很高的知名度，但游客人数比起"一宫两陵"，少得可怜。2007年到这里来参观的仅仅有18000人次，其中近1/3的游客是按照有关规定，持老年证、残疾人证等免费参观的。参观人数少是史前遗址博物馆普遍面临的困境。改造和丰富博物馆招商引资困难，这样就形成了恶性循环。我省的其他古人类遗址旅游也面临着同样的问题，要想把这类遗址旅游做大做强，首先就是要做好相关文化的宣传，通过电视纪录片、名师讲座等途径先把文化深入人心，引起人们对辽宁和辽河文化的好奇心、归属感和向往性，才可能带动相关旅游业的蓬勃发展。对于丰富的历史积淀，要很好地把它做些发掘，要让历史通俗化，把历史文化提炼成精彩的适合于普通百姓的故事讲出来。就如同普通百姓很少有人会去看《论语》，但通过"百家讲坛"的于丹把它通俗化、现实化，人们接受起来就容易得多，也随之产生了浓厚的兴趣。要讲辽宁历史故事，一定要给老百姓讲好故事，这个故事讲好了之后能让他很好地去传播，积极地去体验，也就会使历史文化旅游慢慢热起来。

（四）对历史文化资源缺乏精心打造和大力宣传

拥有历史文化资源不等于就拥有了历史文化旅游。目前我省多数地区对历史文化旅游品牌的市场开发意识还比较淡薄，有些创意仅停留在想象的层面上，而真正能把创意变成市场运作的却很少。朝阳和北镇相距不过百余公里，而"红山女神"和"歪脖老母"的对人们的旅游吸引力则却相距万里。"红山女神"的出土，绝不局限于泥塑艺术，她告诉人们5000年前这里曾经存在一个具有国家雏形的原始文明社会，也为传说中的五帝时代找到了实证。但就是这样罕见的历史遗迹却不及北镇青岩寺的一尊青石女佛像"歪脖老母"。"歪脖老母"在青岩寺坐了1500多年，大部分时间都是青灯黄卷，直到20世纪末，青岩寺景区大刀阔斧共举债1300多万元，开发"歪脖老母"景区。如今，"歪脖老母"虽然蜗居深山，却声名在外，每天来自省内各市、周边京津唐的游人不断，旅游收入过亿。究其原因完全归结于游客迷信应该并不客观，归结起来恐怕是"酒香也怕巷子深"。宝贵的历史文化资源需要精心的打造、合理的开发和大力的宣传，才可能真正成为文化旅游的热点，否则，就会出现捧着金饭碗却愁无饭吃的怪现象。历史文化旅游的特点是,历史文化资源只是一个平台和载体,打造旅游景区的关键是如何利用好现有资源,在已有的基础上给人们更多的体会空间并寓娱于游。既要精心包装怀旧符号,又要挖掘其丰富的人文内涵。把影响辽宁历史的著名人物理清脉络,将其串起来,让人们到辽宁一游想到影响辽宁的大人物大角色,不至于非常孤立单一的认识了一个故宫或一座庙宇。辽宁急需打造一条真正的历史文化街区,在那里可以观赏错落有致的古建筑群,浏览古香古色的正定老字号铺面,品尝各类地方风味小吃,选购琳琅满目的古玩字画、古董玩器和旅游纪念品,让游客真的享受到访古寻幽、品味历史的愉悦。毕竟社会发展时代进步了,既要怀旧,又要引导人们向前看,要把现代化的科学技术和创意想法很好地与景点景区相结合,拓展旅游空间,增添游憩区的概念,就是把商业、休闲、旅游观光这三大功能的叠加。除了专门的广告和媒体宣传之外,要让游客流连忘返,一游未尽,借助游客的口碑宣传,才可能吸引大量的潜在游客群体,甚至是吸引老游客的再次造访。

第六节　辽宁省历史文化旅游业发展预测

到"十一五"末期,辽宁文化旅游的总目标是要为旅游者持续提供优质的旅游产品和服务,满足国内外日益增长的市场需求,坚持满清文化与山水生态并重,城市旅游与景区旅游并进的发展模式,将全省建成城市旅游发达,景区旅游繁荣,"满清文化"形成强势产品,山水生态产品特色鲜明,区域旅游大环境优越,文化旅游产业效益显著的,集观光、度假、商务、会议、体育、宗教以及美食、购物、娱乐旅游于一体的,国内一流、国际驰名的直接旅游目的地之一,形成强大的竞争优势,建成现代化的文化旅游强省。辽宁省社会发展"十一五"规划提出:大力宣传"一宫三陵"、五女山山城和绥中九门口水上长城等世界文化遗产,建设辽宁世界文化遗产旅游精品路线。加强旅游基础设施建设规划,分步实施生态旅游、文化文物旅游、风景区旅游等三类60个重点项目,提高旅游产品的竞争力,打造辽宁品牌。本报告认为,根据"十五"规划期间我省旅游快速发展的经验和规律,尽管面临前所未有的严重挑战,只要共同坚定信心,不懈努力,我省入境旅游仍将会呈增长态势,国内旅游将会继续大幅增长。这个目标的实现将会为历史文化旅游提供更大的发展空间。2010年,辽宁省将努力打造旅游集聚区，尤其要推进本溪水洞——温泉集聚区、大连长山群岛国际旅游度假集聚区、丹东中朝边境旅游集散地集聚区、葫芦岛菊花岛聚集区、阜新矿山国家地质公园聚集区等示范区的旅游集聚区建设等专项工作，还要重点推进五大旅游产业集聚区，旅行社还有望参与政府采购和服务外包。2010年，辽宁省将举办5个国家级的旅游活即2010中国沈阳国际旅游节、大连第七届辽宁东亚国际旅游博览会、盘锦第二届中国盘锦国际湿地旅游周、中国（营口）国际海滨温泉节、丹东鸭绿江国际旅游节。

一、辽宁历史文化旅游资源的保护将进一步加强

辽宁省树立可持续发展的观念，坚持对旅游资源保护第一、合理开发的原则，开展了对历史文化旅游资源的普查工作，并进行系统科学的分析，做到对文化旅游资源情况心中有数，确立了建设文化大省的思想，明确了坚持生态旅游和文化旅游并举的发展战略，从而实现了立足当前，着眼未来，促进经济效应、社会效应、环境效应的有机结合，短期利益和长期利益的有机结合。

首先，政府经费投入是历史文化资源保护的物质保证。这几年，公共财政对于历史文化遗产保护的投入逐年增多，政府舍得花钱，而且是高起点、大手笔。2008年，省政府投入旅游基础设施建设费1800万元，用于重点旅游项目。2005年开始，我省每年安排200万元专项资金，重点支持国家试点、省级试点及列入非物质文化遗产保护名录的项目，2008年专项资金增为300万元。到目前为止，省财政已经投入专项资金900万元，各市县几年来共投入保护经费968万元，总计1868万元，先后对省级试点项目和省级名录项目及时、有效地实施了抢救性保护，以奖励的形式对成立保护中心的市县给予了资金、设备扶持。其次，政府各部门之间逐步形成协调配合共识，为我省历史文化资源保护提供了有力支撑。历史文化资源保护涉及政府的多个部门。这些年，相关部门对历史文化遗产保护的认识明显提高。规划部门在规划制订、项目审批方面，发改委在项目立项方面，建设、财政部门在资金投入方面，公安部门在防范打击方面，与文物主管部门密切配合、相互协调；国土、园林、旅游等部门及区县政府积极支持。再次，社会的广泛关注，是历史文化资源保护的坚实基础。社会公众是历史文化资源保护的主体。多年来，人大代表、政协委员通过建议、提案、调研、视察等方式，民主党派成员、专家学者通过建言献策，广大市民通过包括网络在内的媒体等渠道，积极参与到保护历史文化资源的工作中来。不

少历史文化遗产保护项目的实施与推进，许多破坏历史文化遗产行为的防范与制止，都是与社会方方面面的关注、推动、批评、监督分不开的。从而可以预测我省将能更好地处理保护与开发的关系，把历史文化旅游发展与历史文化旅游资源保护有机结合起来，在保护中开发，在开发中保护，夯实我省历史文化旅游可持续发展的基础。

二、辽宁历史文化旅游基础设施将日臻完善

旅游基础设施建设的不断完善，将会大大促进我省历史文化旅游素质的不断提高。全省旅游基础设施建设进一步完善，现已形成海陆空立体交通网络"两海两铁两高"，即连接滨海六市的旅游路，连接关内外的京哈铁路和京沈铁路，京哈和京四高速公路，大连至山东半岛以及的天津海上客运航线，在全国率先实现高速公路覆盖省辖地级城市，高速公路营运里程达到1849公里，高速公路建设达到国际一流水准。我省现有六个机场，其中沈阳和大连两个国际机场，已开通了联接日、韩、俄、朝、新、德、美、澳、英、港等国家、地区和国内主要大中城市的定期航线，其中国际航线近百条，客运量逐年增长。继大连至韩国仁川客运航线之后，海上运输又开辟了丹东、营口两地至仁川的海上航线，海上交通工具状况也有很大改观，大大提高了游客的可进入性。"一环三线"（"一环三线"将沈阳故宫、福陵、昭陵、抚顺永陵、本溪五女山、葫芦岛九门口长城六大世界文化遗产；鞍山千山、本溪水洞、丹东鸭绿江、大连金石滩和发现王国、锦州辽沈战役纪念馆、盘锦红海滩、朝阳红山文化、辽阳广佑寺、铁岭蒸汽机车、阜新海棠山等旅游精品有机结合，形成了代表辽宁旅游形象的精品线路）是辽宁旅游精品线路是对基础设施的高度概括。

根据调整的国家铁路中长期规划，辽宁境内将有一大批铁路新建和改建项目，其中最引人注目的是即将开工建设的京沈客运专线。哈尔滨至大连客运专线正在加紧施工，将于2012年竣工通车；沈阳至丹东客运专线将在今年启动；盘海营（盘锦—海城—营口）客运专线预计3月开工建设，这条线路将成为哈大客运专线与沈山客运专线的连接点，竣工后，从大连坐火车至北京仅需4个小时。这些客运专线建成后，辽宁13个城市坐火车进沈阳将在2小时之内，进北京的时间将压缩在4小时之内，到大连时间将在3小时之内。交通、通讯条件的改善，金融、商贸电子化步伐的加快，将为历史文化旅游业加快发展提供更完善的基础条件。

接待条件将进一步优化。全省星级饭店和旅行社的拥有量位居全国前列，优质服务、诚信经营已深入人心。截止到2008年年底，全省旅游住宿设施总量超过12000家，其中星级酒店540家。全省旅游景区超过700家，其中国家A级以上旅游景区173家。全省旅行社1160家，有4家旅行社进入全国百强社。全省推出旅游精品50佳。旅游安全保障体系、应急机制、安全标识系统建设得到强化；"12301旅游服务热线"开通基本就绪；旅游政务网和旅游咨询网络建设取得新的进展。

三、辽宁历史文化旅游产品将更加丰富多彩

2009年全省旅游工作的总体思路是：坚持以科学发展观为指导，以推进建设旅游强省为目标，以调整旅游市场结构为重点，进一步做精旅游产品、做优旅游项目、做强旅游企业、做好旅游服务、做大旅游宣传，全面推进旅游产业转型升级，确保全省旅游经济又好又快发展。按照省旅游工作会议的要求，大力发展针对国内国际市场的文化旅游产品，进一步整合文化、文艺、文物资源，深度挖掘历史文化内涵，开发多层次、多元化的历史文化旅游产品。重点推出辽西古文明之旅、世界遗产之旅、满韵清风之旅、民俗风情之旅等精品旅游线路。"辽"是辽宁省垄断性的资源，辽宁还有一个最重要的品牌就是辽文化旅游线路。

着力打造辽西历史文化旅游精品线路。辽西遗存下来相当丰富的人文积淀，大量的古城、古遗址、古寺庙、古墓葬，难以计数的珍贵出土文物，这些资源大部分可以为旅游业开发利用。辽西是中原文化和北方少数民族文化的融会点、黄金段、过渡段，是各种文化高度融合的热点区。这一带古文化景观厚重、深邃、悠远，有些是国家顶尖甚至世界顶尖的。但目前刚露冰山一角，需要重新审视定位它们的开发价值和取向，请专家论证，拿出与国际接轨的全新方案，沿线要改善设施和条件，提升品位，充分挖掘其可利用的文化内涵，建设新的人文景点。辽西可被打造成中华民族文化的肇启之旅、人类文明的发轫之旅、世界物种文明的起源之旅和中国最具特色的历史民族文化之旅四大品牌。其中中华民族文化的肇启之旅，主要是充分利用查海文化遗址和牛河梁红山文化遗址，以"唤醒中华文明的曙光"为主题，把阜新和朝阳地区打造成为世界闻名的中华民族5000年文明之发祥地，让这里不只是考古学家所向往的地方，更要成为世界旅游者的直接旅游目的地。人类文明的发轫之旅，可借助朝阳喀作的

鸽子洞古人类遗址、东山嘴遗址以及牛河梁女神庙、积石冢红山文化等遗址资源，吸引人们去辽西，去朝阳回顾人类漫长的发展过程，感悟古人类如何迈入文明社会的门槛，体会具有国家雏形的原始文明社会的本来面目。世界物种文明起源之旅，以朝阳鸟化石国家地质公园、北票市四合屯挖掘现场棚户长廊、朝阳上河首地质公园、凌源等化石集中分布地区为资源依托，打造以"寻找地球生命的痕迹"为主题的旅游产品，应该充分体现朝阳作为拥有多项世界之最的古生物化石宝库的地位，并将其建成为朝阳旅游的核心旅游产品，支撑朝阳成为世界级的古生物科考研究型目的地和地球演化知识科普型旅游目的地。打造中国最具特色的历史民族文化之旅，主要用为辽西地区拥有朝阳三燕文化、阜新藏传佛教东方传播中心、辽金文化、元明清朝代的文化等宝贵资源。仅朝阳一个市，现存古代寺观遗址就 142 处，其中辽金元时期的 22 处、明清时期118 处。丰富的多民族历史文化资源，注定辽西完全有可能被打造成最具中国特色的民族文化之旅的精品线路。

进一步完善"满韵清风"之旅的产品和服务。近年省政府提出打清文化牌，沈阳、抚顺搞清前文化游很成功，但这篇文章我们旅游系统还没有做足，没有延伸到辽西。辽宁省到山海关沿线到处散落着清前（满族）历史文化的粒粒珍珠，如果我们能有用线把这些珠子精心地穿起来，再加以润色点缀，就会形成辽宁清前（满族）历史文化旅游的精品线路。清王朝从老城（新宾）起兵，东京（辽阳）中转，盛京（沈阳）坐殿，经辽西反复与明军争战，广宁（北宁）之战，宁远（兴城）之战，至九门口一片石大战入关，这才是一条完整的清前文化线。反过来，还可以作一条清帝东巡祭祖线，前接北京、承德，经辽西绥中、兴城、锦州、北宁以及朝阳等多处，住在什么地方，吃什么菜，写过什么诗，题过什么字，留下什么故事，都可以大做文章，后连沈阳，和"金三角"连起来。打造辽宁清前（满足）文化旅游，应该在省旅游局统领导下，由一家企业牵头，多家旅行社加盟，实现利益共享，达到旅游业的可持续发展。辽宁打造清前（满族）文化旅游的指导思想应该是：围绕一个中心（紧紧围绕辽宁清前满族历史文化的深厚底蕴这个中心）；依托四大载体（遗迹遗址——肇兴过程中留下的珍贵遗迹遗址；战事遗址——清朝统一女真和问鼎中原战事凭吊遗址；宫陵建筑——辽宁满族特色的故宫帝陵建筑；礼仪风俗——清朝重大的皇家庆典祭祀礼仪和满族民间风俗活动）；包装三大板块（以抚顺、本溪为中心的东部清前文化兴起区域；以沈阳、辽阳、铁岭、鞍山为中心的中部清前文化积淀区域；以锦州、葫芦岛、朝阳为中心的西部清文化纽带区域）；勾画三条线路

（清前战史凭吊线、三部古迹游览线、祭祖谒陵驻跸线）。

丰富和充实清前文化文博旅游。辽宁有开阔的大政殿、十王亭建筑群，有完备的大清门、崇正殿、凤凰楼、清宁宫和后宫的建筑群等等，并且随着清军入关后对沈阳故宫的重视，大量的清代的珍贵藏品也纷纷源源不断的运往沈阳。大量的清帝圣容、行乐图、满文老档、汉文旧档、历朝实录、圣训、清帝御用武备、珍贵的青铜器、历代名人书画、四库全书、太庙玉宝等等数不胜数。实践证明，文博旅游业是将历史与公众见面的最好人文艺术信息的纽带。一个拥有大清王朝的三大都城遗址的省，要想将过去警卫森严的皇家宫阙变成公众缅怀历史、吸取知识的基地，发展文博旅游业是最好的形式和载体。在打造这一旅游项目时，要围绕建设清故宫博物馆陈列种类、满族民间艺术展、清代八旗武备和十王亭的陈列、国内各博物馆送来的珍品、辽宁清文化文博珍品、清入关前的都城变迁、清帝王皇后生活用品等等开发和建设清前（满族）文化文博旅游。

开发满族民俗风情游线路。一是要整合满族风光特色游线路，在丰富现有的抚顺赫图阿拉城满族风情园，扩展沈阳陨石山满族民俗村的基础上，还应兴建新宾、岫岩、宽甸、北镇、桓仁等满族人聚居地的满族风情园，建设满族风情家庭宾馆，推出系列满族风味饮食，用满族风情的服饰穿着，用满族的礼仪接待游客，并组织满族民间的艺术表演活动，做到有内容吸引游客，有能力接待游客，有条件留住游客，把这些满族风情特色地区打造成民俗旅游精品线路。

打造满族同胞千里寻根游线路：皇陵祭祖、长白山寻根。别具特色的"满族同胞寻根游"可以沿着满族迁徙、征战直至建都沈阳以及几代清帝东巡祭祖的历史足迹，分别游览以沈阳为中心，包括我省和吉林、黑龙江省的其它具有浓郁满族风情和民族特色的景点。打造四条旅游线路：（1）"满韵采风——盛京一日游"，游览沈阳故宫、太庙、中心庙、长安寺等景点；（2）"千里祭祖——皇陵二日游"，沿着清帝东巡祭祖路线，以"永陵"、"福陵"、"昭陵"为主线，同时安排新宾满族自治县境内的"赫图阿拉老城"等景点；（3）"古迹寻踪——皇太极征战遗迹三日游"按照皇太极征战辽西古战场遗址游览；（4）"故里寻根——长白山五日游"，去长白山探寻满族的发祥源头。在游览中，开展"寻根续家谱"活动，查证满族姓氏与现在姓氏的历史渊源；开展大型祭祖仪式表演、满语培训等一系列丰富多彩的活动。

四、辽宁历史文化旅游的从业人员素质将不断提高

大力加强文化旅游专业人才的培育，造就高素质的专业旅游人才队伍，是发展文化旅游产业的关键一环。因此，文化旅游专业人才的培育和成长环境，关系到发展文化旅游"人才战略"的实施。2007年，"辽宁省旅游业紧缺本科人才培养、培训基地"在沈阳师范大学落成。2008年，我省"人才兴旅百千万"工程扎实推进，全面提高服务质量和服务水平，全年培训旅游从业人员超过10万人。首次召开全省导游员大会，表彰了59名模范、优秀导游员。但辽宁目前旅游从业人员在经营理念、管理手段、职业技能等方面都不能满足建设国内文化旅游强省目标的实现。省委省政府应投入长期的资金，并提供必要的政策以保障人才培养和引进的长效机制。

2009年开始，辽宁省应继续紧紧依靠大专院校，扩大与旅游院校联合办学，建立了旅游教育专家人才库，加强旅游科研，为全省旅游发展提供有力的智力支撑。在整合旅游教育培训资源，改革旅游教育培训方式方法，拓宽培训渠道，扩大培训范围，丰富培训内容，促进专业院校与培训机构的合作，构建学历教育与职业教育并举、高等教育与高职教育并存的体系的同时，将文化旅游专业人才的培育和旅游行业岗位培训结合起来，加快旅游管理、旅游规划、旅游开发、旅游营销、旅游服务等高级专业人才的培养，使我省旅游人才在数量上、质量上和结构上满足建设旅游强省的要求，进一步实现"人才兴旅"。

建立文化旅游专业人才激励机制，结合本地、本企业的实际制定符合文化旅游发展需要的人才开发计划，明确人才队伍建设目标和落实措施，改革收入分配制度，建立重实践、重贡献、向优秀人才和关键岗位倾斜的自主分配制度。举办大规模旅游人才招聘会，吸纳旅游专业优秀人才。开展文化旅游专业人才资源的国际合作，积极开展国际文化旅游专业人才的交流活动，尝试选拔优秀人才到文化旅游发达国家进行培训，同时借鉴国外成功的旅游业人才选拔、考核、评价、激励等管理经验，探索与跨国旅游企业和国际人力资源机构的交流与合作，推动我省文化旅游专业人才的建设。

为切实加强导游人员管理，提高导游人员队伍整体素质，辽宁省内各市旅游局将逐步开展导游人员年审工作。导游人员年审工作是国家的一项法规制度，是提高导游人员综合素质、整顿导游队伍、规范导游管理的必要手段。年审依据先培训后年审的原则，导游人员参加年审培训考核合格后，由各旅行社加盖

公章，准予年审。年审培训的内容为：学习科学发展观，构建和谐社会，建设社会主义核心价值体系等理论知识；导游人员职业道德教育、旅游政策法规（《导游人员管理实施办法》、《导游证管理办法》）、导游业务、导游基础知识、专业知识和技能、旅游安全常识、处理突发事件能力等。年审培训时间应不少于56小时。各旅行社根据实际情况在培训结束后将年审培训总结及培训方案作为年审上报材料一并上报市旅游局。年审以考评为主，具体内容包括：从事导游业务情况、扣分情况、接受行政处罚情况、游客反映情况等。年审结束时将由市旅游局做出通过年审、暂缓通过年审或不予通过年审的结论。

五、辽宁历史文化旅游的国内国际市场将更为广阔

2008年，围绕"满韵清风、多彩辽宁"主题形象、以"奥运在北京，畅游来辽宁"为主题口号的宣传推广取得成效。"一环三线"精品旅游线路市场逐渐成熟。全年组织促销团组10余批，举办各类大型旅游节庆活动20多项，参加各种旅游交易会、博览会20余次，进一步扩大了辽宁旅游影响力和知名度。接下来要进一步明确辽宁旅游形象定位，扩大文化旅游宣传，建立由省旅游部门牵头，地方、部门、企业共同参与的长期联合宣传促销机制，加强与主要客源地知名媒体和旅行商的合作，开展形式多样的整体形象宣传。

紧紧围绕重点客源城市和重点客源市场，扩大辽宁历史文化旅游品牌的知名度，可运用广播、电视、报刊、讲座、招贴画、宣传小册子、明信片、影视风光片等形式促销。要制作一个全面完整的辽宁历史文化旅游网，内容要充实，至少有汉英两种语言。利用百家讲坛、辽海讲坛等节目，多做辽宁历史文化方面的讲座。增加宣传辽宁历史的出版刊物，只有用文化占领游客的心理空间，才能激发人们来辽宁旅游的兴趣和热情。要广泛征集并推出辽宁历史文化旅游品牌的统一宣传口号和标志；要加强与各旅游主管部门和各旅行社旅游饭店集团等旅游企业的合作牌；要积级参加各种国际旅游展览会、博览会、交易会和促销活动；要建立旅游宣传促销基金，增加旅游宣传促销的资金投入；要利用要做到全省旅游景点与接待游人的旅店、餐厅都有辽宁历史文化旅游景点的宣传资料；省内每个城市的高速公路入口及主要干线都要有辽宁历史文化旅游景点的巨幅路牌广告等。

积极开拓国内国际旅游市场，通过各种途径，促进我省与国内旅行商和海外旅行商的联系，继续加大的宣传促销力度，加快以长春、尔滨为中心的东北

亚内陆地区，以京、津、塘、山东半岛为主的环渤海地区，以上海、南京、杭州为中心的长江三角洲和以广州为中心的珠江三角洲地区的宣传力度，建立辽宁旅游海外办事处，重点巩固我国港台市场，稳定日本、韩国市场，大力发展东南亚和俄罗斯市场，积极开拓欧美和澳洲市场。

打造历史文化节庆活动。策划和宣传主题节庆活动，让人们能通过记住几句简单的口号、几条容易记的词语就把旅游区的名字同一种直观形象联系在一起，把辽宁省宣传成为一个充满吸引力的地方，树立地区文化多样性和友好热情的形象主题。举办具有特色的旅游节庆活动，体现满族风土人情的活动，使这些活动成为旅游目的地永久性的旅游识别标志。在继续办好可持续性的规模固定的如沈阳清文化国际旅游节、鞍山玉佛文化旅游节、抚顺满族风情节等系列节庆活动的同时，要积极打造一批有新意的历史文化节庆活动，从而聚集人气、商气和文气，营造良好的旅游氛围。

第七节　辽宁省历史文化旅游业发展大事记

2008 年 1 月 10 日，兴城古城获"中国十佳古城"荣誉称号。

2008 年 3 月 11 日，2008 辽宁（北京）旅游推介会隆重举行。

2008 年 4 月 15 日，朝阳市举办红山文化展。

2008 年 5 月 4 日，沈阳故宫举办"阜新玛瑙艺术精品展"。

2008 年 5 月 5 日，桓仁获中国旅游强县称号，东北唯一获此殊荣之地。

2008 年 6 月 6 日，辽宁省又有 14 个项目入选第二批国家级非物质文化遗产名录，有 17 个项目被列入第一批国家级非物质文化遗产扩展项目名录。

2008 年 8 月 19 日，省政府成立牛河梁遗址大遗址保护领导小组。

2008 年 8 月 31 日，首届国际著名旅游景区·商品展示会暨五爱旅游购物节盛大启幕。

2008 年 10 月 3 日至 6 日，阜新市举办大型藏传佛教文化旅游节。

2008 年 11 月 4 日，"九一八"历史博物馆举办沈阳考古发现 60 年成果展。

2008 年 12 月 9 日，朝阳鸟化石地址公园再度列入国家级地址遗迹保护项目。

2009 年 4 月 25 日，由辽宁省旅游局、锦州市人民政府主办，锦州市旅游局、北镇市人民政府承办的"2009 辽宁旅游欢乐节·锦州旅游周·北镇梨花节"在辽宁省北镇市观音阁景区开幕。

2009 年 11 月，在由国家旅游局、云南省人民政府、中国民航总局共同主办的 2009 中国国际旅游交易会，辽宁展团获得了组委会颁发的优秀展台奖和优秀组织奖。

2009 年 12 月，"2009 广东、辽宁——传奇佛山、伟人故里、海岛碉楼旅游交流会"在沈阳举行。

（作者：张万杰，辽宁社会科学院科研处；

孟月明，辽宁社会科学院历史所）

行业报告九　辽宁省红色文化旅游业发展报告

　　红色旅游是把红色人文景观和绿色自然景观结合起来，把革命传统教育与促进旅游产业发展结合起来的一种新型的主题旅游形式。其打造的红色旅游线路和经典景区，既可以观光赏景，也可以了解革命历史，增长革命斗争知识，学习革命斗争精神，培育新的时代精神，并使之成为一种文化。丰富优质的旅游资源，将构成发展红色旅游的强大物质基础，正在成为人们参观游览的热点，将促进经济和社会的发展。而且红色旅游还可以带动信息业、餐饮业、会展业、交通业、旅游商品制造业、娱乐业、建筑与房地产业、金融业、保险业、传媒等相关产业的发展。因此，辽宁作为红色资源大省，应进一步提升红色文化旅游产业化水平。

第一节　红色文化旅游业特点与政策分析

　　红色旅游作为一种新兴的专项旅游活动形式和产品类型是在20世纪90年代中后期才逐步发展起来的。红色旅游，主要是指以中国共产党领导人民在革命和战争时期建树丰功伟绩所形成的纪念地、标志物为载体，以其所承载的革命历史、革命事迹和革命精神为内涵，组织接待旅游者开展缅怀学习、参观游览的主题性旅游活动。因而红色旅游具有显著的中国特色。辽宁省应积极出台政策采取措施，积极发展红色旅游产业，将其作为一件大事来抓，让红色旅游产业发挥牵动辽宁效应。

一、红色旅游的特点

（一）集学习性、故事性、参与性、展示性于一体

红色旅游的学习性，主要是指以学习中国革命史为目的，以旅游为手段，

学习和旅游互为表里，达到寓教于游、润心无声的境界。红色旅游的教育性指增强对中国共产党领导下革命历史的掌握，增强民族意识与民族自信，亲身体会革命历史的艰辛曲折，增强建设社会主义的热情与实现中华民族伟大复兴的使命感。故事性就是将中国共产党领导中国人民的革命斗争历史通过讲故事的形式对人们娓娓道来。历史典故往往形象、生动、有趣，贴近群众和生活，产生亲和力。因此，要深入发掘红色旅游中的历史人物故事，既要反映领袖、英雄等"大人物"在历史中的重要作用，更要通过"小人物"展示"大历史"，揭示人民群众创造历史的真谛，使历史鲜活和丰满起来。红色旅游点还应紧跟体验经济的潮流，突出旅游节目的参与性。红色旅游本身就是一种实践性学习。红色旅游就是要让旅游者体会出"原汁原味、有惊无险、苦中有乐、先苦后甜"来。

（二）游客群体多以团队为主，以国内游客为主，国际游客所占市场份额极小

红色旅游资源很多都处于经济、交通欠发达地区，个人前往不便，从而大多数以组团的形式进行集体旅游，接收教育，同时可以集体体验当年革命斗争的艰辛。红色旅游主要是指以中国共产党领导人民在革命和战争时期的历史与革命精神为主题的旅游活动，因此，具有中国特色。国外旅客对此并不像对中国古典文化那么热心，另外也不能排除国外势力歪曲中国共产党，歪曲历史而进行抵制的因素。

（三）旅游活动的周期性

红色旅游由于其具有的特殊性，因此它的活动就具有周期性。尤其是在重要的年份和节日，是它的旺盛期，如建国60周年、建党80周年、毛泽东诞辰等，由于这些特定节日的影响，当年的红色旅游会好于其它年份。

（四）政府主导，具有较大政治相关性

由于红色旅游所宣传的精神与所要达到的教育性目的，所以其基本上是以政府主导，具有较大的政治相关性和意识形态色彩。发展红色旅游有利于在广大干群特别是青少年中进行爱国主义和革命传统教育，弘扬和培育民族精神，又有利于把革命历史文化资源优势转变为经济优势，推动革命老区经济发展。这既是一项关系巩固党的执政地位的政治工程，一项关系发展先进文化的文化工程，又是一项关系革命老区经济社会发展和群众生活水平提高的经济工程。

三、政策措施解读与分析

(一) 国家政策

中共中央办公厅、国务院办公厅印发的《2004—2010 年全国红色旅游发展规划纲要》，表明国家将大力发展红色旅游产业，并就发展红色旅游的总体思路、总体布局和主要措施作出明确规定。其中，提出发展红色旅游要实现的六大目标之一，是重点打造 100 个左右的"红色旅游经典景区"，使 80% 以上达到国家旅游景区 3A 级以上标准，其中 40% 要达到 4A 级标准。到 2007 年，争取有 50 个"红色旅游经典景区"，年接待规模达到 50 万人次以上。到 2010 年，争取有 80 个"红色旅游经典景区"，年接待规模达到 50 万人次以上。实现红色旅游产业化，使其成为带动革命老区发展的优势产业。到 2010 年，红色旅游综合收入达到 1000 亿元，直接就业人数达到 200 万人，间接就业人数达到 1000 万人。配套完善 30 条"红色旅游精品线"，使其成为产品项目成熟、红色旅游与其它旅游项目密切结合、交通连接顺畅、选择性和适应性强、受广大旅游者普遍欢迎的热点游线。发展红色旅游有利于在广大干群特别是青少年中进行爱国主义和革命传统教育，弘扬和培育民族精神，又有利于把革命历史文化资源优势转变为经济优势，推动革命老区经济发展。加快红色旅游发展，使之成为爱国主义教育的重要阵地，2004 至 2007 年参加红色旅游人数的增长速度要达到 15% 左右，2008 至 2010 年要达到 18% 左右。这既是一项关系巩固党的执政地位的政治工程，一项关系发展先进文化的文化工程，又是一项关系革命老区经济社会发展和群众生活水平提高的经济工程与社会工程。

国家针对东北地区以松花江、鸭绿江流域和长白山区为重点的"东北红色旅游区"的主题形象做出了规定，即"抗联英雄，林海雪原"。同时将"沈阳—锦州—葫芦岛—秦皇岛线"定位为全国 30 条红色旅游精品线路之一。主要红色旅游景点有：沈阳市"九一八"历史博物馆、抗美援朝烈士陵园，抚顺市平顶山惨案遗址纪念馆、战犯管理所旧址，锦州市辽沈战役纪念馆、黑山阻击战纪念馆，葫芦岛市塔山阻击战纪念馆。

2008 年，全国红色旅游工作协调小组紧紧围绕促进全国红色旅游又好又快发展，密切协调配合，积极履行职责，主动开展工作，工作思路更加清晰、工作措施更加有力，工作成效更加明显：分别于 2 月 18 日和 9 月 26 日召开了协调小组第五次会议和全国红色旅游工作电视电话会议；组成四个联合调研组，对全国 12 个省（区、市）的红色旅游发展情况进行了实地调研；出台了《关于进一步促进红色旅游健康持续发展的意见》；进一步加强对国家支持的红色旅游项目建设的指导和项目资金使用的监管和稽查；积极推广爱国主义教育基地经验，继续指导和鼓励不同地区教育基地强强联合，提高红色旅游资源的利用率；积极指导各地编制红色旅游规划，推进红色旅游融合发展，搞好市场营销；积极指导各地把红色旅游与中小学生参与社会实践活动相结合；积极指导和扶持重点红色旅游资源地区打造"红色舞台"；不断加强对红色旅游交通建设的协调与指导，为红色旅游发展提供了有力支持；继续加大对红色文化遗产保护的监督力度；继续加强对革命历史文物普查和文物修缮及陈展内容的审定力度。

（二）辽宁省政策

辽宁省积极响应国家号召与部署，结合辽宁实际，中共辽宁省委办公厅 2005 年 7 月发布了《2005—2010 年全省红色旅游发展规划纲要》（辽委办发〔2005〕26 号）就发展红色旅游的总体思路、总体布局和主要措施做出了纲领性的指导。力争在 2005 年全省红色旅游接待人数达到 2000 万人次，约占全省旅游总接待人数的 20%；2007 年达到 3000 万人次，年均递增 23%；2010 年达到 6000 万人次，年均递增 26%。培育形成 4 个红色旅游区，配套 5 条主要红色旅游线路，重点打造 30 个左右的精品景区，实现红色旅游产业化。2005 年红色旅游收入力争达到 140 亿元，约占全省旅游总收入的 20%；2007 年达到 210 亿元，约占全省 23%；2010 年达到 411 亿元，约占全省 25%。实现持续快速发展。将全省划分为环沈阳辽宁中部红色旅游区、辽西红色旅游区、辽东红色旅游区、辽南红色旅游区以及抗联斗争系列、辽沈战役系列、抗美援朝系列等 5 个主题的旅游线路。

纲要提出，发展红色旅游，要坚持社会效益放在首位，因地制宜，统筹协调，多方参与，建设红色旅游精品体系、配套交通体系、建设资源保护体系、宣传推广体系以及运作体系。在纲要中明确提出并建立了辽宁省红色旅游工作协调小组，要求宣传、发改委、旅游、财政、交通、建设、文化等部门分工合作，加大投入力度，推进开发保护，塑造整体品牌，加强宣传推介，做好规范管理，积极发展好红色旅游产业。

2008 年 9 月辽宁省专门召开红色旅游协调工作会议，省委副书记王万宾主持，省委常委、常务副省长许卫国、省委常委、宣传部部长焦利、副省长李佳出席了会议，省发改委、公安厅、司法厅、文化厅、建设厅、财政厅、国土资源厅和旅游局等部门领导，抚顺、本溪市政府及市相关部门的负责同志参加了会议。在听取相关部门汇报后，会议做出重要部署。

许卫国副省长指出，辽宁红色旅游资源丰富，潜力大，要充分挖掘；要重视红色旅游的牵动效应，深化爱国主义教育内容。当务之急一要大手笔、高起点做好红色旅游规划；二要加快实施，争取国家的大力支持，落实项目资金，引起中央领导的重视；三要统筹兼顾，要有长远目光，三赢、四赢、多赢才好。省委常委、宣传部长焦利指出，我省红色旅游主推抗日战争、解放战争和抗美援朝三大品牌。2009年，重点推出抗日战争时期的红色旅游项目。抚顺市和本溪市的红色旅游项目要快些动作，落实的资金要到位，尚未落实的资金要抓紧落实。要制定红色旅游总体规划，分步实施。在红色旅游的开发建设上，要加强领导，严格遵守国家的不新建、不搬迁、不奢华原则。他还强调，红色旅游不是单一旅游，要与相关的旅游结合起来，才有生命力。要适应青少年的游览需求，增加红色旅游景区的实物陈列内容，增强吸引力和说服力。

李佳副省长指出，红色旅游一要特别注意项目与旅游功能相衔接。通过旅游达到教育的目的，要符合旅游发展的规律；二要尊重历史，要与"绿色、白色、蓝色和金色旅游"相结合；三是景区周边环境要整治好，与项目同步实施；四是各部门要通力合作，共同做好红色旅游的相关配套工作，让游人能进得去、出得来。最后，王万宾副书记做了重要讲话。他强调指出，红色旅游在我省经济社会发展中占有重要地位。我省红色旅游资源丰富，抗日战争、解放战争和抗美援朝等三大事件与辽宁紧密联系在一起，要充分挖掘，并做到与其它"绿色"、"蓝色"等旅游资源相结合配套开发。在红色旅游的规划上，要与全省"十一五"规划、旅游规划、城市建设、精神文明建设等相衔接；在红色旅游开发的总体思路上，要做到总体规划，分布实施；在具体景点建设上，注重项目的核心是历史真实，用史实说话，以此决定景点建设规模；在配套设施建设方面，要从实际需要出发，满足必要的几大要素，建筑风格要与当时历史环境相一致，陈列部分、展示部分、建筑物的色彩和风格等要协调。同时还就红色旅游的项目建设、规划设计、景区管理、资料收集和整理等具体工作作了明确部署。

第二节　辽宁省红色文化旅游资源状况

东北是我国抗日战争的发起点，在白山黑水间在中国共产党的领导下涌现出了许多可歌可泣的英雄，进行了不屈不挠的斗争，他们用热血和青春，完成了中华民族的强烈呐喊，我们应该为他们自豪，永远铭记他们的光荣时刻。

辽宁"红色旅游"主题特色就是"抗联英雄 林海雪原"。全省现有国家级爱国主义教育示范基地 10 个，省级 35 个，市级 179 个。其中，已经开发利用的约 50 多处。这些红色旅游资源涵盖了抗日战争、解放战争、抗美援朝、社会主义建设四个时期的内容。全省按照地域特征分为 4 大红色旅游区，按主题形成 5 条精品线路。

辽宁省 4 大红色旅游区

区域	主要景点（内容）
环沈阳辽宁中部红色旅游区	九一八历史博物馆、张氏帅府纪念馆、抗美援朝烈士陵园、周恩来少年读书旧址、中共满洲省委旧址、抚顺雷锋纪念馆、平顶山惨案遗址纪念馆、抚顺战犯管理所旧址纪念馆、鞍山、本溪（不含桓仁）、辽阳、铁岭等地景点
辽西红色旅游区	辽沈战役纪念馆、东北野战军前线指挥所旧址、黑山阻击战纪念馆、塔山阻击战纪念馆等辽沈战役系列
辽东红色旅游区	丹东抗美援朝纪念馆、鸭绿江断桥、河口断桥、志愿军空军指挥所旧址等抗美援朝系列；本溪桓仁、丹东宽甸即抚顺新宾等东部山区的抗联遗址系列。
辽南红色旅游区	大连旅顺口爱国主义教育基地、关向应故居纪念馆、营口西炮台遗址等

资料来源：《2005—2010 年全省红色旅游发展规划纲要》（辽委办发［2005］26 号）

10 个国家红色旅游景区即九一八历史博物馆、抗美援朝烈士陵园、关向应故居纪念馆、平顶山惨案遗址纪念馆、战犯管理所旧址纪念馆、抗美援朝纪念馆、鸭绿江景区、辽沈战役纪念馆、黑山阻击战纪念馆、塔山阻击战烈士陵园，20个省级景区即中共满洲省委以及刘少奇活动旧址、陈云工作旧址、张氏帅府暨辽宁近代史博物馆、鞍山黄先生故居、张学良故居、抚顺三块石森林公园、本溪抗联遗址（汤沟抗联西征会议遗址、老和尚帽子抗联遗址、桓仁龙头山抗联一军军部及密营遗址、桓仁老秃顶子抗联遗址）、鸭绿江河口断桥、毛岸英纪念馆、宽甸青山沟抗联遗址、宽甸天桥沟抗联遗址、宽甸天华山抗联遗址、营口西炮台遗址、阜新孙家湾万人坑、辽阳李兆麟故居、铁岭银岗书院、朝阳赵尚志故居。

辽宁爱国主义教育基地有本溪烈士纪念馆、关向应纪念馆、大连英雄纪念公园、沈阳军区后勤史馆、赵尚志纪念馆、辽沈战役配水池遗址、萧军纪念馆、中共满洲省委旧址纪念馆、青铜雕塑《为了和平》、苏家屯区烈士陵园、葫芦岛市塔山阻击战纪念馆、旅顺日俄监狱旧址博物馆、辽宁东北抗联史实陈列馆、平顶山惨案遗址纪念馆、抚顺战犯管理所旧址陈列馆、关向应故居纪念馆、葫芦岛市塔山烈士陵园、黑山阻击战烈士陵园、沈阳抗美援朝烈士陵园、丹东鸭绿江断桥、抚顺雷锋纪念馆、丹东抗美援朝纪念馆、锦州辽沈战役纪念馆、大连旅顺万忠墓纪念馆、沈阳"九·一八"事变博物馆。其中沈阳、大连、锦州各5个，丹东、抚顺各3个，本溪2个，朝阳、葫芦岛各1个，营口、鞍山、阜新、辽阳、盘锦、铁岭0个。2009年5月21日，中宣部公布第四批全国爱国主义教育示范基地其中辽宁省新增3个，即赵尚志纪念馆、铁西老工业基地展览馆、阜新万人坑死难矿工纪念馆。

针对红色旅游资源相对丰富，种类多样，贯穿了不同的历史时期，具有不同的时代主题的特点，辽宁省积极推出诸如抗战之旅、缅怀之旅、励志之旅等品牌。

抗战之旅。展示"九一八"事变到抗日战争胜利，日本军国主义阴谋策动侵华战争，血腥涂炭中国人民的罪行，以及中国共产党领导东北各族人民顽强抗击侵略者，赢得抗战胜利的精品景点。如沈阳的九一八历史博物馆、中共满洲省委旧址纪念馆、张学良旧居陈列馆、苏军阵亡将士纪念碑、沈阳审判日本战犯特别军事法庭、美英盟军战俘营陈列馆，鞍山的三道沟日伪埋藏死难矿工遗址，抚顺的平顶山惨案遗址纪念馆、抚顺战犯管理所旧址陈列馆，本溪的东北抗日联军一军西征会议旧址、辽宁东北抗联史实陈列馆，丹东的天华山大边沟抗联遗址、青山沟抗联遗址、天桥沟抗联遗址，营口的西炮台遗址。

缅怀之旅。展示解放战争和抗美援朝战争期间，中国共产党领导辽沈人民和解放军、志愿军浴血奋战，打败国民党和美帝国主义侵略者，赢得胜利的精品景点。如沈阳的东北解放纪念碑、秀水河子战役纪念馆、抗美援朝烈士陵园、小英雄谢荣策烈士陵园，丹东的抗美援朝纪念馆、鸭绿江断桥，锦州的辽沈战役纪念馆、黑山阻击战纪念馆。

励志之旅。展示近代以来老一辈无产阶级革命家、历史名人和社会主义建设先进人物曾生活、学习、工作、视察过的精品景点和奋斗遗迹。如沈阳的毛泽东视察高坎纪念馆、周恩来少年读书旧址（东关模范小学）、刘少奇旧居陈列馆、陈云旧居陈列馆，鞍山的黄显声将军故居、张学良将军出生地纪念馆，抚顺的雷锋纪念馆，丹东的大鹿岛甲午海战古战场，辽阳的曹雪芹纪念馆，铁岭的周恩来少年读书旧址纪念馆。

辽宁省推出的5条红色旅游路线：（1）丹东—大连—营口—盘锦线，以甲午战争史实系列为主轴，与区域内的旅游资源相结合；（2）铁岭—沈阳—辽阳—鞍山—大联机，以伟人故里、革命烈士应用事迹系列为主轴，与区域内的旅游资源相结合；（3）沈阳—抚顺—本溪线，以东北抗联斗争系列为主轴，与区域内的旅游资源相结合；（4）沈阳—锦州—葫芦岛—秦皇岛线，以反映解放战争时期辽沈战役系列为主轴，与区域内的旅游资源相结合；（5）沈阳—鞍山—丹东—本溪线，以抗美援朝战争系列为主轴，与区域内的旅游资源相结合。

第三节　辽宁省红色文化旅游资源分析

一、优势条件分析

1. 区位交通优势。辽宁位于东北的南部，东北与吉林省接壤，西北与内蒙古自治区为邻，西南与河北省毗邻，距离北京、天津较近，南濒浩瀚的渤海与黄海，是东北唯一一个既沿海又沿边的省份，以鸭绿江为界河与朝鲜隔江相望。辽宁是中国东北经济区和环渤海经济区的重要结合部，是东北地区通往关内的交通要道，也是东北地区和内蒙古通向世界、连接欧亚大陆桥的重要门户和前沿地带。

辽宁拥有全国密度最高的铁路、四通八达的公路、通达世界的沿海港口和航空等各种运输网。以省会沈阳为交通枢纽，交通线呈放射状向东西南北延伸，是沟通东北三省和内蒙古及关内的纽带和桥梁。铁路干线有京哈线、沈大线、沈吉线、锦承线、沈丹线等，还有不少铁路支线网络分布全省。公路交通在全国率先实现高速公路覆盖所有地市级城市，高速公路营运里程达1700多公里。高速公路以沈阳为中心建成了京沈、沈大、沈本、沈哈、沈抚等高速公路和沈阳过境高速公路。沈阳市成为我国拥有高速公路最长、环城高速公路标准最高的城市之一，4小时内已能达到省内所有城市。海上交通方面，大连、丹东、营口、锦州等港口与中国沿海主要港口通航。大连港是东北第一大港，有客轮发往天津、秦皇岛、蓬莱、烟台、威海、上海等地，鸭绿江口的丹东和辽河口的营口也是黄海、渤海上的重要港口。航空方面，辽宁省现有沈阳、大连、丹东、锦州、辽阳和朝阳等民用机场6处，开通了联接日本、韩国、俄罗斯、朝鲜、新加坡、德国、美国、澳大利亚、中国香港等国家（地区）和国内80多个城市的定期航线以及到马来西亚吉隆坡、泰国曼谷和中国澳门地区等地的不定期包机航线。

2. 红色旅游景观类型多样，特色鲜明，涉及不同的历史时期。辽宁省红色旅游资源十分丰富，且特点鲜明，全省现有国家级爱国主义教育示范基地10个，省级35个，市级179个。其中，已经开发利用的约50多处。这些红色旅游资源涵盖了抗日战争、解放战争、抗美援朝、社会主义建设四个时期的内容。其中"沈阳——锦州——葫芦岛——秦皇岛"线列入国家30条"红色旅游精品线路"之中，抚顺平顶山惨案遗址纪念馆、抚顺战犯管理所旧址陈列、沈阳"九·一八"历史博物馆、大连关向应纪念馆、锦州辽沈战役纪念馆、锦州黑山阻击战景区、葫芦岛塔山阻击战纪念馆、丹东抗美援朝纪念馆、丹东鸭绿江断桥、沈阳抗美援朝烈士陵园等10个景区列入国家100个"红色旅游经典景区"之中，而且这些爱国主义教育基地全部处在旅游功能比较完善的旅游城市中，已构成辽宁省红色旅游骨干体系，年接待游人规模在50万至100万人次之间，发展红色旅游有很大的潜力和优势。

3. 政策扶持优势。国家旅游局于2004年启动"红色旅游"工程。2004年11月间由国家发改委牵头正式出台《"红色旅游"景区建设规划》。中央办公厅、国务院办公厅2004年底印发了《2004—2010年全国红色旅游发展规划纲要》就发展红色旅游的总体思路、总体布局和主要措施做出明确规定。2005年2月，国家旅游局将2005年旅游主题确定为"红色旅游年"。这是改革开放以来，党中央、国务院、国家发改委、国家旅游局第一次联合推介旅游产品，并出台了一系列扶持措施，其中包括资金扶持，为红色旅游开发提供了坚实的平台。

辽宁省根据中央精神已成立了一个"红色旅游领导小组"，省发改委、旅游局已制定"红色旅游发展纲要"及活动方案。根据省发改委的思路，辽宁将围绕抗日战争、解放战争、抗美援朝等主题，打造辽宁中部、辽宁西部、辽宁东部、辽宁南部四大红色旅游区，将开发建设相对成熟的红色旅游区点在本区域或跨区域连点成线，将红色旅游线路与省内绿色生态、金色清文化、蓝色海洋、白色冰雪等资源进行科学组合，使其产生迭加吸引力，实现优势互补，已策划出勿忘国耻、抗日救国主题系列游，辽沈战役主题系列游，抗美援朝、保家卫国主题系列游，伟人风范主题系列游，浩气长存主题系列游和爱国将领张学良专题系列游六大红色旅游系列活动。全省将着力打造"辽沈战役"、"抗美援朝"和"雷锋精神"等具有强烈震撼力的全国一流红色旅游精品，并确定了辽宁红色旅游的发展目标。

4. 与各类旅游资源融合较好。辽宁除了拥有特色鲜明的红色旅游资源外，古文化遗址众多，自然风光秀美，山海景观壮丽、奇特，旅游项目丰富。山岳风景区有千山、凤凰山、医巫闾山、龙首山、辉山、大孤山、冰峪沟等七大名山，湖泊风景区有萨尔浒、汤河、清河等，海岸风光有大连滨海、金州东海岸、大黑山风景区、兴城滨海、大笔架山风光、葫芦岛风光、鸭绿江风光等，岩洞风景有本溪水洞、庄河仙人洞，泉水名胜区有驰名的汤岗子温泉、五龙背温泉、兴城温泉等，特异景观有金石滩海滨喀斯特地貌景观、蛇岛、鸟岛、怪坡、响山等，著名的古文物遗迹（陵、庙、寺、城）50余处，古遗址和古墓葬已发现37处。由于这些丰富的旅游资源与红色旅游资源在空间上具有较好的组合优势，从而有利于红色旅游与原有的山海风光游、宗教文化游、历史文化游等旅游类型相互衔接，满足游客的多种心理需求，有利于各地区之间进行区域合作，资源整合，从而产生聚集效应。

5. 丰富的客源。从国内市场来看，辽宁距北京、天津近，北京不仅是全国的政治、文化中心，同时也是具有相对较高素质群体的中心城市，北京和天津在全国的人均收入中属于高收入城市，人均消费高于全国平均消费水平，消费群体成熟。从国际市场来看，辽宁与目前中国三大客源国（日本、韩国、俄罗斯）之间的距离非常近，而且由于历史原因，辽宁及部分中小城市与这些国家有着长期的联系，客源地对辽宁的情况更了解，更关注。进入21世纪以来，辽宁省的旅游客源市场日益扩大，接待国内外游客的人次，以及旅游收入均呈现出迅速增长的势头，具备了发展红色旅游的客源市场条件。

二、制约因素分析

1. 周边旅游区知名度较高，对辽宁红色旅游产生极大的削弱作用。辽宁的红色旅游资源总体上看知名度不高，距离辽宁最近的北京天津都是中国革命历史悠久地区，政治经济文化非常发达，是有中心影响力的城市。尤其与河北省相比，辽宁的红色旅游资源在旅游者中的知名度也显得低。因为河北省所处的华北地区是共产党领导革命的重要地区，是抗战时期和解放战争时期党的主要活动区域之一，拥有先天的"品牌效应"优势。同时新中国成立后，一批在全国有影响力的反映河北军民革命斗争的文学作品相继问世，如《红旗谱》、《平原烈火》、《野火春风斗古城》、《烈火金钢》、《敌后武工队》等，这些作品的广泛传播，在潜移默化中提升了河北红色旅游的知名度。而一些享有较高声誉的影视作品，如《地道战》、《平原游击战》、《狼牙山五壮士》、《小兵张嘎》、《董存瑞》、《解放石家庄》、《大决战》等，对宣传河北"红色旅游资源"也起到了推动作用。相比之下辽宁在这些方面显然做得不够，致使红色旅游的知名度降低。

2. 红色旅游产品展示手段单一，对游客的吸引力差。辽宁有的红色旅游景点目前提供的产品基本上以简单的图片展示和橱窗式的文物陈列为主，静态观光内容居多，枯燥乏味，缺乏声、光、电等现代化"动态式"、"参与式"的手段，对于现代审美观念和旅游者的消费取向不具有吸引力。

3. 基础设施不尽完善，影响了旅游接待质量的提高。红色旅游景点尤其是抗战时期景点多处于交通不便、经济不发达地区。

辽宁旅游饭店数量众多，级别多样，能够满足游客不同层次的需求，但饭店的卫生化、标准化、特色化不够，满足游客舒适需求的饭店不多，自助餐馆少，鞍山、本溪、抚顺等省辖市之外的其它中等城市，分散的、小规模的餐馆比较多，旅游接待服务基础设施的数量和质量有待于进一步提高。

4. 宣传力度不够，没能打响辽宁的红色旅游品牌。做好宣传推广是搞好红色旅游的重要手段。辽宁的红色旅游景区总体上过分依赖旅行社等中介组织。没有在市场细分的基础上实行个性化宣传，缺乏大规模、连续性、轰炸式宣传，与其它红色旅游名胜区连手宣传、打造品牌的活动更是少而又少。中央电视台国际频道 CCTV-4 就有这样的广告："风吹芦苇荡，心动沙家浜。"优美的画面，配上这样的广告词，使人联想到当年新四军在芦苇荡中的斗争事迹，让人向往，能够吸引人前去参观旅游。从而使沙家浜成为常熟市红色旅游窗口，使常熟市旅游收入在2007年就达到了100亿元。同样的例子还有"拜水都江堰，问道青城山"，其广告词产生的魅力与吸引则是著名文化学者余秋雨的名人效应。而辽宁则在这方面做的明显不足。

5. 高素质红色旅游人才的缺乏，制约了红色旅游的长远发展。由于红色旅游产品包含着丰富的政治历史文化内涵，因此，它对从事红色旅游工作的从业人员提出了更高的要求。目前，从业人员总体学历水平、文化素质和业务素质都偏低，尤其缺乏高层次的规划、策划、市场开发和管理等专业人才，缺乏高素质的导游人员。特别是有些导游在讲解的过程中不了解历史，不能把握红色旅游的本质，不了解红色旅游的背景及文化内涵，景点讲解缺乏内涵和生动性，且对不同层次的游客都是同一套讲解词，无法满足游客的不同需求，甚至有时还引起游客的不满。

6. 体制不顺，阻碍了红色旅游资源的开发。在体制方面，旅游产业机构还不够合理，计划经济痕迹尚未完全消除，管理上的条块分割现象依然存在，一个景点的主管部门涉及旅游、文化、宗教及文物保护等方面，往往协调性不强，效率不高。

第四节　辽宁省红色文化旅游个案分析

尽管国家为东北树立的主题形象为"抗联英雄 林海雪原"，抗联斗争方面是重要组成部分，但是辽宁省红色旅游发达地区却并非是拥有抗联遗址众多的辽东地区，从上面的分析可以看出来红色旅游产业还是主要集中在沈阳、大连、锦州等相对较大的城市和地区。因此，有必要对相对薄弱的而又在红色旅游资源中占有重要地位的辽东地区的情况做一个案分析。

辽东地区红色旅游资源丰富，近年来得到了很好的开发和利用，广泛开展了爱国主义教育和革命传统教育，为构建和谐辽宁做出了重要贡献。辽东地区的红色旅游主要集中在抗击日本侵略方面，抗联一军主要活动地留下了许多遗迹。辽东地区已经在各级政府的领导下，集中保护开发了一批抗联遗址，取得了可喜的成绩。吸引了众多旅游者，为当地的经济发展做出了重大贡献，形成了初具规模的红色旅游基地。但是由于辽东地区整体经济发展相对于辽宁中部和南部薄弱，故此红色旅游的开发还存在一些问题。

一、保护力度和重视程度不够

据了解，在本溪境内，仅抗战遗迹、遗存就达 40 多处。这其中，有一半涉及抗联。本溪汤沟留下了大量抗联遗址，如抗联西征会议会址、宋铁岩牺牲地、靖宇石、抗联密营及宿营地地窨子等，本溪县境内就发现了十几处抗联密营。但其中很多保护力度不够。如抗联西征会议会址建于半山腰，现在周围杂草丛生，表明已经很长时间无人照料，碑也有残损之处，作为省文物保护的标志牌也已字迹模糊。而山下的靖宇石也只是用铁链简单围起来，并没有显著的标注"禁止攀越"的保护标志。就此情形来看，已经很久没有人进行保护整理。而旁边的杨靖宇纪念馆也没有开放。著名的抗联一军天桥沟军部旧址，现有抗联遗址 6 处，有 5 处没有得到正式的认可和命名，保护就更谈不上。凤城市新开岭战役旧址，是我军歼灭国民党精锐部队的战场，目前只有一座纪念碑，整个遗址没有得到妥善的保护和开发。

有的领导重视单纯的经济发展，工作任务繁重，认为红色旅游工作可有可无、好坏无关紧要。有的领导口头上讲红色旅游很重要，但实际上并没有将这个工作真正的抓起来，忽视红色旅游的重大作用。有些领导根本不重视红色旅游的发展问题，对红色旅游投入较低，关心较少，重视程度不够，造成红色旅游发展滞后。另外，普通百姓对红色旅游资源也并不重视，认为其没有什么价值，没有保护的意识，任由损毁。

二、基础设施不完善

目前辽宁省的很多红色景区景点是以革命遗址、故人故居为主，单纯的依靠图片与较少的实物来进行宣传，而这些实物很多价值并不是很大，并不能完全反映与表达主题。造成吸引力不强，缺乏震撼力和感染力。这种表现手法比较陈旧，不能对参观者形成强烈的视觉冲击等情况。同时缺少多媒体展示设备。这些橱窗展示和静态观光的内容，使得文物的陈列和展示与游客的距离变远了。与此同时，与红色旅游相关的配套基础设施也显示不足，主要是住行吃。宾馆饭店数量少，级别低，环境条件差，布局不合理，难以留住游客。红色旅游区大多交通不发达，一些通往景点的道路狭窄，多为土路山路与急转弯路，既不便利，有存在安全风险。此外，与红色旅游景点相关的红色旅游消费十分落后。在一些景点基本上买不多与该景点有关或有地方特色的纪念品，土特产也不能满足游客的需要，这些都影响了红色旅游的可持续发展与当地收入的增加。如汤沟抗联西征会议遗址就是如此，本溪县的抗联史实陈列馆周围也是什么都没有，参观人员很是不方便，想匆匆看完马上离开。

三、人员素质不高、知名度不高、宣传力度不够

从事红色旅游工作与管理的人员文化程度普遍较低，一般只是照背解说词，显得机械与僵化，同时服务意识淡薄，大有你看你的我忙我的，互不干扰的意思。工作人员大多不是专业人才，对于所在红色旅游景区的很多相关史实问题并不清楚，平时也不注重如何对红色旅游加以改进的研究，整天基本都是在混日子，没有积极向上的状态。

一些红色旅游景点处于配角或可有可无的地位，大多数来这个景点的人并不是来进行红色旅游的。如汤沟抗联西征会议遗址。就是这样的角色。很多人来汤沟是洗温泉的，不去参观遗址。这个问题很大，值得思考。一些景区将红色旅游基本上停留在山水层面上，只有一两个纪念性质的建筑物，没有更多的或相关的东西可以参观，难以调动参观者的积极性，反而使人们认为所谓的红色旅游就是看看过去留下的"破烂东西"而已，没有形成红色文化。长久下去，不但红色旅游会衰退，红色文化与红色精神会断层。

很多景区的知名度与其丰富的旅游资源是极不相称的，宣传投入较少，宣传力度不到。一些景点只在本地或专业人员中被关注，许多普通人并不知道。或者在本地还算有点知名度，在全省没有什么影响力，更不要说全国了。部分景区缺乏对自己景区的整体形象设计，缺少自我宣传。即便是在一些具有纪念意义的日子，宣传依然不足，仅仅通过常规的传统的手段是不利于红色旅游资源快速持续发展的。

因此，发展辽宁红色文化旅游需要注意以下几点：

（1）加强红色旅游资源整理与保护力度。要抓紧做好革命遗址的认定与保护工作。县级以上文物主管部门应主动协助党史研究以及宣传等职能部门和相关单位尽快开展对这些革命一直的认定保护工作，树立明确的标识，依法进行保护，防止红色旅游资源遭到损毁。对于红色旅游资源的日常保护与维护应落实到单位和个人，使红色旅游资源得到真正的有人管、有人护。

（2）提高认识，加强领导。①应克服"红色旅游工作可有可无"的错误观念，切实提高对红色旅游重要性的认识。《2004—2010年全国红色旅游发展规划纲要》（中办发［2004］35号）指出："发展红色旅游，对于加强革命传统教育，增强全国人民特别是青少年的爱国情感，弘扬和培育民族精神，带动老区经济社会协调发展，具有重要的现实意义和深远的历史意义。"因此，各级领导应当将红色旅游工作提高到本地工作重要组成部分的高度，认真抓好红色旅游工作。②建议将红色旅游的工作成效作为考核干部的指标之一，形成激励机制，促使不重视红色旅游的领导改变原有做法，加大对红色旅游的重视程度。③在普通百姓中进行宣传教育，提高他们的认识，发动群众自觉保护红色旅游资源。

（3）完善基础设施建设。①红色旅游景点中，应增加影像视频设备等先进设施，建立专门的影视厅，免费为参观者播放红色旅游的短片；改变形式单调，内容雷同的图片与简单实物的宣传做法，给参观者形成强烈的视觉冲击，创造对参观者的吸引力、震撼力和感染力。②在景区周围建设不同层次的宾馆饭店以满足不同层次参观者的需求，可以仿制与红色旅游相关的实际住所，让参观者切身体验、临场感受。如可以在山上建抗联密营状的屋子，让参观者亲身感受、回到历史的真是场景。③加大道路的建设与整修，使交通便利，避免安全事故的发生。④鼓励、扶持当地群众发展红色旅游相关产业，创造就业机会与增加群众收入。

（4）提高工作管理人员素质，提高服务水平。提高人员素质有两个途径，第一就是对现有工作人员进行培养，提高他们的文化素质和服务意识，将这些作为考核的标准，对其进行激励与约束。发动群众进行监督投诉，对不符合要求的管理人员进行辞退。第二就是引进人才，对于引进人才要给予优惠条件，或者聘请党史专家作为顾问，对红色旅游进行经常性的指导。

（5）将红色旅游与其它旅游结合起来，创造文化氛围。辽东土特产丰富，如野菜、河鱼、田鸡、蚕蛹、板栗等，可以将开发农家菜与红色旅游结合起来，做抗联食品、志愿军食品用品等类似的开发。红色旅游的开发可以与乡村旅游、山水旅游结合起来，创办相关的各种活动，举办各种展览或野营实训等，让参观者既能放松身心，休闲度假，又能得到爱国主义教育，一举两得。

（6）大力宣传，提高知名度。现在的社会是一个信息社会，要应用信息传播速度快的优势，加大宣传，提高自己的知名度，如充分利用公交车车身广告、移动电视、互联网等新型媒体，由政府出面支持宣传。在省外组织宣传团与展览，扩大知名度，同时可以学习先进经验，交流信息，使辽宁红色旅游做大做强做出特色。

（7）打造精品，形成品牌效应。组织党史等相关专业的专家学者，研制具有创意和特色的红色旅游产品，对红色旅游资源的内涵进行深刻挖掘，突出红色旅游景点的主题精神与特色，全力打造一批精品；加强对重点革命遗址的研究，出版一批图文并茂、可读性强的书籍或影视作品，满足参观者的需要，逐步形成自己的特色。

（8）学习先进地区经验。红色旅游在有些省份地区得到了很好的开发和利用，效果非常好，可以组织参观交流，学习他们的先进经验。如井冈山、韶山、红安，这些都是在全国比较有名的红色旅游区。他们的成功经验可以为我所用，用来发展本地的红色旅游，宣传好党的革命传统，弘扬民族精神。

（9）尽管国家发改委明确"合理确定红色旅游景点门票价格，红色旅游景点门票价格要按照保本微利的原则确定"，门票价格原则上应实行一票制，但由于部分红色旅游场所的游客稀少（如辽东地区一些抗联遗址），从而逐步实行了免费参观制度，实现了公益性服务的目的。但是这也同时促使了红色旅游地本身对此更加不重视该产业的发展。由这种现象所引发的参观人数少，门庭稀冷会逐步显现出来。因此这就需要将各地的红色旅游资源加以整合，形成品牌与规模，从而增加竞争力。另外，可以利用周边餐饮、住宿、商品等产业的盈利来给予这些景点以补偿。

第五节　辽宁省红色文化旅游经营状况

2007 年，全省红色旅游接待人数达到 1500 万人次，收入达到 120 亿元，约占全省旅游接待总人数和总收入的 15%；到 2010 年全省红色旅游接待人数要达到 2500 万人次，收入达到 200 亿元，约占全省旅游接待总人数和总收入的 20%。2008 年，红色旅游与全国旅游行业一样，先后经受了年初低温雨雪冰冻灾害、汶川特大地震和全球金融危机等重大事件的影响和考验，面临诸多困难，但红色旅游仍然魅力不减，继续保持健康持续发展的良好势头。据不完全统计，辽宁红色旅游接待人数同比增长 50% 以上，红色旅游综合收入同比增长超过 100%。红色旅游已进入快速发展的轨道。对沈阳等城市红色旅游游客的抽样调查显示，在接受随机调查的 2500 人中，认为红色旅游景区"很好"和"好"的占90.7%，有继续参加红色旅游意向的占90.6%，愿意把红色旅游景区推荐给亲友的占94.7%，反映出红色旅游的社会认可程度很高。从游客调研情况看，2009年第二季度全国游客满意度综合指数为79.06，总体上看处于较满意水平。在40个样本城市中，沈阳的满意度指数较高，超过80。

中共中央政治局常委、中央精神文明建设指导委员会主任李长春在中央精神文明建设指导委员会上指出，要促进红色旅游持续健康发展，更好地发挥红色旅游的教育功能。实践证明，红色旅游实现了传统教育与休闲方式的有机结合，寓教于游、寓教于乐，实现了革命传统教育的大众化和常态化，促进了三个文明建设的有机结合。2008年抽样调查结果显示，在参加红色旅游的游客中，25%以上是青少年学生；有33%的受访游客表示到红色旅游景区旅游的目的是接受传统教育。

红色旅游实现了革命传统教育的大众化和常态化。随着红色旅游景区景点和纪念场馆建设水平的提高、功能的完善，极大地吸引了人民群众的广泛参与，实现了寓教于乐、寓教于游。据调查，参加红色旅游的游客几乎涵盖了全社会各个年龄层次和职业群体，其中，青少年学生占总人数的20%以上，成为受教育面最大的群体。广大游客通过参与红色旅游，了解革命历史，瞻仰领袖人物，缅怀丰功伟绩，切身感受和认识到，中国走社会主义道路、由共产党领导是人民的选择，历史的必然，激发了爱党、爱国、爱社会主义的热情，许多游客在留言簿上写下了感人肺腑的话语。

近年来，入境游客参加红色旅游人数不断增多，不少外国和港澳台的游客对中国革命历史很感兴趣，许多旅行社把红色景区景点纳入入境旅游线路。许多外国游客对"伟人踪迹"、"经典战役"等红色景区景点及历史事件表现出浓厚的兴趣，很多人参观后感到"很惊奇、很震撼"，"中国的红色文化很有魅力"。红色旅游正以其特有的魅力吸引着一些国际旅游者的目光。同时，红色旅游业的发展也带动了该地区基础设施建设，增加了当地人民的收入，带来了实实在在的好处。

周边旅游区知名度较高，对辽宁红色旅游产生极大的削弱作用。辽宁的红色旅游资源总体上看知名度不高，距离辽宁最近的北京天津都是中国革命历史悠久地区，政治经济文化非常发达，是有中心影响力的城市。尤其与河北省相比，辽宁的红色旅游资源在旅游者中的知名度也显得低。河北省依托华北地区是共产党领导革命的重要地区，是抗战时期和解放战争时期党的主要活动区域之一，拥有先天的"品牌效应"优势。同时新中国成立后，一批在全国有影响力的反映河北军民革命斗争的文学作品相继问世，如《平原烈火》、《烈火金钢》、《敌后武工队》等，这些作品的广泛传播，在潜移默化中提升了河北红色旅游的知名度。而一些享有较高声誉的影视作品，如《地道战》、《平原游击战》、《狼牙山五壮士》、《小兵张嘎》、《董存瑞》、《解放石家庄》、《大决战》等，对宣传河北"红色旅游资源"也起到了推动作用。相比之下辽宁在这些方面显然做得不够，致使红色旅游的知名度降低。北京、天津由于其国际性大都市的地位，经济、文化发达，能够吸引众多的游客乃至外国游客前往，其红色旅游资源并不比辽宁省少。另外，江西、江苏、湖北、湖南、陕西等红色旅游大省，其拥有的红色旅游资源无论从数量上来讲，还是从质量上来说，都比辽宁要具有优势。同时基础相比辽宁也要雄厚，历史文化的积淀也较多。近年来，红色旅游经过规模和质量快速提升，现在已呈现出加强区域合作，实现"资源互享、优势互补、游客互送"的区域联合发展的新趋势，增强了红色旅游宣传促销力度和作为特色产品的影响力。实行区域合作模式比较成熟、影响比较广泛的有鄂豫皖6市36县大别山红色旅游区、川黔渝三省四市（重庆、广安、遵义、贵阳）西南红色旅游精品线、湖南韶山—宁乡—湘潭伟人故里"红三角"，以及重庆市推出的由10余个景区景点统一管理形成的"红岩联线"品牌。其中。湖北省红安县作为著名的"将军县"在红色旅游的开发上，一直处于领先地位，其硬件基础设施配备具有相当优势。在当地相关部门的努力下成为全国最为重要的爱国主义教育基地和红色旅游区之一。在这些成功的区域合作品牌影响下，以安阳、长治、石家庄三市为支撑的"太行抗日烽火"红色旅游区，以瑞金、龙岩为中心的赣南、闽西"红色根据地"旅游区，以山东临沂为中心的沂蒙山区红色旅游区，等等，新一轮区域合作趋势正在形成。

在加强区域合作的同时，各地积极推进红色旅游与生态旅游、民俗旅游、乡村旅游等旅游产品的融合发展，进一步提升了红色旅游产品的吸引力和竞争力。像井冈山的"红色摇篮，绿色家园"，延安的"革命圣地，黄帝故里"，遵义的"四渡赤水，茅台文化"，四川冕宁县的"长征路上，彝族风情"等等，形成了复合型旅游产品。江苏省常熟的沙家浜，依托本身的红色资源与阳澄湖水产等资源，积极发展"红色旅游""绿色旅游""金色旅游""影视旅游"等构筑旅游"天堂"，以红色旅游业为基础，发展成了配套的旅游产业，从而使沙家浜成为常熟市红色旅游窗口，使常熟市旅游收入在2007年就已经达到了100亿元。

各地在发展红色旅游中，注意深挖红色文化内涵，许多地方以文艺表演形式，将革命历史、英雄事迹、领袖人物搬上舞台，与旅游活动有机结合，搭建"红色舞台"，成为红色旅游的新业态。如延安市的"延安颂"和"梦回延安保卫战"，井冈山市的大型实景演出"井冈山"，临沂市的"蒙山沂水"，遵义市的"红军魂"，重庆市渣滓洞的夜间实景演出等，这些活动深受广大游客的喜爱和好评，有力带动了红色旅游的深入发展。据了解，2007年在延安观看"梦回延安保卫战"的游客达到11.2万人次，门票收入342万元。特别是江西推出的"中国红歌会"，将传统与时尚紧密结合，文化活动与红色旅游融为一体，许多媒体进行了宣传，在全国引起了强烈反响，创新了红色旅游发展的形式。

开行红色专列已经成为红色旅游一道亮丽的风景线。从试运行到企业经营红色旅游的一种运营方式，得到了铁路部门的大力支持，受到了地方政府、景区景点和广大游客的广泛好评。据统计，2007年共开行红色旅游专列409列，同比增长77.06%；运送游客24.2万人次，同比增长47.56%。江西省还开通了井冈山—南昌—九江的以"红色之旅"命名的全国首列固定主题列车，在列车上，开展"着红军装、吃红军餐、唱红军歌"等活动，吸引游客广泛参与，营造了红色旅游独特的氛围。

与这些红色旅游发达省份和城市相比，辽宁省红色旅游的基础薄弱，起点比较低，不具有先天优势，产业发展方面还有很大的差距。同时需要注意的是，由于辽宁地处东北，气候相对寒冷，适宜旅游的时间段短，很多红色景点（尤其是抗联遗址）较为偏僻，所以难以形成对游客的吸引力。

第六节　辽宁省红色文化旅游发展策略与建议

红色旅游是国内旅游的重要组成部分，对于扩大内需有着积极意义。辽宁抓住一切有利因素，从热点领域、重点地区、关键方面入手，加强红色旅游宣传和市场推广工作，办好红色旅游主题活动。把思想统一到中央领导同志对红色旅游发展的重要指示精神上来，进一步在工作落实上下功夫，着手研究红色旅游后续发展工作，开展相关规划编制，进一步加强调研，认真总结红色旅游发展的优秀经验和存在问题。

一、在国家政策引导下，加深开发力度

2009 年 1 月 20 日，全国红色旅游工作协调小组第六次会议在北京召开。会议回顾总结了 2008 年全国红色旅游工作，研究部署了 2009 年全国红色旅游的主要工作，并审定了《关于编制红色旅游后续发展规划的工作方案》。会议认为 2009 年是贯彻落实《全国红色旅游发展规划纲要》关键的一年，总体的工作思路是，认真贯彻党的十七大精神，高举中国特色社会主义伟大旗帜，以邓小平理论和"三个代表"重要思想为指导，深入贯彻落实科学发展观，围绕社会主义核心价值体系建设和社会主义文化大发展大繁荣，按照《规划纲要》确立的目标和任务，进一步加强领导，统筹规划，整合资源，突出特色，提升质量，拓展市场，努力推动红色旅游又好又快地发展。2009 年的工作，要认真领会中央领导同志的指示精神，深入贯彻落实《关于进一步促进红色旅游健康持续发展的意见》；要切实加强工作指导，加快提升红色旅游发展质量；要加大扶持力度，进一步加强对红色旅游建设的投入；要把握红色旅游发展方向，进一步加大宣传力度；加强分工合作，进一步完善发展红色旅游的协调机制。

推进红色旅游健康持续发展，是党中央、国务院赋予我们的光荣使命，我们要紧密地团结在以胡锦涛同志为总书记的党中央周围，深入贯彻落实科学发展观，齐心协力开拓创新，切实把红色旅游这一利党利国利民的政治工程、文化工程、经济工程健康持续地向前推进，进一步开创红色旅游发展的新局面。辽宁是红色旅游资源大省，抗日战争、解放战争、抗美援朝、社会主义建设四大历史时期的红色旅游景区景点 50 余处。在 100 个国家级红色旅游经典景区中，我省就占了 1/10。目前，红色旅游方兴未艾。在日趋激烈的市场竞争中，辽宁要占有一席之地，就必须采取有效措施，全力打造"红色旅游"品牌，大有可为。

2008 年辽宁省旅游行业坚持以科学发展观为统领，紧紧围绕建设旅游强省的目标，团结奋斗，努力拼搏，经受住了国内外经济环境变化带来的严峻考验。在旅游规划规范、旅游产业结构、旅游公共服务、旅游宣传促销和旅游人才培养等方面取得了新突破，全省旅游经济实现了又好又快发展。

2009 年是中华人民共和国建国 60 周年，全国人民乃至于海外华侨展开规模空前的庆祝活动，2009 年也是红色旅游业充满机遇与挑战的一年。2009 年辽宁省红色旅游工作的总体思路是：坚持以科学发展观为指导，以推进建设红色旅

游强省为目标，以调整红色旅游市场结构为重点，进一步做精旅游产品、做优旅游项目、做强旅游企业、做好旅游服务、做大旅游宣传，全面推进红色旅游产业转型升级，确保全省红旅游经济又好又快发展。

2009年，入境旅游市场将面临更大困难，国内外旅游市场竞争会更加激烈，旅游企业固有的问题与矛盾也将逐步显现。但辽宁省经济又好又快发展的基本态势没有改变，为旅游业的发展提供有力支撑的基本面没有改变；金融危机将加速市场调整，为旅游业转型升级和旅游产业素质提升创造了条件；并且国家拉动内需政策为旅游业的发展提供了难得的历史性机遇。全省红色旅游行业审时度势，坚定信心，扎实工作，变压力为动力，化挑战为机遇，把我省红色旅游业推向前进。因此，要重点要调整红色旅游市场结构，推动旅游客源的全面增长；抓好红色旅游大项目建设，力求有新突破；大力帮助和稳定旅游企业，创造更加宽松的发展环境；加快相关网络的建设速度，强化红色旅游公共体系建设，加强红色旅游行业管理；加强红色旅游区域合作，努力提高从业人员的整体素质，全力推动人才培养与就业。

二、挖掘红色旅游内涵和展示方式，提高产品吸引力

红色旅游区别于其它旅游的特点，主要在于蕴含丰富的革命历史文化内涵。革命历史文化内涵越丰富、越有特色，对游客的吸引力就越大，其核心竞争力就越强，知名度就会越高。抓住了这一点，就抓住了打造红色旅游品牌的关键。对辽宁来说，"抗联英雄 林海雪原"是主题形象，具有其他旅游大省无可比拟的先天优势，以"辽沈战役"、"抗美援朝"和"雷锋精神"为主题的红色旅游是全国独一无二的，具有超强的震撼力，完全具备成为红色旅游品牌的内在因素。我们必须深度挖掘其革命历史文化内涵，不断加深对红色旅游经典景区景点的学术研究，不断拓宽研究的范围，力争拿出真正有水平、有价值的成果，挖掘出最能吸引游客、最具代表性的闪光点。在此基础上，组织专业学者撰写高质量的导游词和介绍红色旅游景区景点的通俗读物，使游客感受到丰富的革命历史文化内涵，从而达到用生动鲜活的革命历史吸引人，用感人肺腑的革命事迹感动人，用不朽的革命精神震撼人的效果。

首先，可以实行陈列馆解说方式与高科技演示方式相结合，静态展览与动态演示相结合，通过图片、文字材料、实物和声光电等形式和手段，让游客有身临其境之感，提高游客的游览兴趣。在这方面做的比较好的是辽沈战役纪念

馆、抗美援朝纪念馆。抗美援朝纪念馆的陈列馆展出历史照片 500 余幅，文物 1000 余件，辅以复原陈列、电动沙盘、电动图表、影视设备等现代化陈列设施，利用全封闭玻璃通柜式展线，以及自然光、灯光结合的采光方式，生动地展示了抗美援朝战争的历史。全景画馆陈列有全景画《清川江畔围歼战》，画面以抗美援朝战争第二次战役为背景，以清川江畔三所里，龙源里、松骨峰等阻击战为重点，形象地反映志愿军在战场上的英雄气概，艺术地再现了壮观的战争场面和恢宏的战争气氛。其次，可以创作特色性强、旋律优美的红色歌曲、编排经典的红色旅游文艺节目，在重点的红色旅游景区景点定时文艺表演，用舞台艺术、肢体语言、现场向游客展现辽宁革命斗争史的经典场景。再次，可以开设一些体验式、参与式的旅游项目，加大体验性的分量。比如说，在展览以后可设置游戏馆，以色彩鲜明的动画、绘画、拼图、计算机游戏等方式，吸引众多的青少年和旅游者动手动脑。正确完成者可获得纪念品，让其在轻松、娱悦的过程中获得军事体验和红色传统教育。

红色旅游是对广大群众进行革命传统教育的新形式，主要通过游览革命历史纪念地、标志物，寓教于乐，寓教于游，将历史事迹和革命精神以旅游的形式传输给社会，使人民群众更加热爱党，更加热爱社会主义。"红色"是内容，"旅游"是形式，"红色"是"旅游"的基调，"旅游"是"红色"的载体。因此，红色旅游必须具有一定的趣味性，必须找准与游客心理、游客需求和游客审美观的最佳结合点，才能最大限度地调动游客的积极性。首先要打破红色旅游单一的表现方式。比如改变单一的图片展览和人工讲解方式，综合运用声、光、电等手段，使参观者如身临其境。其次要多角度开发红色旅游资源。中国共产党波澜壮阔的历史包含政治史、军事史、经济史、文化史等范畴。红色旅游资源是这些历史内容的物质载体，是一座异彩纷呈的历史宝库。从不同角度可以折射出不同的历史光芒，可以满足不同年龄段、不同阶层游客的需求。再次要将红色旅游与金色的民俗旅游、白色的冰雪旅游、绿色的生态旅游、蓝色的江河湖海旅游相结合，形成立体式的旅游大格局，形成整体合力，产生迭加吸引力，实现优势互补。

沈阳市苏家屯区旅游局为深刻挖掘党史，弘扬和培育民族精神，进一步丰富旅游资源，科学合理的开发红色旅游新项目，根据史实，在其旧址建设沈阳南部第一党支部纪念馆（暂定名）。该纪念馆利用珍贵馆藏，通过图文并茂的展览，让人们了解历史的真实面目，革命烈士事迹、党的丰功伟绩展览，以及党建知识、宣传片播放等多种形式，进一步在实际工作中提高广大党员的政治觉悟，鼓舞和激发广大青年学生热爱党、热爱祖国的积极热情，将沈南第一党支部纪念馆建设和打造成为苏家屯区乃至全沈阳市的党员爱国主义教育、新党员宣誓、党员学习和党员活动基地，同时将其打造成为沈阳市乃至辽宁省红色旅游新亮点。

三、完善基础设施，提高人员素质，促进可持续发展

以地方法规的形式将红色旅游或红色教育纳入学生的日常教育之中，纳入到地方领导考核标准中去。用这种方式提升地方领导对红色旅游的重视。资金的投入是政府扶植的重要途径与重要体现，建议设立省红色旅游发展规划专项基金，用以支持红色旅游业的可持续发展，不可挪作他用。

红色旅游作为一项旅游产业，同样需要解决旅游中的吃、住、行、游、购、娱等方面的问题，需要各行业的密切配合。目前应进一步规范行业标准，加大执行监督力度，使饭店的卫生标准达到要求，各饭店还应明确自己的市场定位，在特色上做文章，以增强其市场竞争力。在餐饮方面，要增加具有辽宁特色的食品菜系，例如锦州的烧烤、沈阳的老边饺子等都应被大力推广，做出特色，与此同时还要加快自助餐馆的建设，以满足不同层次的旅游者的需求。

目前，旅游人才已成为旅游业可持续和健康发展的重要因素。红色旅游一定要尊重历史，实事求是。红色旅游景点的讲解不能像自然景观和一般的人文景点那样人为地尽情演绎发挥，要尊重历史，尊重事实，否则只会适得其反。导游员和讲解员的讲解至关重要，他们是旅游文化的直接传递者，肩负着传递红色文化的使命，因此，要使他们熟悉革命历史，了解革命人物的生平事迹，必须请专家撰写标准的导游词，规范从业人员的言行举止，做到在不偏离历史的情况下，深情并茂，把游客带入到那段特殊的岁月中去，从而保证红色旅游的教育效果。此外，旅游景区管理者的素质也有待提高。旅游行政主管部门应重视人才的培养，重视人力资源的开发管理，提高人力资源开发的效果，实施导游、景点管理人员、规划、策划、市场开发和管理等人才培养工程，全面提高旅游从业人员的素质。

四、理顺管理体制，整合区域资源，增强竞争力

目前，我省红色旅游资源存在条块分割、管理分散的现象，难以形成合力。同时，又应看到我省红色旅游经典景区景点大都处于旅游设施比较完善的城市，

易于形成跨域联合。只要找准各地区的合作点，打破行政区域界限，实行省市多方跨域协作，就能连点成线，联机成网，发挥集群优势，避免省内不必要的重复建设与竞争。此外，还要加强与其它省份的联系，相互交流经验，学习其它省份的先进经验，如湖北、江西、北京等。加强与其他省份的合作，将辽宁融入到全国红色旅游大潮中去，在合作与竞争中树立辽宁的品牌。加强与外省的联系。

首先，要搞好媒体宣传。把宣传重点放在主流媒体上，如中央电视台、辽宁电视台、人民日报、辽宁日报等影响大、效果好的宣传媒体。其次，搞好网上宣传。组建辽宁省红色旅游信息专业网络，建好"辽宁省红色旅游网站"，利用网络的宣传效应，宣传辽宁红色旅游的特色产品，推介红色旅游精品线路。再次，搞好旅游宣传品的制作。组织有关力量编制精美的《辽宁红色旅游》画册、光盘、导游词、纪念品等宣传品，并组织旅游企业走出去参加旅游交易会和展览会，逐步拓展客源市场。最后，搞好重大节日、节庆营销活动。例如结合建党、建军、建国及毛泽东题词"向雷锋同志学习"、抗日战争胜利、辽沈战役胜利、抗美援朝胜利等周年纪念日，适时开展丰富多彩的红色旅游系列活动。

红色旅游是一项政治工程、文化工程，更是一项经济工程，必须遵循经济规律和市场规律。开发红色旅游项目，要通过政府组织引导、社会积极参与和市场有效运作，坚持创新体制机制，大胆引进民营资本，实现投资主体的多元化，使一切有利于红色旅游发展的社会财富竞相涌入，为打造红色旅游品牌提供充足的资金保障，实现社会效益与经济效益的双丰收。

为避免单纯红色旅游的单调与枯燥，红色旅游应实行个体模式，将红色旅游景点加入到如名胜古迹的文化之旅和现代城市之旅之中去，可以组织进行单个城市游，用几天的时间了解一个城市。如沈阳，组织者可以用几天的时间组织游客分区或分主题的旅游。

辽宁红色旅游资源的开发，首先要清除制度障碍，理顺体制，打破行政区划和行业界限。在这方面政府应发挥其协调职能，加强文化部门和旅游部门的沟通和协调，其次，要制定好红色旅游景点的规划、管理和服务标准，在发挥政府指导作用的同时还要以市场为导向、以产业为纽带，实行景点、企业统一管理，处理好"有形之手"与"无形之手"之间的关系，使红色旅游这项利国利民的工程真正发挥其应有的作用，建议由省委宣传部亲自主持全省的红色旅游指导与宣传工作，文化部门与旅游部门文物保护等相关部门负责具体实施。

第七节 辽宁省红色文化旅游业发展大事记

2008年1月8日，沈阳"周恩来少年读书旧址"纪念馆大修后将对外开放修缮一新的沈阳"周恩来少年读书旧址"纪念馆将对外开放。纪念馆开放后，将首次展出周恩来就读的教室和课桌；周恩来少年时代在沈阳读书时写的一篇作文；在学校拍下的第一张照片；周恩来的侄子周秉钧特意寄来的西花厅（周恩来的寓所）核桃等。始建于1910年的东北育才东关模范小学是目前沈阳最早的小学。周恩来于1910年秋至1913年7月，在这里度过了少年时代的高小读书生活。

2008年1月22日，计划逐步降低或取消博物馆收费。今年，辽宁省计划逐步降低或取消纪念馆、科技馆、博物馆等具有公益性质的场所收费。

2008年5月4日，关向应纪念馆被命名为全国民族团结进步教育基地。大连市金州区向应镇关向应纪念馆被命名为"全国民族团结进步教育基地"并正式揭牌。国家、省民委有关领导，副市长孙广田以及全市各界人士千余人出席了揭牌仪式。关向应纪念馆是中宣部命名的全国爱国主义教育示范基地，是大连市唯一一处全国首批百家红色旅游经典景区。新馆于2007年8月落成。新馆占地面积5.2万平方米，由关向应纪念馆、关向应故居、延安窑洞、红三军指挥所、关向应雕塑、满族风情院、办公区7个部分组成，新馆室内展区以关向应同志的一生经历为主题，设立四个展厅，通过实物陈列、照片展示和场景模拟等形式，将关向应一生的辉煌业绩和光辉历程生动地再现给广大观众。

2008年5月9日，沈阳市总工会筹建劳模纪念馆。

2008年7月3日，中共满洲省委旧址正式辟为纪念馆。坐落在沈阳市皇寺路福安巷的中共满洲省委旧址由文物管理所正式更名为纪念馆。中共满洲省委旧址1985年对外开放。1992年，原位于沈阳市惠工街宏业南里的刘少奇旧居因城市建设也整体搬迁到这里。2003年，沈阳市委、市政府对旧址进行了大规模改扩建。目前，旧址纪念馆占地面积2500平方米，建有历任书记雕塑墙、宣誓广场、旧址复原陈列以及中共满洲省委历史陈列等。中共满洲省委是中国共产党1927年10月至1936年1月在东北地区的最高领导机构，陈为人、刘少奇、林仲丹、陈潭秋等曾经担任过满洲省委书记。著名抗日英雄杨靖宇、金伯阳、赵尚志和赵一曼等也都在满洲省委担任过职务。

2008年7月2日，"萧军纪念馆"在辽宁凌海市举行落成典礼。萧军纪念馆建于1986年，始称"萧军资料室"，是全国第一个在世作家资料室，萧军去世后改称萧军纪念馆。萧军纪念馆新馆于1995年和2006年两次改建，新馆建筑面积3500平方米，设有萧军生平厅、文物收藏厅、学术报告厅、多功能展厅和凌海成就厅等十余个展厅，现有藏品4085件，其中国家二级文物23件，三级文物282件，具有较高的历史价值和文物价值。典礼仪式上，萧军子女向纪念馆捐赠萧军照片和书籍。

2008年10月15日，辽沈战役配水池遗址开发工程竣工。10月15日上午，我省又一处爱国主义教育阵地、红色旅游景区———锦州辽沈战役配水池战斗遗址开发建设工程竣工。新建成的遗址完成了文物本体的修缮，开设了配水池战斗陈列室，安装制作了多媒体投影设施。配水池位于锦州城北，是辽沈战役著名的战斗遗址，总建筑面积1100平方米。开发建设配水池战斗遗址，是锦州市纪念辽沈战役胜利暨锦州解放60周年的重要内容之一，也是锦州市继完成辽沈战役纪念馆改造、东北野战军前线指挥所旧址开发、黑山阻击战纪念馆筹建等一系列红色旅游景点建设之后打造的又一辽沈战役红色旅游品牌的重点工程。

2008年10月25日，抗日名将赵尚志纪念馆在朝阳开馆。原中央军委副主席迟浩田题写馆名的"赵尚志纪念馆"，25日下午在辽宁省朝阳市正式开馆，中共辽宁省委书记张文岳出席了开馆仪式。由于赵尚志生前留有文物、照片很少，馆内陈展主要通过人物历史图片、赵尚志遗物、场景绘画、半景画及幻影成像等声光电手段再现赵尚志生前的光辉业绩。同日上午，在朝阳县尚志乡尚志村，还举行了赵尚志颅骨安葬仪式。赵尚志作为东北抗联创建者和主要领导人之一，在中国抗战史、世界反法西斯战争史上留下了光辉一页，毛泽东称赞赵尚志等抗联将领是"有名的义勇军领袖"，胡锦涛称赞赵尚志等八位抗日将领是"中国人民不畏强暴、英勇抗争的杰出代表"。

2008年11月26日，本溪新命名6处爱国主义教育基地。本溪市市委宣传部命名李秋实纪念馆、本钢博物馆、本溪地质博物馆、硅化木王国、五女山博物馆、驻军某部军营文化基地等6处场所为本溪市爱国主义教育基地。截至目前，本溪市爱国主义教育基地达到27个。其中，东北抗联史实陈列馆和本溪市烈士纪念馆分别为国家级爱国主义教育基地和省级爱国主义教育基地。

2009年4月4日，辽阳烈士纪念馆正式开馆。展馆主要包括日俄战争侵略暴行、三次解放辽阳城区、英烈业绩光照千秋、缅怀英烈继往开来四大展厅，共展出珍贵历史图片 336 张、历史实物 245 件，说明文字近万字，详列了李兆麟、白乙化、乔恒志等 179 位烈士的光辉业绩。

2009 年 4 月 29 日，沈阳筹建"劳动模范纪念馆"，其中"毛主席的好工人"尉凤英、新中国第一位女火车司机田桂英等劳模文物，都被捐赠给了沈阳"劳动模范纪念馆"。

2009 年 4 月 30 日，沈阳周恩来少年读书旧址纪念馆重新开馆仪式在沈阳举行。

2009 年 6 月 30 日下午，棋盘山开发区管委会和沈阳红太阳红色文化有限公司举办了"红歌唱响棋盘山"大型歌舞晚会迎庆活动。

2009 年 7 月 5 日，"红太阳红色革命根据地"落成。该项目座落于沈阳世博园正门对面，是集红色文化、生态旅游、绿色餐饮、红色经典演艺于一体的大型综合旅游项目。"红太阳红色革命根据地"以"十景一厅"为特色，让游客们近距离地了解到了当年革命者的工作与斗争环境。毛泽东故居景点、遵义会议旧址景点、延安宝塔景点等十个典型景点的微缩景观，形象展示中国革命走过的艰苦岁月和光辉历程，让游客在游览红色景点的同时，重温革命岁月的浪漫与激情。"红太阳红色革命根据地"以鲜活生动的表演或参与、互动形式，让人们触摸鲜活的历史，传承革命精神，成为沈阳的一张"红色旅游名片"。

2009 年 7 月 24 日，著名劳动模范孟泰纪念馆开馆。

2009 年 8 月 26 日，在新中国成立 60 周年纪念日即将到来之际，抚顺雷锋纪念馆正在大规模维护改造。

2009 年 11 月 3 日，辽宁省将投资 1.14 亿元用于烈士陵园保护改造，年底前，39 个保护改造项目将全部完成。

（作者：于之伟，辽宁社会科学院党史所）

行业报告十　辽宁省文化会展业发展报告

所谓文化会展业，顾名思义，是指以文化活动为内容的会展业，包括美术作品展览、艺术品展览、文物展览、文化收藏品会展等，也包括以文化为主题、针对一定消费群体而举行的演出、会议、文化节等文化艺术活动。文化会展业本身既是文化产业的组成部分，同时也属于会展业的一个分支，因而它既有文化产业的特点，也要服从会展业发展的一般规律，因此，它是一个具有双重属性的会展行业，有着自己独特的发展规律。

第一节　辽宁省近年文化会展业发展概况

文化会展业是伴随着会展业和文化产业在我国的兴起和发展而兴起和发展起来的。在辽宁，随着文化产业和会展业的兴起发展，辽宁文化会展业也开始兴起和发展起来，近年来在辽宁的各大城市相继举行了各种文化会展，有力地推动了文化产业以及相关的发展，并取得了不菲的成绩。

一、中国东北文化产业博览会

近年来在辽宁举办的各项文化会展中规模最大、级别最高、影响最大的会展，当首推在沈阳举办的三届中国东北文化产业博览会。

（一）2005 首届中国东北文化产业博览会

首届中国东北文化产业博览会，于 2005 年 9 月 23 日至 27 日在沈阳市辽宁工业展览馆举办。它是由文化部文化产业司、辽宁、吉林、黑龙江三省文化厅和沈阳市人民政府主办，沈阳市委宣传部、沈阳市文化局、沈阳市新闻出版局承办的。自首届文博会以后，每两年定期在沈阳举办一届，在全国与深圳文博会（深圳首届文博会于 2004 年 10 月在深圳国际会展中心举办）形成一南一北两个会展品牌，遥相呼应，形成互补。

这是东北地区第一个文化产业博览会。它以"繁荣文化事业、发展文化产业"为宗旨，以"彰显文化内涵，创造文化价值"为主题，力求立足东北、面向全国、辐射东北亚，全面展示东北地区的历史文化风貌、当代文化发展成就、优秀的文化服务和文化产品，引进国内外优秀文化成果，促进文化产品、文化服务和文化项目的交易，推动东北地区文化事业全面繁荣和文化产业快速发展。

这次展会共设置了以辽宁工业展览馆为中心的3个展区，展位近千个，展场总面积达到2万平方米，共有来自9个国家和地区以及国内15个省、自治区、直辖市的近500家企业、单位参展，观众人次达到30万。从规模上看，其堪称是一次文化产业的大展示。辽宁、吉林、黑龙江三省以及沈阳市的特装展台，分别占据了展馆前厅的四角，其中有102个重点参展项目。精心布置的展台充分总结和展示了近年来东北地区文化产业发展的成果，清晰地描述出东北文化发展的轨迹和脉络。

参展内容包括文化服务和文化产品两大部分，基本涵盖了文化产业的所有门类和产品。

文化服务部分内容主要有：

（1）文艺节目演出交易，包括东北三省及各市文化艺术院团节目展示、现场小型节目表演推介）；

（2）公益性文化服务展示。包括三省市博物馆、图书馆、文化馆、艺术馆、纪念馆的形象展示、主要内容、功能及服务项目介绍；版权交易，包括作者出版机构介绍推介，出版物版权贸易，舞台及广播影视剧本及发行权拍卖，广播电视节目展示宣传，影视节目交易；游戏动画广告展示，包括网络游戏展演、比赛，动漫影视制作服务、节目展演；广告、建筑、室内环境设计、时装、珠宝、玩具、礼品、工艺美术设计成果展示交易；旅游休闲服务，包括东北地区文化名胜，世界自然与文化遗产，旅游项目，旅游景区，休闲娱乐服务机构项目的宣传展示、推介和交易。

文化产品类主要包括文教用品、IT数字产品、广播影视器材、舞美器材、工艺美术品、文博旅游用品纪念品、书画古玩、各种类型和载体的出版物、体育健身器材、休闲娱乐用品、玩具、乐器等10大类数十万品种。展览内容既有文化艺术项目的展示表演，又有文化产品的销售，既有中华传统文化项目的展示，又有体现技术与文化相融合的高科技产品（如IT数字产品、娱乐性机器人），既有文化资源的展示与挖掘，又有产业项目的推介与合作，体现了展会平台的全方位、大容量、多功能。

这次文博会还展示了与文化发展相关的各种高科技产品，诸如电子图书、数码黑板、仿真假人等。如辽宁电子图书有限公司在"文博会"上推出了有"袖珍书房"之称的掌上电子图书，利用一部巴掌大的微电脑阅读器，便可以阅读存储器中的成百上千部各类图书，而且能自由调节字体大小，屏幕还采用防眩静态液晶屏。尽管价格不菲，但开展之后电子图书就已售出了多台。一家公司还在会场展示了人机对话式的汉字输入法。它只需要一部外接设备和一个小型麦克风，使用者只须对着麦克风朗读，读出的汉字便会一个个地"跳"到电脑显示屏上，而且具有一定的误读识别功能，比起手写式的"汉王笔"输入更省力，速度也更快。

文博会上一公司还展示了一套使用蓝牙连接技术的智能教学设备，包括一个数码智能教板以及一台投影仪和一台电脑。它能录下老师的声音和屏幕活动情况，一笔一画地完整记录整堂课的内容，转贴到网上共享，或者供重播复习使用。而且软件自带大量的图片，可以使"黑板"的版面变得更加生动、丰富和直观。展会上展示的新型数码显微镜，利用数据线与电脑实现联网，使显微镜的功能得到极大突破。展会工作人员做了一个演示，他将一个样本置于显微镜下，调节好焦距，旁边的笔记本电脑，立即清楚显示出样本中的细胞排列。此时，这部数码显微镜的功能，已不仅仅局限于观察实验细胞，而是可以通过操作电脑配备的高级图像处理分析软件，任意对细胞图像进行分割、测量、统计、标记、远程共享等操作。据工作人员介绍，这种数码显微镜的焦距可以达到6400倍，图像的分辨率、清晰度、立体程度更高。在教学使用中，还可以连接大屏幕投影仪，实现一台显微镜集体共用。

在这次文博会上，沈阳作为全国文化体制改革试点城市之一，也展示了其改革和发展的风采。例如，沈阳报业集团的展台别出心裁地设计成一艘巨船，展示了其自改革开放以来20多年取得的辉煌业绩；由沈阳杂技团、沈阳南湖剧场等单位组建而成的沈阳杂技演艺集团有限公司，在南湖剧场展演了杂技节目《美丽的传说》；沈阳传媒网络有限公司推出了数字电视新业务，展示了其在新媒体业务开发方面的潜力和实力。

总之，首届东北文博会在辽宁乃至东北的文化产业发展上起到了一个里程碑的作用，开创了东北地区文化产业发展的多项第一，从规模和内容上为东北文化产业的快速发展提供了引擎和助推力。正如文化部部长助理丁伟在文博会开幕式讲话中所指出的：东北文博会为东北三省地区联合打造了一个文化产品交易、文化信息交流和文化项目合作的平台，对促进东北地区文化、经济、社会全面协调发展将起到积极的推动。可以说，文博会已成为提升东北三省黑土地文化的潜能释放与产业价值实现的重要平台，构成振兴东北老工业基地的一个新支点。从经济效益上看，首届东北文博会初显成效，交易额总共达到 8500 万元，给沈阳市交通、旅游、餐饮等部门带来约 20 个亿的经济效益，为辽宁及东北老工业基地的发展注入了活力。

（二）2007 第二届中国东北文化产业博览会

第二届中国东北文化产业博览交易会，于 2007 年 8 月 30 日至 9 月 3 日在沈阳隆重举办。与上届相比，这届文博会已升格为国家级文化产业博览交易会，由国家文化部、国家广播电影电视总局、新闻出版总署和东北三省人民政府共同主办，沈阳市人民政府承办。从此，东北文博会已明确列入国家发展文化产业布局的重要组成部分。

本届文博会以"文化、创新、发展"为主题，展现东北地区丰富的文化资源和文化特色，以打造覆盖东北、服务全国、联通海外的展示交易平台为宗旨，推出品牌展示、产品交易、项目推介三大板块。

展会主会场设在辽宁工业展览馆，同时在世博园百花馆、北方图书城、新华购书中心、铁西工业博物馆、皇寺庙会和沈阳工艺美术商厦设立 6 个分会场，展场总面积达 11 万平方米，展位数超过 4500 个，是上届的四倍。辽宁工业展览馆展位 869 个，展示主题为文化、广电、新闻出版"黑土地文化"；世博园百花馆展位 600 个，展示主题为"世界园艺与文化遗产博览"；铁西工业博物馆展位 600 个，展示主题为"中国工业文化历史之旅"；北方图书城展位 1200 个，展示主题为"亚洲大书城博极书源风范"；盛京古玩城展位 800 个，展示主题为"珍稀文化藏品奇观"；皇寺庙会展位 500 个，展示主题为"民俗民间文化精粹"；沈阳工艺美术商厦作为本届文博会六大分会场之一，以"品位艺术，享受人生"为主题，在本届文博会期间推出了十大展览内容。

与上届相比，本届展会在博览、交易、推介、论坛、主体活动等各方面都有了长足的进步和发展，并在贯彻"文化、创新、发展"主题上呈现出如下几方面特点：

一是展会在规模和影响上达到国家级水准。本届文博会升格为国家级展会，共有 10 大门类 5 万种商品、217 项文化产业投资项目汇聚一堂，并吸引了国内外 800 多家企业参展，参展规模、数量都达到了国家级展会的一流水准。湖南卫视、上海东方卫视等 10 家电视台集群亮相，上海文广集团、浙江横店影视城、长影集团、长影世纪城等知名传媒、影视企业云集于此，国家级动漫基地企业全部参展。世界500强中的IT品牌微软、英特尔等一批国际级大公司也闻讯参加，世界著名的俄罗斯卡巴斯基实验室等积极加盟，北京金山、江民、瑞星、清华同方等国内IT产业的领头羊也踊跃参展。众多企业的参与使本届展会产生了极大的凝聚力和影响力，博览、交易和信息平台的作用更加得以充分发挥。

二是展会在指导思想和办展方式上有所创新。本届展会筹委会在本届"创新"主题思想指导下，以"政府办会、社会办展"为原则，先后与推动、海航等知名广告公司接洽、合作，在展会宣传、招商、布展等方面，汲取了智慧和力量。在活动设计上，重点突出产品交易、思想传播、产业合作、广泛互动之间的有机结合：文化产业论坛以沈阳东北国际包装印刷城项目为依托，将项目推介与理论研讨相结合，以理论引导产业发展，推进项目实施，实现了文化产业理论研究方式的一次创新；展会开幕式将推介演出项目《满风神韵》与开幕式演出合二为一，特色鲜明，隆重热烈，充分展现了文化产业展会的内涵和特点，让人耳目一新；在展位布置上，各参展机构围绕自身文化产品和文化服务项目的特点进行了创意，整个展场充分体现了文化的魅力和高雅的品位。黑龙江的冰雪文化，吉林长影世纪城，辽宁辉煌的文化艺术成就和沈阳世博园、一宫两陵世界文化遗产等，得以充分彰显。现场既有生动活泼的艺术表演，又有4D、幻影高科技的神奇，既有惟妙惟肖的立体模型，又有精美雅致的特展效果，琳琅满目，尽显非凡创意。

三是展会突出展示了东北黑土地文化的特色。展会着力展示一批具有东北地域特色的演艺、工业、自然、历史、企业品牌。以IT、动漫和演艺为重点，集中展现了东北三省的一批国家文化产业示范基地、国家精品剧目、"二人转"表演等代表性内容；以沈阳铁西工业博物馆分会场为主，推出了见证共和国工业发展历程大型展览，强力展示了东北工业文化的历史个性脉络；以长白山、世博园等迷人的自然奇观和"一宫三陵"等"世界文化遗产"厚重的历史风貌为主，向中外嘉宾展示了东北标志性的文化符号和文化风范，深厚的东北文化底蕴在展会期间得以发充分渲染。

四是展会期间广泛开展了文化产业活动与社会各界的多方面互动。展会期间同时举办了辽宁省第七届艺术节、文化产业项目推介会、文化产业发展论坛、广场群众文化演出等七项配套系列活动，实现了文化与群众的交流、展会与社会的互动，使广大市民过上了一个盛大美好的文化节日。市内各主要剧场上演了中外优秀剧节目 15 部，演出 20 余场，全市各大广场组织演出活动 50 多场，共吸引观众近 20 万人次。中国古筝文化传播公司的"中国筝坛第一秀"，辽宁省第七届艺术节上推出的《父亲》等 10 台享誉全国的精品剧目，沈阳演艺集团的《满风神韵》、"盛京红磨坊"的演出，全市六大广场举办的秧歌表演、二人转、品牌服装展示、摔跤大赛、全国奥运大篷车全国巡演等，得到了广大观众的强烈回应，参与其中，乐在其中，熏陶在丰美的艺术盛宴之中。

五是展会把扩大交易成效作为重点来抓，在签约额上取得了空前成绩。本届文博会 11 万平方米的展示面积中，60% 用于文化产品交易。内容包括文艺剧节目、版权交易、文教用品、IT 产业、广播影视剧器材、工艺美术、书画古玩、各类出版物及体育健身、舞美、音乐器材等 10 大门类 5 万多品种。展会期间共举办六次招商项目推介会，东北三省推出文化产业投资项目 214 项，包括黑龙江冰雪文化旅游基地、吉林中国朝鲜民俗村、辽宁现代传媒产业园等投资项目，其中 50 项签约，签约额高达 198 亿元，是上届签约额的 50 倍。沈阳市签约 141 亿元，仅沈北新区签约的 4 个项目，签约额就达 106 亿元。新民胡台开发区在印刷包装方面有 36 个项目签约，签约额达 33 亿元。俄罗斯尤维埃德公司与砂山电影院达成合资合作意向，将打造一台国际水准的俄罗斯风情夜总会。这些展会成果为东北文化产业的腾飞播下了一粒粒孕育丰收的种子。

（三）2009 第三届中国东北文化产业博览会

第三届中国东北文化产业博览交易会，于 2009 年 8 月 28 日至 9 月 1 日在沈阳市隆重举办。它由文化部、国家广播电影电视总局、新闻出版总署和东北三省人民政府共同主办，沈阳市人民政府承办。

此届东北文博会以"繁荣文化事业，发展文化产业"为宗旨，以"文化、融合、创新、发展"为主题，以保增长、扩内需、调结构为目的，坚持以会展培育文化品牌，以市场整合文化资源，以交易创造文化价值，以论坛汇集文化信息，以活动丰富文化生活，以科技推动文化创新，立足东北，面向全国，辐射东北亚，构建内容丰富、形式新颖、特色鲜明、功能完善的文化交流展示和交易合作平台，努力培育国内一流文化展会，推动东北地区文化产业健康快速发展。此届文博会设"品牌展示"、"产品交易"、"项目推介"、"文化活动"四大板块，共规划主会场五个展馆和十个分会场。本届东北文博会主会场设在辽宁工业展览馆、辽宁美术馆；同时，在世博园、浑南动漫产业基地、沈阳 123 文化创意产业园、棋盘山关东影视城、北方图书城、新华购书中心、铁西铸造工业博物馆、皇寺庙会、沈阳工艺美术商厦和沈阳市文化宫设立 10 个分会场。

本届文博会展示、展览面积达 15 万平方米，展位数达到 6500 个，都远远高于上届。

境内外参展企业多达 1000 余家，他们就文艺剧目、版权交易、文教用品、IT 产业、广播影视、工艺美术、书画古玩、各类出版物等 10 大门类、5 万种商品进行展示。美、俄、德、韩、中国澳门等国家和地区的著名文化企业和文化机构，诸如微软、英特尔，以及日韩等国家和地区的著名 IT 动漫企业，以及德国的高宝、罗兰公司，俄罗斯书画工艺品公司、美国文化投资机构，都在展会上展示其文化产品。我省 11 个国家级文化产业示范基地全部参展，锦州的软陶、阜新的玛瑙、本溪的辽砚、鞍山的岫岩玉、丹东的丹鼓等各市特色文化产品也都来到展会亮相。沈阳市浑南动漫产业基地、棋盘山国家级文化产业示范区等文化企业也全部参展，由浑南动漫基地制作的"红色经典"系列动画片首次亮相。展会还从黑龙江嘉荫——中国最早发现恐龙化石的地方，请来了一个身高 4.2 米、身长近 7 米的白垩纪恐龙，放在展会的大门口，它是黑龙江嘉荫恐龙博物馆里平头鸭嘴龙标本按 1：1 比例的复制品。展会期间，组委会每天还在文化广场组织了多种与市民互动的文化活动，诸如吉林的古筝、琵琶演奏，通辽的民族歌舞表演和法库哈哈尼陶瓷时装秀等等。

本届文博会获得了良好的经济效益。展会期间推出东北三省文化产业投资项目 451 项，5 天的展会项目签约额达到 330 亿元人民币，创历史新高。其中，亿元以上项目 71 项，10 亿元以上项目 16 项。沈阳棋盘山国家文化产业示范区推出的飞利浦产业园、辽宁出版产业园、国际多媒体产业园及家庭视频游艺机等 4 个文化产业项目，签约额高达 60 亿元；吉林、黑龙江、云南三省的一批精选项目也在推介会上成功签约。

二、东亚国际旅游博览会

从 2004 年起，国家旅游局和辽宁省政府开始在大连市举办东亚旅游博览会（简称东亚旅游会），每年一届。它属于在辽宁省主办的区域性国际旅游博览会。至 2009 年，东亚旅游会已经成功举办了六届，其专业化、品牌化、国际化程度不断提高，已经成为展示我省乃至他省及海外旅游资源，促进我省乃至国内各省及世界各国旅游产业发展的重要平台。

（一）首届东亚国际旅游博览会

首届东亚旅游会于 2004 年 8 月 5 日至 8 月 7 日在大连星海会展中心举行，

由国家旅游局、辽宁省人民政府共同主办，由大连市人民政府、辽宁省旅游局联合承办。它是辽宁首次主办的区域性国际旅游博览会，共设置国际标准展位800个，分设四个交易展区。其中，国际展区展台168个，有来自日本、俄罗斯、韩国、朝鲜、新加坡、泰国等22个国家和地区近300多人参展；国内展区展台191个，国内十几个省、市、自治区参展；本省交易展区展台204个；酒店用品和旅游纪念品展区展台200多个。全省14个市全部组团参展。旅游区（点）、旅行社、星级酒店、旅游院校、旅游商品生产销售厂家、酒店用品销售厂家均派员加盟各市展团，形成了食、住、行、游、购、娱旅游六要素齐全的促销阵容。会展期间，还举办了中外旅行社买家业务洽谈会、境内外旅游项目签约仪式、环渤海旅游区域合作论坛、境内外旅游商品展销及各种旅游说明会等展会活动，我省旅游部门还推出了辽宁"世界文化遗产"旅游线、东北三省四市旅游线、环渤海五省市陆路、海上旅游线、东北亚五国（中、日、韩、俄、朝）旅游线等几十条旅游线路，受到国内外同行的普遍欢迎。

首届东亚旅游会取得了巨大的成功，全面展示和宣传了辽宁旅游业成就以及对外开放的广阔的发展前景和崭新形象，为东亚地区的旅游交流与合作，以及区域旅游经济发展搭建了广阔的交易平台，受到东亚各国旅游企业和业内人士的欢迎，并大大提升了辽宁的国际地位和影响力。

（二）第二届至第五届东亚国际旅游博览会

第二届东亚国际旅游博览会是由国家旅游局、辽宁省人民政府、大连市人民政府主办，于2005年8月26日开幕，共设展位650个，其中国际展位117个，来自日本、韩国、俄罗斯及澳大利亚、埃及、北欧四国、中国香港、中国台湾等22个国家和地区的参展商参展，其中北欧和南美的一些参展商是首次参展。本届博览会还邀请到日本、韩国、中国香港、中国台湾等海外专业买家100多家，海外参展商500多人。本次展会参展企业有4300多家，参展商将达到5000人，规模盛大、国际色彩浓郁。

第三届东亚国际旅游博览会于2006年20日在大连市开幕，为期三天。来自日本、韩国等21个国家和地区的163家旅游机构，以及来自吉林、山东等23个省区市的350家旅游企业参加了博览会。展会共设650个展位，集中展示东亚各国旅游事业成就、著名的旅游精品项目和广阔的发展前景。本届展会期间还举办了多项配套活动，2006中日旅游资源交流展，成为本次旅游博览会的最大亮点，还有环渤海16城市旅游发展论坛，首届"名景、名社、名人、名品"评选等。本届博览会收到了良好的效果，据有关部门统计，本届博览会共签订国内外互换游客协议85个，展会成交额达12亿元，本届博览会参会的专业人士达到6000多人，举办了9场专业洽谈会和旅游推介会，旅游景区开发项目签约金额9000万元，旅游商品开发签约金额4000多万元。

第四届东亚国际旅游博览会于2007年10月19日—21日在大连星海会展中心举办。本届展会展出面积达2万平方米，共设667个展位，其中，海外展位114个，专业参会人士达到1.9万多人，参观展会人数达4.6万人次。展会期间，举办了11场专业洽谈会和旅游推介会，展会成交额达12.6亿元，发放各类旅游宣传资料160多万份。本届博览会加大了对大连临近的日韩和俄罗斯远东地区的推广力度，投入巨资定期在当地有影响力的媒体上发布展会信息，不仅吸引了来自日本、韩国、美国、德国等国家和地区及北京周边、"珠三角"、"长三角"、东北三省及的1.9万多名海内外贵宾和买家前来参观交流，更隆重揭晓了"2007年度东亚旅游十大'名景、名社、名人、名品'"，这次评选首次接受海外企业和个人参评，最终共有13家单位和个人当选，极大地扩大了活动的影响力和知名度。

第五届东亚国际旅游博览会由国家旅游局、辽宁省人民政府、大连市政府主办，辽宁省旅游局、大连旅游局等承办，于2008年10月10—12日在大连世界博览广场举行。本届东亚旅游会是奥运会成功举办后召开的，从规模上说是自首届东亚旅游会召开以来规模最大的国际旅游展会。在奥运会的促动效应下，本届展会是展位数量和特装面积上都达到了历史新高。展会展出面积达2万多平方米，展位820个，其中海外展位160个，共有512家企业及旅游机构参展，专业观众人2.1万人次，参观展会总人数4.8万人次，共有来自日本、韩国、俄罗斯、埃及、印度、新加坡、比利时、斯里兰卡等22个国家和地区旅游机构参展，比上届展会增加10余个国家，其中比利时、古巴、印度等国家首次亮相，为展会增添了新亮点；国内方面共有北京、上海、天津、江苏等25个省市和自治区的旅游机构及相关企业参展。展商包括各大旅游景区、旅行社、旅游投资机构、航空公司、星级酒店、旅游工艺品、酒店用品、旅游媒体等行业，展商来自的地域广阔，基本覆盖了旅游产业的上下游企业。展会期间，举办了11场专业洽谈会和旅游推介会，签订旅游合作互换游客协议80多份，成交额达14.8亿元，发放各类旅游宣传资料120多万份，可谓盛况空前。

（三）第六届东亚国际旅游博览会

此届东亚旅游会于2009年4月17日—19日在大连世界博览广场举行，仍由国家旅游局、辽宁省人民政府、大连市政府主办。本届展会共有385家海内外企业及旅游机构参展，参观展会总人数 7.8 万人次，专业观众人 4.8 万人次，发放各类旅游宣传资料 80 多万份，展会气氛热烈，成果显著。海外共有来自韩国、日本、马来西亚、克罗地亚、马耳他、美国、西班牙、德国、希腊、新加坡、泰国等 25 个国家和地区旅游机构参加了本次展会。49 家媒体同盟携手 80 多家国内旅行社负责人集体参观展会，提升了展会专业水准。展会期间还举办了中韩沿海区域轮渡观光研讨会、辽台旅游互动、东北区域旅游合作框架协议签字仪式、马来西亚美食节等精彩活动。

国际展商持续增长、展示手段繁多，是本届展会的一大亮点。韩国旅游发展局联合韩国仁川、济州、京畿道、春川等多个地方政府和航空公司、旅行社，以强大的阵容参加本次展会，展会现场还精心为观众安排了亲自试穿韩服，拍摄传统照片，教写韩文名字，参加韩国 QUIZ 游戏等活动，现场气氛热烈。展示日本各地方城市魅力的"日本各地展"收到了广大观众的好评，现场工作人员向业界人士及民众分发了山梨县、新泻县、京都府、大阪府、奈良县、岛根县等 86 个日本地方政府的宣传资料，众多观众在介绍日本各地独特文化及民俗的展板前驻足忘返，认真听取工作人员的讲解，推广效果显著。马耳他主推的"骑士文化之旅"，美国推出的"夏威夷风情"均受到了现场追捧。中国台湾展团连续三年参展，旅游商品成为主打。台湾馆是本届展会面积最大，装修最好的展团之一，展示面积达 600 多平方米。随着两岸关系的不断升温，两岸旅游交流合作频繁，大陆赴台旅游人数剧增。此次台湾展商主要推销的是帝王酥、太阳饼、金门高粱酒、阿里山茶叶等特色商品，力争将参展价值最大化。

旅游商品展区是展会的另一大亮点。作为旅游产业的重要组成部分，200 多家国内外旅游商品企业集体参展，食品行业表现抢眼，中国台湾、韩国、日本及辽宁省内 14 个城市的展商均携特色食品亮相，大连生产的三海海洋珍品、状元海珍品的绿色"海珍鲜"及运用生物科学技术加工制成的"浓缩即食海参"等特色海产品受到观众欢迎。此外西藏风韵十足的饰品、核桃工艺品、东北传统布艺娃娃等地域色彩明显的旅游纪念品展位人气旺盛。

此届东亚旅游会是在国际金融危机影响不断扩大、对实体经济冲击不断加深的情况下举办的，它的成功举办，对刺激潜在旅游需求、提升旅游行业信心、拉动行业发展起到了重要作用。

三、锦州古玩节

（一）首届中国·锦州古玩文化节

首届中国·锦州古玩文化节，于 2006 年 4 月 15 日—16 日在锦州举行。此次古玩文化节由凌河区政府主办，锦州古玩商会、锦州古玩城承办。此后，中国锦州古玩文化节将每年举办一次。

锦州是一座有 2000 多年历史文化积淀的历史名城，具有丰富的历史遗迹和文化古迹。目前锦州已经形成了庞大的古玩交易队伍和交易市场。它曾成功举办过全国第八届古玩艺术品博览会，名列"全国十大古玩市场"之一。锦州还有着浓厚的古玩文化氛围和一个庞大的古玩文化群体，据统计，锦州市内人口有 80 万人，有 1 万多人从事古玩交易业，有约 10 万人懂得和爱好古玩收藏。每年举行一次古玩节，将为古玩爱好者提供交流与收藏的机会，并可借此古玩文化平台提升锦州知名度，促进锦州与国内外的交流，推动锦州文化名城建设及经贸合作的发展。

此次古玩节举办地点设在锦州古玩文化商城，它始建于 2001 年，是目前东北最大的专业古玩收藏品交易市场，也是"全国十大古玩商城之一"，被国家文化部命名为首批"全国文化产业示范基地"。在古玩城 15000 多平方米的交易大厅里，共设展位 1500 个，分为瓷器、古币、杂项、书画、鱼化石、玉器等 10 余大门类。展会期间还举办了古玩艺术品交易、古玩知识讲座、经贸项目推介及洽谈、锦州民间文化展示等活动。

此次古玩节吸引了包括中国台湾在内的全国各地两千多参展商、采购商参加，接待各界古玩收藏家和爱好者将近 6 万人次。北京、天津、浙江等 13 个较有名气的古玩协会均派代表来参观、学习。

（二）第二届中国·锦州古玩文化节

第二届中国·锦州古玩文化节，于 2007 年 4 月 14 日—16 日在锦州古玩城举行。它由中华全国工商业联合会古玩业商会、锦州市人民政府主办的"第二届中国锦州古玩文化节"。

此届古玩节参展项目分别为古玩、书画、家具、文革文物、各种工艺品、岫玉、鱼化石、杂项八大专题。同时，北京、天津、浙江等十余个著名的古玩协会也参展。此外，展会期间还举行了"大众藏品拍卖"活动和古代民间绣品、锦州清末民国老照片、"文革"瓷、毛泽东专题藏品、古生物化石 5 项专题展览。

展会三天，共有国内外古玩商 3700 家参展，其中海外客商 30 多家，接待北京、江西、福建等十几个省市自治区和境外参展商、采购商、收藏爱好者四五万余人，其中接待国内外朋友 1 万余人次，总客流量 7 万人次，成交额创历史新高。古玩节还带动了锦州多个相关行业的火爆，给锦州带来场租费、搭建费、广告费、运输费等直接收入，也带来了源源不断的人流、物流、资金流、信息流等等。

（三）第三届中国·锦州古玩文化节

第三届中国·锦州古玩文化节暨寻宝 2008·CCTV 走进锦州，于 2008 年 4 月 19 日—21 日举行。它由锦州市政府、中华全国工商联古玩业商会主办，凌河区区委、区政府、锦州古玩商会、锦州古玩城承办。

此届古玩文化节历时三天，展厅总占地面积约为 12000 平方米，共设普通展位 5000 个，国外回流古玩展位 50 个，创国内古玩展会设备配备最好的先例。参展项目分别为古玩、书画、家具、文革文物、各种工艺品、岫玉、鱼化石、杂项等八大专题。会展期间，还举办了古玩文化产业研讨会、寻宝 2008·CCTV 走进锦州、国外回流古玩藏品展、古玩艺术品拍卖及交易、专题古玩藏品展等活动。4 月 23 日，寻宝 2008·CCTV 走进锦州栏目组还在锦州电视台演播大厅现场鉴宝。

此届文化节还邀请央视《艺术品投资》栏目组走进锦州，主要内容包括地方文化展示、宝物海选、专家评鉴、评审团评判、公布"民间国宝"等。此届古玩文化节期间，还安排锦州古玩业发展研讨会、国外回流古玩藏品展、古玩艺术品拍卖、古玩艺术品交易和包括满族刺绣剪纸作品展、民国以前民俗文物展、古生物化石展和经贸项目推介及洽谈等活动。此届文化节参展客商达到 5000—6000 家，接待境内外参展商、收藏爱好者 6 万余人，还将有河北秦皇岛、唐山市和内蒙古赤峰市等组织庞大的代表团参加。

（四）第四届中国·锦州古玩文化节

第四届中国·锦州古玩文化节于 2009 年 4 月 18 日—20 日在辽宁锦州古玩城举办。它由锦州市人民政府、中华全国工商联古玩业商会主办，由凌河区委、区政府、锦州古玩商会、锦州古玩城承办。来自国内和港、澳、台地区 180 家参展商、国外 30 多家参展商参加了盛会。来自法国、比利时、英国、日本、瑞典等二十几个国家和地区的中外客商 7—8 万人光临了本次盛会，几千件国外回流文物精品在文化节上进行了展示与交流。

此届古玩文化节历时三天，展厅总占地面积约 12000 平方米，共设普通展位 5000 个，回流古玩展位 50 个。参展项目分别为古玩、书画、家具、文革文物、各种工艺品、岫玉、鱼化石、杂项等八大专题。期间，组委会安排了海外回流文物精品展销、古玩艺术品交易、公益性"大众拍卖"、专题古玩藏品展（佛教文物展、靖武书画展、毛主席像章拼图展、奇石展、民俗文物展、古生物化石展）、经贸项目推介及洽谈等相关内容。

四、东北地区（沈阳）国际印刷技术设备展览会

东北地区（沈阳）国际印刷技术设备展览会，原名"沈阳国际印刷包装技术设备展览会"，原由辽宁省新闻出版局和沈阳市新闻出版局联合主办，每年一届，自 2002 年开始已举办四届。自第五届起，展会开始更为现在之名，主办单位也改为东北三省的新闻出版局联合主办。

2006 第五届东北地区（沈阳）国际印刷技术设备展览会，由东北三省新闻出版局及沈阳市新闻出版局联合主办，于 2006 年 8 月 5 日—7 日在沈阳辽宁工业展览馆举行。参展企业达到了 100 余家，交易金额达 1800 万元，较之上届成交额（含意向金额）近 1500 万元要高出 300 万元，展会的规模、参展商数量、成交额等均创历届之最。

第六届东北（沈阳）国际印刷包装技术设备展览会，于 2007 年 8 月 2 日至 5 日在沈阳辽宁工业展览馆隆重举行，主办单位仍与上届一样，但邀请国家新闻出版总署、中国印协和有关省新闻出版局领导及相关部门负责人到会参观，展会交易额突破五千万元。

第七届"东北印展会"，于 2008 年 9 月 16 日—18 日在沈阳辽宁工业展览馆、美术馆举办。本届展会的规格已上升为国家级。即第七届东北（沈阳）国际印刷包装技术设备产品展览会，已升格为由国家新闻出版总署作为支持单位，中国印刷技术协会、辽宁、黑龙江、吉林三省新闻出版局主办的国家级展会。

展会以"交流、创新、发展"为主题，以"品牌展示、技术交流、产品交易、项目推介"为手段，立足东北，面向全国，全面展示国内外包装印刷技术的最新成果，促进包装印刷技术交流，设备引进，产业升级，活跃出版物市场，推动东北及辽沈地区印刷产业又好又快发展。黑龙江省、吉林省及沈阳胡台印刷包装产业园开展了项目推介活动，吸引了一大批来自江苏、山东、温州等地的投资企业，有 22 个项目成功签约，投资额达 15.8 亿元。展会期间，河北、山

东、京津等地的 1000 多家企业、代理商，一万多名专业观众前来参观，开展供销、洽谈、项目合作。无论是参展企业、采购企业、参观人数和签约额较上届均有显著提高，各项指标均创历史新高。第七届展会交易额高达 5.4 亿元，比上届展会增加 10 倍，所有参展企业都达成了交易，90% 的参展设备在展会期间被订购。与展会一同举办的中国印刷文化专题展和俄罗斯精品油画展吸引了大量市民前来参观。同时举办的辽宁省第二届印刷合作发展大会和东北包装印刷产业项目投资推介会，发布了国内外最新包装印刷技术成果，推出了一批产业投资项目。

五、中国沈阳韩国周

自 2002 年起，沈阳市人民政府与大韩民国驻沈阳总领事馆共同主办韩国周活动。展会期间举办展览会、会议、论坛以及文化娱乐和体育赛事等活动，它不仅成为中韩两国人民开展友好交流和密切合作的一个盛大节日，也成为沈阳与韩国经贸合作和文化交流的重要平台，构成中国北方地区加强中韩经贸合作的一个重要桥梁和窗口。随后一年一次的举办，韩国周活动已经发展成为沈阳市对外开放的一个重要品牌。

2007 中国沈阳韩国周恰逢中韩建交十五周年，经过中国外交部审批、升级为中韩交流年国家级活动，并由中国人民对外友好协会和韩中友好协会等 11 家中韩国家级机构共同主办。韩国周期间，共举办各种活动 37 项，其中经贸合作活动 21 项、展览展示活动 5 项、文化旅游活动 11 项，签约 105 项，投资总额 33.9 亿美元，外资额 29.7 亿美元。签约项目的平均外资额约为 2800 万美元，其中超亿美元的项目 7 个，超千万美元的项目 55 个。韩国国会副议长李相得、前总理金钟泌、前副总理赵淳、前国会副议长赵富英、韩国前国会外务委员长郑在文等 8 名国会议员，28 个城市的市长代表团和 12 个协会的会长、副会长，韩国 SK 集团、浦项制铁、斗山大宇等世界 500 强企业的高层领导，韩国 10 家新闻媒体记者以及国内部分韩资企业韩方代表共计 13000 多人出席了此次韩国周活动。

截至 2007 年，在历年的韩国周期间，沈阳共签约项目 1008 项，总投资额 146.67 亿美元，其中，外资额 124.41 亿美元。随着几年来韩国周活动的开展，沈阳成功地树立起"沈阳有韩国、韩国有沈阳"的品牌形象，也成为最适合韩国人投资创业的城市。据统计，沈阳目前已成为中国直通韩国航线最多的城市，先后开通了通往韩国仁川、大邱、釜山、清州、济州、庆州6条国际航线，来沈阳考察、观光的韩国人已达到每年互访40万人次。目前在沈的韩资企业已经达到3840家，在来沈投资的91个国家和地区中仅次于香港；在沈阳投资的韩国客商已有5000余名，还有上万名韩国客商长期在沈阳工作。

2008年沈阳韩国周定于5月16日至23日举行。此次韩国周由沈阳市人民政府、韩国驻沈阳总领事馆共同主办，由韩国产业银行、韩亚银行等10个韩国国家级金融机构、行业协会作为支持单位，辽宁中部8城市共同参与。此次韩国周的主题为：友谊、交流、合作、发展。此次韩国周重点突出以经贸活动为主线、项目洽谈为重点、县区为载体这一主题，各区县（市）开展了各种形式的招商说明会、项目对接会和采购洽谈会等经贸活动共计16项，参加经贸洽谈的韩国客商达1100人。韩国周期间，还举行了多项展览展示活动，共设展位733个。皇姑区引进的韩国乐天项目、浑南新区金家湾韩国城项目等大型项目成为此次招商引资的亮点。此次韩国周，沈阳市累计签约项目106个，投资总额达36亿美元。106个项目中，工业项目占60个，引进外资额为2.9亿美元；第三产业项目占34个，引进外资额为32.8亿美元。签约项目平均外资额约为3386万美元，其中超亿美元的项目5个，超千万美元的项目27个。

第八届中国沈阳韩国周，于2009年9月13日—19日在沈阳举办。它由沈阳市政府和韩国驻沈阳总领事馆主办、沈阳韩国商会协办。本届中国沈阳韩国周的主题是"友谊、交流、合作、发展"。活动由经贸交流、文化交流两大板块及7项重要活动构成。本届韩国周以首次在中国举办的韩国KBS歌唱比赛活动为龙头，通过韩国有线和卫星频道向韩国和全世界播放。同时还将举办中韩诗人作品研讨交流会和诗歌朗诵会、中韩语大赛、中韩铁人三项友谊赛等文化交流活动。

中韩经贸交流活动则以"韩国百名企业家沈阳行"系列活动为主线，围绕沈阳市建材产业、装备制造、汽车零部件、商业与物流、五金产业以及房地产开发等领域，分别在7个城区和法库县等地举办招商、推介、考察和项目对接等活动。9月14日，"韩国百名企业家沈阳行"启动仪式吸引了韩国首尔、釜山等8个城市的政府代表，以及韩国中小企业中央会等5个行业协会的代表、韩中国际产业园地开发株式会社等百余家韩国企业的负责人。在此后举行的铁西区招商说明会上，众多韩商一口气签下了12个项目，签约额约7亿美元。本届韩国周期间，沈阳市累计洽谈和签约项目150个，经贸洽谈成果显著。

据韩国权威媒体《东亚日报》的民意调查显示：沈阳韩国周在韩国掀起的

投资热情一轮轮高涨，有60%的韩国中小企业愿意到中国东北投资，其中有九成左右首选沈阳。

六、其他文化展会情况

近年在我省除了上述几项大规模的展会之外，还举办了其他一些大型展会，对我省文化产业的发展也发挥了重要作用。这些展会有中国沈阳国际旅游节（2005以来每年举办一届，到2009年已经举办了五届）、辽阳"曹雪芹文化艺术节"（自1996年举办第一届以来，2004年和2009年分别举办了第二届和第三届）、中国沈阳国际旅游文化节、中国沈阳国际茶文化交流博览会、中国沈阳民间文化藏品展销会、沈阳"清文化节"等。还有举办的各种类型的中小型展会，诸如"冰雪节"、"美食节"、"新春灯会"、"日本周"、"旅游节"、"皇寺庙会"等项目。有些中小型会展是由市、区两级政府主办，有些展会是配合"文博会"等大型展会举办的，有些展会活动规模不断扩大，影响力也逐年提高，它们对于促进文化交流和发展，活跃群众文化生活，推动文化产业发展，拉动地方经济发展起到了重要作用。

2009年7月17日，由中国国际贸易促进会大连分会、大连市文化局主办，大连高新技术产业园区动漫产业管理办公室、北京软件行业协会协办，大连时代财富展览公司承办的"2009首届大连国际教育及文化创意产业博览交易会"开幕式在大连世界博览广场拉开帷幕。这次展会是大连市首次举办的以文化创意产业为内容的文化展会，展览面积1.6万平方米，参展单位来自18个国家地区和国内23个城市的300余家中外企业。国家文化产业示范基地大连大青文化产业集团也首次在大连的展会上亮相。展会的成功举办填补了大连市文化会展业的空白，对带动文化会展业发展，从而促进大连市现代文化名城建设和文化产业快速发展将产生积极的影响。

第二节　辽宁省文化会展业存在的问题和不足

近年来辽宁的文化会展业取得了长足的进步和成绩，在国内及国际性的影响日益扩大，办展的经验和专业化程度也不断提高，然后，它仍有一些不容忽视的重要问题和不足，值得我们认识对待和研究。

一、市场化程度不高，过度依赖政府

近年来我省若干个大型成功的文化会展都是由政府主办的，这在目前我省文化市场不发达、相关部门间协调不力、会展业的规范或机制不够健全的条件下起到了相当积极的作用，通过政府职场有效弥补了现代市场的缺陷，促进了我省文化会展业的快速发展。

但应看到目前政府主导的文化会展的市场化程度并不高，参与办展的展览公司还不多，会展场馆的市场化经营水平较低，尽管近年来政府主办的会展已经开始注意吸收一些展览公司来参加，市场化程度有所提高，但政府在会展中的主导地位和作用仍然牢不可破。这种依据政府意志办的文化会展，缺乏专业性的信息咨询、行业交流和市场资讯等活动，难以获得对文化会展市场的科学的了解和分析，以及对文化市场变化情况的科学追踪，往往会导致各方面相关社会资源的大量浪费，而且也难以在基于市场信息的合理基础支持下进行科学规划和合理布局，如导致会展场馆空间的相对闲置、工作效率低下等问题，也难以设置或长期维持专业性的会展机构。缺乏商业性展览公司的参与，一旦会展长期不盈利或亏损，就必然难以为继，事实上，近年来个别只由政府主导举办的文化展会，从最初的轰轰烈烈，到后来的销声匿迹，就证明了这一点。此外，对本地形象的广告宣传等开支以及会展亏损等都要由政府财政来支撑，这不仅对于政府来说是一个负担，而且在会展市场造成一种不平等的竞争局面，对于一些独立的展览公司造成巨大压力，某些公司甚至会因资金困难而难以为继。

从文化产业发展的内在自洽、独立发展的市场规律来看，政府的主导作用毕竟是外在的，发挥的作用应适度，否则，政府对文化会展的干预若长此以往，必然会排挤或抑制作为真正市场主体的展览公司等文化企业的发展，限制其实力以及市场竞争力的增强，压缩文化会展的自由市场空间。因此，从长远来看，由政府主导所带来的一些消极因素，难免会影响我省文化会展业走向真正市场化的全面协调、可持续发展之路。

二、对历史文化不够尊重

因为省内许多文化会展大都是由政府作为举办者，因而其决策导向难免受到政府政绩观的影响，从而在一定程度上会偏离文化会展市场化发展的轨道。一些地方政府仍没有跳出过去"文化搭台，经济唱戏"的错误思想误区，往往出于完成政绩工程或塑造城市形象的需要，将文化会展作为实现政府政绩的一种手段。这表现在对于会展结果往往只关心创造了多少经济效益等硬指标，而对于文化会展带来的文化效益、社会效益等软指标却较少考量，在一些会展的布局、基础设施等方面的决策上，不愿听取专家学者的意见，即便有时开会请来几个专家也往往是出于走过场的需要，这样的做法必然导致会展在决策和实施上缺乏基于文化产业内在发展规律要求予以评估或衡量的科学尺度。例如，一旦涉及非物质文化遗产的保护问题，就可能导致用经济效益取代遗产保护的不良后果；一旦涉及历史上的民族冲突问题，就可能导致这些问题被重新提起乃至放大；一旦涉及历史文化遗产中的消极面或落后的东西，就可能会处理不当，导致不恰当的粉饰历史，掩盖历史真相，有碍于传统文化优秀思想的继承，不利于民族团结等文化上的负面影响。事实上，一些涉及历史文化方面的会展，其场所中的一些文化硬件的设置就不合乎历史文化或民族团结政策的要求。例如，某些体现满清文化的雕塑竟安置在历史上受满族欺压的锡伯族的家庙正门附近，结果导致不满意见出现。还有一些地方政府或地方企业，为配合旅游节活动，拿着宗教文化做幌子来刺激旅游业发展，但对于以儒释道为代表的传统宗教文化的历史真相却不够尊重，在涉及到宗教文化或历史文化的会展设置上，一些宗教历史古迹的恢复或建设并不符合历史事实，仿古建筑也不符合历史真相，甚至为片面吸引游人前来不惜建设一些历史上并不存在的寺庙，里面并没有和尚住，只有旅游管理人员，其中的烧香礼拜等宗教活动也不合乎正规宗教要求，只要能获得经济效益就不顾及其他了，结果导致文化会展乃至文化产业发展变型。

三、专业性会展人才紧缺

目前专业性会展人才短缺现象是辽宁文化会展业的一大问题，这一问题在全国也较为普遍，即便是在会展业发达的大城市也是如此，而辽宁的会展人才较上海、北京、广州等大城市差距就更大。目前我国已有几十所高校开设会展本科专业或会展方向课程，而辽宁高校普遍未能将会展专业或课程纳入大学教育范围，在省内会展业开展得较好的大连竟没有一所高校设立会展学科系及专业，在省会沈阳也仅有辽宁外经贸学院和沈阳师范大学两所高校开设了会展培训课程。会展人才的短缺，难以充分满足我省文化会展业发展的人才需求，直接制约了辽宁文化会展业的健康发展和竞争实力的增强。

四、缺乏网上会展业务平台

互联网具有传统媒介前所未有的强大技术功能，使得网上会展也具有了即时互动、超越时空、覆盖广大、容量无限、虚拟整合、民主开放、多媒体展示、绿色环保等以往会展模式所不具有的特点和优点。通过网上会展，企业能够为全社会提供全年365天、全天候24小时的会展业务虚拟平台，可使产品展示、信息资源和业务洽谈等实体会展的内容不受任何时间、地点等条件的限制，从而有助于增加成交机会，构成实体会展的有效补充和扩展。近年来欧美等发达国家会展参展商已大批转向网上会展，使得网上会展对实体会展构成严重挑战。

近年我省的少数重要会展在网上专门设置了网页，但包括文化会展在内的大多数会展均还未能上网，即便是上网的会展一般也只局限于介绍会展内容上，尚未开设能够展开网上会展业务的虚拟平台。面对网上会展对实体会展日益严重的冲击和挑战，辽宁文化会展业应及时跟上，否则必然要付出代价。此外，在我省文化会展的机构设置以及有关服务部门的配合上，也存在着一定的问题，如未能将会展活动与负责旅游的旅行社等服务性部门紧密结合起来，在合理利用各方面社会资源、提高工作效率方面也有待进一步加强，文化会展中还存在着办展活动不规范等现象，办展体制的法规、规范也有待进一步健全，办展审批手续也较繁杂，有待简化，等等。

第三节　加强辽宁省文化会展业的建议与对策

辽宁文化会展业在新的一年里将会有更大发展，据沈阳市服务业委员会披露，2010年沈阳会展经济将进入"喷发期"，形成周周有展会，月月有大型活动，全年各类会展活动不断的局面。预计2010年全市会展活动数量将突破220项，比2009年增长10%以上；会展经济交易额有望超过1400亿元，比上年增长15%。但总体上来说，仍有以下一些需要注意的地方。

一、强化文化会展业的市场化导向，突出展览公司的作用

我省文化会展业的发展要真正走向市场化运作，必须将目前以政府为主体的办展模式逐渐转变为以文化企业为主体的模式，为此，我省文化会展业应明确树立和强化市场化运作的价值导向，重视和鼓励展览公司积极参与办展，按市场化规律积极组织和整合会展资源，尽量减少不必要的资源浪费。对于政府来说，应逐渐淡出文化会展的主体地位，将办展主体逐步让位给展览公司等文化企业，而只充当为办展企业提供宏观指导或服务的角色。这是一个需要多年努力的过程。在目前的文化会展业务上，政府作为办展主角应积极鼓励展览公司或文化企业积极参与办展，不断提高文化会展的市场化运作水平。随着新建的沈阳展览中心建成并投入使用，沈阳会展业上档次、上水平将得到强力支撑。届时，沈阳将结束不能举办超大型展会的历史，展览场馆规模和现代化水平将跃居国内前八位。

二、明确树立起"文化唱戏"的正确价值观念

应警惕和抵制"文化搭台，经济唱戏"的错误观念及其消极影响。这一观念曾经作为时髦口号流行于一时，但它毕竟是一个错误的口号，在实践上也造成了消极影响，因为它将文化当作是经济发展的工具和手段，极大地贬低了文化在上层建筑意识形态领域中的崇高地位和尊严，也违背了文化产业独立、自治发展的规律，对于文化产业的可持续发展极为不利。从经济上看，这个口号也低估了文化的经济价值。正如著名学者李德顺先生所指出的："过去我国并不看好文化的经济意义，认为文化就是花钱的，就是向政府要钱的，所以特别强调'文化搭台，经济唱戏'。现在这种观念应该改一改了：文化不但能赚钱，而且能赚大钱，在更高的层次上，文化完全可以唱主角，应该是'经济搭台，文化唱戏'了。"从目前上海、北京、浙江、广东等文化产业所创造的巨大经济价值来看，文化产业的巨大作用确实是不可低估的。对于文化会展业来说，无论是文化搭台，还是经济搭台，都应以文化为主角，让"文化唱戏"，实现经济价值和文化价值的双赢。消费类展会是2010年沈阳会展活动的主打，无论内容还是范围将更加广泛，其中美食、珠宝、古玩艺术品等展会将创新举办。同时，沈阳还力争在旅游、动漫、茶文化、民俗文化、图书展、花卉展、留学展、高校展和灯会、庙会等领域开辟或扩大市场。2010年8月7日至8月9日也将在

沈阳举办东北婚庆文化产业博览会。

三、大力加强会展人才的培养和网络平台建设

辽宁文化会展业的健康、快速的发展，需要大批富有管理经验的会展专业人才的参与和支持，而目前辽宁会展人才的短缺则构成一个重要问题。对此，辽宁应把培养会展人才作为一个高等教育的重要目标，积极在全省各个高校开设会展专业或会展方面的课程，并积极开展对会展从业者的在职教育培训，努力提高会展教育的教学质量，尽可能多地培养出适应会展业发展的专业人才。此外，还应注重职业教育、民办教育等其他培养会展人才的途径，探讨与国内外高校合作培养会展专业人才的可能性，争取利用外部资源来培养人才。同时，也应注意从各种渠道引进国内外高层次的会展人才。

面对国际上网上会展的日益兴旺之势，辽宁的文化会展业应充分利用现代网络技术，尽快拓展网上会展业务，将产品展示、信息资源和业务洽谈等实体会展的主要内容都尽可能地搬到网上，启动网上业务洽谈平台，使会展业务能够突破地点、时间、条件的限制，从而使网上会展成为实体会展的有效补充手段和扩展的方式。

四、进一步突出辽宁本土的文化特色

一个地区的文化会展，只有坚持不懈地突出本地的文化特色和文化品牌效应，并将体现文化特色的文化会展不断做精做透，才能促进文化会展业的可持续发展。近年在我省举办的东北文博会等会展，已经展示了辽宁本土具有的东北黑土地文化、东北工业文化等特色，但对于能够代表辽宁本土的标志性的文化符号和文化风范、不同于黑龙江和吉林的文化特色方面，仍需要进一步突出和加强。事实上，除了举世闻名的辽宁"一宫三陵"等"世界文化遗产"体现的清文化特色之外，辽宁还有着自己独特的历史文化、考古文化、旅游文化、民俗文化（或乡土文化）、地域文化、城市文化等文化特色。诸如以金牛山、查海、新乐、牛河梁等一批原始人类遗址为内涵的原始社会文化，包括红山文化、龙山文化、良渚文化等以历史上燕、秦、辽、金、清等历史古迹为基础的历史文化，包括九门口长城、"碣石宫"、兴城古城等以满汉融合的多元文化和移民文化为代表的民俗文化，以赵本山小品及辽北"二人转"为代表的乡土文化，以及辽宁作为老工业基地自建国以来为共和国建设而奋斗的工业文化历程等等，

将这些文化特色通过文化会展突出地展示出来，这是提高辽宁文化软实力不可或缺的重要措施。

五、突出文化会展品牌的塑造和培育

对于品牌效应的巨大价值，现代企业早已上升到经营战略的高度来重视。这一点对于文化会展来说也有同样的意义。目前国际上的著名文化会展，都以其品牌效应而给办展城市及地区带来了海量般的人流和收益，并向全球辐射出强大的影响力，其巨大的影响可能带来的巨大经济效益和文化效益都是难以估量的。

目前辽宁少数一年一次或两年一次的大型文化会展，已经在较大程度上形成了国际级或国内级的会展品牌，像东北文博会、中国沈阳韩国周都已成为具有国际影响的文化会展品牌。但文化会展品牌不是仅有知名度因素就够了，展出产品的功能和文化特色，场馆的规模和布局的特色，会展的信誉、口碑、品位和服务，参展商及参观者的体验及认知程度，相关的旅游业的内涵和特色，乃至举办城市的环境和文化氛围，都是决定会展品牌价值的重要因素。因此，辽宁的文化会展业应充分重视文化会展品牌的塑造和培育，努力打造出能够体现东北黑土地文化特色以及地方文化特点的个性化文化会展品牌，这是提高文化会展现代化和国际化程度不可或缺的重要环节。一个值得注意的问题是，在创建涉及历史文化的文化会展品牌策略上，应当对辽宁的历史文化品牌的进步性和劣质性予以严格的区别对待，以科学发展观为指导对其进行有所取舍的抉择。这是尊重历史辩证法的体现。

对于历史文化中，或非物质文化遗产中，有利于文明发展、有利于爱国主义或精神文明建设等方面的进步的一面，应予以正面的赞美或歌颂；而对于历史文化中的消极、劣质的文化现象，诸如不利于文化发展或文明进步，或不利于民族团结，或不利于爱国主义以及精神文明建设，或不利于中华民族传统美德的继承和发展等方面的内容，应注意予以舍弃。绝不能为了打造文化品牌来盈利而人为地抹煞、掩盖或粉饰历史真相，否则，真相一旦大白于天下，打造的文化品牌价值必然会荡然无存。唯有以尊重历史事实为基础，弘扬历史文化中适应时代发展的进步性内容，才能打造出真正有价值、为世人认可的辽宁历史文化品牌，进而打造出相应的文化会展品牌来。

（作者：毛世英，辽宁社会科学院哲学所）

行业报告十一　辽宁省广告业发展报告

　　广告被称为国民经济发展状况的晴雨表，经济发展的态势都会在广告业得到不同程度的反映。国家"十一五"文化发展规划纲将广告业作为九个重点文化产业之一。近几年来，我省经济保持高速增长，而蓬勃发展的广告业为我省的经济发展和社会进步作出了重要贡献。同时我省广告业伴随着改革开放以来辽宁经济体制改革、产业结构调整而成长和振兴老工业基地而发展壮大。到2006年，全省广告经营总额达51.62亿元，列全国第8位，广告经营单位3763户，从业人员近3万人。目前，辽宁省确立了实施品牌战略、建设国家新型产业基地的发展目标，为全省广告业的发展提供了较大的市场空间。本年度报告通过对辽宁广告业的行业政策、竞争格局、创新情况和投资特性的定性和定量分析，旨在为政府及企业提供可资参考的信息资讯。本年度报告的数据来自公众信息和由辽宁省工商行政管理局商标广告处提供。

第一节　辽宁省广告业行业政策分析

　　1979年1月14日，上海《文汇报》发表了《为广告正名》的文章。1981至1992年，全国广告营业额平均每年递增41%。1987年，国务院颁布了《广告管理条例》，将广告业纳入了依法管理轨道。以邓小平南巡谈话和社会主义市场经济体制目标确立为标志，1992年，我国广告业年增长率达93.42%，1993年年增长率达97.57%。1993年，政府有关部门印发了《关于加快广告业发展的规划纲要》。1994年，《广告法》正式颁布，中国广告法律体系初步形成。以党的十六大召开为标志广告创意更加关注和谐主题，广告业更加关注公益事业。2005年，《行政许可法》实施，政府部门大幅度削减行政审批项目，为广告业发展营造更为宽松的环境，进一步促进了中国广告业的发展。

　　2008年辽宁省广告监管工作，紧紧围绕维护人民群众切身利益的问题，以医疗、药品、保健食品等品种为重点，继续加大整顿和规范广告市场秩序的力度，坚持和完善综合治理机制，巩固、扩大专项整治成果，共查处违法广告案件1810件，净化了广告市场环境。2008年辽宁省局针对消费者投诉中涉及的广告问题及时进行指导规范，如金粉奢华手链、博仕男科医院等，及时对广告主进行行政告诫，责成其停止发布违法广告，并依法进行处理。在全省工商系统"3·15"新闻发布会上，对"双网再造丸"、"克唐王"、"清血克癣王"等药品违法广告，"黑白性元胶囊"、"固元养生胶囊"等保健品违法广告，以及发布严重违法广告的本溪电视台、抚顺电台、阜新细河医院等，共计14件欺骗和误导消费者的违法广告案例进行了曝光，对违法广告起到了震慑作用。一年来，各市通过各级各类媒体共发布违法广告公告30期；曝光发布虚假违法广告的药品、保健食品119个，医疗、美容机构16家；停止发布广告636个。沈阳市共办结广告违法案件137件。

辽宁省工商行政管理局广告监测中心在对沈阳地区电视、电台、报纸等媒体进行日常监测的同时，集中监测了药品、医疗服务、保健食品广告6次，共监测广告13169条，涉嫌违法广告1005条，违法率7.6%。其中发布医疗广告5556条，涉嫌严重违法广告247条，违法率4.44%；发布药品广告4766条，涉嫌严重违法广告471条，违法率9.88%；发布保健食品广告2847条，涉嫌严重违法广告277条，违法率9.7%。对于发现的违法广告及时责令整改，跟进查处。根据监测结果和省直部门案件专办单，省局直接查办了神州三号、谓长金、癣清、沈阳长城门诊部等6件广告案件，并重点督办了沈阳万佳医院、中华活胰王、苦荞胶囊、百脉瘀痛贴等101件违法广告案件。

2008年，辽宁省广告执法坚决贯彻国家和省有关文件精神，认真查办发布非法广告案件，净化经济发展与和谐社会建设的软环境。按照省工商行政管理局2008年初召开的全省商广处（科）长工作会议上会议要求，各地加大对药品、医疗、保健食品、化妆品等重点品种违法广告案件查处力度。在强化广告发布更正的同时，严厉查处广告中夸大功能、保证疗效、保证治愈、使用患者、公众人物、专家名义作疗效证明的行为，未经广告审查机关审查擅自发布的行为和以新闻报道形式变相发布广告的行为。

第三方监测体系的建立与完善，是行业成熟的主要标志。因此，要多方协作，利益共享，实质推进我省户外广告效果监测体系的建设。沈阳、鞍山市局相继成立了广告监测中心，沈阳市局全年监测广告73.8万条次，责令改正轻微违法广告1471条，责令停止发布严重违法广告387条。朝阳市局启动了数字化媒体广告监测系统，极大提高对本地区广告日常监测能力。抚顺市局全年办理12315转办广告投诉案件6件，受理市长电话办、市局信访办等转办的公民广告投诉5件，都得到较好处理。朝阳市局根据群众投诉，对市内多家药房发布医药虚假广告行为进行了查处，查扣违法药品20余个品种，切实维护了广大消费者的合法权益。

辽宁省工商行政管理局还协同各部门开展广告联合监管。根据《辽宁省新闻媒体发布医疗、药品、保健食品广告监督管理工作意见》，省工商行政管理局及时将广告监测结果通报省直成员单位，对省纠风办转来的神州三号、金股王违法广告案件和省药监局转办的红龙参酚胶囊、二十五味子等4件违法广告案件及时进行了督办查处，并对广告严重违法品种"龙牙肝泰"胶囊，通过省药监部门采取了停止销售的措施；同时省工商行政管理局对每月药监部门转来的违法广告公告通知及时下发各市，采取相应的行政监管措施；根据省卫生厅《关于对辽宁奉天中医院等32家医疗机构发布违法中医医疗广告处理意见的通知》，下发《关于进一步强化广告市场监管的通知》，取缔了13家医疗机构的中医医疗广告，加强了中医医疗广告监管。此外，省工商行政管理局还与省家具协会联合开展了全省家具市场行业自律整治，并对沈阳地区200余个家具企业的广告进行了监测检查，纠正了违法内容，宣讲了广告法律法规，不仅扩大了监测范围，而且拓宽了监管领域。

辽宁省食品药品监督管理局加强对药品广告的监管。2008年5月，辽宁省食品药品监督管理局发出通知，对两种广告严重违规的药品责令暂停在本溪地区的销售。辽宁省药监局通过对2008年3月—4月间本溪有线电视台药品广告发布情况监测后发现，木竭胶囊、颈康片在广告宣传中存在使用绝对化用语夸大药品疗效，严重欺骗和误导消费者的行为。标示药品生产企业为哈尔滨华雨制药集团有限公司的"木竭胶囊"，以患者的名义为产品功效证明，夸大产品疗效；标示药品生产企业为吉林省辉南天泰药业股份有限公司的"天泰牌颈康片"，以专家的名义为产品功效证明，夸大产品疗效。为了保证公众用药安全有效，辽宁省药监局根据《药品广告审查办法》的相关规定，决定从2008年5月16日起暂停这两种药品在本溪行政区域内的销售。直至违法发布药品广告的企业在原广告发布媒体的相同时段和《辽宁法制报》发布更正启事，省局按规定解除暂停销售措施后，上述药品方可在本溪地区销售。

全省各市发挥联席会议制度作用，合力整治违法广告。2008年各市共召开联席会议30余次，针对广告市场存在的重点难点问题，加强沟通、相互配合，不断把广告专项整治工作推向深入。鞍山、锦州市工商行政管理局还与相关部门组成联合检查组对媒体发布情况逐一进行检查。抚顺、阜新市局制定了具体整治方案，组织全地区的人员对药品、医疗、保健食品、化妆品等广告专项治理，对重点品种虚假违法广告保持高压势头，集中整治取得阶段性成效。省工商行政管理局召开三次有关部门参加的联席会议，研究阶段性突出问题，共同调研我省媒体监管现状、存在的问题，有针对性地向总局提出媒体监管的治本措施。

第二节　辽宁省广告业行业竞争格局

伴随科技进步，网络等新兴媒体迅猛发展。同时随着品牌运作和深度营销时代的来临，中国媒体严重供过于求，任何媒体都可找到替代者。如何打造自身媒体的不可替代性，品牌运作和深度营销势在必行。中国户外广告业是帮助客户树立品牌的，但自身的品牌意识却不强，大部分还停留在价格战的浅层次上。品牌运作和深度营销，是中国户外媒体供应商 2008 年必然努力的方向。

而辽宁省目前户外广告业发展难以适应时代要求。截至 2008 年上半年，辽宁全省共有户外广告经营单位 197 户，全部为内资企业，其中私营企业 83 户；户外广告经营额 1212 万元，全部为内资企业，其中 732 万元为私营企业经营额；户外广告数 798 个，其中展示牌广告 150 个，电子显示装置广告 9 个，灯箱广告 225 个，霓虹灯广告 152 个升空器具广告 10 个，充气物广告 60 个，模型广告 40 个，其他户外广告 60 个，没有水上漂浮物广告；户外广告商品类别，药品 65 个，医疗器械 23 个，农资 10 个（农药 5 个，兽药 5 个），食品 95 个（其中保健食品 18 个），酒类 20 个，化妆品 20 个，烟草 8 个，房地产 100 个，家用电器 125 个，信息产品 10 个，服装服饰 30 个，汽车 80 个，金融保险 60 个，生活美容、休闲服务 30 个，信息服务 10 个，商场销售 30 个，教育 20 个，旅游 20 个，招工招聘及其他服务 20 个，出入境中介 10 个。

品牌运作基于客户利益而展开，需要挖掘、培育并提升自身媒体的传播价值，以此区隔其他各种媒体。深度营销基于受众利益而展开，需要分析、捕获并呼应受众需求及其变化，建立媒体与受众之间的长期良性互动关系。中央电视台率先提出"绿色广告"概念，在行业中引起良好反响。我省广告媒体也以此为依据进行了广告经营策略的制定，如2008年辽宁电视台广告经营策略概括起来为"五个统一"：统一经营、统一管理、统一政策、统一价格、统一奖励。核心就是以客户为中心，以市场为导向，科学地制定有利于客户的广告投放政策。这个政策的主要内涵就是对各频道的广告时段实行统一限价标准，并按累计投放量进行分段奖励。从而提高辽宁电视台的信誉度，保证客户利益的最大化。

2008年，全省各地规范户外广告发布。盘锦市局组织县区局对辖区内发布的户外广告，每月进行一次拉网式检查，努力做到监管不留死角。抚顺市局认真指导各县（区）分局开展户外广告管理，制定了户外广告分布图，强化了户外广告的登记管理。锦州市局对主要路段及小区的户外广告牌进行了认真的清理、核对，取缔违章牌匾36块。葫芦岛市局针对户外广告发布问题集中地区，采取发放"户外广告发布提示书"，引导依法发布户外广告，使擅自发布户外广告的问题得到了有效控制。2008年6月，沈阳市查获最大一起户外广告违法案。沈阳东陵药业股份有限公司、辽宁东亚种苗公司、沈阳禾丰牧业有限公司、沈阳亚特运动器材有限公发布4块大型广告牌，每块面积达120平方米。经查，四家发布的广告均未经当地工商机关登记核准，属擅自制作发布。另外，其中一家公司广告牌写有"全国十大饲料名牌"字样，实际并非"名牌"。

其他各类广告媒体构成与经营情况如下表：

2008年上半年辽宁省媒介广告经营单位和人员构成

媒介 \ 经营单位与从业人员	经营单位（户）	人员小计	管理人员	业务人员	其他人员
电视台	21	133	28	61	44
广播电台	7	42	9	20	13
报社	12	63	14	29	20
期刊社	5	20	7	5	8
兼营广告的网站					
其他	87	281	63	167	51

2008 年辽宁省工商行政管理局加强奥运期间广告监管。按照国家总局《关于进一步营造和谐有序的奥运广告市场环境的通知》精神，省局强化对奥运期间广告市场的监管。各市局结合本地实际，加强与媒体监管部门的协调配合，集中力量，制定监管措施，加大对重点媒体、重点部位广告的监管力度，为营造"和谐奥运、平安奥运"发挥了积极作用。作为奥运赛事举办城市的沈阳市局根据市政府创建无烟奥运城市的部署，对户外烟草广告牌匾进行专项治理，督促拆除沈阳站、桃仙机场烟草广告 89 条，拆除城区店堂牌匾烟草广告 44 块、店堂烟草广告 74 条，清除路灯挂旗烟草 400 面、路牌烟草广告 8 块，为奥运足球赛事在沈阳圆满举行创造了良好的环境。做为旅游城市的丹东，市局按照市委、市政府美化市容迎接奥运的安排，对城区语言不文明和外文牌匾进行了清理，并对 147 户户外广告进行了上网登记，保证了奥运会举办期间户外广告的规范化有序。

为落实媒体广告发布的各项管理制度，促进新闻媒体自律，省工商行政管理局强化对广告发布环节的监管。2008 年 2 月 20 日，省局召开了沈阳地区主流媒体广告监测通报会，11 家沈阳地区主流媒体的广告部负责人参加了会议，曝光了 8 起违法广告案例，通报了我省广告监管机关年度工作要点，加强了对新闻媒体广告活动的行政指导。11 月份，走访了辽宁电台、辽沈晚报和辽宁电视台，实地调研了广告经营情况和广告监管问题。沈阳市局对沈阳地区的省、市 19 家主要新闻媒体及 8 家区、县（市）电视台进行了走访，并组织媒体广告负责人、广告审查员及代理广告公司召开了 11 次座谈会，通报广告监管工作的形式和任务，征求对监管工作的意见和要求；大连市局组织了 10 次媒体违法广告通报会，对规范广告经营活动提出了工作要求；盘锦市局先后 14 次到各媒体同负责人见面，向其宣传法律和政策，对广告审查员进行了有针对性的现场指导，帮助其对广告主的主体资格、相关文件、广告内容进行登记审查和存档。通过开展多种形式的媒体走访、交流活动，促进了广告监管工作与行业发展、维护消费者合法权益的结合。

为进一步强化警示教育作用，各市局把曝光、查办虚假违法广告与督促广告发布者、经营者自觉履行查验义务相结合。丹东市局分别向发布虚假违法广告率较高的丹东电视台、丹东日报社提出警示通告，并监督进行整改。葫芦岛市局自制了《广告经营者行政告知书》，引导广告经营者履行法律责任。辽阳市局突破压力，对辽阳电视台、辽阳广播电台发布药品、医疗、保健食品、化妆品等虚假违法广告的行为进行了查处，结束了多年来对新闻媒体不予处罚的状况。大连市局走进电台直播间接受广大市民的监督，解答消费者对虚假违法广告的咨询。丹东市局参加了《鸭绿江晚报》举办的政风行风直通车活动，现场同百姓代表见面，倾听百姓呼声，并于会后对百姓提出的各项问题及时进行了处理和反馈。

全省工商机关安排专人对网络发布的非法"性药品"和性病治疗广告进行搜索监测，共监测检查网站 1275 个。2008 年上半年共发现发布非法"性药品"广告和性病治疗广告的网站 16 个，违法广告 172 条。沈阳市局对本地区 796 家网站进行集中监测，其中包括门户网站 42 家，自设网站 660 家，专业网站 54 家，搜索网站 30 家，其他网站 10 家。营口市局还走访医院 33 家，检查拥有网页 13 个；药店、保健品店 95 家，检查拥有网页 25 个；同时，检查网络广告经营单位 6 户，专业药品生产经营单位 3 家。全面、细致的普查，确保了专项执法行动深入开展。

2008 年上半年广告媒介违法情况

违法性质／媒介	查处案件总数（件）	虚假广告	非法经营广告	其他
电视	188	125	5	58
广播	37	19	1	17
报纸	62	22	12	28
期刊	10	10		
户外	99	15	14	70
印刷品	38	26	3	9
网络				
其他	21	8		13

辽宁广电局强化广告播放管理工作。2008 年 12 月 8 日，辽宁省广电局召开全省广播电视社会管理暨广播电视广告播放管理座谈会，就继续加大广播电视广告播放管理力度、进一步规范广播电视广告播放秩序提出要加强播出机构内部管理，认真落实法律法规和管理规定和明确监管责任，健全管理制度，着力改变管理缺位、弱化的现状及加强与其他行业管理部门的协同配合，建立社会

监督及公众投诉处理机制的要求，并建立科学的广播电视广告监管工作流程，加强对播放违规广告的处罚力度。2008年，辽宁局下发违规播放广告整改通知单6份，涉及六个播出机构；受理广告播放投诉情况累计23份，处理结果涉及12个播出机构；坚决治理有线网络、转播发射机构违规插播广告问题。

2008年5月，辽宁省邮政管理局市场监管处人员主动走访辽宁人民广播电台、辽宁电视台、沈阳人民广播电台、辽沈晚报等多家新闻媒体广告部，向其通报前一时期出现的非法集邮品广告的形式、特点及危害，并从专业的角度介绍如何准确把握禁止发布的集邮品广告范围，并将文件送达各新闻媒体，与其建立工作联系。各新闻媒体都表示在今后工作中一定加强与省邮政管理局的沟通与协作，在集邮品广告的发布上从严把关，净化广告市场环境，共同做好集邮品广告的管理工作，切实维护集邮市场秩序和广大消费者的权益。

按照国家工商总局《关于进一步规范固定形式印刷品广告经营行为发布的通知》精神，省工商局开展了对全省固定形式印刷品广告清理检查工作。辽宁省局对87个固定形式印刷品广告2007年1月份至2008年5月份的广告发布情况，集中进行了监测检查，并下发《监测检查通报》。各市局根据监测检查结果，严厉查处了名称使用不规范、发布有违法广告、出现非广告信息和语言使用不规范的固定形式印刷品广告，对62个固定形式印刷品广告进行了调查处理，有力地规范了广告发布行为。盘锦市局还将固定形式印刷品广告纳入日常监测范围，发现问题及时处理，促进了固定形式印刷品广告的健康发展。

第三节　辽宁省广告业行业创新情况

辽宁建设"文化大省、文化强省"离不开广告业的"又好又快"发展，而广告业的发展壮大也必然为辽宁老工业基地振兴创造良好的文化经济软环境。国家工商总局、国家发展改革委关于促进广告业发展的指导意见中指出，为贯彻落实"十一五"规划纲要和《国务院关于加快发展服务业的若干意见》，促进广告业又好又快发展，要"协调区域广告市场发展围绕促进区域经济社会协调发展的目标，服务于推进西部大开发、振兴东北地区等老工业基地、促进中部地区崛起、鼓励东部地区率先发展的区域发展总体战略，发挥各地区经济社会和广告业比较优势，促进区域广告市场繁荣和广告业协调发展。积极推动发达地区广告业调整结构、提升水平，形成发达的广告市场中心区域，辐射带动其他区域广告业发展。大力培育中西部地区广告市场要素，支持有潜力的广告企业加快发展，增强区域广告业发展活力。鼓励支持广告资源跨区域整合和布局，促进广告业区域合作与发展。"

改革开放以来，辽宁省各地广告业发展迅速。以沈阳市为例，1978 年，沈阳市第一批广告公司成立，同年沈阳市广告协会成立。到 20 世纪 80 年代，沈阳的广告公司不足 100 家。随后，沈阳的广告公司以每年 50 家到 80 家的速度发展。1995 年之后进入快速发展期，到 1999 年和 2000 之间达到顶峰。2002 年之后，发展进入平稳期，其间有一些广告公司倒闭，到 2008 年，沈阳共有广告公司 800 家左右。大连的广告业发展迅猛，现有广告企业 1700 多家，广告产值每年以 31% 的速度增长，位于东北之首。2008 年辽宁广告业产值和销售额可达 50 多亿元人民币，大连约占辽宁省同行业 40%。

据相关数据统计，截至 2008 年上半年，全省共有广告公司 160 家，全部为有限责任公司，没有股份有限公司。这 160 家广告公司共有从业人员 995 人，其中管理人员 328 人，业务人员 550 人，其他人员 117 人，上半年广告经营额 1220 万元，其中药品广告 260 万元，食品广告 341 元，保健食品广告 165 万元，化妆品广告 30 万元，美容业广告 10 万元，医疗器械广告 19 万元，医疗服务广告 100 万元，烟草广告 86 万元，酒类广告 10 万元，招生招聘广告 10 万元，房地产广告 73 万元，农资广告 2 万元，服务业广告 10 万元，信息产业广告 30 万元，金融保险广告 12 万元，家用电器广告 20 万元，服装服饰广告 42 万元。

全省有兼营广告企业 19 户，从业人员 85 人，其中管理人员 25 人，业务人员 42 人，其他人员 18 人，2008 上半年广告经营额 98 万元，其中食品广告 5 万元，保健食品广告 5 万元，美容业广告 10 万元，医疗器械广告 5 万元，医疗服务广告 5 万元，烟草广告 24 万元，房地产广告 8 万元，农资广告 2 万元家用电器广告 24 万元，其他 10 万元。

从广告业发展现状中的数据可以看出，我省本土广告公司虽然数量众多，但没有形成规模，规模经济效应也就无法体现，产业集中度低。国有经济在辽宁广告业中占有很大比重，是广告业发展的主导力量。但由于体制的原因，束缚了国有广公司的手脚，制约了国有企业的发展，使之在广告业中地位日趋下降。

辽宁省广告经营单位统计表（2008 上半年报）

人员构成 企业性质	经营单位 （户）	从业人员（人）			
		小计	管理人员	业务人员	其他人员
合计	311	1619	474	874	271
国有企业	3	50	10	30	10
国有事业	77	453	104	197	152
集体企业	32	156	57	81	18
集体事业					
私营企业	89	503	206	229	68
个体工商户	37	292	76	213	3
外商投资企业					
其他	73	165	21	124	20

辽宁户外广告业的发展紧跟技术革命趋势。当前，媒体数字化已大势所趋，这将带来户外广告传播方式与运营模式的重大变化，引导中国户外广告业进入一个全新的发展阶段。户外媒体的数字化与规模化改造、网络化运营相互推动，户外数字媒体与广播、电视等传统媒体及互联网、手机等新媒体平台的全面融合，还将导致传播业整体的大变局，颠覆传媒业原先生态，对市民日常生活产生巨大影响。沈阳在广告新技术方面走在了全国前列，从 1997 年开始沈阳已经成功地举办了十二届国际广告新媒体、新技术、新设备、新材料暨印刷数码影像技术展示交易会，有美、德、法、日、瑞典、瑞士、韩国、以色列以及国内200 多家企业参展，届成交额超亿元。该展会以其规模大、档次高、专业性强成为中国广告行业的四大展览盛会之一。沈阳亦成为中国最大的户外广告加工制作基地之一。为振兴东北经济的战略及城市改造和东北广告业发展的良好势态及广告制作与印刷技术联系日益密切的需求，在辽宁省政府的高度重视下，在辽宁省工商局、广告协会的大力支持下，在沈阳于 2009 年 3 月 20 日至 3 月 23日举办了 2009 辽宁第十三届国际广告技术、设备暨印刷/数码影像展览会，同期举办 LED 应用技术霓虹灯及光电照明设备展览会。东北广告业、印刷业、影像业必将随此展会步入一个全新的发展阶段。

从总体上看，虽然我省广告业总体规模持续扩展，但具有综合实力和国际竞争力的广告企业不多；广告从业人员中，高端专业人才较少，缺乏国际广告运作经验；公益广告事业发展缓慢，缺乏有效的鼓励措施和激励机制；广告诚信度不高，市场秩序有待进一步规范等等。具体来说我省广告业发展中存在的问题突出地表现在以下几个方面：

第一，规模小，缺乏竞争力。这主要是由于较低的行业进入壁垒，尤其是在开办时通常不需要太多的资本投入等特征所造成的。本土广告公司这种数量多、规模小的局面造成了广告需求严重不足而供给严重过剩，从而加剧了供求矛盾。而且广告企业小型化、分散化经营的局面难以形成规模效益，抗击外在的竞争压力；从业机构的快速增长加剧了广告业内部的竞争，业内存在的不规范操作进一步恶化了竞争态势，广告公司不得不降低利润以争取客户，最终导致了广告业整体效益的低下和整体竞争力的弱化。

第二，人才严重匮乏。广告行业是"知识密集、技术密集、人才密集的高新技术产业"，然而目前的从业人员的整体水平令人担忧。与这些年来广告公司猛增形成对比的是广告做从业人员综合素质普遍较低。由于广告业的迅速发展需要大量的从业人员，使得进入广告业的门槛很低，相当数量的广告从业人员在进入广告业前没有受过良好的教育，进入广告行业后又缺少专业的和正规的培训，业务能力无法适应快速发展的行业要求。同时广告缺乏创意，与国外的广告公司差距更加明显。

第三，广告行业内部管理混乱。我国广告业整体上存在着服务水平低、资源整合能力差，过分依赖单一客户，合作期限较短以及过分依赖媒体，缺乏核心竞争力等问题。而我省本土广告公司更属于典型的粗放型经营，没有形成一支懂管理、善经营、专业化的企业家队伍。在很多场合，公司的经营主要依赖于广告业务人员以低价或关系拉广告，公司短期性行为十分明显，从而使得我国广告行业内部管理显得异常的混乱。

要扭转这种局面，就必须进一步深化国有广告公司经营管理体制的改革，尤其是企业制度的改革。对于大型的国有广告公司，要积极推行现代业制度的改革试点，进行股份制改造；对中小型国有广告公司，则可以通过联合、兼并等方式，进行资产重一些经营不善的小型国有广告公司，可通过租赁、出售，将其转为民营。通过改革，使国有广告公司的资源以优化，经营机制得以完善，使之在市场化的进程中得到更快的发展，带动整个辽宁省广告行业更上一个层次。

首先需要转变经营观念。广告业属于服务行业，服务的水平和质量是广告业的生命线。所有的广告经营单位都必须牢固树立以客户为中心的营销观念，强化服务意识，不断提高服务水准。辽宁省广告业要想适应入世后广告市场的激烈竞争，就必须把握现代化市场经济的特征和要求，彻底转变经营观念，摈弃与现代市场经济不相适应的旧观念，增强市场意识、竞争意识、品牌意识和创新意识，要以现代营销观念为指导，来制定新的发展战略和经营策略。

其次发展企业联合。我省广告业一直采取的是"小而全"的发展模式，实行的是粗放式的经营方式。中国广告业的开放，使广告市场竞争呈现国际化趋势且更加激烈，本土公司需要选择股份化、集团化转型。广告业内部要打破地区、部门、行业及所有制之间的各种壁垒，大力推进企业的资产重新组合，通过企业间相互掺股、控股，开展企业的兼并和联合，发展大型广告公司，组建广告企业集团，以提高规模效益，并作为本土广告业的中坚力量和外资公司相抗衡。因此，辽宁广告业需要扩大企业规模，尽快走上集约经营的道路。

再次深化企业管理。省内的广告公司要进一步深化企业内部经营管理，优化企业的资源配置，合理和科学地用企业的人、财、物，使之创造出更大的经济效益。广告公司要实行规范作业、规范管理，保证服务质量，提高策划、创意水平；要做好企业自身的定位，发挥自己的优势，突出专业特色；要积极开拓服务领域，拓展服务内容，为客户提供全方位的多种服务；要以优质的服务来赢得客户，树立形象，确立广告公司的市场地位，提高企业的市场竞争力；要大力开展企业文化建设，树立企业精神，塑造企业形象，增强企业的吸引力和凝聚力。

最后还要提高人员素质。提高广告人的素质，是广告业整体水平提高的关键。从长远来看，广告业的发展，还有赖于广告专业教育的发展。目前，我省的广告专业教育有了长足的进步，但就目前的情况看，办学层次比较低，主要是本科和大专；专业设置不尽合理，如偏重艺术、传播，忽视营销、管理，与实际需要还有距离。因此，要加强营销、管理的教学，强化实践环节，注重综合素质的培养，更好地满足广告业发展对广告人才的需求。为了提高经营管理人员和专业人员的素质，广告公司要加大内部培训的力度，社会个有关方面也要积极协助做好广告人员的培训工作，广告人自己更要通过不断的再学习来提高自己的专业技能和文化素养。

第四节 辽宁省广告业行业投资特性分析

　　辽宁经济为国有经济为主体，本地企业做广告比例不大，以外地企业为主，因此我省企业应树立企业责任意识和品牌观念，通过广告提升全行业的社会地位。在为数不多的本土广告中，房地产广告一枝独秀。每月一期的沈阳楼盘媒体广告投放监测分析报告以广告监测统计数据为基础，对楼盘在各类媒体广告的投放排名、投放总量、各区域楼盘广告发布量排名、媒体分布等多方面进行图表分析。由此，对正在力推的新楼盘、沈阳主要媒体在房地产行业的影响度、消费者的媒体偏好等进行归纳。例如 2008 年 11 月的沈阳楼盘媒体广告投放监测分析报告的监测范围包括《沈阳日报》、《辽沈晚报》、《华商晨报》、《时代商报》、《沈阳晚报》五大对沈阳影响力较大的报纸平面媒体以及网络媒体和户外广告、车身广告、车载、等其他媒体。搜房研究中心媒体检测数据显示，2008 年 11 月，各类楼盘在沈阳主要媒体投放楼盘广告总计为 318.75 点，受到环境市场偏冷环境的影响，11 月与上个月相比，各楼盘投放量锐减。有 68 个项目在各媒体投放广告，比上月减少 47 家。其中，万达新天地、万达铁西广场以合计32.5 个点的广告投放量位列首席，居易·青年城以合计 21 个点的投放量名列第二，格林生活坊、格林春晓则以合计 19.75 个点的投放量名列第三位。2008 年11 月份住宅广告投放量占总投放量的 91.1%，普通住宅 80%，商铺 6%，高档住宅 11%，写字楼 3%（最新统计）；按区域划分的楼盘广告投放量统计来看，11 月份沈阳的房地产市场整体广告投放量锐减，由 10 月份的 115 家锐减到本月68 家地产企业。

　　由于一些广告从业人员缺乏基本的商业操守，同行之间互相拆台、恶性竞争，在公众心目中的口碑也不好。这与广告行业竞争异常激烈、虚假广告和欺诈性广告盛行等密切相关，不仅降低了广告在消费者中的信誉度，也损害了广告界的整体形象。目前，辽宁房地产广告业也存在混乱现象。2008 年 5 月 13日，中国青年报以《制造高考移民：沈阳楼盘高调忽悠河南家长》为题对辽宁安华公司和唐山梁锐公司河南销售处涉嫌宣传高考移民的事情进行了报道。两家公司经调查认为，该公司河南销售处在河南某报上刊登的销售广告的内容未经公司总部审核，与总部销售策略不一致；部分销售人员为了完成销售任务在销售过程中也存在过分夸大的行为，可能会对客户造成一些理解上的偏差。对此，公司立即采取措施，停止了具有争议的广告宣传，对有关销售人员进行了处理，并向河南客户郑重致歉。以下为 2008 年上半年辽宁省各行业广告违法情况。

2008 年上半年辽宁省各行业广告违法情况

行业 / 违法情况	查处案件总数（件）	虚假广告	非法经营广告	其他	责令公开更正（件）	责令停止发布（件）	停业整顿（户）	吊销执照（户）
药品	191	128	8	55	3	33		
医疗器械	13	5		8				
医疗服务	45	10	3	32	1	11		
农资	15	12	3			8		
其中农药								
其中兽药								
食品	60	27	5	28		7		
其中保健食品	36	16	4	16		7		
酒类	3	3						
化妆品	1	1						
烟草	1	1						
房地产	11	5		6				
家用电器	9	4		5				
信息产品	2		1	1				
服装服饰	7	3	1	3				
汽车	1			1				
金融保险	4	1	1	2		1		
生活美容、休闲服务	6	6						
信息服务	4	4						

违法情况 \ 行业	查处案件总数（件）	虚假广告	非法经营广告	其他	责令公开更正（件）	责令停止发布（件）	停业整顿（户）	吊销执照（户）
加工承揽及经营服务								
商场销售	5			5				
教育	1	1				1		
旅游								
招工招聘及其他服务	1			1		1		
出入境中介	5			5				
其他	70	14	13	434		4		

2008 年上半年广告违法情况

违法主 \ 违法情况	查处案件总数（件）	虚假广告	非法经营广告	其他	责令公开更正（件）	责令停止发布（件）	停业整顿（户）	吊销执照（户）
广告主	263	140	17	106	4	33		
广告经营者	109	59	9	41		24		
广告发布者	77	26	7	44		9		
其他	6		2	4				

目前，中国市场正在全面进入品牌竞争阶段。从整体市场的情况看，1997年之前，中国市场主要处于产品竞争阶段。在这个阶段，企业对广告的需要主要体现在告知层面。从 1997 年开始，中国的市场进入过剩型经济时代，对企业来说，把产品卖出去，成为企业希望通过广告解决的问题。大量的促销类的广告是这个阶段的主要特色，这也是目前广告公司最为擅长和习惯的广告服务方式。2006 年被称为中国市场的品牌元年。品牌已经成为赢得顾客忠诚和企业求得长期生存与生长的关键。在这种情况下，企业就要重新审视其品牌管理策略。市场变化决定企业要想长期稳定持续发展，必须建立品牌概念，首先是产品品质层面，第二是品牌文化层面，第三是企业文化层面。产品品质——品牌文

化——企业文化应呈螺旋式上升过程。当今世界，企业商标发展全球化已成为时代趋势，市场经济竞争的实质是跨国公司之间的商标竞争，国际竞争本土化则凸显了商标的信誉价值。因此，经济大国和国内经济发达地区对我省的商标使用许可，每年可换取大量利润。因此，必须使我省企业生产出更多的名牌商品。

驰名商标是通过法律程序认定出来的。认定驰名商标要看的是产品的覆盖率、产品的质量，还要看企业的管理、企业的效益。商标强，则企业竞争力强；企业竞争力强，则市场影响力强；市场影响力强，则城市经济振兴发展快。高知名度商标是"城市名片"，代表着一个地区的经济实力和整体形象；它也是"企业名片"，是企业信誉经济、商标经济的一面旗帜。利用驰名商标加速企业发展，是企业做大、做精、做强的成功之路、必由之路。

实施商标战略是辽宁省落实党的十七大精神，全面落实科学发展观，推进辽宁老工业基地全面振兴的必然要求和重要举措。到 2007 年年底辽宁省驰名商标工作取得了令人可喜的成绩。辽宁省由原来的在全国排位十一上升到第九，和辽宁的经济总量在全国排名第七接近。辽宁省 2004 年至 2007 年认定的驰名商标是 32 件，总数达到 40 件。根据《商标法》和《辽宁省著名商标认定和保护暂行办法》等规定，2008 年度辽宁省开展著名商标申报认定工作。2005 年认定的辽宁省著名商标有效期已满，延续认定工作按此《通知》办理。

驰名商标是集企业精华于一身，既是一种企业精神，更是一种法律保护，成为驰名商标是进行品牌建设的关键。虽然辽宁企业以开始意识到品牌打造，如沈阳新民市梁山西瓜建立网站宣传自己产品，但总体上辽宁品牌战略仍存着问题和差距：一是总量上虽然居全国第 9 位，但对经济发展的拉动作用，与经济发达地区比，还有很大差距，驰名商标企业的规模还不够大、不够强、不够多；二是相对数量上，我省 40 件驰名商标与浙江 138 件、广东 124 件、山东 108 件、福建 106 件、江苏 88 件相比，还有很大差距；三是以驰名商标为代表的品牌经济在新技术、新产业、新能源开发利用等行业领域中的整合和牵动作用，还有待进一步提高；四是政府的政策引导和社会资源分配上，与沿海经济发达地区相比，还有较大差距；五是国有企业，特别是大型国有企业的品牌意识、利用商标等知识产权促进企业产品结构调整、提高产品市场竞争力方面与私营企业比，还有较大差距。因此，要在较短时间内，使我省品牌战略取得突破性进展，还需要做很多的工作。

2008 年 3 月辽宁省政府表彰了 12 户驰名商标企业，每户各获得了 50 万元奖励。2008年3月14日，辽宁副省长许卫国在辽宁省实施品牌战略争创驰名商标工作暨表彰会议做了讲话。许卫国省长认为，当前要要深化对实施品牌战略的认识。首先，要认识到实施商标战略是经济发展规律的迫切需要。商品经济发展大致要经历产品经营型、资本经济型和商标经营型三个阶段。发达国家早已进入商标运营时代。在我国发达地区，驰名商标不仅成为各行业的排头兵，而且对经济社会发展起着重要作用。近几年，辽宁经济之所以快速发展，也得益于商标战略的实施。"冰山"、"海诺"、"忠旺"、"东北"、"哥儿俩好"、"千里明"、"凯森蒙"、"青花"等一批驰名商标的面市，使我省经济社会发展开始步入了商标经济的发展阶段。其次，要认识到实施商标战略是全球经济一体化的客观要求。随着我省经济不断融入世界，不培育一大批驰名商标，就难以在全国甚至全球经济社会发展中占有一席之地。再次，实施商标战略是提升企业形象的内在动力，是企业发展壮大的必然选择。

因此，当前要强化对实施品牌战略的领导。首先，各级政府要把实施此项战略纳入工作的重要议事日程，主要领导和分管领导要拿出主要精力抓好这项工作。不仅要经常地听取汇报，而且要深入下去，注意发现问题，注意解决问题。特别注意抓好典型，通过抓典型，带动面上工作的开展。各市应按照省里的要求，制定规划，出台相应的、有含金量的扶持政策，切实起到激励和鼓劲儿的作用。其次，各有关部门要各尽其职，各负其责，形成合力，营造环境。工商部门主动牵头，各有关部门认真履行自己的职责，积极主动地开展工作，为实施好品牌战略尽其职责。第三，要加大督查力度。特别是对省委、省政府出台政策的落实情况，要搞好跟踪督查还要注意在实际工作中培养、发现和总结好的典型，及时加以推广。要扎实推进品牌战略的实施。获得驰名商标，需要不懈地努力，不懈地创新。作为企业，也要增加企业的技术含量，不断进行技术创新、科技创新、管理创新和体制机制创新，增强驰名商标意识，围绕争创开展好工作。

第五节　辽宁省广告业发展预测

随着改革开放的进一步深化，面对高水准基础上的全球化竞争，初级产品外贸型经济格局必然演变为高级产品全方位拓展。"十七大"后，随着科学发展、构建生态文明与和谐社会，一个更加开放、追求创新且肩负责任的中国，将领舞世界经济，这为中国户外广告业的发展提供了空前的发展机遇，同时也迎来高水准的全方位挑战。内需扩大刺激了内地经济的繁荣和升级换代，也推动着户外广告业的加速延展。科技进步日新月异也使新兴广告媒体充满活力。经过奥运会、世博会也昭示着户外广告业春天的到来。

　　中国小康社会建设在新世纪的全面推进，大量农业人口进入城镇，城市化的步伐锐不可挡。中国社会结构由金字塔型向橄榄型转变的过程中，大量中产阶层的出现，导致社会的理性与稳定，也带来消费的提升与繁荣，必将有力地支撑二三产业的持续发展与繁荣进步。消费需求总量的放大和消费结构的跃升，这必然带动二三产业对户外广告旺盛的投放需求。受众生活形态与出行方式的变迁也带来了户外广告的大发展。随着经济社会的继续发展，消费个性与主体意识迅速膨胀，而个性化消费催生出品牌差异化的营销策略。都市中发展变化着的、各种各样的生活圈所对应的不同阶层的生活轨迹，为户外广告既大众又分众地投放提供了依据。户外广告业就此告别粗放，在网络化、精准化、短期化进程中不断延展。现代市民三分之二以上的时间在家外，家外广告（OOH）被更多的人看到，户外媒体正在成为中国直面大众的、投放量低于电视但贴近报纸的主流媒体。调查显示，近81%的市民大都有相对固定的出行路线，户外媒体的精准传播功能已被广告主接受并广泛采用。

　　在营造城市宜居的过程中，作为城市文化与品味的载体，户外广告不可或缺，户外广告的功能必被重新发现和界定。户外广告将不仅仅只是作为一种环境媒体，更应该成为一种人文媒体，成为能够沟通城市与市民、联络精神与物质的都市心灵视窗。但户外广告业在城市进化过程中自身必须优化与转型，以更好地适应宜居城市的新需要和受众生活的新变化。户外广告业经营者只有胸怀社会，品牌化运作，才能赢得大众。各级政府也要科学规划，以长期规划代替短期审批，促进户外广告业健康发展。广告公司自身也要更新观念、正视行业价值，为户外广告业营造宽松的外部环境。社会各界也要以《物权法》为依据，确立并保护一切户外媒体构筑物的财产权，维护行业的正当权益。

　　当前，消费对经济增长的拉动作用越来越大，广告对消费者的影响日益增强。2008年北京奥运会产生的一系列经济活动和区域经济的加速发展、国家和地方对发展创意产业的关注和重视，为广告业的发展提供了新的拓展空间。广告已成为推动民族品牌创建和创意经济发展的重要产业。但由于媒体环境复杂、广告公司运作服务不规范等诸多因素，使得广告公司和广告从业人员在消费者和顾客心目中的声誉大为降低，国内与广告代理公司形成稳定合作关系的企业数量并不多见。目前国内广告主与广告公司合作时间一般维持在 2—3 年左右。总体上同国外企业和广告公司相比，国内企业和广告公司合作的时间相对较短。实践证明，要想促进广告业的发展，树立在顾客中的良好形象，加强广告主与广告公司间的沟通与合作非常重要。广告公司和广告从业人员只有不断提高服务质量，才能建立与顾客之间稳定的合作关系。

辽宁经济的持续发展是我省户外广告持续发展的根本前提和有力保障。在辽宁制造向辽宁创造转变的发展进程中，户外广告大有可为。但 2008 年沈阳市容整治和奥运会"沈阳赛区"的设置拆撤了大量户外广告，加之新媒体影响户外广告，使辽宁省户外广告牌下降了一半。2008 年奥运后的经济降温，将导致媒体资源的更加闲置，不同媒体垄断者之间的竞争开始强烈起来。市场消费趋紧，促使客户对广告的投放愈加严谨。因此，即使媒体资源垄断者也必须审时度势，客观面对其它媒体的竞争，理性思考客户的投资回报。七年的准备和北京奥运的圆满成功，使奥运经济成为中国经济以及广告业的巨大推动力，但持续了七年的奥运营销概念和机遇已结束。虽然 2009 年是建国 60 周年，2010 年又是中国世博年，盛事接二连三，但不确定性已成为后奥运经济及其对广告业的影响的一种趋势。

中国经济正处在连续几年的宏观调控之中，庞大的经济体不可能在短期内调整到位，它需要一个较长的过程来保证过热经济的软着陆。奥运和后奥运只是经济发展的一个变量，它对某些方面会产生影响，但是对于我们这样一个巨大的经济体，奥运经济的作用在总体上还是有有限的。2008 年后中国经济发展的不确定性一方面是基于影响中国经济已经从内向型转化为外向型经济，经济发展的基本因素不再仅仅是消费、货币、投资等传统变量，国际经济、外需、国际资本投资等因素导致的人民币升值、石油价格上涨、粮食价格上涨等都不是能够可以完全控制的因素。另一方面，虽然中国经济在向市场经济转变的过程中已经迈出了关键的步伐，但股票、基金、期货、货币、房地产等带有投机性的市场还都不成熟，这些都使经济发展的不确定性大大增强。

2008 年以及未来几年，不确定性也将成为中国广告业发展的客观现实。中国经济发展的不确定性给广告业的发展也带来诸多不确定性。CTR 市场研究的数据显示，2007 年中国广告业增幅为 9%，首次低于 GDP 的增长速度；而 2008 年上半年，广告业的增幅又达到 14%。但后奥运时代，宏观经济的波动会不会导致广告投放的减少等不确定因素必将增加。对于广告业，发展中存在不确定性已成为客观现实。当前，需要业界正确认识和分析这种不确定性。

经济大环境确实决定着广告业的发展，但不同行业的趋势对于广告业的影响还是有明显差异的。根据 CTR 广告监测的数据，我国媒体广告总规模中（不含网络等新媒体），来自化妆品/浴室用品、商业及服务性行业、食品、药品、饮料、房地产、交通（汽车）、娱乐及休闲、邮电通讯九个行业的广告投放占了80%的份额。可以说，广告业的发展趋势主要是由这几个行业的趋势所决定的。这些行业的不确定性才是真正影响广告趋势不确定性的直接原因。化妆品/浴室用品、食品、饮料、娱乐及休闲、商业及服务性行业等关系到人们的日常生活，在现在的经济发展水平下，人们的日常消费可以说是一个大致稳定的常数，一般不会随经济景气的波动而大起大落。因此，这部分市场也很少出现大起大落的波动。同时，这些行业市场的市场化程度又比较高且比较成熟，市场竞争已经比较充分。因此，这些行业的不确定性并不显著。但制约广告业健康发展的矛盾和问题却很突出。药品也是人们生活的必需品，但在我国，药品广告的变化并不依赖于需求的变化，而主要取决于广告管理政策的约束。由于药品广告中存在大量的违规现象，国家对药品广告的严格管理已经持续了几年。盼望管理松动而使药品广告有大的增长极不现实。2009 年初，沈阳飞龙药业有限公司生产的"延生护宝液"在违法药品广告查处期间仍然继续发布，被北京市药监局等七部门清除出北京市场。同时该生产企业也被列入黑名单，被终止了参加北京医疗机构和社区药品招标采购活动的资格。

不确定性最显著的应该是房地产、汽车和邮电通讯。近几年，房地产市场一直存在巨大波动，而且房地产的调整期还远远没有结束，在调整中房地产行业一定会产生大的结构性变化，2009 年房地产市场的走势依然扑朔迷离。近几年汽车行业也处在不断的波动之中，新车的大量推出需要广告告之消费者，但市场的低迷和激烈的竞争则使行业利润不断降低，这必然带来广告投放的不确定性。邮电通讯广告主要来自包括运营商和手机制造商，运营商的整合以及手机市场竞争白热化也会给广告市场带来不确定因素。广告市场的不确定因素主要来自房地产、汽车和邮电通讯行业，但它们在整个广告市场只占到 16%的份额。由此看来，广告市场虽然也存在不确定性，而对于不同类型媒体，面临的不确定性却存在相当大的差异。电视广告的 2/3 来自化妆品/浴室用品、食品、药品、商业及服务性行业和饮料，因此，广告市场的不确定性相对小一些。而报纸广告的 64%来自房地产、商业及服务性行业和汽车，显然，报纸广告市场面临着较大的不确定性。

农村消费水平的提高将是我省广告业发展的重要推动力量。"让一部分人先富起来"的那个时代早已过去，1978 年，辽宁农民人均纯收入为 185.2 元，2005 年达到 3690 元，27 年间年均递增 11.7%。1978 年，辽宁农民人均生活消费支出 159.1 元，2005 年达到 2699.7 元，是 1978 年的 16.97 倍，和自身相比，农民各项消费全面增加，农村居民消费正处于提高档次的新阶段。有资料显示：辽宁城乡居民恩格尔系数呈逐年递减的趋势，这意味着辽宁居民基本消费已得到较好的满足，人民的消费需求逐渐从基本消费向享受消费和发展消费过渡。但由于农民的恩格尔系数一直比城镇居民恩格尔系数高很多，这说明农民的生活水平虽然有所提高，但相对于城镇居民来说还有较大的距离。到 2007 年底，辽宁省农村人口为 2155.8 万人，占全省人口总数的 50.9%，但是最终消费却只占全省城乡居民最终消费的 45.6%。而从居民消费水平来看，2007 年农村居民生活消费支出仅为 3634 元/人，名义值还不到城镇居民 1998 年（3891 元/人）的水平，扣除物价因素，实际仅相当于 1995 年以前的水平，比城镇居民落后 12 年。而 2007 年同期比较，城镇居民人均消费性支出为 10950 元，是农村居民人均生活消费支出的 3.01 倍。从消费结构来看，2007 年我省农村居民家庭的恩格尔系数为 39.9%，仅相当于城镇 2001 年（39.4%）的水平。比较城镇与农村家庭的消费结构，农村居民家庭 2/3 左右的生活消费支出仍用在吃、穿、用等基本生活上，而城镇居民家庭用于吃、穿、用的支出比重仅为 48.5%，比农村居民低将近 20 个百分点。因此，农村扩大文化内需可以有力地促进辽宁广告业的发展。

第六节　辽宁省广告业发展大事记

2004 年 10 月 10 日，辽宁公物拍卖行有限公司在辽宁友谊宾馆举行"辽宁省政区地名标志广告发布权拍卖项目新闻发布会暨招商推介会"。这次活动是我国为进一步完善地名标志设置首次进行的市场化运作，可以使地名标志系列化、系统化，形成"链条式"地名信息导向系统，使无法用价值衡量的国有无形资产保值增值，使社会财力服务于社会，造福于民。国家民政部有关领导、国家地名研究所所长、辽宁省政府分管省长、沈阳市分管市长、辽宁省民政厅分管厅长、各地市民政局领导、新闻媒体、国内外各大广告商及国内外知名企业集团出席大会。

为了让全省广告经营单位了解广告行业发展最新动态和发展趋势，更新广告经营理念，提高广告策划、制作水平，增强核心竞争力，从而促进全省广告业的进一步发展，2007年6月23日至24日，由辽宁省工商局、省广告协会联合主办的、以"创业发展责任"为主题的2007年辽宁省广告业发展论坛在沈阳举办。在这次会议上，省工商局和省广告协会邀请了中国广告行业的权威学者、业界精英，为我省广告经营者介绍了当前广告行业发展情况和最前沿的经营理念、策略，邀请国家工商总局广告司的领导讲解了广告市场相关的管理政策，并就关心的问题进行了交流。

2007年7月1日，第二届全国大学生广告艺术大赛辽宁省分赛区选拔赛评审工作在辽宁大学浦河校区进行。鲁迅美术学院视觉传达设计系副主任王亚飞教授，辽宁省工商行政管理局商标广告处副处长刘亚莉女士，大连工业大学艺术设计学院副院长任戬教授，辽宁大学文学院广告系主任宋玉书教授，辽宁大学文学院院长高凯征教授等担任评委。

为提升全省各级电视台、各影视节目制作销售机构市场营销的整体水平，通过开阔视野、交流信息，促进我省影视文化产业的可持续发展，省影视文化产业协会于10月10日，在丹东宽甸举办了《电视节目营销与电视广告投放》学术讲座。讲座邀请了影视文化产业协会会员单位及全省部分电视台和社会影视制作机构相关业务人员。辽宁大学文学院广告系主任宋玉书教授担任主讲。

2008年，辽宁省各市广协积极组织广协会员参加了第十五届中国广告节。大连市广协组织首届国域无疆杯广告设计比赛，在参赛的70余幅作品中评出10幅作品获得一、二、三等奖；组织30余幅作品，参加了第十五届广告节评比，其中获艾菲金奖一幅、长城铜奖一幅、入围奖两幅。沈阳市广协组织报送中国国际广告节广告作品30余件，入围7件，获银奖、铜奖各一件。

2008年5月份，辽宁省广告协会与省纪委、宣传部和广电局共同开展了"扬正气，促和谐"全省廉政公益广告创作展播评选活动，组织平面、影视和广播公益广告100条参评。大连市局组织广告企业投放户外公益广告1万条次。

辽宁省工商行政管理局对2003年以后广告管理审批事项进行了清理，并按要求上报了办公室。对2004年以来涉及广告监管的法律法规进行了清理。2008年省局完成"打捆攻关"课题。省局通过深入基层调查研究，与媒体、广告公司座谈等多种形式，完成《加强广告日常监管与开展集中整治相结合，努力构建长效机制》课题。省局及各市局办理提案中，领导重视，亲自带队，分赴各地与代表见面，汇报广告监管工作，就代表提出意见建议认真解答，得到各位代表的充分理解和认可，全部给予"很满意"的评价。

2008 年，针对工商系统停收"二费"及新"三定"的形势要求，辽宁省工商行政管理局及时举办了全系统广告监管工作培训班，来自全省广告监管战线的市、部分县（区）局、工商所业务骨干 100 余人参加了培训，省局就广告监管的具体问题进行了讲解辅导，国家总局广告司赵践处长作了专题讲座。

2009 年 6 月 12 日—13 日，"2009 辽宁印刷包装产需衔接洽谈会"在沈阳举行。

2009 年 7 月 24 日—26 日，2009 年大连国际广告技术与设备展览会将于在大连星海会展中心举行。

2010 年 3 月 17 日，辽宁工业展览馆主办的辽宁第十四届国际广告四新展示会开始认证布展。

（作者：徐明君，辽宁省社会科学院哲学所；

王凯，辽宁省工商行政管理局商广处）

第 三 编

辽宁省文化产业区域发展报告

　　作为城市软实力的核心要素，文化产业的发展对于提升城市竞争力越来越重要。在当今形势下加强文化产业发展具有重大意义，从大的方面来看，加强文化产业发展是贯彻落实科学发展观的必然要求，是建设中国特色社会主义的题中应有之义。认清文化产业的发展形势，进一步明确沈阳市文化产业的发展定位，巩固现有优势，积极抢抓发展机遇，切实解决困扰产业发展的根本性问题，更加主动地推动文化产业的大发展、大繁荣，是建设文化强市的迫切需要。

区域报告一　沈阳市文化产业发展报告

从沈阳实际来看，加强文化产业发展，是实现沈阳老工业基地全面振兴的必然要求。面对这种要求，沈阳市加大文化产业发展力度，提升城市文化软实力，2008年度沈阳市文化产业取得了非凡的进步，向着一流文化名城、实现沈阳全面振兴又迈进了一步。2009年，全市文化产业增加值最权威达200亿元，比去年提高近30亿元，而文化产业占全市GDP值预计达到前所未有的4.8%，同比提高0.34个百分点，增加值位列东北三省首位，同时在全国15个副省级城市中的排名还有望进一步提前。

第一节　文化产业整体上呈现良好发展态势

沈阳有7200多年的文明史、2300年的建城史，文化资源深厚；沈阳区位优势明显，是东北的中心城市；沈阳以工业立市，产业基础雄厚；沈阳更是人才济济。这些要素，无疑是沈阳文化产业发展的优势所在。在《沈阳"十一五"文化产业发展总体规划》中，沈阳提出了"工业为体、文化为魂"的发展理念，按照"东西南北中"五大空间布局，确定了"一轴、两翼、三中心、四大集聚区、五大交易市场"的空间布局，"金廊都市文化"中轴，"浑河生态文化、南运河创意文化"两条产业带，"故宫、北市、中山路"三处特色文化街区，"东部影视、南部动漫、西部包装印刷、北部现代传媒"四大文化产业基地，重点发展出版印刷、娱乐演出、动漫制作和文化旅游四大主导产业，积极培育影视传媒、创意设计、广告会展和数字内容等新兴产业，要使沈阳成为东北亚地区文化产业研发与交流中心、文化产品生产与流通中心、文化娱乐休闲与消费中心。

2008年，沈阳市在推动文化产业发展方面取得了一系列成果，在全省创造了"五个第一"的佳绩：在国家第二次对文化馆（艺术馆）评估工作中，受到文化部、省文化厅检查组的充分肯定，全市有 10 个文化馆（艺术馆）被命名国家一级馆，其数量和水平都名列全省第一；在"中国民间艺术之乡"评选活动中，新民等 9 个区、县、乡名列其中，名列全省第一；在参加全国老年合唱节比赛和全国四进社区文艺展演活动中，两个项目双双荣获金奖，成为全省的唯一；在辽宁省第七届少数民族文艺调演和辽宁省纪念改革开放 30 周年美术、书法、摄影展中共取得 18 金、21 银、36 铜的优异成绩，金牌和奖牌名列全省第一；非物质文化遗产普查和项目的保护工作成绩斐然，受到了国家、省有关部门领导及专家的普遍好评，整体工作水平名列全省第一。而且，一系列相关文化产业受到了国际级奖励，沈阳市杂技团此次被命名全国优秀出口文化企业、全国文化产业示范基地；棋盘山开发区被命名为国家级文化产业示范园区；东北文博会成为全国四大文化专业展会之一，也是国家文化部指定的东北地区唯一的国家级专业展会；市文化局被评为全国优秀文化产业先进集体。

2009 年是沈阳市文艺精品生产的丰收年。沈阳共有 8 部作品获得 13 个奖项。其中，电影《潘作良》荣获中宣部"五个一工程奖"和电影华表奖提名；广播剧《国歌响起》荣获中宣部"五个一工程奖"、中国广播剧专家奖和中国广播影视大奖等。在今年省委宣传部"五个一工程奖"评选中，沈阳 4 部优秀作品、3 部入选作品榜上有名，位列前茅。2009 年 5 月，市文广局与有关部门联合下发了实施方案，明确规定了市群众艺术馆等全年下乡、下基层送演出或开展活动、建设图书流动站（点），以及电影公司组织社区村屯公益性电影放映的具体数量。截至目前，共完成演出 380 场，完成培训辅导 219 次，放映电影 1.7 万多场，放映爱国主义教育题材影片 600 多场。此外，市文广局协调 17 个乡镇文化站建设，为全市 300 个行政村文化活动室配备了书柜、报架等文化设备。市群艺馆开办群众文化辅导讲座，对农民进行艺术辅导 8 次；市少儿馆开展中小学生心理健康公益讲座、中小学生自身安全宣传图片展、科普系列影片展、一本好书一片真情图书阅览等主题活动。各区县（市）共完成演出 366 场次，辅导培训 187 场次，建立图书流动站 70 个。11 月 2 日，在中央宣传部、中央文明办、新闻出版署举办的"全民阅读活动经验交流会"上，"沈阳全民读书月"获得了优秀项目称号。

全市 46 家国有经营性文化单位的转企改革，成为市场主体；各类演出场所 45 家，演出团体 65 家，演职人员 2000 人，演出经纪机构 38 家，演出业整体从业人员近万人，演出收入 3 亿元。民营企业异军突起，辽宁本山艺术团 2008 年收入近亿元，成为全国演义行业的龙头，被评为全国文化产业示范基地。辽宁出版集团成功上市，成为出版产业第一股。沈阳日报曾经与广州日报比肩，是东北地区发行量最大的党报，沈阳出版社曾在全国城市出版社中综合实力位列第二。

公共文化发展取得了长足的进步，全市文化产业增加值占地区生产总值的比重从 2003 年的不足 2% 增加到 2007 年的 4.15%。2008 年，在世界经济危机的形势下，沈阳市经济总量已达 3855 亿元，已经提前进入了副省级城市第一集团，全市人均文化教育类支出 1640.6 元，同比增长 14.6%，文化娱乐支出 307.6 元，同比增长 51.8%。文化基础设施建设不断加强，建成及在建博物馆 50 家，其中建成 24 家，收费营业的 9 个，年收入 6500 万。影城 8 家，银幕 55 块，座位 8000 个，收入 5000 万。2007 年，文化产业单位资产总计 674.9 亿元，全市文化产业增加值 127.5 亿元，在东北位居首位，在全国副省级市中名列第九。

2009 年，沈阳实施项目牵动，新增文化产业项目总数 600 余个，文化创意、文化旅游、文化会展等新兴文化产业在引进项目中的比重持续增加。沈阳市荣获"全国文化体制改革先进地区"称号。辽宁北方传媒广告有限公司、华府天地购物中心、沈阳快乐迪餐饮娱乐管理有限公司、鲁园古玩城、辽宁南风俱乐部、辽宁任逍遥网吧连锁管理有限公司、沈阳莎梦文化发展有限公司、沈阳盛京旅游文化实业有限公司等 8 家企业被授牌沈阳市文化产业示范基地，涵盖了沈阳市文化产业中艺术品交易、娱乐演艺、网络、广告、影视传媒、文化休闲等诸多行业。目前，全市已形成书报刊、音像、电子出版物、文物美术品等四大文化产品市场和娱乐、演出、电影、网络文化、业余艺术培训、文博旅游等六大文化服务市场。初步构建起高、中、低场所兼有、经营项目比较齐全、布局较为合理的文化市场产业群，文化市场规模、场所数量、整体经营实力均居东北地区之首。

第二节　文化产业后劲强劲、具有可持续发展潜力

沈阳市政府大力提高对文化产业的资金投入和扶持力度，从 2004 年的每年 500 万元，逐年递增，2007 年已达 6000 万元。自 2008 年起，又连续 3 年每年安排 2000 万元用于完善棋盘山国家文化产业示范区的基础设施。近年来，沈阳市

先后投入近50亿元，新建了奥体中心、市图书馆、档案馆、金融博物馆、铁西区的一场五馆（体育场、铸造馆、工业发展回顾馆、蒸汽机博物馆、规划展示馆、工人村生活馆）、社区文化站、农村乡镇综合文化站和农村村级公共服务中心等文化基础设施项目；改建、修缮了广播电台、电视台、"九·一八"历史博物馆、光陆等10家影剧院及故宫等44处文物景点，新建、改扩建50个乡镇、街道文化中心，100个村级标准活动室和50个社区标准活动室。沈阳初步形成了较为完善的文化基础设施布局，公益性文化设施人均占有面积在东北地区居首位。文化基础设施的不断完善，为文化产业发展奠定了坚实的物质基础。

文化馆、图书馆等设施的建设力度不断加大。如今，全市拥有图书馆20余家，博物馆20余个，文化馆（站）1800余个，在充分发挥现有15个市区两级文化馆功能基础上，建设和平、苏家屯、浑南新区文化馆；改造23个市区两级图书馆，使全市各级各类图书馆站达到2000个，一批区、县（市）文化馆、图书馆得到了新建、扩建和改建，全面收回被挤占、挪用的文化馆、图书馆、博物馆和青少年宫，并已基本恢复文化功能，文化设施的整体水平和功能的发挥有了一定的提高。2008年，新建乡镇文化站总面积超过5000平方米，建成300个村级文化活动室，全市1534个行政村中有文化活动室的达1132个，占总数的73.7%。经省文化厅推荐，国家文化部评估验收，沈阳市参评的14个文化馆全部达到国家三级以上标准。其中，10个文化馆获得全国一级文化馆称号，还有3个二级馆、1个三级馆，一级文化馆的数量名列全省第一。

各区县文化设施都得到大力改善。少儿图书馆新馆建设项目已列入2009年市政府为市民办实事之中；于洪区投入5000万元建成近6000平方米文化馆、图书馆设施和4万平方米的文化广场已投入使用；投资1500万元的铁西区文化馆新馆建设项目主体已完工，于2009年上半年投入使用，铁西区基层图书流动站达到53个，建设了15万平方米的区级公共文化服务设施；浑南新区投资2700万元新建的7000平方米的文化中心大楼主体已全面完工，并为2个街道、11个社区（村）配置了图书和文化设施；和平区图书馆的换建工程完工投入使用，并建成全省首家自助图书馆；沈河区打造10个集文化娱乐、图书阅览为一体的"文化活动中心"；大东区新建了22个高标准的集物业、开发商、社区"三位一体"的活动阵地；新民大剧院已经落成；沈北新区新建的文化馆、图书馆已交付使用，还投入300多万元为28个村建设了图书阅览室、文化活动室和文化广场，并配置了文化设施；辽中县文化馆被评为国家一级馆，完成了3个大型文化广场建设，新建了5个村文化活动室和19个村级公共服务中心；康平县四个乡镇综合文化站建设基本完成；棋盘山开发区扎实推进样板文化活动室建设工程。

全市文化信息资源共享工程建设项目有了重大进展。投资182万元初步完成了市级支中心的建设任务，目前已开始投入使用；按照全省的工作部署，与市有关部门紧密配合初步完成了1600多个基层服务点的设计和选点任务。到2010年前，建成国际会展中心、音乐厅、美术馆、规划展示馆、杂技厅、少儿图书馆、沈阳大戏院、沈阳博物馆、艺术馆，使城市功能进一步完善，整体提升文化基础设施水平，增强区域性中心城市的各种会展、文化、体育活动承载功能。

加强文物保护工作。修改上报了《沈阳历史文化名城保护条例（草案）》，准确界定了沈阳市历史文化名城内涵；启动第三次全国文物普查，新发现文物点164处；新公布67处以民国时期建筑为主的第三批市级文物保护单位名录；高质量完成了"一宫两陵"、"帅府"的大规模修缮工作，对东塔、南塔、辽滨塔实施了维修加固和防雷工程。各文博单位应对突发事件、隐患排查整改等安全工作扎实推进，在"迎奥运、保文物安全"活动中得到了国家文物局领导和专家的一致好评。

倾力打造沈阳世界文化遗产品牌，加强各博物馆基础建设。对"一宫两陵"进行内部修缮和周边环境改造；启动"故宫方城"改造工程，打通通天街，实现沈阳故宫、张氏帅府、总督府、警察署等历史旧址的通连，使方城地区成为沈阳重要的文物博览和文化旅游区；全面展开二战盟军战俘集中营旧址纪念馆、新乐遗址博物馆等建设改造工作；"九·一八"历史博物馆在全国4000多家博物馆比选中，率先进入了83家首批一级博物馆行列；张氏帅府获"沈阳市先进单位"称号，20年馆庆活动在全国彰显出较大的品牌效应；沈阳故宫等单位对外交流取得丰硕成果，组织全市文博单位开展免费开放日活动，得到了全市28家博物馆、陈列馆的积极响应；"九·一八"历史博物馆免费开放的经验被新华社内参刊登，取得了良好的社会效益。在继续完善现有博物馆基础上，加快建设8个在建博物馆，启动建设"东北近代历史博物馆"等14个拟建博物馆，使全市各类博物馆达到62个，形成以新乐遗址博物馆为中心的史前系列、以沈阳故宫博物院为中心的清史系列、以张氏帅府博物馆为中心的民国系列、以沈阳"九·一八"历史博物馆为中心的抗战系列、以中共满洲省委旧址纪念馆为中心的党史系列、以铁西铸造博物馆为中心的工业系列等六大博物馆体系，为实现2010年沈阳市拥有100个博物馆的目标打下基础。

第三节　以项目带动、促进文化产业发展载体建设

沈阳市结合城市改造和四大空间建设，遵循文化产业空间分布规律，规划文化产业空间布局，重点规划建设一轴、两带、三处特色街区、四大产业基地、十大文化基础设施，搭建起文化产业发展载体，孵化、聚集文化产业，推进文化产业发展。

一、规划开发金廊都市文化中轴和浑河生态文化产业带

充分发挥金廊都市文化中轴沿线博物馆、大剧院、音乐厅、美术馆、会展场馆、体育场馆、现代传媒、现代商务设施的潜能，引进产业、市场机制，扩大经营规模。进一步开发新乐遗址、北陵、北市场、三好科技一条街等特色文化资源，发展相关产业。重新规划中轴空间布局，重点发展现代传媒、新闻出版、创意设计、现代咨询、体育会展、文化演出等产业基础设施，进一步强化中轴的文化辐射功能。

借鉴国内外城市滨河改造的经验，按照城市内河的要求，沿两条水系建设高标准的绿化、亮化、美化生态景观。一是规划浑河生态文化带，沿河发展鸟岛、水上游乐、水上竞争、全民健身、冰雪游乐等水系生态景观设施。二是建设南运河文化景观长廊。在南运河沿岸建设国际化、高标准的文化设施和生态景观，形成滨河文化长廊，利用城市核心区水系资源，营造都市稀有特色区域。建设沈阳京剧院、沈阳评剧院、沈阳歌舞团、沈阳话剧团、沈阳杂技马戏城、沈阳市少年儿童图书馆、沈阳音乐厅、沈阳水上演艺中心等高档次、高水平的文博旅游、文化娱乐设施，构建由东向西，演化沈阳历史发展的文化"金脉"。

二、规划开发三处特色文化街区

1. 方城历史文化街区。依托世界文化遗产故宫、张学良故居，以及太清宫、长安寺等历史文化资源，将方城地区进行整体规划。规划建设故宫馆藏珍宝展示设施，提升世界文化遗产的观赏性、吸引力。利用方城内文物保护建筑筹建博物馆。利用方城内现存的文物保护建筑筹建奉系军阀专史馆、张氏帅府办事

处复原陈列馆、城建史博物馆等13个博物馆，保护历史建筑遗存，弘扬历史文化，将方城地区规划建设成具有特色的文化、旅游、商贸区。

2. 中山路时尚文化街区。充分利用中山路地区现存的日式、俄式建筑，结合本地区特色建筑，进行整体性规划，开发建设具有欧式风格的酒吧休闲广场，发展餐饮、健身、美容、生活家居饰品、品牌精品店等业态，形成以时尚为主要特色的休闲、体验消费特色街区。

3. 北市场民俗文化街区。进一步开发北市场、西塔地区的民俗特色资源，在西塔地区规划发展以鲜族特色为主的餐饮、演艺、娱乐产业。利用北市场的皇寺广场、锡伯族家庙等资源，挖掘历史文化资源，规划发展具有老北市特色的大众化休闲茶馆、演艺厅，恢复传统表演活动，做出皇寺庙会品牌，形成民俗特色街区。

三、规划建设四大文化产业基地

1. 浑南动漫软件产业基地。2006年，沈阳市确立了打造中国"动漫之都"的目标。在浑南高新技术产业开发区的黄金地段，规划以东漫世界大楼、昂立信息产业园、21世纪大厦为载体的动漫产业孵化带，总建筑面积30万平方米，容纳100家企业，建成集动漫产业孵化、培训、创作、研发、生产、交易、运营为一体的综合性动漫产业集聚区，重点发展动漫、网络游戏、手机游戏三大产业。同时，确定了发展的高端定位——进驻企业必须是掌握核心技术的动漫原创企业和已形成规模的代工企业。2007年8月被国家新闻出版总署正式授牌为"国家动漫产业发展基地"。截至目前，动漫基地内已有来自韩国、中国香港等国家和地区以及各地从事动画制作、网络游戏、手机游戏、虚拟仿真企业86家，并成为原创水平进入全国前5名的国家级动漫产业基地。技术服务平台全线开通，制作片长超过4000分钟，《百花公主》等5部动漫影片已领到播放许可证，将在央视及地方台播出。"十一五"期间，这里将力争实现动漫产业产值突破25亿元、拉动相关产业产值200亿元的目标。

2. 沈北现代传媒产业基地。在虎石台开发区，规划占地1万亩，一期占地3000亩，重点发展高科技印刷、出版发行、动漫数字娱乐、人才培训等产业。打造集培训、研发加工制作、物流为一体的综合性现代传媒文化产业园区。拟投资5亿元的上海五天传媒集团、投资2亿元的野风集团等企业相继签约，使园区大型签约项目增至12个。辽宁出版传媒集团有限公司、中央电视台东北影视基地意向进入。华强文化科技产业基地项目签约落户沈阳市沈北新区。这是迄今国内规模最大的文化产业项目，由深圳华强集团斥资 200 亿元建设。

3. 西部包装印刷产业基地。在新民胡台新城规划用地 5 平方公里，一期规划占地 1.5 平方公里，构建以包装、印刷生产制造为基础，包印产品集散和交易为龙头，物流和配送为支撑，集原材料供应、机构及配件供应、产品设计、排版制版、印刷生产等共生产业为一体的综合产业集群。目前，签约企业增至92 家，胡台国际工业园、辽宁新闻出版技术学院纷纷落户，34 个项目开工，占地 100 亩的 6.5 万平方米标准厂房投入建设。基地公共服务平台开始打造，沈阳东北国际塑料包装印刷城和 4 万平方米的包印大厦，中国包装检测认证中心、包印设计研发中心、东北包印培训基地和电子商务平台等将汇聚其中，形成"产、学、研、销、服"产业链。2007 年 8 月，基地被中国包印协会授牌为"国家包装印刷产业基地。"第七届东北（沈阳）印刷包装技术设备器材展览会取得圆满成功。展览会首次作为国家级展会，吸引了国内外 350 家知名企业参展，1 万多名专业观众参观。所有参展企业实现了交易，90% 的参展设备在展会被订购。22 个项目成功签约，签约额达 15.8 亿元。实现交易额 5.4 亿元，比上届展会增加 10 倍，取得了历史性突破。展会得到出版总署印刷司和省市领导的关注，中国印刷协会专家肯定本届展会充分展示了沈阳作为东北印刷产业中心的重要地位。

4. 东部影视文化产业基地。棋盘山开发区通过世园会、世遗会、奥展会、摄影节等活动向世界展示出亮丽的名片，文化产业的发展蒸蒸日上。2008 年 5 月，棋盘山开发区获得了"国家级文化产业示范区"的殊荣。沈阳棋盘山文化产业集团成立，深入推动棋盘山开发区文化产业发展的一个重要举措，将开发区打造成国际一流的生态、旅游、文化产业发展空间。依托棋盘山地区良好的自然环境、人文环境以及世博园的品牌优势，联合中国电影家协会和中文联国际传媒（北京）有限公司，策划建设中国电影之都。项目占地 4400 亩，重点建设星长城、星光大道、中国电影圣殿、西游记乐园、世界电影迷宫、影像天文馆、明星会所等七大景区，建成东北地区著名的影视基地。目前 177 座民国建筑风格的房屋土建、装修及环境建设工程全部结束，运营方案基本敲定，运营公司正在注册。电视剧《老北市》等多部影视作品在这里开机。以影视基地为核心，依托棋盘山景区资源的文化创意和旅游休闲相融合的产业基地初具规模，已向文化部申报"国家文化产业示范基地"。

四、三大产业园崛起跟进

奥园国际动漫产业园。中国奥园集团公司等三家公司与东陵区签约，占地8800亩、总投资30亿美元、集动漫及相关产业于一体的动漫产业城2007年8月正式奠基。一期工程2009年竣工投产，预计实现现年产值200亿元。

文化创意产业园。借鉴北京"798"创意产业园模式，由鲁迅美术学院院长、全国美协副主席威尔森教授领衔发起，浑南新区管委会大力扶持建立的当代艺术园区已开辟6800平方米工业厂房改造为艺术家工作室，35名国内著名美术、摄影、雕塑艺术家首批入驻，市委宣传部和新区管委会分别出资100万元，为艺术家提供2年免房租正常支持。

音乐文化创意产业园。坐落在浑南大学城，占地面积150亩，建筑面积5万平方米，2007年9月正式建立，新型数码乐器研制等一批项目启动。通过3至5年，陆续建成中国原创音乐演艺中心、音乐博物馆、中国乐器城、音乐文化主题公园等项目，与浑南文化创意文化集群配套，并成为东北新型音乐文化艺术业态集散地和交流中心。

第四节　加强群众文化建设，促进文化消费群体形成

节庆文化活动、社区文化活动、田园文化活动、广场文化活动以及多种品牌活动贴近广大群众的文化生活需求，成为日常生活的重要组成部分。

一、群众最喜爱的百项文化评选活动影响广泛

为提升沈阳社会文化活动的质量和水平，促进公共文化服务体系建设，繁荣文化事业，2008年初，沈阳市开展了第二届"群众最喜爱的百项文化活动"的评选活动，从市直有关部门及区、县（市）、开发区申报的1881项群众文化活动中，确定了203项活动为候选项目。在《沈阳日报》设专版，面向群众公开评选，在广泛征求群众意见的基础上，最终评出了"春满家园——百姓风采展示电视大赛"、"文化四进社区"、"欢乐进农家"等100项文化活动，为2007年度沈阳市群众最喜爱的百项文化活动。不仅全面展示了沈阳市社会文化活动

的丰硕成果，同时也为创新全市群众文化活动载体、提高沈阳城乡文化品位、提升市民的文化素质、促进沈阳市的精神文明建设起到了良好的推进作用。

二、品牌文化活动初步确立

以大中专学生文化节、"春满家园"电视大赛、新春元宵灯会、"文化四进社区"、"欢乐进农家"、"文化三下乡"等为主体的品牌活动，已成为群众喜爱和乐于参与、相对固定又颇具影响力的文化活动形式。一些区、县（市）也逐步形成了自己的活动品牌，如铁西工人文化周、大东东城群众文艺创作、和平皇寺庙会，于洪、东陵、苏家屯的文化大篷车、新民的文学创作、辽中的"近海文化"、法库的"陶瓷文化"、康平的电影放映等，均独具特色，影响深远。2008年沈阳市共组织第十届沈阳大学生文化节、"文化四进社区"、"欢乐进农家"农村文化系列活动、首届沈阳市社区京剧票友大赛、东城文艺创作奖评选等各类群众文化活动9000多场，参与群众达1060万人次。沈阳市图书馆成功举办了百年馆庆和全国图书馆工作研讨会。群众艺术馆在全国文化馆工作会议上介绍了经验。朝文馆对外文化交流空前活跃，少儿馆系列读书活动在全市产生较大反响。皇姑区图书馆、少儿图书馆积极为全区的残疾人等弱势群体服务，送书到家。东陵区被命名为辽宁省文化先进区，农村电影放映被评为省"双服"先进单位。苏家屯区文化广场演出活跃，文化大篷车下基层演出100余场。新民市成功举办了"五彩缤纷"元宵灯会。法库县扶持文学音乐创作，在2008年"中国杯"歌曲大赛中获得一等奖。

三、大型广场文化活动深入人心

以市府、辽展、中山等市、区、县（市）级大型文化广场为龙头，乡镇、街道、社区、村庄文化广场为基础，全市每年开展的各类广场文化活动达万余场。文化广场已经成为城乡群众休闲娱乐的最佳去处、展示自身艺术才能的广阔舞台、科学文明的宣传阵地、联系政府与市民的桥梁和纽带。市府、辽展、皇寺三个文化广场被命名为全国特色文化广场。2008年沈阳市举办了全市性、区域性的大型文化活动185场，其中市级活动6场，区、县（市）级活动179场，起到了良好的导向、示范和带动作用。同时，市、区、县（市）文化部门还积极组织各种文艺演出、民俗活动、图书报刊、电影放映等深入工厂、社区、部队、学校、乡村等基层，开展多种形式的文化服务活动。2008年，共组织文艺演出和民俗活动1200余场，送图书报刊10万余册，放映电影近2万场。每年一届的"春满家园"百姓风采电视大赛已走进沈城的千家万户；沈阳市图书馆的百年馆庆暨全国十五城市公共图书馆工作研讨会，在全国引起广泛影响；市少儿图书馆组织的沈阳市中小学生与灾区同学心手相牵——"灾区小朋友让我对你说"书信征文活动，引起社会共鸣，有10余万名中小学生参加了征文活动；市朝鲜族文化馆广开渠道，积极开展对外文化交流，先后举办了"中韩美术、摄影艺术展"等四项活动；市还与部分区县（市）联合举办了"聚焦沈西工业走廊"沈阳市工业题材摄影大赛，沈阳市广场文化建设现场会，沈阳市"欢乐进农家"农村文化系列活动启动仪式，沈阳市首届戏曲票友大赛，沈阳市首届"东城群众文艺创作"评选活动及奖颁奖晚会等。

四、精品文化活动硕果累累

2008年，沈阳市群众文化活动荣获国际级奖10项、国家级奖165项、省级奖211项，创下了多项全省第一，为群众文化活动带来了更大的动力。

2008年大东区莱茵河畔社区老年合唱团于9月10日至13日，代表沈阳市参加了文化部在内蒙古呼和浩特市举办的"永远的辉煌"——第十届中国老年合唱节比赛，勇夺第十届全国老年合唱节最高奖——"骏马金奖"。得到李长春的高度赞誉，该合唱团参加了中央电视台举办的2009年春节联欢晚会演出。

在中宣部、中央文明办、文化部、中国文联联合主办的第六届全国"四进社区"文艺展演中，铁西区启功二校的少儿舞蹈《仙鹤与女孩》以新颖的创意、完美的表现荣获金奖，同时也是辽宁省获得的唯一金奖。

在全国开展的"中国民间文化艺术之乡"评选中，新民市、皇姑区、和平区、铁西区、沈河区、苏家屯区、大东区、于洪区和大兴乡被文化部命名为"中国民间文化艺术之乡"，占全省各地区获此殊荣的三分之一。

在"辽宁省第七届少数民族文艺调演"中，沈阳市取得了8个金奖、5个银奖、1个铜奖的优异成绩，名列全省第一。其中，大型民族舞蹈《锡伯猎歌》在这次全省少数民族文艺调演中，荣获金奖，并填补了辽宁省没有大型锡伯族舞蹈的空白。

在辽宁省纪念改革开放30周年美术、书法、摄影展上，沈阳市选送110幅作品中有51幅作品获奖，获得金奖10个、银奖16个、铜奖25个。获奖总数名列全省第一。2008年，沈阳市群众文化活动共获得国际级奖10项、国家级奖

165 项、省级奖 211 项。

五、农村电影放映工程全面启动

2008 年，沈阳市切实开展农村电影放映工作，建立了专项资金补贴制度和工作目标责任制。为全面完成农村电影的放映任务，年初沈阳市召开了农村电影工作会议。市文化局与各区、县（市）、开发区文化局（社发局）分别签订了农村电影工作目标责任状，市电影有限公司与各区、县（市）放映单位分别签订了农村电影放映合同书。同时，下发了《关于做好 2008 年沈阳市农村电影"2131 工程"的通知》（沈文发〔2008〕31 号），要求各区、县（市），开发区加大财政资金投入，加强对农村电影放映工作的管理力度。

各地加大了农村电影放映工作的投入，除了按照市规定的场次补贴外，还投入资金购进了数字电影放映设备，使农村电影放映工作得到了快速有效的落实。如东陵区、于洪区、沈北新区、新民市等都投入大量资金购买了数字电影放映设备。目前，连同省发改委和省文化厅下发的 24 套数字电影放映机，全市共有 43 套数字电影放映机投入了农村电影的放映活动中。

经过各区、县（市）文化部门及广大电影放映人员的辛勤努力，超额完成了年初制订的 2008 年度沈阳市农村电影放映的任务。全年共完成 19526 场。其中公益性放映 19166 场次，比 2007 年增加了 2380 场，完成了年计划的 103.9%，其中数字化放映 5187 场次。全年电影观众达 402 万人次，完成了全市每个行政村每月放映一场电影的目标。受到了广大农民群众的普遍好评和有关领导的充分肯定。2008 年，苏家屯区十里河镇电影放映队、康平县东升放映队被省文化厅评为省农村文化建设先进单位。

第五节　保护文化遗产，促进文化产业科学发展

沈阳市注重发挥世界文化遗产资源，打造文化产业发展标志性空间。盛京皇城地区文化产业发展规划，标志着以历史文化为依托，以时尚创意产业为核心，集文化旅游、休闲娱乐、商业服务等多功能为一体的文化产业发展的标志性空间正式启动；大力培育文化产品市场，把沈阳建设成为辐射东北地区的文

化产品集散地；大力发展文化产业园区，快速推进产业集群建设。

从 2007 年 4 月开始，沈阳市组织开展了非物质文化遗产普查工作。对具有历史、文化和科学价值的非物质文化遗产，按照"统一部署，上下协调，全面展开，有序推进"的指导思想和"深入调研、摸清底细；全面记录，突出重点；严格登记，合理分类；精心整理，图文并茂"的工作原则，共计出动普查人员4269 人次，普查范围涵盖了沈阳市下辖的 13 个区、县（市）和两个开发区，覆盖率达 90%。举办培训班 30 余期、座谈交流会 219 个，投入经费近 50 余万元。到目前为已收获珍贵有价值的项目线索 206 条，门类齐全，涵盖了全部 10 大类别。普查征集实物 1768 件，录音带 18 盒，录像及 CD1277 件，资料 3438 份。其中"沈阳四平街灯市"填补了沈阳市非物质文化遗产名录"文化空间"类别的空白；"何钧佑锡伯族民间故事（长篇）"得到有关专家初步认定，所具有的学术价值和历史价值将会填补锡伯族发展史的空白。

根据普查成果，经过专家评审，各区、县（市）相继公布了本地区的非物质文化遗产保护名录 132 项。在此基础上，组织专家进行汇总梳理、评审论证，经公示和联席会议审批，最后，市政府正式发文公布了第三批市级非物质文化遗产名录 19 项，其中有 8 个项目被推荐参加第三批省级项目的评审。目前，沈阳市已建立了 57 个项目的市级非物质文化遗产名录体系，并有 5 个项目进入了国家级保护名录，有 5 人被评为国家级代表性传承人。

沈阳市非物质文化遗产保护工作走在全国前列：非物质文化遗产普查成果显著，收获有价值的项目线索 206 条，征集实物 1768 件，资料 3438 份；新公布了第三批 19 个市级保护项目，老龙口白酒传统酿造工艺进入了国家级保护名录；各区、县（市）公布了同级保护项目名录 122 个，传习场所 18 个；抢救整理出版了《东北大鼓漫谈》、《谭振山故事选》一批专著和光盘，为全国首创；文化部领导称赞沈阳"非遗"工作在全国具有示范作用。

第六节　不断推出文艺精品，活跃演出市场

艺术精品不断涌现。沈阳精心打造精品剧目，全年创作新剧目 10 部，排演新剧目 6 台，复排保留剧目 20 个。评剧《呼兰河》获得巨大成功，得到省、市领导和专家的高度评价，被誉为"近年来评剧艺术创新水准的新提升，具有冲

击国家精品工程的强劲实力"。京剧《古寺圣火》获第五届中国京剧节银奖，实现了该奖项的历史性突破。话剧《信访局长——潘作良》作为树立时代楷模、弘扬时代精神的精品力作，得到国家信访局和省市领导的充分肯定，称赞它为沈阳振兴和社会稳定增添了新的精神力量。探索剧《向日葵》在北京演出引起强烈关注。杂技《圣火绸吊》在第32届蒙特卡罗世界杂技比赛中荣获"银小丑奖"和"国际星辰特别奖"，《绳技》夺得了全国杂技大赛银奖和第八届武汉国际杂技节银奖。与长春电影制片厂联合拍摄共产党员先进性教育影片《偏人吕尚斌》，在全国组织上映；反映沈阳自立创新精神的电视连续剧《漂亮的事》拍摄完成，在中央电视台以及多家地方台黄金时段播出。

演出市场开拓成效显著。国有民营各显优势，"刘老根二人转"、"盛京红磨坊"、"辽宁大剧院精品举剧目展演"、"西部酒城综艺演出"节目日益火爆，形成了"天天有演出、夜夜有戏看"局面，辐射周边城市的一小时文化业生活消费圈开始形成。目前全市每天参与消费人数从2.4万增至2.8万人次。同时，赴天津、江苏、浙江、上海、山东等地巡演，宽领域抢占国内演出市场；推出优秀剧目，多途径打入国际市场。京剧《花木兰》在日本创下连演15场的纪录，轰动日本，文化部部长蔡武、中国驻日大使崔天凯、日本外务大臣高村正彦纷纷来电祝贺。大型舞蹈诗画《满风神韵》先后在澳门、上海、杭州、宁波等城市和地区巡演获得巨大成功，已成为沈阳市近年来演出最多、创收最多、影响最大的品牌剧目和代表沈阳文化特色的靓丽名片。沈阳杂技团以高精尖的节目在以色列、瑞士、德国长期巡演，进一步提高了沈阳杂技的国际地位。2007年11月，集团被文化部评为全国九个优秀文化出口企业之一，成为东北地区唯一获此殊荣的文化企业，被国家商务部等四部门确定为"2007—2008年度国家文化出口重点企业"。艺术学校也在印尼、日本演出市场获得了较好的效益。一年来，各院团克服诸多不利因素影响，实现演出1600余场，收入1800万元的佳绩。

市属专业艺术院团2007年全面演出超千场，沈阳京剧院赴欧洲巡演受到盛赞，儿童剧《青春的颜色》走进中学校园。一批文艺精品获奖。评剧《天堂花》获省艺术节金奖，摄影《失去的绿洲》获文化部群星奖，马秋芬小说《蚂蚁上树》获全国读者最喜爱的小说奖，图书《季羡林文丛》获全国优秀畅销书奖，《历史文化名城沈阳》获全国优秀图书奖，《义勇军演义》获辽宁省第十届"五个一工程"奖。《芒种》杂志社是全国文联作协系统中率先转制的期刊社，目前发行量和国家级选刊转载量分别比转企前翻了三番，发行收入连续三年增长 10%。

沈阳市电影公司大力拓展市场，继哈尔滨后，2007 年又在齐齐哈尔、葫芦岛和沈阳新建三座现代化影城，年末两家开业运营，全年公司经营收入 3700 万元，同比增长 35%，新东北、光路两家影城年收入都突破千万元大关。

第七节　发展新闻出版事业，夯实文化产业基础

沈阳出版社图书出版种数、发行码在城市出版社中居于前五名，辽宁大学出版社荣获全国良好出版社称号。各大印刷企业在国内同行中率先开展 ISO 系列国际质量体系认证，技术水平和产品质量明显提高。电子出版物发行范围、经营品种、年销售额等指标居东北地区各大城市之首。沈阳加强了图书发行网点建设，建成了沈阳图书发行大厦，组建了沈阳书业集团有限公司，初步形成了符合市场经济规律的出版产业链条。市新闻出版局、市版权局相继被评为全国新闻出版系统普法先进单位；版权管理处被评为全国知识产权宣传教育工作先进单位。"十一五"时期，新闻出版事业进入改革创新阶段。图书出版已获得了国家设立的全部图书最高奖项。有近百种报刊获得国家和省级奖励。印刷和发行业包括国有、民营、个体、合资等多种形式的经营格局已经形成，印刷能力在东北三省已处于领先地位。电子出版产业已形成一定规模，在辽宁乃至东北地区辐射力和影响力越来越大。在沈阳市公开出版的报纸 29 种，其中市属 21种，年发行总量 3.5 亿份，广告收入 10 亿元；出版社 12 个，其中市属一家，大学出版社两家，年出版图书 6000 种。期刊 80 种，年发行量 800 万册，广告收入5000 万元。沈阳晚报、青年科学等 18 家报刊获第五届沈阳市优秀报刊一等奖。

新闻出版行业监管力度加大，版权管理工作形成了专业管理、社会宣传、群众监督的三位一体的管理模式。加强了印刷业日常监管，对全市印刷行业组织检查 90 余次，累计出动执法检查人员 380 人次，检查印刷复制企业 795 家次。开展了保护知识产权宣传周活动，组织开展了打击盗版侵权专项行动，在三好街公开销毁了 100 万件盗版制品，查处和关闭了侵权网站和盗版光盘市场，营造了良好的出版秩序。

打造了行政审批绿色通道，履行了公共服务职能。在铁西、沈北新区建设了"惠民书屋"、和"农民书屋"，组织全市书刊发行企业捐赠书刊 5000 多册，

分别向康平县贫困学校和三峡库区捐赠了价值6万元的图书。2008年，沈阳市继续实施农家书屋工程，确定了2008—2010年农家书屋建设目标，全年建成农家书屋300家，超额完成了省下达的任务指标。

升格为国家级展会的第二届东北文博会规模空前，展位数超过4500个，国内外800余家文化企业参展，推出文化投资项目214项，签约额达198亿元，是上届的50倍；展销8大门类5万余种新产品，交易额达100亿元；观展人数超100万人次，参展企业知名度和交易实效等方面均达到国家级展会水准，成为国家重点打造的四大文化展会之一，受到国家新闻出版总署通报表扬，沈阳市新闻出版局被评为全国新闻出版战线先进集体。

第八节　对沈阳市文化产业发展的建议

2008年是沈阳市文化产业成果喜获丰收的一年，为了今后实现沈阳市文化产业既好又快地发展，应有效利用现有资源，找准路径，实现文化大市向文化强市的跨越。具体来说，建议从以下几个方面入手。

一、强化政府主导作用，完善产业宏观调控体系

第一，加强对文化产业发展的领导。各级党委和政府要把加快文化产业发展做为经济社会发展工作的重点，要建立健全能有效推进文化产业整体发展的工作机构，统筹全市文化产业发展工作。实施统一管理，综合协调各部门、各地区，形成工作合力，整体推进文化产业发展工作。要建立完善的工作考核体系，切实把市委、市政府关于加快文化产业发展的部署落到实处。第二，加强文化产业法制建设。抓紧制订相关法规、规章，运用法律和政策手段规范指导文化产业工作，不断完善法规体系。第三，切实转变政府职能。政府部门要由办文化向管文化转变，加快实现政企分开、政事分开、管办分离。政府管理要从以行政手段为主逐步向以经济和法律手段为主转变，将重点放在产业规划、市场监管、政策支持、法规建设、公共服务上来。第四，重视规划在文化产业发展中的作用。要注意长期规划与短期规划的有机结合，要落实实现规划的各项保障措施。第五，加强文化产业统计信息工作。加强统计分析、动态比较，

287

为研究制定规划、政策提供依据，引导文化产业发展。要加强文化产业信息化工作，借助数字化网络和技术，建设全市一体化的文化产品生产、服务和销售网络，实现文化市场流通领域的信息化、国际化和现代化，提升文化产业流通水平。

二、发展强势文化产业，培育文化支柱产业群

充分发挥沈阳的产业基础优势、高技术优势、中心区位优势，通过现代技术创建高位技术平台，推进文化产业升级，提高产业集中度。大力发展现实的强势产业，着力培育后发优势明显，发展潜力巨大的新兴产业。以传媒业、出版业、文化演出和娱乐业、影视业、会展业、动漫产业、教育产业、旅游产业为重点，形成支柱产业群。

——传媒业。充分发挥在沈传媒业集中、辐射能力强、人才集中的优势，扶植报业、广播电视、网络传媒快速发展。一是推进传媒业集团化发展，使主流媒体实现规模化、集约化经营，推动传媒集团上市，增强融资能力、扩张能力，实现跨越式发展；二是推进传媒业技术升级，运用高新技术更新改造传媒载体设备，提高传媒制品的加工、制作水平；三是鼓励社会资本进入传媒业，在坚持主流媒体由国有控股的前提下，允许其他社会资金进入政策放的开传媒领域，鼓励传媒业跨地区、跨行业经营，扩大市场覆盖面；四是发挥国家、省级媒体辐射面广、公信力高的优势，扩张媒体广告业，做大市场份额；五是强力打造沈阳第四媒体，力争在2010年前把沈阳网建成国内知名的新闻网站和区域门户网站。

——出版业。充分发挥沈阳中心城市的集散功能，打造包括编辑、制作、出版发行、销售等业态的完整出版产业链。广泛采用现代高新技术，大力发展图书、音像制品和其他电子出版物的制作、发行业态。构建具有多元经济成分和高位技术支撑的现代出版发行产业体系，把沈阳建设成为全国重要的出版印刷基地。一是整合辽宁出版集团和沈阳书业集团资源，扩张产业规模，增强在国际、国内的竞争力和影响力；二是加快沈北现代传媒产业基地、西部包装印刷产业基地建设，与国际、国内一流的印刷、音像生产企业合作，引进一流的现代出版技术，建设形成辐射全国、服务区域的出版印刷中心；三是以生产企业和出版物市场为基础，建立跨地区、全方位、功能完善的物流体系，促进产业发展。

——文化演出和娱乐业。依托中心城市的文化汇集、人流汇集、潮流时尚的优势，大力发展文化演出和休闲娱乐业。一是加强文化娱乐场所建设，发挥剧场、影院、体育场馆等场所的娱乐功能，新建一批文化娱乐设施，打造区域性文娱中心；二是不断开发演出娱乐市场，按照市场需求，不断创新10台大戏内容，开发新的娱乐服务项目，引进国内、外精品演出，培育文艺演出特色品牌，发展电子娱乐业，创新娱乐业态，壮大文化娱乐产业；三是促进演艺与餐饮的有机结合，开发健康的夜生活文化设施，发展酒吧、咖啡吧等特色文化娱乐服务，开发新的卖点，引领演艺时尚；四是挖掘历史资源，弘扬京剧唐派艺术、评剧"韩、华、筱"艺术，打造艺术精品，充分发挥沈阳杂技集团的资源优势，增强实力，不断扩大在国际国内演出市场的影响，积极打造独具沈阳地域特色、富于东北风情的品牌剧（节）目。

——会展业。充分发挥我市的区位优势、基础设施优势和品牌展会的影响力，大力培育会展业市场。一是提升城市会展基础设施现代化水平和城市会展服务能力，引进国际先进的会展配套设施，对现有会展场所改造、升级，整体提升会展业的专业化、现代化、国际化水平，构建承载会展业的强势载体；二是积极培育品牌展会，继续办好中国装备制造业博览会、国家级品牌展会，积极争取国际著名会展权威机构和知名企业在我市举办大型国家级、国际性专业展会，全力打造8—10个具有较大影响的国际性和全国性会展品牌项目；三是全市联动活跃会展产业，结合行业、产业和地区特点，策划举办各种节庆活动，做到"周周有内容、月月有活动、季季有大展"。使会展活动贯穿于全年经济活动全过程，成为新的经济增长点。

——影视业。借助独特的清初建筑、民国时期建筑等资源优势、文化人才集中的优势，通过加大扶植力度，打造影视剧本创作、拍摄、生产、发行、放映产业链，扩张影作品相关产业就地发展的产能，不断扩大影视产业在国内的市场份额。一是优化优秀剧本创作环境，通过政策吸引，提供创作条件，聚集优秀作家、优秀作品，努力实现我市原创作品就地转化，吸引国内外优秀影视作品在沈发表和拍摄；二是打造硬件设施，加快建设星长城——中国电影之都，开发影视场景资源库，将各种建设文物、景观资源收集、汇编成系列的、反映不同时代特征和地域风格的影视场景图集，建设集影视软体体作、影视拍摄、后期制作和旅游娱乐等功能的高科技影视拍摄基地；三是建设高技术水平的影视产品生产企业，实现影视作品就地生产增值，带动发行、放映业，充分利用沈阳中心城市区位地域优势，大力发展电影发行院线，开发影视作品衍生产业，延长产业链,扩大产业收入。

——动漫制作业。依托我市网络技术、数字技术和艺术创作的教育资源优势、人才资源优势,培育复合型人才,吸引境内外投资,努力打造"中国动漫之都",使我市发展成为在全国具有竞争优势的动漫、游戏软件开发、制作和生产基地。一是加大对动漫产业政策和资金的支持力度,加快动漫产业基地建设,集聚相关产业,打造产业发展平台;二是大力发展研发实体,集聚动漫、软件业人才,加快文化软件制作企业的孵化,尽快形成一批有规模的从事电脑特技、电脑三维(四维)动画、游戏软件开发制作的专业公司;三是搭建动漫产品的发布、展示、销售平台,形成东北地区最大的动漫产品交易中心。

——教育产业。充分发挥我市的教育资源优势,大力发展高等教育、职业教育、网络教育,扩大培训业市场,普及学前教育,全方位发展以非义务教育为主要内容的教育产业。一是创新发展思路,吸引社会资金投资教育产业,促进各级各类学校发展,提升办学水平,扩大影响力、吸引力,增强办学能力,扩大招生规模;二是借助市场优势、人才优势发展培训业,借助数字技术、网络技术丰富教育手段,提升培训业水平,面向市场需求发展各种专业、各种层次的培训机构,打造辽沈地区专业培训中心;三是开发学龄前儿童智力开发市场,适应独生子女早期教育的需求,发展具有音乐、舞蹈、美术等专业特色的学前教育机构,开发启智玩具、读物、教具,引导相关消费;四是大力发展教育衍生产业,发展教材、辅导材料、教育、教学设施产品生产、销售业,带动文化用品消费市场扩张。

——旅游业。充分利用沈阳清文化、工业文化、二人转、世园会、皇寺庙会、冰雪游乐等旅游项目,扩大了沈阳市文化产品影响力、吸引力。充分发挥沈阳的区位优势和特色旅游资源优势,抓住当前城乡居民收入增长、休闲消费需求增加的机遇,通过提升、发展"游、购、娱、食、住、行"等旅游产业要素,促进旅游业超常发展。一是开发景区景点资源,把南到北京,北到黑龙江的旅游资源纳入开发视野,构筑区域性旅游中心,打造辽宁文化体育旅游产业园,开发特色资源,增强吸引力,增加体验休闲内容,满足游客多样化需求;二是丰富旅游消费内容,创造购物的方便环境,开发旅游商品,培育文化演出市场,发展娱乐消费,满足游客夜间文化消费需求,发展特色餐饮,以特色满足消费,以特色吸引游客;三是优化住宿环境,满足不同层次游客需求,以优质的服务、良好的卫生条件、安全便捷的入住设施吸引游客;四是提供便捷的交通服务,使游客来去自如,为游人游玩、购物创造便捷的交通条件。

三、构建文化市场平台，促进文化产业扩张

加大力度，加快发展文化市场主体，打造交易平台，建立文化产品、资源要素、销售市场的纽带，扩张文化产业。

——培育和发展文化产品的交易市场。建立图书、音像、报刊及其他出版物发行销售网络；积极发展布局合理，规模适度的文化商品交易市场；规范发展艺术品市场；积极发展会展、广告、咨询等文化服务市场；完善文化旅游市场，构建旅游信息网络平台。

——培育和发展文化产业要素市场。培育和建立文化资金市场、文化人才和劳动力市场、文化设计和技术市场、文化设备和文化信息市场，发挥市场对文化资源配置的基础性作用，实现资源配置优化，使文化要素不断的向优势产业或企业流动，形成文化生产的良性循环。

——培育和发展各类文化服务中介。鼓励剧本等文字作品代理公司、文化策划咨询公司、演出经纪公司、艺术人才经纪公司等中介机构的建立、发展；通过中介公司或经纪人接受委托、主动推荐等方式，进行各类文化资源的开发、包装及营销策划，在文化产品、资源要素、产业和市场之间建立强有力的纽带关系。

——以龙头企业带动形成产业集群。以促进文化产业规模化、集约化、专业化为目标，大力发展龙头企业，打造一批主业突出、核心竞争能力强的大型企业集团，提高产业集中度；壮大重点国有文化企业，发展民营骨干文化企业，培育外向型文化企业；形成一批跨地区、跨所有制、跨行业的大型文化集团。

——加强文化产业科技创新。以技术创新为重点，重视发展文化产业链的高端，运用最新技术武装产业内容，大力发展科技含量高、知识含量高、附加值高的文化产品，不断提升自主研发能力，增加原创知识产权比重，提高科技对文化产业的贡献度。

——重视文化产业链式发展。从产业源头到产品销售，构建全过程产业体系，增强文化产业的集成能力和吸收能力，吸引产业系统的人才流、资金流、技术流、信息流，延伸互补性产业链和配套性的产业链，形成产业竞争优势。

四、实施文化人才战略，提供产业发展人才保障

1. 培养、引进并举，加快壮大文化人才队伍。一是要充分发挥在沈高校、

高职、中职和各类培训机构的作用，形成学历教育与非学历教育、专业教育与技能培训、脱产培训与在职学习多种形式并重，研究生、本科、大专、中专多层次并举的文化人才培养体系，扩大培养、培训规模，优化专业结构，扩大文化人才队伍；二是积极引进境外、市外优秀人才，专业短缺人才，制定灵活的人才引进政策，增强吸引文化人才的引力，当前，重点要吸引具有创意的设计人才、文化经营人才、文化经纪人才；三是重视以文化项目、文化资源、重大节庆活动为载体，吸引人才，培养人才，加强产业发展与人才结构的对接，优化人才结构。

2. 以领军型人才为重点，加强高端文化人才队伍建设。要面向国际、国内两个市场，着力开发能够带动行业发展的文化产业的领军型人才和高级人才。适应沈阳文化产业发展需要，集聚一大批在全国有较高影响力的文化名人，熟悉国际文化经营的高级经营管理者，掌握文化高新技术的高级专门人才，带动沈阳文化产业扩张、升级。

3. 进一步优化文化人才发展环境。一是要完善分配制度，允许鼓励具有特殊才能和自主知识产权的人才以知识产权、无形资产、技术要素入股企业，参与利润分配，推行人才签约制度和绩效分配制度，使贡献、业绩、报酬相统一；二是完善人才激励制度。建立规范的奖励制度，对在文化产业发展中作出特殊贡献的文化作品、产品的创作人员、设计人员、经营管理人员、演员，要给予重奖和荣誉，改革人才评价、职称评聘制度，打破资历、身份限制，以实际能力评价人才，评聘职称、选拔使用人才；三是改善文化人才生产生活条件。对高级文化人才在住房、家属安置、子女入学方面给予照顾或优惠。要对来沈发展的文化人才在沈落户开辟绿色通道，投资创业的要给予政策扶植。

（作者：陈东冬，辽宁社会科学院哲学所）

区域报告二　大连市文化产业发展报告

大连，位于中国东北，是一个美丽的海滨城市，距离北京直线距离不到600公里，空中行程50分钟。大连是中国最适宜居住的城市之一，2001年被联合国授予中国唯一，亚洲第二个"世界环境500佳城市"。此外，大连还是中国东北地区最大的贸易港口，是亚欧大陆桥的桥首，陆桥运输的理想中转港。目前，大连与世界140多个国家和地区建立了贸易和航运关系。大连作为东北经济发展的龙头、区域性中心城市，它的地理环境、区位优势、城市知名度，既是打造文化名城的优势条件，也为发展文化产业提供了有利条件。改革开放以来，大连紧跟时代步伐，在经济建设的同时注重文化建设，使大连成为东北地区文化建设最活跃的城市之一。

第一节　大连文化产业发展总体情况

文化创意产业作为无污染、低能耗的绿色朝阳产业，已引起业界的广泛关注，各地都积极采取有效措施大力推进创意产业的发展。从大连自身的情况看，发展文化创意产业具有较好的区域优势、人才优势和环境优势，产业发展有很大的空间。

一、文化创意产业发展势头强劲

文化是一个城市的灵魂，是一个城市区别于其他城市最内在的要素，文化体现出一个城市的鲜明特色和精神本质。近年来大连文化及相关产业发展步伐明显加快，呈现出健康发展的良好势头，文化及相关产业的发展速度明显高于GDP的增长速度。与中国文化产业发展整体形式相同，经过多年的努力，大连文化与文化创意产业取得非凡的进步和里程碑式的发展。截至2007年底，全市共有从事文化产业活动的单位 15807 个（法人单位 3581 个），比上年增加 2410 个；从业人员 64960 人，比上年增加 3512 人；主营业务收入 292.5 亿元，比上年增加 39.4 亿元，增长幅度为 15.6%。2007 年全市文化产业实现增加值 96.4 亿元，比上年增加 20 亿元，现价增长幅度为 26.2%，文化产业占 GDP 比重比上年提高 0.11 个百分点，达到 3.08%。

大连文化产业的结构从分层看，传统的以提供新闻、出版发行、广播影视、文化艺术等服务产品的"核心层"获得了稳定增长，以提供文化用品、设备及相关服务产品的"相关层"已具有相当规模，以提供网络文化、文化休闲等服务产品的"外围层"呈现出较快的发展速度。2007 年，文化产业"核心层"有从业人员 18496 人，总资产 59.7 亿元，实现增加值 17.7 亿元；"外围层"从业人员 20043 人，资产 71.3 亿元，实现增加值 24.6 亿元；"相关层"从业人员 26421 人，资产 113 亿元，实现增加值 54.1 亿元。核心层、外围层和相关层的从业人员之比为 28:31:41，增加值之比为 18:26:56。尤其引人关注的是，2007 年在全市文化产业 9 个行业中，文化用品、设备及相关文化产业的生产行业增加值达到了 46.3 亿元，占文化产业增加值的 48%，占比居首位，主导地位突出，并且以高于文化产业平均增幅 17.2 个百分点，高于全市现价 GDP 增幅 21.5 个百分点，以 43.4% 的增长速度，引领全市文化产业快速发展。

大连的文化产业发展目前呈现出强劲的发展势头，特别是近些年来，在很多方面都取得了可喜的成绩。大青文化产业集团和发现王国主题公园都已形成自己的品牌效应，而且每年创收过亿元；杂技团大胆尝试创新，每年出国演出收入达到 2000 多万元，位列东北杂技团第一位；大连电影有限公司更是连续多年，以长江以北票房仅低于北京的好成绩，为广大市民提供了丰富的精神食粮，大连电影现象也引起业内人士的广泛关注。2009 年 8 月末，在由文化部、广播电影电视总局、新闻出版总署和辽宁、吉林、黑龙江三省人民政府主办的第三届中国东北文化产业博览交易会上，大连参展企业已经达成合作意向十余个，意向合作金额近 3 亿元，现场成交金额近 10 万元。2010 年大连市文化广播影视工作将以"文化为民、文化惠民"为根本，努力实现"主流媒体时刻主导舆论阵地、舞台艺术天天有演出、群众文化周周有活动、博物馆月月有新展、公共文化设施年年有新改观"的目标。

二、中国北方文化创意名城雏形初显

文化创意产业是世纪之交全球蜂起的一种崭新产业。在一些发达国家，它不再仅仅是一个理念，而已经是呈现出巨大经济效益和社会效益的直接现实，并且仍在展示着无限的发展生机。近年来，在我国北京、上海、深圳等地，文化创意产业方兴未艾。一些地方政府审时度势，明确将文化创意产业作为地区发展战略加以实施，营造环境，优惠政策，集聚人才，引导文化创意产业迅速走向市场。2007 年，大连市委、市政府颁布了《大连市现代服务业发展"十一五"规划》，明确提出把大连建设成为中国北方文化创意名城的战略目标，并将文化创意产业列入现代服务业发展的八大重点领域。这是大连在多年快速发展之后，通盘考虑城市自身经济社会未来发展而作出的战略选择，它对推进大连新型城市建设，改善城市服务功能，率先实现老工业基地全面振兴，进一步确立东北亚重要国际城市的领先地位，必将产生积极有力的助推作用。

大连是中国重要的港口、工业、贸易和旅游城市。改革开放以来，大连在保持经济快速健康发展的同时，社会各项事业也取得了全面进步。大连独特的区位优势和日臻完善的经贸环境，以及多年积累的时尚氛围为发展创意产业创造了有利条件。2007 年，大连市委、市政府出台了《大连市"十一五"时期文化发展规划纲要》，明确提出要把大连建设成为国际色彩浓厚的区域性文化中心和现代文化名城，并把大力发展新兴文化创意产业，培育特色知名文化品牌，努力建成一批文化产业园和文化产业示范基地，打造文化产业新的经济增长点作为重要内容纳入其中。近几年来，按照大连市委、市政府的要求，大连在发展文化创意产业方面进行了积极有益的探索，大连正形成创意产业集聚区。

目前，大连创意产业已基本成型和正在推进的创意产业聚集区有 3 个，即星海创意岛、大连创意孵化园和 15 库大连创意产业园。三处创意园由东到西，沿人民路、中山路、旅顺南路贯穿整个大连，似呈三足鼎立之势。

1. 大连星海创意岛。2007 年 10 大连星海创意岛拔地而起。星海创意岛是大连第一家文化创意产业集聚区。星海创意岛依托废旧厂房，本着"主体不动、修旧如旧、重在创新"的设计理念，全力打造文化创意企业发展平台。至今，已有 35 家企业入驻，业务范围涉及工业设计、广告、传媒、建筑艺术和工艺产业等领域。为扶持星海创意岛健康发展，沙河口区政府出台了系列相关政策，如入驻创意产业企业可以享受"全代理、零费用"、办公用房租金补贴、优惠贷款等。经过近两年的发展，星海创意岛入驻企业运转良好，创意岛开放的空间、集群化的发展，为企业带来了很多发展机会。在"创意中国·和谐世界"第二届北京文化创意产业国际论坛上，星海创意岛获得了最高奖项——"2007 中国文化创意产业园区新锐大奖"；在第二届中国（北京）文化创意产业博览会上，星海创意岛又分别获得"2007中国最具投资价值创意基地"和"最具投资潜力奖"两个奖项。目前，星海创意岛二期工程已经投入建设，2009年年底，星海创意岛将发展文化创意企业百家以上，并计划通过几年的发展，成为具有一定产业规模、东北地区领先、国内有重大影响的文化创意产业园区。

2. 大连创意孵化园。作为大连地区首家创意设计产业的孵化基地，大连创意孵化园总建筑面积15000平方米。本着政府导向、市场运作的推进机制，大连创意孵化园将创意产业发展与城市建设以及科技、商贸、旅游、文化等产业结合起来，吸纳各类创意产业企业。目前，大连创意孵化园已有近40家企业入驻，项目领域涵盖了工业设计、广告设计、环境设计、装饰设计、服装设计、雕塑设计、企业策划、电子商务、互联网技术、动漫游戏等。大连创意孵化园对入驻企业实行最优惠的场地租赁政策，在低于市场价格的基础上，入驻第一年场地费用减免2/3；同时还为入园企业提供国家、辽宁省、大连市和高新园区资金的项目申报指导，如科技型中小企业创新基金、辽宁省科学技术计划项目、大连市科技计划基金、大连市软件专项资金和大连高新园区科技计划资金等。

3. 15库大连创意产业园。"15库"大连创意产业园作为市政府精心培育的重点项目，目前已经全面启动。"15库"大连创意产业园项目由大连创意产业项目管理有限公司、大连港投资发展有限公司和大连维美创意产业管理有限公司共同投资组建的大连创意产业项目发展有限公司投资兴建，一期投资总额约5000万元人民币。其发展思路是建设由公共活动区、生活工作区、创意产业园区三大板块组成的创意产业公共服务平台，重点吸引国内外著名的研发中心、设计中心、科研机构以及各类创意公司、投资公司、科技企业入驻，发展科技创意设计、文化创意设计、服装创意设计、工业创意设计、环境创意设计等创意产业，并促进创意设计成果产品化，从而将"15库"打造成为国内有影响力的时尚创意产业基地。

总的来看，大连文化创意产业发展仍处于起步阶段，同北京、上海、深圳等国内一些先进地区相比，无论在产业集聚度还是影响力上都还有很大差距。大连作为中国北方最开放的城市之一，又处于东北亚经济区和环渤海经济圈的重要区域，应学习和借鉴发展文化创意产业先进地区的经验，抓住历史机遇，进一步加强规划和引导，从政策和资金层面加大对创意产业的扶持和支持力度，把文化创意产业打造成新的经济增长点。

第二节　大连海洋文化产业发展情况

　　海洋文化是世界性的文化现象。当代海洋文化学科建设的积极倡导者，青岛海洋大学教授曲金良在其《海洋文化概论》中表述："海洋文化，作为人类文化的一个重要组成和体系，就是人类认识、把握、开发、利用海洋，调整人和海洋的关系，在开发利用海洋的社会实践中形成的精神成果和物质成果的总和。具体表现为人类对海洋的认识、观念、思想、意识、心态，以及由此而产生的生活方式"。海洋文化是相对于大陆文化的一种文化现象，是一种商业文化。21世纪是海洋世纪。海洋是人类社会可持续发展的宝贵财富，是具有战略意义的开发领域。开发海洋资源、发展海洋经济已成为国内外沿海地区实现经济振兴的重要举措。海洋文化和海洋经济是不可分割的孪生兄弟。二者是共生共荣、相辅相成、互相融合、相互促进的。只有大力弘扬海洋文化，提高全民族的海洋意识，才能促进海洋经济的繁荣，带动海洋产业和沿海各涉海行业的发展。

　　大连市三面环海，是全国海岸线最长的城市，有着深厚的海洋文化底蕴和悠久的海洋文化历史。大连的海洋文化产业发展极具规模、特色和成效，是大连文化产业发展的亮点。主要表现在以下几个方面：

一、海洋历史文化积淀深厚

　　海洋文化是人类认识、理解、把握、开发海洋，调整人和海洋的关系，在利用海洋的社会实践过程中形成的文化成果。海洋文化几乎涉及社会生活的方方面面，同样海洋文化的影响也就可能渗透到社会生活的各个领域。对于一个国家、一个地区、一个城市来说，海洋文化可以影响它的景观设施，生活方式，民众心态，精神气质，价值取向，审美感受直至发展目标的设定，发展模式的选择，城市发展战略的制定以及国家体制的创新。

　　海洋文化产业对于大连，是一个有特点、有基础、有空间和希望的产业。大连是一个具有百年航运史的港口城市，孕育了多种文化于一身的特色鲜明的海洋文化。大连海洋文化的特征表现之一就是重视港口航运产业，导致由港口和航运引发的其他巨大的商业空间。海洋文化中的热情奔放和积极进取的开拓精神在大连人的精神风貌、居住建筑风格上，得到充分体现。面向海洋，对外开放、增强交流、不断创新成为大连经济发展的必然选择。因此，大力发展海洋文化产业，全力提升城市文化品味，开拓和营造海洋文化氛围，是新时期发展大连城市经济，增强区域城市竞争力的重大举措。

大连沿海地区古迹遍布，古龙山洞穴是迄今在大连发现的最早的人类遗址，长海县广鹿岛的小朱山古人类文化遗址，反映了大连新石器时代文化发展的全貌。据史料记载，大连当时就已有"拖、围、刺、钓"四种作业类型，渔业生产已具有较高水平。大连地区众多的"贝丘遗址"和古代墓葬，是中国重要的古文化带；羊头洼、大嘴子文化遗址、大黑山城、东海坨子遗址等记载着丰富的古文化信息；出土的大量化石、石器、骨器表明，17000 年前便有华夏先人在此生活。大连地区拥有百多处烽火台，在战国时代形成"十里一台，百里一架"的军事信号联络网。古代的大连，航海和商贸发达。杜甫诗云："云帆转辽宁，稻粳来东吴。"被誉为"辽东三才子"之一的魏燮均写的长诗《金州杂感》，为清代上佳海洋作品。中国近代史是一部海战史，旅顺口曾是日俄战争、中日甲午战争的战场；大鹿岛至黑岛南海域曾发生甲午海战，民族英雄林永升在黑岛南海老人石附近壮烈殉国；庄河花园口是日军侵占旅顺的第一登陆点，旅顺口军事要塞和大连湾海防炮台等都是重要的海防工程。可以说，大连的历史传真着中国近代史。

二、海洋文化景观独具特色、海食文化资源规模显著

得天独厚的地理位置和地学形态的多样性使大连的海洋文化景观呈现多元化特征。大连属基岩海岸，岸线曲折，岬湾间布，山丘临海，基岩裸露，海蚀地貌发育完全，形成千姿百态的海蚀地貌景观。金石滩国家旅游度假区由沉积岩层、海蚀地貌、龟裂奇石、垂钓岛礁等百处景点，集海、滩、礁、岛风光为一体，有"神力雕塑公园"和"地质博物馆"之誉。蓝天、碧海、白沙、黑礁等形成大连旖旎的海滨风光。全长 30.9 公里的滨海路将南部滨海风景区内的 10 个景点连接起来。星海湾景区由中国第一座海底通道式水族馆圣亚海洋世界、国内特大型的星海广场、国内最大的人工海水浴场和黑色礁石景观等组成。大连海军广场是世界上第三个以海军命名的广场。大连自然博物馆是我国建筑规模最大、展示手段最先进的自然博物馆。老铁山遍布灌木丛及乔木林，是候鸟过境的理想栖息之地，有"鸟栈"之称。老铁山黄渤海分界线和蛇岛生物资源

引世人注目，附近有新石器时代郭家村遗址、汉代牧羊城遗址，形成珍贵的考古资源。

大连涉海工业基础雄厚，大连港、鲇鱼湾油港和大连湾渔港及快速发展的造船业，都是极具吸引力的海洋产业资源。大连海水养殖面积广阔，沿海盛产鱼虾蟹类和海珍品，为海食文化提供基础条件。大连的海味名菜 600 余种，烧海参、蒸鲍鱼、爆干贝、炒香螺、涮文蛤、扒鱼翅等体现了中国烹饪艺术和饮食文化的独特魅力。大连的渔民在长期征服海洋的过程中形成了独特的渔家民俗文化风情，从显而易见的海洋特色建筑、服饰、饮食、礼仪、节庆等到需要深入体会的思维方式、心理特征、道德观念及审美情趣。如长海国际钓鱼节、北海渔民节、龙王塘海灯节和广大渔民起锚拉网吹号子、拜天妃宫、拜天后宫、请海神、开展祭海祈福等活动，都充分展示了大连特色的渔家风情和渔家文化。

三、海洋旅游文化独具魅力

大连是著名的海滨旅游城市，其丰富的海洋文化遗存给海洋文化旅游资源开发提供了有利条件。目前，大连正在大力发展海味文化产业，已经做了的海味文化产业文章有圣亚海洋世界，虎滩公园的极地馆，星海公园的海上世界、蹦极台，滨海路观光游等等。其中，大连老虎滩海洋公园是我国第一座海洋主题公园。大连老虎滩海洋公园在 2002 年 5 月 1 日前称大连虎滩乐园，座落在大连南部海滨的中部，占地面积 118 万平方米，4000 余米海岸线。园区自然风光秀丽，山海互映，构成了海滨一道亮丽的风景。老虎滩海洋公园是一个展示海洋文化，集游览、观赏、娱乐、科普、文化于一体的现代化大型综合游乐场所。大连老虎滩海洋公园、老虎滩极地馆凭借以海洋文化为主体，集海洋生物展示、极地海洋动物表演于一体的独特优势以及国内一流的硬件设施和软件服务，在全国上万家景区、景点中脱颖而出，在国家旅游局评审组组织的初审中首战告捷，并于 2007 年 5 月份顺利地通过了评审小组的最终审核，与北京故宫、长城，四川的峨嵋山、九寨沟等 65 家知名景区一道，荣膺国家首批 5A 级景区。老虎滩海洋公园是全国第一家以展示海洋文化为主题的公园。虽然它没有自然文化遗产得天独厚的绮丽秀美，也没有历史文化遗产的文化底蕴和源远流长，但凭借着浪漫之都大连的山海优势，将人与自然的和谐、人与海洋的交流、人与动物间的亲密接触完美地展现在游人的面前，成为海洋文化、极地文化的传承者。近些年来，大连以观光旅游为基础，不断深层次挖掘海洋景点的文化内涵，重视发展休闲度假游和避暑旅游，充分发挥海洋旅游资源优势，进行系列海洋旅游产品开发，具体包括海洋体育竞技游、海洋夜游、历史遗迹游、海洋民俗风情游、海洋盐业游、海洋渔业游、海食文化游、海洋海滨地质科学游等方面的产品，适应了不同行业、不同层次的游客要求。通过海洋旅游业的发展，带动交通、餐饮、宾馆、旅游商品、导游等相关行业发展，形成滨海旅游产业群。

海洋文化对大连城市发展起到很大的推动作用。改革开发以后，大连的城市发展速度加快，经济发展水平明显提高，很大程度上与大连地区的海洋文化是分不开的。大连的海洋文化为城市经济的发展提供了精神动力、智力支持和价值引导。海洋文化本身就是一个经济增长点，海洋文化中可闻、可见、可体味的文化要素是沿海城市发展旅游业和海洋文化产业的基础，这一点大连表现得尤为明显。大连市作为半岛城市，海洋经济在其经济发展中，已占有举足轻重的地位。据统计，2005年大连市实现海洋经济总产值306.03亿元，约占全市GDP的13%。另据2006年辽宁省海洋经济统计公报显示，全省海洋经济总产值完成1468.6亿元，同比增长21.8%。其中，海洋经济总产值中，大连市850亿元，占全省海洋经济总产值的57.9%；全省海洋经济增加值完成831.2亿元，同比增长18.7%，占全省生产总值9%，比上年增加0.3个百分点。其中，海洋经济增加值中，大连市485亿元，占全省海洋经济增加值的58.4%。

四、积极向国际海洋文化名城的目标迈进

现代化城市的发展一刻也离不开文化，独具特色的城市文化能为一个城市在综合竞争中提供巨大优势和不竭动力。21世纪是海洋世纪，建设国际海洋文化名城是加快海洋经济发展的迫切需要。大连作为中国北方最具活力和开放度的沿海城市，近几年一直从战略高度重视和发展以海洋文化为主题的城市品牌，充分挖掘海洋文化资源，寻觅城市精神的文化内核，努力凸显开拓型、开放型、团队型、合作型的海洋文化特性，构建国际海洋文化名城。

建设国际海洋文化名城是适应城市功能定位的必然选择。文化是城市的灵魂，城市的功能定位决定了城市文化发展方向和目标。面对全球多极化，大连要建成现代化国际性城市、推进率先全面振兴，就要与国际全面接轨，海洋文化是重要通道。海洋文化顺应了世界范围内的文化发展潮流和国际化开放性因素。通过将海洋文化打造成城市品牌，推进建设国际化城市目标的实现。

城市文化决定了城市旅游的品质与品味。一座著名的旅游城市，除了经济

繁荣，环境优美，更重要的是要有唯我独有的城市文化。而海洋文化正是大连城市文化的灵魂所在。就文化而言，大连文化是以齐鲁、东北、俄国、日本等文化为底蕴的复合型文化，彰显着海洋文化的多元化特征。这是大连最宝贵的财富，而大连也充分利用了这一财富，打造出了具有大连特色的海洋文化。大连是因海而生的，从产生之初就受到海洋文化的滋养，具有明显的海洋文化特色。

　　素有北方明珠之称的大连，位于辽东半岛最南端，三面环海，有海岸线1906公里，海岛近300个，属于北半球中纬度暖温带气候区内，四季分明，冬无严寒，夏无酷暑。整个城市以大海为背景，以绿色为依托，良好的自然风光和气候，每年吸引了大量的海内外游客，前来旅游观光。先天不足的是人文景观较少，大连市委、市政府自20世纪90年代初开始，重点打造海滨旅游，从金石滩、滨海路至旅顺。经过十几年的努力，投资几十亿元，终于在长达100多公里的海岸线，建成了几十个景点，众多的海洋博物馆也置于其中。老虎滩海洋极地动物馆、圣亚海洋世界、航海博物馆、贝壳博物馆、奥丽安娜轮、世界和平公园、自然博物馆、现代博物馆、蛇岛博物馆的陆续建成，使大连成为一座海洋文化名城。

　　近几年，大连一直致力于打造具有海滨风情的、浪漫情调的、独特风格的海洋城市文化品位特色和个性形象。一是要在城市建设之中努力展现海洋城市的特色与魅力，要建设好一批海洋文化中心设施，开辟一条海洋文化走廊，打造一条滨海观光带，兴建一个海洋文化教育基地，加快建设一批海洋文化城雕、壁画等；二是要努力打造"海"系列节庆赛事品牌，进一步办好特色海洋节庆活动，同时举办全国性的海洋文化创作活动；三是要打造海洋旅游文化精品，发挥"3S"（Sun 阳光、Sand 沙滩、Sea 大海）资源优势，发展海洋自然景观游、长海县渔家客舍游、海洋历史文化游。

　　海洋文化名城建设是一个系统工程，既要立足当前，又要着眼长远，合理规划、统盘考虑，大连正在做着各方面的努力，不断推进海洋文化名城的建设与发展。多年来大连的各个新闻媒体、演出团体、文化产业、文化事业单位以及文化行政机关，都立足自身实际求创新，围绕建设海洋文化名城搞创新。在充分发掘、弘扬大连海洋文化丰富历史遗产的基础上，充分发挥媒体的舆论导向作用，将海洋文化渗透到城市的每一个角落。在全社会营造出一种推荐海洋文化艺术精品的良好氛围和风气，使市民对海洋文化产生浓厚的兴趣，激发了大家热爱海洋、开发海洋文化的积极性和使命感。2009 年 7 月 18 日至 8 月 22

日举行的 2009 大连国际沙滩文化节主题确定为"盛世中华，欢乐沙海"。在一个月的时间内，金石滩国"家庭海滩趣味赛、沙滩节摄影大赛等十项活动，将为广大市民及来连中外游客奉献一个个欢乐动感的夏日。

第三节　大连旅游文化产业发展情况

随着人类社会的进步，旅游越来越成为现代社会人们生活中不可或缺的内容。作为全球发展最快的新兴产业之一，旅游业因其巨大的市场需求、良好的发展前景，被称作"朝阳产业"，受到世界各国和地区的高度重视。旅游产业和文化产业密不可分。自有旅游活动以来，旅游与文化就从未分离。文化是旅游的灵魂，旅游是文化的重要载体；没有文化的旅游就没有魅力，而没有旅游的文化则缺少活力。旅游的优势体现在市场，文化的优势体现在内涵。旅游产业和文化产业相互融合，相得益彰，共同繁荣。

大连城市的旅游业和文化的结合紧密，彼此相长，给人印象深刻。旅游业本来就是文化产业的一部分，但并非都能很好地结合融通。而大连这座城市，无论是传统历史文化，还是近现代革命文化，乃至地方民俗文化，都与旅游亲密结缘，文化作为地方名片，通过旅游的循环链，一一展现在外地游人的眼前，从而产生源源不断的经济效益，文化借助旅游，成为城市经济新的增长点。

从区位角度看，大连是辽东半岛的龙头、东北的窗口、京津的门户、东北亚的重要节点，将在打造东北无障碍旅游区，加速环渤海区域联合，促进东北亚国际旅游圈形成等方面发挥重要作用。从市场角度看，大连位于东北和环渤黄两大经济快速增长区域的结合部，是旅游需求最旺盛的区域之一；毗邻的韩、日、俄是目前中国前三位入境旅游客源国，潜在入境客源市场规模巨大。从资源角度看，大连荟萃城、海、港、湾、岛、林、泉、山、河等多种类型的旅游资源，且其品质优越，组合优势明显。从文化角度看，悠久的历史赋予大连丰富多彩的地域文化；齐鲁文化与海洋文化的交融赋予大连民风淳朴、大气豪爽的个性特征；东北亚国际航运中心的建设和大连城市的发展更赋予大连"创新进取、引领潮流"的时代精神。大连将成为一座开放名城。

如今，大连旅游已经走出了一条独具特色的发展道路：先塑城市品牌，后创旅游品牌，成功创造了以整个城市为载体和核心吸引物的旅游发展模式，成为中国超常规发展旅游的城市典范，为中国的城市化道路塑造了一个范例。其内涵体现为：理念超前，品牌拉动，政府主导，持续创新，合作多赢。2007年大连市旅游经济指标呈现出持续增长的态势，共接待海外游客84万人次，比上年增长20%；接待国内游客2480万人次，比上年增长15.3%；实现旅游总收入325亿元，比上年增长25%。2008年，大连市接待旅游人数及旅游收入继续较快增长。据统计，全年累计接待国内游客3000万人次，比上年增长21%；接待入境游客95万人次，同比增长13.1%，其中接待港澳台同胞9.4万人次、接待外国人85.6万人次，分别同比增长4.4%和14.1%。实现旅游总收入400.8亿元，同比增长23.3%，其中旅游外汇收入6.6亿美元，同比增长13.3%。

目前，大连正在致力于把旅游业培育成为大连国民经济的支柱产业，全面建设现代化、生态型、创新型的国际滨海旅游目的地，把大连建设成为有特色、高品位、国际化、高收益的中国最佳旅游城市，具有"和谐精致，浪漫大气"特质的东北亚滨海旅游中心城市，中国重要的门户型国际旅游目的地；预计到2020年，大连将建设成为闻名世界的东方浪漫之都。

"浪漫之都"与"时尚之都"的称号，使得大连这座旅游城市充满了无穷的魅力。"浪漫"与"时尚"，是大连城市的性格和意象。浪漫是大连的个性品质，是一种自信的表现，是快节奏的现代氛围中的一种灵动；时尚是大连的价值取向，是对城市精神的探索，是大连最具包容性城市文化性格的体现。在这里，每个人都能得到一种来自心灵深处的愉悦，一种最具人文关怀的快乐。浪漫和时尚，与大连富有异域色彩的文脉暗合，与大连城市富有时尚情调的现代风格相符，暗合了大连的城市发展脉络，也符合游客对大连旅游形象的认知。"浪漫"特色是大连旅游发展的原动力，彰显"浪漫"是其核心所在。大连市旅游以"浪漫之都，时尚大连"作为整体形象定位，通过积极培育"浪漫文化"，在继续张扬时尚元素的同时，重点强化浪漫元素，营造浪漫氛围，使城市个性突出"风情时尚、个性张扬、健康阳光、动感豪放"特色，推出了近中期着力打造的十大核心旅游产品，这将会使大连市在未来16年的发展过程中，建设成为融东西方浪漫特色为一体的体验型国际海滨旅游名城。未来几年大连旅游将以观光游览、休闲度假、商务会议、节庆会展为主导，以"浪漫之都"为城市品牌和旅游品牌，以东西方浪漫文化的有机交融为主要特色，以东亚、东南亚和长江三角洲地区、珠江三角洲地区为核心客源市场，建设成为环渤海地区重要的休闲度假胜地，一个东西方浪漫文化交汇的国际海滨旅游名城，具有一定国际影响力的体验型旅游目的地，发展成为中国最佳旅游城市。

总之，大连旅游已经走过了以数量扩张为主的初级阶段，处于全国前列，正步入以提质增效为特征的关键转型和战略提升阶段，面临四大转型：由以城市及周边资源为依托的旅游向全面拉开骨架的大区域旅游转型；由粗放型开发向精品化、集约化开发的转型；由观光产品体系为主导向观光、休闲度假、商务会展和主题文化旅游为主导的复合产品体系转型；由国内著名旅游城市向东北亚滨海旅游中心城市和国际知名旅游目的地的转型。

第四节　大连文化产业基地建设情况

近年来，大连市从地域实际出发，稳步推进文化产业，文化基地正在兴起。大连普利文化产业基地、大连大青文化产业集团、大连海昌企业发展有限公司（金石滩发现王国）先后被评为国家文化产业示范基地。在高新园区动漫产业走廊的基础上筹建的国家动漫产业振兴基地，先后被国家相关部委授予"国家动画产业基地"和"中国青少年数字娱乐产业教育基地"等称号。这些文化产业基地的建设和兴起，使得大连的文化产业得到了空前的进步和发展。

一、第一批国家文化产业示范基地——大连普利文化产业基地

大连普利文化产业基地是由市文化局和甘井子区人民政府通过引进投资在甘井子区建设的大型文化产业基地，集文化贸易与交流、文化创意、文化产业人才培养、网络书店、文化产品生产和经营于一体，总投资超过 5 亿元人民币，建筑面积约在 10 万平方米以上。据悉，这个基地将通过从事文化产业链各个环节的业务，提升城市文化底蕴、增强城市综合竞争力，同时挖掘和整理大连传统地方文化艺术，挽救濒临失传的剪纸、皮影、年画等民间艺术，借助大连的旅游优势展现和传播优秀的民间文化艺术，使之通过现代的市场运营得到发扬壮大。

大连普利文化产业基地是由普利文化传播（控股）有限公司投资兴建的。采取项目以自主投资为主，辅以低廉的租金和参股、融资等方式，广泛吸引国内外的文化企业进驻，形成较为完整的文化产业链，促进大连文化产业跨越式发展。该基地由文化产业聚居区、文化物流基地、文化产业生产基地三部分组

成，总建筑面积约 15.1 万平方米，计划总投资 7.47 亿元，目前已完成投资 1.67 亿元。基地的发展目标是：到 2005 年底入驻业户 100 家以上，实现年产值及交易额 2.8 亿元以上，其中出版物的批发和零售交易额达到 2 亿元，艺术创意公司的交易额达到 0.8 亿元；2007 年底入驻业户 200 家以上，实现年交易额 6.5 亿元以上，其中出版物的批发和零售额达到 5 亿元，艺术创意公司的交易额达到 1.5 亿元；争取到 2010 年达到 12 亿元年交易额，其中出版物的批发和零售交易额达到 10 亿元，艺术创意公司的交易额达到 2 亿元。

大连普利文化产业基地的主要亮点有以下几个方面。一是普利翰峰文化广场。注册资本 2000 万元，总投资额 5150 万元的普利翰峰文化广场有限公司，是普利文化产业基地的核心项目之一，是以出版物经营为主，休闲吧、数码影院、文化礼品交易、艺术品展示、培训教育等其他文化相关业态为辅的"一站式文化消费"休闲中心。二是 2006 年 5 月普利翰峰文化广场获得国家新闻出版总署下发的《中华人民共和国出版物经营许可证》，成为大连市唯一一家独立拥有省批发权的民营书店。普利文化产业基地策划出版了《大连百年回顾》《中国茶谱》等各类出版物 20 多项。2006 年，实现年销售额 1099.25 万元。同时，取得方正集团电子书的全国代理权，河北精英教育集团蒙学教育系列产品的省级代理权，实现了 400 万元销售额。三是普利文化产业基地，投资 600 万建设综合信息平台，拥有最先进的宽容量的服务器群设备，可以同时支持数百家网站的运行，完成了光纤入户，拥有了宽网固定 IP，综合信息平台的建立，提升了辐射力、影响力和综合实力。四是普利文化产业基地对中国艺术品特别是民间工艺品、艺术品进行深加工，把天津杨柳青年画、杨家埠年画、剪纸等，出口到新加坡、马来西亚以及港澳等地区。仅 2007 年春节前后 3 个月就交易 9800 件，交易额 500 余万元。五是在普利翰峰文化广场的基础上，尝试经营集书、茶、国学、会所等于一身的特色书店——尚书苑，尚书苑正在探讨连锁经营模式，争创优秀品牌。六是普利文化产业基地拥有中国北方最大的中小学生科教中心培训基地，同时还拥有福音琴行、外语培训学校、大工电脑等各类培训学校 16 所，文化教育培训出现聚居效应。

大连普利文化产业基地发展前景十分广阔。一是与政府联合成立创意产业发展及信用担保（股份）公司，建设一座 6600 平方米的写字楼，吸引国内外知名的艺术家和文化创意公司入驻，发展艺术创意、书画艺术、动漫设计、画廊、摄影、旅游品、工业包装设计、工业造型设计等行业，为文化创意企业提供经营发展场所，形成产业化和规模化的创意产业的孵化器，支撑大连创意产业集聚区的可持续发展。二是建设文化跳蚤市场及相关行业集聚区。①建立古玩及文化艺术品（老物件、古旧图书）交易市场；②利用目前的商业网点，采用前店后厂的模式，现场演示加工制作过程并进行销售，让顾客亲自参与制作，与顾客形成互动。融合大连旅游品设计制作、贝雕制作、玻璃制品加工、陶艺作坊、农民画等，构建集生产、制造、交易为一体的平台；③引进大连书画院、画廊等专业中介机构入驻，形成产供销的产业链。三是建设古旧图书交易广场。以目前已经开业的普利翰峰文化广场为核心，增加部分新旧出版物交易、修复加工、收藏展示、整理出版、旧书当铺及"旧书银行"等与出版物相关的商业设施，完善文化集聚区的功能和配套，从而产生更大的效益。四是建立网络销售、展示中心。利用信息交易平台，实现网络销售。目前由普利投资的电子商务网站及硬件平台建设已经基本完成。

二、第二批国家文化产业示范基地——大连大青集团

大连大青集团是在大连圣宝利行雕塑艺术工程有限公司的基础上，经过十余年的积累和发展，逐渐发展起来的，依托中华传统文化，围绕艺术挖掘创作这一核心内容，集创意设计、生产加工、艺术监理、旅游休闲为一体的大型文化产业集团。集团现有紧密层企业5家，累计资产近3亿元，年产值近3亿元，拥有雕塑艺术创作人员、雕塑技术人员及其他员工260人。集团总占地面积近十万平方米，建筑面积3万多平方米。其中大青金属制造有限公司是中国佛教青铜艺术的摇篮，于2004年获得ISO质量体系认证。

集团在国内外先后设计制作安装了大连百年纪念城雕、星海广场女骑警雕塑、开发区沿海雕塑群、沈阳万豪十二星座系列浮雕、天津世纪钟、法国八卦图、亚特兰大龙塔、汤加国王像、英国广场门狮、美国佛罗里达州千手观音等百余座大型艺术雕塑。集团将以艺术创新为基础，以资本为纽带，对旗下企业资源进行合理整合和配置，充分发挥集约优势，全面拓展业务范围，使集团的产业链条得以延伸，促进集团快速发展。

大青集团还通过承揽国内"地质公园"、"矿山公园"的规划设计和施工工程，成功实现了公司跨越式发展，同时也为地方经济增长起到了推动作用。2005年2月11日，大青公司参与规划设计建设的福建泰宁地质公园项目，经联合国教科文组织在巴黎召开的世界地质公园专家评审会审定，正式授予"世界地质公园"称号。2006年5月19日，联合国专员和国家有关部委领导亲临泰

宁，为泰宁"世界地质公园"揭碑。另外，公司还获得辽宁阜新、河北白石山国家地质公园、华北油田石油公园、深圳芙蓉园等多个正在筹建中的国家地质和矿山公园项目的艺术策划、总体规划、主题雕塑设计制作任务。据悉，该集团将以弘扬优秀传统文化为宗旨，以艺术创新为基础，以资本作为产业联结的纽带，通过创办雕塑艺术学校、金石滩国际雕塑公园等举措，使集团成为集"产、学、研"为一体、经济效益和社会效益同步增长的文化产业示范基地，并力争在未来5年内，实现年收入5亿元的经营目标，使之成为大连市文化产业的大型文化企业集团。

大青集团是集经济效益和社会效益同步增长的国家文化产业示范基地，力争在未来五年内，实现年收入5亿元的经营目标，使之成为大连市文化产业的大型支柱性企业集团。

三、第三批国家文化产业示范基地——大连海昌企业发展有限公司

大连海昌企业发展有限公司一直致力于打造大连文化旅游项目，目前资产规模达12亿元。公司在大连金石滩建设的发现王国主题公园自2006年正式开业以来，入园游客数量和经济效益大幅增长。2007年游客人数达到120万人次，较2006年增加40余万人次；2006年营业收入6000万元，2007年达到1.1亿元，并带动了金石滩地区的住宿、餐饮及交通业的发展。两年多时间里，在该公园内举办了一系列活动，包括中央电视台举办的"2006动感夏日校园红歌会"、发现王国2007年四季庆典活动、"教师节感恩大献礼"活动、2008年的"牵手奥运、触摸雅典"主题系列活动等，取得了良好的社会反响。

四、亚洲最大国际文化产业基地——万达大连金石国际文化产业基地

大连金石国际文化产业基地是万达集团投资35亿元兴建的具有相当规模和水准的国际文化产业基地。大连金石国际文化产业基地规划占地4500亩，其中影视制作基地占地3000亩，总建筑面积50万平方米，总投资35亿元；此外还包括一个占地1500亩的生活配套区。影视制作基地按照国际一流标准设计，包括景观区、摄影区、后期制作工厂、服装道具工厂、交易中心和一所3000名学生规模的影视艺术学院。摄影区规划建设5个室内摄影棚，其中两个巨型摄影棚高度达30米，是亚洲最高最大的摄影棚。大连金石国际文化产业基地全部建成后，将依托国际知名影视制作公司的技术和大连市蓬勃发展的IT及动漫产

业，形成从影视拍摄、后期制作、人才培训到影视产品展示交易的完整文化产业链。基地投入使用后，预计每年将带来游客百万人次。该项目2008年破土动工，预计两年建成。

大连金石国际文化产业基地既是文化产业，又是文化产业旅游项目，在大连现有旅游项目中文化主题性最强，投资额度也最大。金石滩是全国首批国家级旅游度假区，万达集团是大连民营经济龙头，文化基地落户金石滩将提升大连文化旅游的档次和品位，使大连成为中国一流的文化名城。

五、大连国家动漫游戏产业振兴基地

大连国家动漫游戏产业振兴基地建于2004年，位于大连高新技术产业园区，是大连市委、市政府2004年重点建设项目之一。2006年8月7日被文化部授予国家级动漫游戏产业振兴基地。基地从业人员共计600人，销售收入8000万元以上，上缴税费1000余万元。目前，基地的建筑面积将达到近20万平方米，入驻企业30余家，主要从事动画片制作、影视广告制作、多媒体产品制作、动漫游繁衍生产品开发、数字音乐设计、数字音频处理、手机游戏增值服务、人才培训等；在建项目还包括动漫艺术体验馆、动漫卡通图书城、卡通乐园、动漫电子竞技馆、动漫主题休闲餐厅、动漫周边产品专卖店等。总投资2000万元的动漫游产业技术服务平台，2006年下半年已投入使用。基地建设的总体内容是聚集一批能够生产具有自主知识产权、具有中国风格和国际影响的原创产品的企业；发掘、弘扬民族文化，生产一批内容健康的动漫游产品；培养一批高水平的动漫游专业人才，把基地打造成为全国动漫游产业发展的生力军。经过今后5—10年的建设，基地聚集动漫游企业100—300家，形成一批拥有自主知识产权的动漫游产品、企业，培育产值5—10亿元的动漫游企业3—5家，核心企业5—10家，从业人员2—3万人，实现总产值50—100亿元，将基地建设成产业链完整的动漫游产业中心。

动漫产业是现代科技与文化艺术高度融合的产业，是文化创意产业的重要组成部分，市场潜力巨大，发展前景广阔。动漫产业，作为大连文化创意产业的引擎，对大连文化事业与经济发展起到了不可替代的重要作用。大连动漫走廊的发展，为大连建立文化创意名城奠定了重要的产业基础。

近年来，大连市一直在积极推动动漫游戏产业的发展，先后获得国家文化部授予"国家动漫游戏产业振兴基地"和国家广电总局授予"国家动画产业基

地"，一批具有一定水平和规模的动漫游戏企业获得快速发展，初步形成了一定的产业基础。自2004年以来大连市动漫产业已跻身国内先进行列。2004年在高新园区开始建设的动漫游走廊，目前已入驻企业48家，从业人员2000人，2006年实现销售收入13.4亿元。在大连原创的已获得发行许可的动漫影片6部，另有31部作品正在审查。大连通过不断引进欧美、日韩等国家和地区的知名动漫企业、国内著名游戏制作和运营商人连开展业务，为动漫游产业的职业培训、游戏工厂、动漫画制作、动漫产品研发中心、动画软件设计学院和职业教育学院等机构发展提供充足的发展空间。

大连的动漫产业很有特点，它不盲目追求一年能产多少动画片，有多大的授权衍生市场，而是把本属于动漫产业中一个环节的动漫制作业当作一个完整的产业来抓，在大连人眼中，动漫制作业是面向所有领域的，而不仅仅是影视动画片和游戏，此外，动漫产业的终端消费市场也受到了大连的重视。

目前，动漫走廊已成为大连市动漫游产业集聚并快速发展的核心区，也使大连成为全国动漫游产业领域最具实力和影响力的城市之一。动漫游将成为大连经济的新的增长点。——这条从凌水湾到河口湾，长达3公里，建筑面积达20万平方米的动漫走廊，已成为全国最大的动漫产业基地之一。动漫走廊现有动画、网络游戏、手机游戏、影视、广告以及用CG手段进行建筑设计等8大类产品，先后被国家广电总局批准为"国家动画产业基地"，被文化部批准为"国家动漫游产业振兴基地"，是全国唯一一个获得国家级"双授权"的动漫游产业发展基地，发展成效获得全国瞩目。大连动漫走廊经过四五年的建设，实现了快速发展。

2007年实现产值超过30亿元。2007年，大连动漫走廊完成原创动画片6200分钟，主要作品有三维动画《侠义小青天》、《快乐教室》等。目前已有多部作品在中央电视台播出，部分作品售出海外版权，具有自主知识产权的彩色宽银幕动画影片《大禹治水》即将上映。大连动漫走廊的动漫外包产业也日趋成熟。2007年完成日本、韩国、英国、美国等国家的《游戏王》、《蔷薇武士》、《森林童话世界》等多个动画片外包项目，画稿量140万张，创造产值2000万元。日本、韩国知名动漫公司相继入驻动漫走廊。大连动漫走廊还完成了《点点部落》、《快乐高尔夫》等手机网游、手机单机游戏和手机动漫作品等326款。

2008年，作为国家动画产业基地和国家动漫游产业振兴基地，大连动漫走廊充分发挥毗邻动漫强国日本与韩国的区位优势，依据大连市软件及信息服务业和文化产业发展的产业优势，利用大连高新园区良好政策及环境条件，实现了快速发展。截至目前，动漫走廊已进驻动漫游企业101家，投入使用的楼宇面积10万余平方米，获第四届中国游戏产业年会授予"中国十佳特色游戏产业基地"荣誉称号，年度出品动画片总量6494分钟，其中获得正式播放许可的5384分钟；全年实现销售收入40亿元。

未来几年，大连将尽快树立大连文化创意产业引擎地位。到2010年，大连动漫产业产值规模将达到百亿元，人员达到万人规模，动漫关联产品产值达到200亿元。到2010年力争引进企业累计150家以上，其中包括国内外知名大公司20家以上，从业人员达到万人以上，产值达到100亿元，将"动漫走廊"建设成为配套设施齐全、产业结构合理、经济效益显著、文化特色浓厚的国内领先的动漫产业基地，使大连成为中国面向东北亚地区动漫游产业发展中心城市。

第五节　大连文化产业发展的不足与建议

近年来，在省委省政府和大连市委市政府的重视下，大连市的文化产业得到了长足发展，文化产业发展的框架基本形成，文化产业也已发展成为大连的一个重要产业门类和新的经济增长点。但是，由于大连的文化产业还处于发展的初级阶段，文化产业规模尚小，经济实力雄厚的企业不多，缺乏竞争力，相比之下，还是弱势产业，因此，大连文化创意产业的创新发展亟待突破。为此，我们有必要以首善精神的自觉，去冷静分析不足，培育理性心态，争取大连文化产业的科学发展和可持续发展。

一、大连文化产业发展的不足之处

（一）文化产业发展尚属初级阶段、竞争力不强

就整体而言，大连文化创意产业发展滞后，竞争力不强，大部分企业处于规模小、水平低的初步产业化阶段，缺乏国际和国内市场拓展能力，这成为大连经济的"软肋"。目前，大连市文化创意产业年产值近3亿元，仅占GDP不到1%，远远低于全国沿海城市5%—10%的水平，大连长期以来没有很好地把文化产业放到产业经济整体之中来考虑，文化不创造价值的传统观念仍较浓重，以海洋为最大特色的海滨旅游文化尚未得到充分开发。

（二）文化产业发展方面的创意复合型人才匮乏

统计资料显示，在纽约，文化创意产业人才占所有工作人口总数的12%，伦敦是14%，东京是15%。据初步统计，大连文化创意产业的从业人员约有不到5000人，创意产业从业人员占总就业人口的比例还不到千分之一。相对于快速发展的市场需求和日益激烈的市场竞争来讲，大连专业人才缺口依然较大。

（三）文化产业发展的产业链和价值链有待完善

以中小企业为主体的文化创意产业，几乎不存在"大而全"、"小而全"等拥有一切所需资源的可能性。创意、设计、资金、工艺、材料、制作、宣传、渠道、销售甚至信息，每一项都有可能制约着许许多多文化企业的成长。而且许多文化企业本身属于生产服务消费范畴，只有置身于供应链、产业链、价值链之中时，得到产业内部和社会大量其他相关产业支持时，才能生存和发展。而且，由于文化创意企业大多是中小企业，普遍缺乏资金、信息、管理经验和业务渠道，独立生存能力不强，加上创意产业具有较高的市场风险性，因此，需要政府和大量称职的枢纽行业、创意中介服务机构和企业来帮助完善创意文化产业的产业链和价值链，从而通过产业链的良性运行实现城市文化创意产业的大发展、大繁荣。

（四）体制矛盾突出，市场主体地位尚未确立

在文化资源整合方面，缺乏统一协调和总体规划。文化单位拥有的各种资源和市场范围还处于行政分割状态。资本资源、信息资源、人才资源、品牌资源不能充分有效地配置。符合市场经济要求的规范化的管理模式还没有形成，文化产业发展缺乏良好的法制化环境。文化创意企业中有相当一部分尚处于由"事业"向"产业"的转制过程中，市场主体地位尚未确立。

二、提升大连文化创意产业的建议

（一）明确战略定位，整合产业资源，打造文化创意产业航母

大连文化创意产业首先要有明确的战略定位：一是要使大连成为东北乃至全国文化创意产业发展的示范城市，对周边地区产生辐射和带动作用；二是要积极实施"走出去"战略，大力鼓励文化产品出口，开拓国际文化市场，参与国际文化竞争。推动更多的优秀文化产品和服务走向国际文化市场，使大连成为中国文化产业大都市和中国文化产品出口基地，既可以成为国际文化交流中心和中国文化对外出口基地，又能帮助东北其它城市和地区推动文化产业交流

和文化产品出口。同时，从大连文化资源实际出发，以结构调整为主线，对文化产业要素和资源进行整合，打破行业、部门界限，把分散、零星的企业组织起来，集中运作，利用大连高新技术产业的优势，加大高科技与文化产业的结合力度，积极推动现代科技在文化领域的广泛运用，不断改造提升传统文化产业，催生新的文化品种，培育新的文化业态，通过产业调整和整合，组建文化创意产业航母，提高文化产业在全市国民经济结构中的比重，使得与信息产业相关的文化产业成为引领文化产业结构升级，提升文化产业综合竞争力的主要力量。大连有比较丰富的文化资源、较好的产业基础，但文化资源布局比较分散，没有形成规模优势，削弱了文化的影响力和竞争力。面对日趋激烈的市场竞争，必须加大文化资源整合的力度，形成文化产业要素密集、结构合理规模优势明显的文化产业发展格局。要重点扶持一批具有一定规模，形成具有知名品牌、核心技术和较强综合实力的龙头文化企业。培育一批有活力、有实力、有竞争力的文化产业，形成具有持续发展能力和市场竞争优势的产业集群。

（二）加强文化产业政策的创新和文化体制的改革，积极培育市场主体

发展文化产业的前提是有一个良好的市场环境，政策保证是营造市场环境的重要手段。首先，政府应准确把握文化创意产业的特征，制定产业倾斜政策，设立文化创意产业专项扶持和奖励资金，鼓励兴办新的文化企业和项目，降低市场准入门槛，扶持文化创意产业做大做强，为促进文化产业快速发展提供强有力的政策支撑。其次，政府部门应加强宏观调控，加强知识产权保护，积极筹办综合性、高级别的文化产业展会，构建和完善在全国乃至世界具有一定影响的文化创意产业信息交流、产品交易和项目合作的重要平台。最后，政府应制定积极引进高层次文化创意人才的政策，为他们提供良好的工作条件和生活条件，同时利用多种渠道，抓紧文化创意产业人才的培养，推动大连文化产业健康快速发展。同时，要进一步转换政府职能，加快从办文化向管文化、从管文化向经济文化一体化转变。在确保党管意识形态的前提下，进一步扩大文化产业单位经营自主权，真正把办事业、办企业、办活动的权利交还给市场主体。要研究制定有利于大连文化发展的财税、金融、法规等方面的政策，以积极有为的产业政策，加快形成有利于文化产业发展的综合优势。

（三）发挥地域文化优势，努力打造大连文化创意品牌

大连作为著名的海滨城市，其丰富的、独具魅力的海洋文化遗产为大连海洋旅游资源开发提供了极为有利的条件。可以说大海赋予大连以灵魂，文化则给城市注入了无形的活力。但是，大连的海洋旅游开发还应进一步突出地方特

色，结合大连的人文景观和社会环境创造独特的旅游产品，尤其是对海洋文化进行更深层次的阐释与包装，使之与旅游业紧密相连，求得旅游业与海洋文化的互利双赢，将大连建设成为融旅游、文化、经贸、港口为一体的国际海洋文化名城。大连有传统的贝雕、陶艺大师，却没有名中外的品牌和产业。因此，打造文化创意品牌，要注意发挥大连地区特色，以海为主题，进一步整合历史文化资源，并吸收中国传统文化的养分，通过挖掘和创新，从知名产品、知名人物、知名作品、知名传说中，培育、打造出有自己特色和知名度的如贝雕、陶艺、服装、旅游、会展、动漫、游戏、软件外包等文化创意产品和服务品牌。

（四）加强人才队伍建设，以人为本促进大连市文化产业持续发展

2007 年，大连文化产业增加值总量 96.4 亿元，从文化产业的城市发展横向比较看，排在北京（2006 年 812 亿元）、上海（683.25 亿元）、深圳（465.5 亿元）、广州（334.34 亿元）、宁波（2006 年 113.94 亿元）、沈阳（127.5 亿元）、天津（111.83 亿元）、重庆（114.19 亿元）、南京（111.65 亿元）、厦门（102.95 亿元）等 10 个城市之后；增加值占 GDP 比重为 3.08%，排在北京（10.3%）、厦门（7.48%）、深圳（6.84%）、上海（5.61%）、西安（5.3%）、广州（4.7%）、沈阳（4.15%）、宁波（4.0%）、南京（3.4%）等 9 个城市之后，这种产业的差距往往是人才的差距。在文化产业正从经济边缘逐渐走向经济中心区域，成为发达国家和发展中国家创新发展的一个机会和新的经济增长点的今天，开发人才资源，培养造就一大批熟悉意识形态工作、熟悉市场经济规律，懂经营、会管理的文化产业人才，越来越成为大连文化产业持续发展的必要条件。未来文化产业的发展，人才问题是影响文化产业发展的最大瓶颈。因此大连要充分发挥高新园区、国家级文化产业示范园区政策优势，吸引相关生产要素形成聚集效应和规模效应，把现有产业基地在人才需求与培养、技术研发与服务、公共技术平台支撑、龙头企业集约发展、中小型企业孵化、国际交流与合作等作为良好的平台，筑巢引凤，吸引各地人才。同时要根据文化产业发展的特殊需要，加快大连文化产业人才培养步伐，建立人才培养机制和培训基地，重视培养造就文化产业经营管理人才、培养"世界水准"的专业人才；特别是要加快创意产业人才培养和引进，营造完善的人才管理系统，完善相关的人才政策，建立文化产业专门人才数据库；创新人才激励机制，制定高额分成、股权激励等"优厚待遇"等优惠政策，吸引海内外高层次人才，汇聚具有国际化视野的高端创意人才和既懂文化规律又懂文化经营的优秀管理人才，积极营造让人才脱颖而出的发展环境和有利于文化产业人才发展的政策环境和生

活环境，保障大连文化产业发展可持续发展。

（作者：刘艳菊，辽宁社会科学院哲学所）

后 记

　　文化产业的重要性或特殊性，是它提供的并不是一般的产品，而是精神产品，满足的是人民精神和文化上的需求。关注文化发展、关注文化产业对人的影响，并进行研究与开发，是文化科研单位的责任。文化产业蓝皮书服务于辽宁文化的大发展、大繁荣，服务于辽宁老工业基地全面振兴，旨在为文化产业发展搭建信息平台，为文化产业研究提供交流机制。其实践价值在于为辽宁省文化体制改革、文化资源整合提供支撑，为辽宁文化企业创新提供动力，为辽宁文化产业研究繁荣创造条件。另一方面，蓝皮书本身就是文化产业的一部分。将蓝皮书作为当代图书的一个重要品牌推出，既是一种出版战略，也能培养一支特殊的智库队伍。

　　本书在中共辽宁省委宣传部和辽宁社会科学院党组的关怀和指导下完成，辽宁社会科学院副院长孙洪敏研究员为本报告写了序言。整个报告写作分工如下：由牟岱撰写总论，江楠撰写行业分论一，郎元智撰写行业分论二，马琳撰写行业分论三，冯静撰写行业分论四，张思宁撰写行业分论五，王妮撰写行业分论六，元文礼撰写行业分论七，张万杰和孟月明撰写行业分论八，于之伟撰写行业分论九，毛世英撰写行业分论十，徐明君和王凯撰写行业分论十一，由陈东冬撰写区域分论一，刘艳菊撰写区域分论二。

　　感谢辽宁省文化厅、教育厅、辽宁省统计局、省广播电视局、省新闻出版局、省旅游局、省工商行政管理局等相关厅局的支持，感谢沈阳市文化局、大连市文化局的支持，感谢人民出版社的支持。辽宁文化产业蓝皮书作为辽宁社会科学院课题组编写的第一部成果，希望能为省委、省政府的文化产业决策提供依据，但难免有不成熟之处，欢迎省内外专家、学者以及业界人士批评指正。中国社会科学院主编的社会蓝皮书已成为 CSSCI 刊源，并于 2009 年获得首届中国皮书奖最佳品牌奖，其他很多蓝皮书也已成为畅销书，取得很好的经济效和社会效益，这正是辽宁文化产业蓝皮书努力的方向，编写组全体成员必将为此而继续努力！

课题组

2010 年 5 月

责任编辑:雍　谊
装帧设计:王　舒

图书在版编目(CIP)数据

辽宁文化发展蓝皮书. 2009/孙洪敏，牟岱主编. —北京:人民出版社,2010.12
ISBN 978 - 7 - 01 - 009455 - 7
I.①辽…　Ⅱ.①孙…　②牟…　Ⅲ.①文化事业 – 白皮书 – 辽宁省 – 2009
　Ⅳ.①G127.31

中国版本图书馆 CIP 数据核字(2010)第 223711 号

辽宁文化发展蓝皮书(2009)

LIAONING WENHUA FAZHAN LANPISHU(2009)

孙洪敏　牟　岱　主编
张思宁　徐明君　副主编

人民出版社出版发行

(100706　北京朝阳门内大街 166 号)

北京瑞古冠中印刷厂印刷　新华书店经销

2010 年 12 月第 1 版　2010 年 12 月北京第 1 次印刷
开本:710 毫米×1000 毫米　1/16
印张:20.5　字数:390 千字

ISBN 978 - 7 - 01 - 009455 - 7　定价:49.00

邮购地址 100706　北京朝阳门内大街 166 号
人民图书销售中心　电话 (010)65250042　65289539